왜 지금이 일본의 마지막 정점인가?
왜 일본은 쇠퇴할 수밖에 없는가?

> 리먼 쇼크

계 금융 위기의 충격!
'일본 주식회사'의 원

지배제제가 무너지면서 찾아온 정치개혁의 기
회! 그러나 이어진 새로운 집권세력 민주당의 자멸로 물거품이 된
정치개혁과 더 공고해진 자민당의 독주체제

> 센카쿠 쇼크

'탈아'에 성공한 유일한 일류 국가라는 믿음을 위협하기 시작한 아
시아의 급성장! 한국과 중국의 부상으로 인해 격화되는 갈등, 더
이상 일본은 아시아를 선도하지 못한다

> 동일본대지진 쇼크

일본을 덮친 최악의 삼중재난! 지진과 쓰나미, 원전 사고의 연타로
드러난 관료주의의 민낯, 일본이라는 '안전 신화'가 해체되다

> 아베의 귀환

아베와 일본회의로 대표되는 보수주의자들이 꿈꾸는 강력한 일본
의 재탄생 프로젝트! 일본 재건을 위해 펼치는 공격적 아베노믹스
와 야심 찬 외교안보 전략

> 정점 이후

마지막 정점을 찍은 일본의 미래를 예측하다! 변화를 거부하는 기
존 체제와 일본인을 지배하는 체념의 정서는 어떻게 아베의 야망
을 좌절시킬 것인가?

피크 재팬
마지막 정점을 찍은 일본

Peak Japan: The End of Great Ambitions

by Brad Glosserman

팽창을 향한 야망과 예정된 결말

피크 재팬
마지막 정점을 찍은 일본

브래드 글로서먼

김성훈 옮김

피크 재팬, 마지막 정점을 찍은 일본
팽창을 향한 야망과 예정된 결말

1판 1쇄 발행 2020. 6. 22.
1판 4쇄 발행 2022. 11. 10.

지은이 브래드 글로서먼
옮긴이 김성훈

발행인 고세규
편집 박보람 디자인 홍세연 마케팅 이헌영 홍보 김소영
발행처 김영사
등록 1979년 5월 17일 (제406-2003-036호)
주소 경기도 파주시 문발로 197(문발동) 우편번호 10881
전화 마케팅부 031)955-3100, 편집부 031)955-3200 팩스 031)955-3111

값은 뒤표지에 있습니다.
ISBN 978-89-349-9126-7 03340

홈페이지 www.gimmyoung.com   블로그 blog.naver.com/gybook
인스타그램 instagram.com/gimmyoung   이메일 bestbook@gimmyoung.com

좋은 독자가 좋은 책을 만듭니다.
김영사는 독자 여러분의 의견에 항상 귀 기울이고 있습니다.

이 도서의 국립중앙도서관 출판시도서목록(CIP)은 서지정보유통지원시스템 홈페이지
(http://seoji.nl.go.kr)와 국가자료공동목록시스템(http://www.nl.go.kr/kolisnet)에서
이용하실 수 있습니다.(CIP제어번호 : CIP2020023046)

한국어판 서문

《피크 재팬, 마지막 정점을 찍은 일본》은 2019년 봄에 출간되었다. 그 이후는 일본에게 힘든 해가 되었다. 정치적으로는 안정적이어서 아베 신조는 11월에 일본 역사상 최장수 총리가 될 수 있었다. 하지만 불행히도 아베로서는 총리 재직 기간 중 오점을 남겼고, 스캔들로 인해 아베 정부와 정치체제 전반에 대한 신뢰가 훼손되었다. 자민당과 아베 총리가 실질적인 도전세력이 없이 권력에 안주하는 것처럼 보이면서 유권자의 냉소주의가 짙어졌다.

다른 선택이 없다는 사실은 경제가 고전을 면치 못하면서 한층 더 통렬하게 느껴졌다. 역삼각형처럼 된 인구 피라미드와 같은 구조적 문제가 갈수록 두드러지고 있다. 일본은 미-중 무역 전쟁으로 인해 난타당했고, 이 와중에 매우 필요하기는 했지만 두 차례나 연기되었던 소비세가 8퍼센트에서 10퍼센트로 2019년 10월에 인상되면서 일본의 경기 위축이 한층 더 심각해졌다. 금년 들어 지난 3개월간 경제 규모가 당초 6.4퍼센트 축소할 것으로 전망되었으나 7.3퍼센트로 더 추락할 것이라고 재조정되었다. 코로나19의 창궐로 인해 경기 회복에 대한 모든 희망이 사라졌고, 일본은 2020년 일사분기에 침체를 겪은 후 공식적으로 불황에 돌입했다. 경제학자들은 2020년 이사분기에 코로나19 팬데믹으로 타격을 받아 25퍼센트 축소를 기록할 수도 있다고 우려하고 있다.

일본은 2020년 하계 올림픽이 그토록 원했던 경기 활성화를 촉진하는 계기가 되기를 희망했지만 3월에 개최 연기가 발표되었으며, 2021년에 개최되리라는 희망이 있기는 하지만 이 또한 아무런 보장이 없다. 일본이 받은 충격은 경제적 피해 수준을 넘어선다. 아베에게 2020년 올림픽은 일본이 '잃어버린 10년들'의 종지부를 찍고 일본이 다시 국제무대에서 두각을 나타내는 계기를 알리는 고별 무대로 준비되어 있었다. 그 대신 올림픽 연기 발표를 늦춘 데 대한 비난이 있었고, 이런 비난의 수위는 코로나19에 대한 서투른 대응에 초점을 두면서 높아졌다.

일본에게 한 가지 밝은 점을 지적하자면-적어도 아베로서는 긍정적인 측면-트럼프 미국 대통령을 다루는 아베 총리의 능력이라 볼 수 있다. 아베는 국제 지도자 중에서 "트럼프의 귀를 붙잡고 있으며" 변덕스러운 미국 대통령과 좋은 관계를 유지하고 있는 인물로 간주된다. 하지만 이런 성과에도 의문이 있는 것도 사실이다. 트럼프가 딜 메이커 역할을 기꺼이 하겠다고 나서면서 김정은 및 시진핑과 협상을 하느라 일본의 이익이 희생되었다. 동맹의 가치에 대한 트럼프의 오래된 회의감 때문에 일본을 수호하겠다는 미국의 공약에 대한 불안감도 커지고 있다. 일본에 대해 미국이 필수불가결한 역할을 하고 있다는 점을 감안할 때 미국의 대일본 안보공약은 핵심적인 국가 안보 사안이다.

다시 말하자면 《피크 재팬, 마지막 정점을 찍은 일본》에서 파악된 이런 성향과 방향성이 계속해서 악화되고 있다. 그런데 이 책에 대한 가장 흔한 반응이 분노라는 점이 역설적이다. 어떻게 감히 외국인이 매우 잘 돌아가고 있고 자국민(과 방문객)에게 그토록 즐길 거리를 많이 제공하는 국가에 대해 비판할 수 있다는 말인가? 특히, 그렇게 많은 다른 나라들이 엉망인 상황에서 어떻게 이럴 수가 있는가? 이렇게 불평하는 사람들은 요점을 놓치고 있으며, 바로 이 점이 《피크 재팬, 마지막 정점을 찍은 일본》에서 가장 중요한 부분이다. 일본은 적어도 대도시 중심부에서는 잘 돌아가고 있다. 도쿄는 세계에서 가장 대단한 도시 중 하나로 손꼽히며, 거주민과 방문객 모두에게 뛰어난 문화적 요소로 마음의 평온을 크게 안겨준다. 도쿄는 다른 어떤 도시보다 미슐랭 스타를 받은 맛집이 많으며-파리의 두 배가 넘는다-세계 4대 미슐랭 도시 중 3곳이 일본에 있다. 나에게는 이 점이 가장 설득력 있는 문명의 척도 중 하나가 된다.

하지만 이런 위안에는 큰 대가가 있다. 기존 정책으로 극복이 불가능한 도전에 직면하고 있음에도 불구하고 현실에 안주하고 있다는 점이다. 이러한 어려움을 극복하려면 일본은 근본적인 변화를 거쳐야 하며 설령 그런들 성공한다는 보장이 없다. 이 모든 게 결합이 되어서 많은 불만에도 불구하고 만족스러워하며 안락하다고 느끼는 보수적인 사회에서 개혁은 사실상의 사망 선고를 받는다. 일본인들이 이걸 원한다면 괜찮다. 그러나 일본의 한계는 갈수록 커져서 국내적이건 국제적이건 간에 문제를 다루어야 하는 자원이 충분하지 못한 순간이 닥칠 것이다. 바로 이 점이 결정적인 부분이다. 이런 상황이 발생한다면 일본은 진정한 위기에 맞닥뜨리게 될 것이며, 만약 이런 위기가 외국과 관련된다면 일본의 동맹국인 미국과 여타 국제 파트너들이 일본의 대응에 대해 실망할 것이라는 진정으로 크나큰 위험이 발생할 것이다.

일본은 이런 미래에 더 잘 대비해야 한다. 개인적 의견으로는 최선으로 대응하려면 일본의 국익과 자원에 대한 보다 정확한 평가부터 시작해야 하며, 이런 평가가 있어야 정부가 일본의 힘과 목적의 현실에 더욱 잘 맞춰진 정책을 고안할 수 있을 것이다.《피크 재팬, 마지막 정점을 찍은 일본》이 주장하는 바와 같이 모든 미사여구에도 불구하고 도쿄의 정책입안자들은 국력을 20세기 관념에 따라 집착하고 있다. 이러면 일본의 힘을 활용할 수가 없다. 이런 미래에 대비하기 위해 할 수 있는 여러 조치 중 중요한 것이《피크 재팬, 마지막 정점을 찍은 일본》과 그 전작《The Japan-South Korea Identity Clash》에서 주장한 적이 있듯이 한국과 더 좋은 관계를 구축하는 것이다. 두 나라는 너무나 비슷하며, 가치관과 지정학적 우려, 그리고 아마도 가장 중요한 점으로 과거사가 전략적 옵션을 좌우하도록 되어 있다는 취약점 등을 공유하고 있다. 역사에 초점을 두기보다 같이 전향적으로 바라보는 게 양국에게 이익이 된다. 하지만 또 다시《피크 재팬, 마지막 정점을 찍은 일본》이 발간되고 이후 일어났던 사건들을 보면 희망을 갖기에 근거가 너무나 빈약하다.

일본의 전향

《피크 재팬, 마지막 정점을 찍은 일본》은 전 세계 정부가 코로나19의 발병에 따른 경제적 충격과 씨름을 함에 따라 적실성이 더 높아졌다. 경제학자들은 공세적인 통화 완화에도 불구하고 1990년대 초기부터 역대 일본 정부가 겪었던 경제 성과가 부진하거나 완만한 상황을 줄여서 "일본화Japanification"라고 원용한다.

하지만 제로금리 수준의 이자율에도 불구하고 인플레이션이 발생하지 않았고, 일본 정부는 성장을 촉진하고자 재정지출 패키지로 눈을 돌렸다. 그 결과로 인해 빚이 쌓였고 위기때 경제를 자극할 수 있는 유용한 화폐 수단, 즉 이자율을 상실했다. 미국과 유럽의 경제정책 입안자들은 일본의 상황, 특히 일본의 인구구조 등이 독특하다고 주장하면서 본인들은 이런 실수를 하지 않겠다고 다짐했지만, 2008년 금융위기 이래 저금리 기조에도 불구하고 이 나라들의 인플레이션 추이도 꾸준히 내려갔다. 코로나로 인한 경제 붕괴는 이런 추세를 심화시켰다.

일본에게 오명을 씌우는 것을 피하고자 일부 경제학자가 사용하는 용어인 "구조적 장기침체secular stagnation"의 원인은 아직 불분명하다. 놀랍지도 않게 해결책 또한 아직 손에 잡히지 않는다. 일부 전문가는 코로나19가 종식된 세계에서 소비자들이 고립과 폐쇄로부터 벗어나 미친 듯이 소비활동에 탐닉할 것이기 때문에 수요가 폭발적으로 증가할 것으로 믿고 있다. 이로 인해 생산과정에서 불가피하게 병목현상이 발생해서 일본화Japanification를 피할 수 있는 인플레이션이 발생할 것이라는 이야기이다. 다른 전문가는 소비가 절제된 뉴노멀이 미래의 특징이 될 것이며, 이로 인해 경제에서 인플레이션 충동이 사라져서 경기침체가 위협으로 계속 남아 있을 것으로 본다. 그렇다면 일본의 우울한 경제 성과를 정확히 평가하는 것이 전 세계 다른 국가들이 똑같은 운명으로 어려움을 겪지 않도록 도움을 주기 위해서 긴요하다.

그럼에도 중요한 점은 어떻게 일본이 수십 년간 느리거나 정체된 성장을 헤쳐나가면서 여타 선진국에서 분출되었던 사회적, 정치적 격변을 겪지 않았는지를 이해하는 것이다. 일본은 미국의 티파티나 영국의 브렉시트 캠페인과 같은 포퓰리스트 운동이 없었다. 이 나라의 회복력은 어떤 식으로 설명이 될 수 있는가? 그리고 다른 국가들이 이런 파괴적인 충동에 빠지지 않도록 도움을 줄 수 있는 있는 교훈이 있는가?

한국에 대한 교훈

일부 한국인은 일본의 어려움을 고소하게 여길지도 모르겠지만 한국인들은 《피크 재팬, 마지막 정점을 찍은 일본》을 경고의 메시지로 읽어야 한다. 물론 한국의 정치는 일본이 겪고 있는 무기력한 상황이 지배하고 있지 않으며, 이는 보수 세력과 진보 세력이 번갈아 청와대에 집권하는 상황에서 드러난다. 한국 경제는 여러 번 절박한 상황에 몰린 적이 있었고, 그때마다 목소리가 크고 공격적인 대중이 정부에게 보다 공세적으로 위기에 대응해달라고 요구했다. 그리고 일본과 달리 한국은 스스로 목표점을 설정하고 이를 달성하려 한다. 한국은 사회를 동원하고 달성 수준을 측정하는 데 사용될 수 있는 국가적 목표를 거리낌 없이 규정했다.

그러나 그와 동시에 한국은 일본의 상황만큼 심각한 인구 문제에 봉착하고 있다. 개혁을 촉진하려는 노력에도 불구하고 대한민국 경제의 핵심 속성은 변하지 않고 있으며, IMF는 한국이 생산적이지 못한 기업을 떨쳐내야 하며 그렇지 않으면 일본처럼 "좀비기업" 퇴출을 거부한 대가로 큰 압박에 직면할 것이라고 경고했다.*

지정학적 유사성과 한일 양국 정부가 내린 결정에 따른 잠재적인 전략적 후과도 마찬가지로 우려스럽다. 한국은 스스로 믿는 것보다 훨씬 더 능동적인 힘이 있다. 한국은 더 이상 "고래 싸움에 끼여 있는 새우"가 아니다. 그러나 일본처럼 대한민국은 미국과 중국 사이에 끼여 있다. 나는 미국과의 동맹이 한일 양국으로서 최선의 전략적 선택이라고 믿지만, 한국과 일본은 여전히 어쩔 수 없이 선택을 해야 하

• Edda Zoli, "Korea's Challenges Ahead – Lessons from Japan's Experience," International Monetary Fund, IMF Working Papers, January 18, 2017.

며 이 선택에 따른 결과가 있을 것이다. 즉 "끼여 있다는" 의미가 무엇인가라는 점이다. 양국 정부는 자신들의 외교적 옵션을 확대하고자 노력해왔고 대체로 성공을 거두었다.

한국의 가장 큰 실패는 일본의 실패를 마치 거울처럼 그대로 반영하고 있다. 이웃 국가와 미래지향적인 관계를 구축할 능력이 없다는 것이다. 불안한 한일 관계는 양국을 둘 다 전략적 차원에서 취약하게 만든다. 동북아시아는 군사역량을 현대화하고 강화하는 적들이 있는 불안한 지역이다. 일본의 안보정책 입안자들은 한국의 안보가 일본의 안보와 떼려야 뗄 수 없이 연계되어 있다는 사실을 알고 있다. 그리고 비록 일본은 한국의 방위에 직접 기여할 수는 없지만-일본 헌법에 따라 제약을 받으며, 한국인들이 일본 자위대의 한반도 진입을 용납하지 않을 것이라는 점을 알고 있다-한국과 협력해서 억제력을 강화하며 평화와 안보를 위한 지역 체제를 구축하는 데 일조할 수 있다. 만약 한국과 일본이 두 나라가 공동의 미래를 위해 협력할 수 있는 공통된 기반을 마련할 수 있다면 양국 모두 이 지역에서 영향력이 훨씬 더 커질 것이고 자신들의 안보도 더 공고해질 것이다.

《피크 재팬, 마지막 정점을 찍은 일본》은 일본의 정책 입안자들에게 일본의 자산과 지위가 점점 축소되고 있다는 점을 인식하고 아직 영향력이 최대한으로 남아 있을 때 움직이라고 촉구하도록 일본의 무사태평한 가식적 태도를 꿰뚫어보려고 하고 있다. 근시안적인 한국 독자라면 이 책의 내용으로부터 한국이 힘을 키울 때까지 기다려야 하며 양보를 받아내게 될 때 더 많이 받아내야 한다는 교훈을 뽑아낼지도 모른다. 하지만 진정으로 통찰력이 있는 사람이라면 자국의 운명이 일본과 똑같이 될 수도 있다는 점을 깨달을 것이다. 궁극적으로 화해하게 될 경우에 추가적으로 이익을 쥐어짜내겠다고 희망하면서 기다리기보다는 공동의 미래를 구축하기 위해 신속하게 움직여야 한다고 인식할 것이다.

전 세계에 엄청난 변화가 발생하고 있고, 두 나라도 변화를 겪고 있으며, 새롭게 등장하는 환경에서 그간 이룩한 성공을 확실히 지속하기 위해서는 근본적으로 정책을 맞춰서 조정해야 한다는 사실을 서울과 도쿄 둘 다 인식해야 할 필요가 있다. 한일 양국은 새로운 가능성을 움켜쥐어야 하며 또한 동시에 새로운 제약에 직면하고 있다는 사실도 인식해야 한다. 많은 중요한 부분에서 두 나라는 이런 새로운 현실에 적응하기에 상당히 적합하지만, 성공 여부는 두 나라가 어떤 존재인지, 그리고 진정한 국익이 무엇인지를 냉철히 정확하게 평가할 수 있는지에 달려 있다. 나는 《피크 재팬, 마지막 정점을 찍은 일본》이 한일 양국이 이런 이해를 할 수 있는 방향으로 자극이 될 수 있기를 희망한다.

2020년 5월 27일

차례

PEAK JAPAN
The End of Great Ambitions

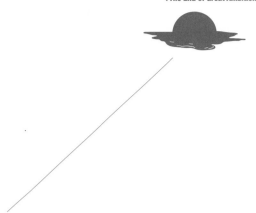

PEAK JAPAN
: The End of Great Ambitions

　　　　　　일본은 국제관계 분야의 분석과 활동에서 연구도 덜 되고 경시되거나 과소평가된다. 일본이 이런 안타까운 상태에 있는 이유 중 하나로 중국의 부상과 중국이 국제질서에 던지는 근본적인 질문을 꼽을 수 있다. 중국이 이룬 눈부신 성공은 국제 안보와 전 세계적인 외교정책 활동에 대해 던지는 함의가 크며, 또한 중국의 경제활동과 인터넷, 언론 활동도 마찬가지다. 미국에 맞설 수 있는 경쟁자의 등장, 그리고 아시아에서 미국이 차지한 우월한 지위와 아울러 많은 분야에서 미국의 주요 파트너 국가에 위협이 될 수 있는 도전자의 부상은 분석가와 정책입안자들의 주목을 끌었다. 중국은 미국의 동맹국과 파트너를 비롯해 일본까지 빛을 잃게 했고, 때로는 일본의 대미국 관계를 마치 주요 이슈의 부차적인 요소로 보이게끔 했다.

　　일본을 경시하게 된 두 번째 이유는 이 나라가 냉전이 종식된 후 갈 길을 잃었기 때문이다. 오늘날 중국처럼 일본은 한때 미국을 추월할 것으로 전망됐지만 여러 번 비틀거렸고, "과거 수십 년 동안 보여주었던 화려하고 놀라울 정도의 부상만큼 쇠퇴하는" 모습을 보였다.[1]

한때 세계를 호령하던 경제대국이 침체에 빠지고, 정치제도는 절망스럽게 노쇠하고 화석처럼 굳어버렸다. 국제적으로 일본은 이웃 국가와 경쟁국들의 그늘에 가려졌다. 일본 정부는 외부 위기에 대응할 수 있는 의지를 결집할 능력이 없다고 판명되었고, 일본 경제계도 경쟁력을 잃었다. 2009년이 되자 한국 재벌인 삼성전자의 영업이익 규모가 일본 9대 전자기업의 영업이익을 합친 것보다 두 배를 넘어섰다. 2012년에는 한국의 국가신용등급이 역사상 처음으로 일본을 능가했다.[2] 중국이 2010년 일본을 추월해 공식적으로 세계 제2위의 경제대국이 된 순간은 한 시대의 종언을 의미했다. 2008년 버락 오바마가 선출되고 나서 일본 정부는 미국과 중국이 공동으로 통치하는 체제가 형성될 가능성을 두려워했다. 이러한 관념은 일본인에게 여러 수준에서 공포를 안겨다 주었는데, 단순히 지난 반세기 이상 일본의 방위·외교 정책의 초석이었던 미국과의 파트너십이 위협받았기 때문만은 아니었다.[3] 모든 각도에서 바라봐도 일본의 자신감은 산산조각 났으며, 일본은 급격하게 변화하는 세계 속에서 자신의 위상을 찾으려 발버둥치고 있었다.

이런 침체와 방향성 상실은 당혹스럽다. 일본은 국가 목표를 설정하고 실현하고자 국가 전체를 동원하는 능력을 과시해왔다. 이를 위해 근대사에서 국가 정책과 목표를 두 번이나 급격하게 전환해야 하는 상황을 겪기도 했다. 그뿐 아니라 일본인은 단결했고 유대감과 목표의식을 과시했으며, 그로 말미암아 뭔가 일본만의 독특한 문화와 사회질서가 있는 게 아닌가라는 추측도 자아냈다. 하지만 냉전 종식 후 일본이 안고 있는 문제와 그 원인, 해결책에 대한 의견이 폭넓게 일치되었고 수많은 분석도 제시되었지만 일본은 여전히 방황하고 있다. 정치·경제·사회 지도자들은 일본이 현재 흘러가는 방향으로 계속 갈 때 예견되는 일본의 미래에 대해 경고해왔으며, 이러한 경고는 상당수가 시의적절했다. 일본 대중은 현 상황에 대한 불만과 미래 전망에 대한 불안을 거리낌 없이 드러냈다. 그러나 일본은 여전히 대체로 변함없이 같은 방향으로 가고 있다.

내가 이 책을 쓰는 동안 일본은 20년 이상 가장 풍요롭고 안정적인 시기를 누리고 있다. 많은 우려가 있었지만 아베 신조安倍晋三는 평화와 질서, 국제적 안정을 이끌어내고, 번영하며 안전한 국가인 '아름다운 나라로美しい国へ'라는 자신의 목표를 실현하려고 노력하는 비전 있고 정력적인 지도자로 판명되었다. 아베는 많은 사람이 예상했던 것보다 더 많은 성과를 달성했으며, 아직 그의 임기는 끝나지 않았다. 그럼에도 이 책의 주제는 아베 정부의 시기가 일본 국력이 최정점에 달한 시기이며, 구조적·태도적 제약이 결합해 일본이 현재와 미래의 도전에 적응할 능력이 한계에 달할 것이라는 내용이다. 바로 지금이 '일본의 정점Peak Japan'이다.

이러한 주제는 인기가 없다. 일본 내 현실주의자, 보수주의자, 전통주의자에게는 일본의 야망이 축소되고 보다 내부로 초점을 돌려야 하는 상황이 자신들의 핵심 원칙을 거스르는 것일 수도 있다. 일본의 동맹국과 파트너국으로서는 일본의 정점이 아시아와 좀 더 광범위한 아시아·태평양 지역의 질서에 대한 근본적인 전제를 뒤흔드는 일일 수도 있다. 아시아 지역의 역동성에 관심 있는 사람이라면 일본에 바라는 기대와 일본의 실제 능력 사이의 격차를 걱정할지도 모른다. 기대에 부응하지 못하면 파열음이 생기고 위기로 이어질 수도 있다. 그렇기 때문에 일본인이 아닌 사람들은 일본이 무엇을 하고 있고, 왜 그러고 있는지를 이해해야만 충분한 정보에 근거해서 적절한 선택을 할 수 있다.

이 프로젝트는 완성되기까지 오랜 시일이 걸렸다. 2011년 3월 11일 지진과 쓰나미, 원전 사고라는 삼중재난三重災難, triple catastrophe의 여파로 거의 2만 명이 목숨을 잃고, 3500억 달러가 넘는 피해(일본 국내총생산GDP의 약 5퍼센트에 해당하며, 인류 역사상 경제적 측면에서 최악의 재난)*가 발생했으며, 21세기 일본의 정체성에 대한 의구심이 들끓던 시기에 나는 이 프로젝트를 공식적으로 착수했다. 3월 11일은 매우 특별한 날이었다. 나는 3월 10일 저녁 샌프란시스코에 있었고, 다음 날 북캘리포니아 재팬소사이어티 프로그램에서 발표할 예정인 최근 일본의 상황 평가를 준비하고 있었다. 그때 호텔 로비의 대형 TV 화면에서 재난 발생 장면이 실시간으로 방영되었다. 마치 마법에 홀린 듯한 경험이었다. 나는 아내와 함께 화면에서 간신히 눈을 떼고 투숙실로 돌아와 일본 국영방송인 NHK 뉴스를 그다음 날 아침까지 계속 시청했다. 얼마 뒤 오래된 친구인 스미스리처드슨재단의 앨런 송이 내게 이번 사건이 일본에 미치는 영향에 대해 깊이 파볼 의향이 있는지 문의해왔다. 앨런은 특히 다른 사례처럼 이 사건이 일본을 자기만족과 침체의 상태에서 깨울 수 있는 또 다른 '메이지明治 순간'**이 될 수 있는지 궁금해했다. 실제로 잠깐 대응책이 마련되기는 했지만 대중은 이러한 충격으로 자극받지도, 변하지도 않았다(돌이켜보건대 아마 그랬던 것 같다). 3월 11일이 역사와 기억 속으로 잊히면서 이런 위기는 더 큰 내러티브의 일부에 불과했다는 사실이 명백해졌다. 그날의 물리적 충격은 단지 지난 몇 년간 일본이 경험했던 일련의 요동 중 가장 최근 사례였을 뿐, 일본의 무기력을 종식시킬 정도는 아니었다.

이 책에서 왜 그런지에 관해 설명할 것이다. 일본에서 27년간 살아오면서 내가 접한 관련 자료에 대한 연구와 일본인과 부대껴온 경험에 의지해보고자 한다. 나는 1991년 일본에 온 이래 일본을 관찰

•   당시 일본의 GDP는 5조 달러여서 7퍼센트에 해당한다.
•• 오랜 기간 쇄국에서 벗어나 메이지유신을 이룬 상황에 비유한 것이다.

할 유리한 위치에 있는 특혜를 누려왔다. 전직 〈마이니치신문〉 기자로서 나는 정계와 경제계의 마당발인 우타가와 레이조歌川令三의 초대를 받았고, 그는 나를 단순히 거두어주었을 뿐 아니라 내가 일본에서 자립할 수 있을 때까지 기꺼이 그와 그의 아내 에이코와 함께 살 수 있게 해주었다. 또한 〈재팬타임스〉 편집국장인 오가사와라 도시아키小笠原敏晶에게 소개시켜 주었으며, 오가사와라 편집국장은 내 지식과 가치를 높이 평가해 〈재팬타임스〉 논설실에서 일할 수 있게 자리를 제안했다. 그곳에서 일하면서 나는 일본에 대해 모든 것을 배워보겠다고 마음먹고 손에 잡히는 것을 모두 읽고 될 수 있는 대로 많은 사람을 만나보았다. 정말로 대단한 경험이었다. 도쿄에 머무는 동안 하와이에 있는 국제전략문제연구소CSIS의 싱크탱크인 퍼시픽포럼의 안보 전문가 랠프 코사를 만났다. 코사가 일본을 여러 차례 방문하면서 우리는 친분을 쌓았고, 2001년 그가 퍼시픽포럼의 회장이 되자 나는 연구 책임자가 되었으며 얼마 안 가서 선임 국장이 되었다. 그 이후 17년간 나는 계속해서 일본을 연구·분석했으며, 1년에 대여섯 차례 일본으로 돌아왔고, 아시아·태평양 지역 전역을 거의 끊임없이 순회하면서 지역 안보와 경제적·정치적 역동성을 심도 있게 이해할 수 있었다. 그러한 경험이 이 책의 토대가 되었다.

이 책에 나오는 분석은 방대한 연구나 인터뷰뿐 아니라 일본인 친구나 동료와 일상적으로 정책에 관한 사안을 나누며 얻은 경험도 반영했다. 10년간의 기사 보도 활동과 퍼시픽포럼에서의 17년에 걸친 회의, 강연, 저술, 대담이 담겨 있다. 이 책을 위해 나는 모든 연령대, 경제 수준, 정치적 시각을 대표하는 폭넓은 계층의 사람들과 이야기를 나누었다. 관료, 정치인, 학자, 연구소 관계자 등 '늘 접촉하는 사람들usual suspects'을 만나면서도 삿포로에서 오키나와까지 방방곡곡에 있는 학생, 예술가, 시민단체, 기업인, 평범한 시민 등 개인과 단체도 만났다. 가장 매력적이고 고무적이면서 통찰력을 주는 이야기는 도쿄, 교토, 오사카의 대학생과 나눈 대화에서 나왔다. 강의실에서, 통학길에서, 카페와 클럽에서, 고층빌딩 사무실에서, 지하 식당에서, 고급 식당料亭에서, 직장인이 가는 술집에서 이들과 대화를 나누었다. 데이터를 모으고 의견을 끌어내기 위해 모든 계기를 활용하면서 되도록 많은 기회를 포착하려 했다.

될 수 있는 대로 폭넓은 계층의 일본인과 이야기를 나누는 게 매우 중요하다. 일본에 대해 다소 혼동이 발생하는 이유가 있다. 연구 결과를 제시할 때 '큰 질문'에 대한 답을 얻으려면 인터뷰 대상자를 다양하게 접촉해야 하는데도 연구자 대부분이 특정 영역의 동일한 전문가에게만 접근했기 때문이 아닌가 하는 의심이 들기도 한다. 다시 말하면, 모든 일본인이 어느 정도는 의사결정 과정에 참여하기 때문에 일본의 미래에 대한 질문은 단순히 정치인이나 관료, 분석가만이 아닌 모든 일본인에게서 답을 얻어내야 한다.

나의 분석은 다음과 같다. 제1장에서는 1850년대 매슈 페리 제독의 일본 도착부터 그 이후 일본의 개항 그리고 그 뒤에 이어지는 성공과 비극을 그려내면서 현대 일본에 관한 주류 시각의 내러티브를 소개하고자 한다. 이 장에서는 제2차 세계대전 이후 형성된 제도와 그 제도가 어떻게 작용했고, 냉전이 종식되면서 어떻게 붕괴했는지 설명한다. 이 이야기의 마지막 부분은 두 가지 버전이 있다. 다수설인 첫 번째 버전은 '잃어버린 10년'을 두 번이나 겪은 일본이기에 앞으로 나아가기 위해서는 큰 변화가 필요하다고 본다. 소수설인 두 번째 버전은 일본은 피해가 과장되었을 뿐 많은 사람이 믿는 것 이상으로 훨씬 괜찮은 상황이며, 설령 과거의 상승세를 되찾기 위해 변화가 필요하더라도 작은 변화면 충분하다고 결론짓는다. 하지만 일본의 성과가 보이는 것만큼 나쁘지는 않더라도 대부분의 일본인은 일본의 정치적·경제적 성과에 만족하지 못한다. 이 장에서는 일본인이 그렇게 느끼는 이유와 일본이 2008년 직면했던 도전의 크기를 설명할 것이다.

그 이후 4장에 걸쳐 일련의 '충격'을 통해 일본이 다양한 정책 분야에서 '실패'한 사례를 탐구한다. 이미 언급한 바와 같이 이 책이 만들어진 배경은 3월 11일의 삼중재난이었다. 하지만 이 사건은 단지 일본을 뒤흔들었을 뿐 일본에 대한 근본적인 가정과 운영 원칙에 도전했던 여러 충격 가운데 하나에 그쳤다는 점이 금방 분명해졌다. 제2장에서는 세계 금융위기와 리먼브라더스 충격을 통해 경제정책을 들여다볼 것이다. 제3장에서는 거의 반세기에 걸친 자민당自民党*의 집권에 이은 민주당民主党의 집권을 분석하여 일본 정치의 문제가 무엇인지 진단할 것이다. 제4장은 외교정책으로 시야를 돌려 2010년에 있었던 센카쿠 열도尖閣諸島(중국은 댜오위다오釣魚島라고 주장한다)를 둘러싼 일본과 중국의 영토분쟁을 일본의 주변국과의 관계와 안보 정책을 분석하는 프리즘으로 사용하려고 한다. 일본이 메이지 시대의 '탈아입구脫亞入歐(다쓰아뉴오)'를 선택한 이래 일관되게 지속해온 방향의 산물이 이런 분석의 중심에 자리 잡고 있다. 제5장은 2011년 3월 11일에 있었던 사건을 바라보면서 이것이 일본인이 갖고 있던 국가정체성이라는 관념에 끼친 충격에 초점을 둔다. 이러한 국가정체성은 일본인의 기술에 대한 신뢰와 정치, 관료, 기업 제도의 위기 관리 능력을 통해 드러나고 있다.

제2장부터 제5장까지의 이야기는 2012년 말 민주당 정권의 붕괴로 마무리된다. 제6장은 아베 신조가 이끄는 자민당의 재집권과 아

---

* 자유민주당自由民主党의 약어.

베 신조와 그가 이끄는 자민당의 경제정책, 정치적 성과, 외교정책 그리고 아베 정부가 정체성 정치와 관련된 이슈를 어떻게 처리했는지 등에 대한 평가를 다룬다.

마지막으로 제7장에서는 개별 정책 분야의 변화를 요약하고, 많은 사람이 일본에 촉구했던 중요한 개혁이 실제로는 없었다는 사실을 설명한다. 이는 일본인이 일본에 대해 생각하고 있는 지배적인 관념으로서 겉으로 보기에 상호 모순적인 두 가지 태도, 즉 국가에 불만을 느끼면서도 전면적인 변화를 감수하는 것을 기피하는 모습을 모순되지 않게 조화시키고 있다. 명확히 말하면 일본이 전혀 변하고 있지 않는 것은 아니다. 어떤 사회도 호박琥珀 속 벌레처럼 갇혀 있을 수는 없다. 그러나 이러한 네 가지 충격과 같이 개혁의 도화선이 될 수 있었던 일련의 사건조차 위기감을 줄 수는 있었지만, 일본인이 편안함과 일상적인 생활 방식에서 벗어나 변화를 모색하도록 하기에는 불충분했다. 일본은 외부인이 기대하는 것보다 더 느리더라도 늘 그래왔듯이 적응할 것이다. 그리고 그 진화하는 방식과 간과될지도 모르는 여러 분야에서 세상에 기여함으로써 의외로 세계를 놀라게 할 수도 있다. 하지만 변화 속도가 현재 발생하고 있는 거대한 힘을 극복하기에는 부족하기 때문에 결국 일본은 더 이상 거대한 야망을 품지 못할 것이다.

그렇다고 일본을 완전히 무시하자는 말은 아니다. 일본이 '축소'될 수도 있다. 2017년 현재 1억 2700만 명이 살고 있는 일본은 몇십 년 후에는 인구가 1억 명 밑으로 떨어질 것으로 전망된다. 하지만 여전히 세계 3대 경제대국이고 10대 인구 대국이다. 일본은 서방세계와 동일한 가치관과 이익을 공유하며, 이를 증진할 수 있는 독특한 위치에 있다. 일본은 21세기가 직면한 가장 시급한 도전을 해결할 많은 방안을 모색하는 과정에서 큰 기여를 할 수 있다. 실제로 일본은 모든 선진 민주주의국가가 궁극적으로 직면할 문제들과 이미 당면해 씨름하고 있기 때문에 해결책을 강구하는 중요하고도 잠재적인 실험실이 될 수도 있다. 특히 미국인으로서는 세계에서 가장 역동적 지역인 아시아에 대한 외교정책과 이 지역에 대한 관여 활동에서 초석이 되었던 동맹국이자 파트너의 성공을 응원해야 한다. 일본이 이러한 도전을 극복하지 못하고 실패했을 때 나타날 후과後果들도 마찬가지로 중요해질 것이다.

일본은 중요하다. 제2차 세계대전의 종료 후 일본은 지역과 세계 평화를 위해 비교할 수 없는 큰 기여를 해왔다. 유엔에 두 번째로 많은 기여금을 납부해왔고, 한때 해외 원조의 가장 큰 손이었으며, 일본 헌법은 국가정책 수단으로서 전쟁을 포기했다. 이 책을 쓰는 현재도 일본 정부는 전후 안보와 외교정책의 근본을 재평가하고 있으며, 그러한 논의의 결과가 느껴진다. 한쪽에서는, 동아시아가 불안정해지고 오랫동안 지역 평화와 안정의 근원이 되었던 동아시아 지역 질서의 균형이 뒤흔들릴 수도 있다는 점에서 우려하고 있다. 일본과 일본의 미래에 대해 정확히 이해한다면 현재 일어나고 있는 변화에 적절히 대응하고 아시아의 역동성을 지속시키는 데도 도움이 될 것이다.

제1장

불행한 나라

PEAK JAPAN
The End of Great Ambitions

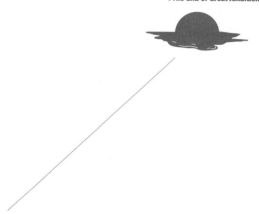

　　　역사학이란 많은 경우에 상승했다가 궁극적으로 주저앉아 원래 상태로 돌아가는 국가의 궤적을 그려가는 작업이다. 일본 정도로 심각하게 뒤틀리는 위상 변화를 겪어본 나라는 드물다. 지난 150년간 일본처럼 고점을 여러 번 찍고 그만큼 저점을 찍어본 나라도 없으니 말이다. 일본 외무성의 제2인자라는 영예로운 자리*까지 올라갔던 외교관 가와시마 유타카川島裕**는 "일본의 이러한 '기복起伏 현상'이야말로 20세기의 가장 큰 사건"이라고 믿는다.[1]

　이러한 요동은 1853년 7월 매슈 페리 제독이 오늘날 도쿄에 해당하는 에도만江戸灣에 도착해 일본의 개항과 미국과의 통상을 요구했을 때부터 시작되었다. 페리는 1633년부터 지속되었던 일본인의 교역 활동과 외교정책을 엄격하게 제한해왔던 쇄국鎖国, 즉 고립을 종식시키려고 했다. 공식적으로는 어떤 외국인도 일본에 들어갈 수 없

• 　　의원내각제인 일본은 의원 출신 정치인이 각 부처 장관을 맡고 있으며, 직업 관료의 정점은 사무차관이다.
•• 　1999년부터 2001년까지 외무성 사무차관을 역임했다.

었고, 어떤 일본인도 외국으로 나갈 수 없었으며, 어기면 고통스러운 죽음을 맞도록 되어 있었다. 하지만 실제로 일본이 완전히 폐쇄되었던 것은 아니다. 일본은 조약에 따라 몇몇 항구를 통해 외국과 교역해왔지만, 일본 시장에 접근하려는 다른 국가들의 요구를 통상적으로 거부했다. 전반적으로 봤을 때 "1870년대와 1880년대에 일본은 세계의 일부가 아니었다"라고 결론짓기 쉽다.[2] 처음 일본을 방문했을 때 일본이 완강히 거부하자 페리 제독은 1년도 안 되어 두 배 규모의 군함을 이끌고 와(물론 함포를 약간 사용하면서) 가나가와조약神奈川条約*에 서명하도록 일본을 종용했고, 쇄국을 실질적으로 종료시켰다.[3] 이런 경험은 일본인의 의식에 깊이 자리 잡게 되었다. 한 세기하고도 절반이 지났지만, 페리 제독이 이끌고 온 군함을 뜻하는 '구로후네くろふね, 黑船(흑선)'는 일본에서는 여전히 힘으로 밀치고 들어오는 외세를 상징한다.

페리의 함포는 큰 인상을 남겼다. 페리의 요구사항은 일본에 커다란 정치적 파장을 일으켰으며, 기존 질서의 전복으로 귀결되었다. 군벌 지휘관으로서 1192년 이래 실질적으로 일본을 지배해왔던(천황으로부터 임명받기는 하지만) 쇼군将軍은 국가 개조의 필요성을 깨달은 일본의 지역 영주들로 형성된 연합군과의 전쟁에서 패하고 권좌에서 물러났다. 그러고 나서 15세의 메이지 천황明治天皇이 쇼군을 대체했다.

일본은 동아시아에서 서구가 주도하는 새로운 국제질서 체제에 참여하도록 강요받았지만,[4] 무자비한 효율성과 목표 의식을 갖고 개혁을 받아들였다. 메이지 시대에는 정부가 일본의 근대화를 촉진하고

• 　일미화친조약日米和親条約이라고도 부른다.

다시는 자국보다 더 크고 강력한 외세에 휘둘리지 않으려고 학습과 기술, 노하우를 찾아 전 세계를 샅샅이 뒤졌다.[5] 역사학자인 E. H. 노먼은 다음과 같이 설명했다.

일본의 정책을 설계한 사람들은 일본이 중국이나 이집트와 같은 운명에 빠지지 않으려면 일본을 무례하게 잠에서 깨우고 중국을 반식민지로 만들었던 열강의 정치체제나 경제정책을 채택해야만 한다고 보았다. 역사는 때로는 무자비한 과제를 부여하며, 메이지 시대 정치인에게 그러한 역사적 교훈은 복속된 국가가 아니면 승승장구하는 제국만 있지 그 중간의 어중간한 것은 없다는 경고로 받아들여졌다.[6]

이러한 노력의 성과는 인상적이었다. 일본의 1인당 GDP는 30년 만에 70퍼센트 증가했다. 그리고 1913년까지 다시 두 배, 1938년까지 또다시 두 배로 증가했다.[7] 일본의 경제적 성공은 국제사회에서의 위상 제고로 이어졌다. 1895년 중국을 격파한 일본은 시모노세키조약下関条約을 맺어 포르모사臺灣(대만)와 페스카도리스군도澎湖諸島(펑후제도), 랴오둥반도遼東半島를 할양받았다. 이 조약으로 한국이 중국의 통제에서 벗어나자 일본은 한반도를 지배할 수 있는 길이 열렸다. 10년도 채 지나지 않아 일본은 서구 열강인 러시아에 맞서 도전했다. 러시아가 동북아 지역에 진출하려는 일본의 야욕에 걸림돌이 된다고 판단한 것이다. 일본군은 뤼순旅順*에 정박하고 있던 러시아 태평양함대에 치명적인 타격을 입혀 패배시켰다. 1905년 시어도어 루스벨트 미국 대통령의 중재로 체결된 포츠머스조약으로 일본은 만

---

* 원문에는 'Port Arthur'로 되어 있다.

주 남부, 주요 도시인 뤼순과 다롄大連 그리고 남부 사할린을 할양받았다. 러시아 정부는 일본의 '한국에 대한 우월적인 이익'을 인정하도록 강요받았고, 그 요체로 일본은 한국의 보호국이 되었다. 한국은 1910년에 완전히 병합되었다. 역사학자인 워런 코언은 이때서야 일본이 세계열강의 일원이 되었다고 지적한다.

> 일본은 … 한국을 강제로 개항시켰으며 그 세기가 끝나기 전에 한국을 지배하게 되었다. 다름 아닌 일본이 중국을 가장 괴롭히는 국가가 되었다. 서구의 동아시아 구상에 도전하고자 맞서 일어나 20세기 초 한국과 만주로 밀고 내려오려는 러시아를 몰아낸 것도 일본이었다. … 일본인은 러시아를 막을 뿐 아니라 동시에 영국과 동맹을 맺어 태평양에서 미국의 이익을 위협하는 강력한 국가를 만들어냈다.[8]

아울러 오늘날의 시각에서 봤을 때 "일본이 서구 제국주의의 피해자에서 주변국에 대한 가해자가 되었다"라는 점도 중요하다.[9]

물론 이러한 일련의 사건이 중요하기는 하지만, 어디까지나 일본이 부상하는 중간 과정에 있었던 일이다. 일본 정부는 서구 열강이 아시아 국가들에 부과했던 외국인에 대한 치외법권 등(다른 조항들도 있지만)이 포함된 불평등조약을 1899년에 개정했으며, 1911년 주권의 중요한 상징인 관세 부과 자율권을 완전히 되찾았다. 1910년대에 일본이 아시아에서 제국을 공고히 구축해나갈 때 두 가지 요인이 도움이 되었다. 베르사유조약을 협상하면서 일본은 이른바 '5대 승전국*'의 일원이 되었고, 서구 열강은 그 밖의 다른 사건에 관심을 돌렸

---

* 제1차 세계대전의 주요 승전국은 미국, 영국, 프랑스, 이탈리아, 일본이다.

기에 중국의 주권 수호에 대한 의지가 없었다.

1932년 일본은 만주 지역을 통치하는 데 형식적으로나마 정통성을 갖고자 만주국이라는 괴뢰 국가를 창설하여 중국 내부로 깊숙이 침투해나갔다. 아울러 자신들의 제국을 동남아시아까지 확장했고, 궁극적으로 1940년 8월에는 대동아공영권大東亜共榮圈을 주창했다. 이러한 구상에는 동아시아의 새로운 질서를 구축하고 "일본의 영도 하에 서방 세력으로부터 자유로우며 자급자족이 가능한 아시아 국가들의 블록"을 구축한다는 목적이 있었다.[10] 이후 16개월 만에 미국과 전쟁을 개시했지만, 일본의 대담한 도박은 폐허로 끝을 맺었다. 일본 제국은 패망했으며 본토는 잿더미가 되었다. 일본은 전쟁을 겪으며 260만 명에서 310만 명이 목숨을 잃었는데, 이는 1939년 당시 인구의 3.67~4.37퍼센트에 해당한다.[11] 게다가 이런 수치보다 더 중요한 사실은 일본이 공격받은 방식일지도 모른다. 도쿄 대공습과 히로시마広島와 나가사키長崎에 투하된 원자폭탄은 상상을 초월하는 파괴력을 보여주었다.

"1등 국가 일본"

1945년 일본은 초토화되었다. 역사학자인 존 다우어는 일본 전체 부富의 4분의 1가량이 태평양전쟁으로 파괴되었다고 집계했다.[12] 일본은 완전히 패배하고 점령되었을 뿐 아니라 일본인의 군건한 결의 외에는 천연자원도 없었고, 전시에 잔인하고 야만스러운 피해를 끼쳤기 때문에 정치적·외교적·경제적으로도 고립되었다. 하지만 패배의 잿더미에서도 일본은 스스로 주요 선진국의 일원으로 끌어올렸고, 심지어 기존의 경제발전 모델까지 재검토하도록 하는 대담하고도 성공적인 계획으로 '기적'을 만들어냈다. 일본의 '발전국가development state'는 다른 아시아 국가들의 성공을 위한 본보기가 되었다. 이와 같은 비범한 성과로 일본은 제2차 세계대전의 잔혹한 유산을 극복하고 아시아에서 위상을 되찾았다.

외골수 같은 일본의 관료 집단은 야심에 가득 찬 정치권과 의지가 단호한 경제계와 손잡고 전통문화를 통해 대체로 동질적인 사회를 응집시켜 자본주의 원칙을 다시 써냈다. 한때는 트랜지스터 세일즈맨 국가라는 유명한 비아냥거림을 듣기도 했지만 일본은 강력한 수출산업을 구축하는 데 집중했고, 세계 기준을 선도하는 거대 제조기업들을 만들어냈으며, 경쟁자들을 무너뜨렸다. 소니, 도요타, 파나소닉 같은 기업은 각각 자신들의 산업계를 지배하여 집마다 반드시 보유해야 하는 물품들을 만들어냈다. 심지어 잘 알려지지 않았던 일본 기업들도 갑자기 등장해 개별 업계에서 우월한 지위에 올랐고, 자본을 이용해 경쟁업체를 집어삼켰다. 1988년 일본은 전 세계 부의 16퍼센트를 차지했는데,[13] 부존자원이 부족한 작은 나라치고는 놀라울 정도로 인상적인 지분을 갖고 있었던 셈이다. 이러한 통계수치로 일본이 이룬 전후 경제성장의 궤적은 기적이라고 불러도 과언이 아니었다. 1989년 시가총액 기준으로 전 세계 10대 기업 중 일곱 곳이 일본 기업이었다. 한창 호황일 때 민영화된 일본의 거대 통신사인 NTT의 가치는 AT&T, IBM, 엑슨, 제너럴일렉트릭, 제너럴모터스의 가치를 합친 것보다 더 컸다. 1990년이 되자 총자산 기준으로 세계 5대 은행이 전부 일본 은행이었다.[14]

생활수준도 꾸준히 향상되었다. 일본이 보유한 잠재력을 환상적으로 과시하면서 10년 내로 국민소득을 두 배 증가시키겠다는 계획 (1960~1970년)은 연간 10퍼센트의 경제성장률을 구가하면서 불과 8년 만에 달성했다.[15] 믿기지 않을 정도로 성장하면서 분배도 잘 이루

어졌다. 일본은 대부분 선진국의 특징이라 할 수 있는 성장통이나 사회적 빈부격차를 피해 갔다. 일본인의 90퍼센트는(일부의 경우 그보다 더 높게) 설문조사에서 판에 박힌 듯이 자신을 중산층이라고 밝혔다.[16] 일본 기업은 국제적인 위상 신장을 기념하려고 페블비치 골프장이나 록펠러센터와 같은 전 세계의 상징적인 부동산을 구매했다. 일본 관광객 숫자는 증가 일로였다. 이들은 1985년 플라자합의 이후 엔화 가치가 거의 두 배가 되면서 발생한 새로운 부를 즐기며 명품 패션 매장과 미슐랭 3스타 레스토랑을 휩쓸고 다녔다. 일본은 세계 최대 원조공여국이었고, 유엔에 두 번째로 많은 분담금을 냈으며, 선진 7개국 회의G7에 유일하게 참석하는 아시아 국가가 되었다. 민족주의 성향이 강한 작가 이시하라 신타로石原慎太郎(나중에 도쿄 도지사가 된다)와 소니 창업주인 모리타 아키오盛田昭夫는《NO라고 말할 수 있는 일본「NO(ノ-)」と言える日本》에서 일본이 전 세계의 세력 균형을 개조할 경제적 · 기술적 힘을 갖고 있기에 거기에 맞춰 힘을 쓰는 데 주저하지 말아야 한다고 주장했다.[17]

일본인이 힘들게 노력해서 얻어낸 성공을 즐기고 있을 때 세계는 이를 축하했다. 1976년 브루킹스연구소는 지난 25년간 일본이 이룩한 이례적인 경제적 성공을 설명하고자 미국과 일본 사회과학자로 팀을 구성하여 900페이지가 넘는 엄청난 분량의 보고서 〈아시아의 새로운 거인Asia's New Giant〉을 출간했다.[18] 1979년 하버드대학교의 사회학자 에즈라 보겔은 일본의 성과를 분석하고 칭송하는 선구적인 연구보고서 〈1등 국가 일본Japan as Number One〉을 출간했다. 보겔 교수는 "다양한 분야에서 일본의 성공을 관찰할수록 한정된 자원을 고려할 때 일본은 다른 어떤 국가보다 후기산업사회의 많은 기본 문제를 보다 성공적으로 해결해왔다는 확신이 든다"라고 설명했다.[19]

또 다른 사람들은 그렇게 낙관적이지 않았다. 미국의 전직 통상협상가인 클라이드 프레스토위츠는 "거대한 일본이라는 조직 뒤에 있는 힘은 대부분의 미국인이 생각하는 것보다 훨씬 크며, 이 거대한 세력은 아마도 미다스 왕 이후 최초로 부를 생성하는 일종의 자동기계를 창조했을지도 모르기 때문에 자발적으로 중단시킬 수 없다"라고 경고했다.[20] 그는 10년 내로, 즉 1980년대에는 제자가 멘토이자 보호자를 추월하게 되어 일본과 미국의 처지가 뒤바뀔 것이라고 우려했다. 당시에는 별로 알려지지 않았던 뉴욕의 부동산개발업자로 정치적 야심이 있던 도널드 트럼프는 전국 일간지 몇 곳에 전면광고를 게재해 일본(그 밖의 미국 동맹국들도 같이)이 '미국의 이익을 가져가며' 경제·적자·세금 측면에서 미국에 상당히 심각한 비용을 부과하고 있다고 경고했다. 트럼프는 "미국이 이런 국가를 보호하기 위해 목숨과 수십억 달러를 투입하는데 왜 이들은 미국에 돈을 지불하지 않는가? 우리는 우리 소유도 아닌 선박들을 보호하고 우리에게 필요하지도 않은 석유를 수송해주고 있지만 이 선박들과 석유는 우리를 도와주지도 않는 동맹국으로 가고 있다. 이런 상황에서 전 세계가 미국 정치인을 비웃는다"라고 말했다.[21] 1991년부터 1992년까지 프랑스 총리로 단명했던 에디트 크레송은 일본인을 전 세계를 지배하려는 '노란 개미'로 비유하면서 더욱 심각한 어조로 경고했다.[22] 이처럼 암울한 전망은 조지 프리드먼과 메러디스 르바드가 공저한《다가오는 일본과의 전쟁The Coming War with Japan》이라는 책이 발간되면서 정점을 찍었는데, 이 책의 제목은 혜성과 같은 일본의 등장을 반영한 것이었다.[23] 이와 대조적으로 차머스 존슨의 연구는 다소 절제된 것처럼 보였다. 그는 일본의 성공을 이해하기 위한 지적인 토대로서 〈MITI*와

• 　통상산업성, 현재의 경제산업성.

일본의 기적MITI and the Japanese Miracle〉이라는 연구 결과를 제시했다. 그는 일본을 베네치아공화국에 비유하여 "동방의 가장 고귀한 나라 La Serenissima of the East"라고 불렀다.* 1990년대 초반이 되자 존슨은 "냉전은 종식되었고, 일본이 승리했다"라고 결론지었다.[24]

일본에서 모든 사람이 '승리'를 축하하는 것은 아니었다. 몇몇 일본인은 소련의 붕괴 이후 '라이벌이 필요한 미국의 심리' 탓에 미국이 일본을 다음 타도 대상으로 삼을 것이라고 우려했다.[25] 이러한 우려는 77퍼센트의 미국인이 일본을 경제적 위협으로 보고 있다는 갤럽 설문조사 결과로 타당해졌다.[26] 고조되는 반일 감정은 제임스 팰로스의 기념비적인 기고문 〈일본 봉쇄Containing Japan〉로 요약되었다. 팰로스는 이 기고문에서 일본이 "자신의 경제력을 일방적이면서도 파괴적으로 확장시키고 있다"라고 주장했다.[27] 만일 미국이 일본 경제모델의 파괴적인 결과를 깨닫고 인정한 다음에 궁극적으로 최소화하지 못한다면 미국(과 그 밖의 서방 국가들)은 "언젠가 일본 경제 군대의 부사관이 되어 있을 것"이고, 더 나아가 미국 국익에도 심각한 피해가 발생할 위험이 있다고 경고했다. 팰로스는 직설적으로 다음과 같이 말했다. "따라서 일본을 봉쇄하지 못한다면 미국에 매우 중요한 몇 가지 요소도 위태로워질 것이다. 외교정책을 수행하고 이상을 증진하는 미국만의 독자적인 권위, 세계에서 가장 강력한 기업들과 연계된 미국 시민의 미래 전망, 제2차 세계대전 이후 지속될 수 있도록 미국이 뒷받침해오고 있는 자유무역 제도 등이 이에 해당한다."[28]

하지만 많은 일본인과 상당히 많은 다른 외국인은 일본이 기존 패

• 8세기부터 18세기까지 존속했던 베네치아공화국은 무역으로 번성했고, 스스로 가장 고귀한 공화국Serenissima Repubblica di Venezia이라고 일컬었다.

러다임의 여러 도전과 한계를 극복하고 새로운 문화적·경제적·정치적 모델을 만들어내면서 자본주의의 원칙을 새로 썼다고 생각했다. 일본은 탈냉전기에도 놀라운 추세를 지속해나갈 준비가 되어 있는 것처럼 보였다. 실제로 많은 일본인은 일본이 탈냉전기 세계에서도 번영하는 독특한 존재가 될 수 있다고 생각했고, 외국인은 이를 두려워했다.

거품 붕괴

그러나 꿈이 주저앉았다. 경제 엔진은 이미 긴장과 피로 징후를 보이기 시작했다. 일본의 수출 메커니즘은 1980년대가 되자 엄청난 무역수지를 만들어내고 있었다. 1985년에 엔화 가치가 두 배로 상승하고 전 세계에서 일본의 구매 활동이 폭증한 현상은 세계경제의 균형을 되찾으려는 시도였다. 아울러 미국의 보호주의 압박에 맞서는 조치였다. 하지만 일본의 무역수지 흑자에 대해 원하던 결과를 낳지는 못했다. 이는 새로운 환율하에서도 생산성을 쥐어짜고 이익을 유지해낸 일본 기업들의 대단한 능력 덕택으로 돌려야 한다. 일본 중앙은행인 일본은행日本銀行은 1987년 2월 엔화의 평가절상을 억제하는 동시에 일본 경제에 미치는 충격을 완화하려고 이자율을 5퍼센트에서 2.5퍼센트로 절반이나 줄였다.[29] 이러한 시도는 효과가 있었지만, 통화 공급의 증가를 초래해 이후 3년간 9퍼센트에서 12퍼센트의 인플레이션이 일어났다.[30]

환율 평가절상과 이자율 하락은 일본 전역의 자본 홍수로 이어졌다. 불행히도 이러한 돈을 투자할 수 있는 부문이 충분하지 못했다. 새롭게 생겨난 부의 일부는 일본 밖으로 유출되어 앞에서 언급한 상징적인 부동산 구매에 투입되었다. 하지만 더 많은 경우는 일본 부동산과 주식시장의 심각한 투기로 이어졌고 급기야 엄청난 거품을 초래했다. 일본 닛케이지수는 1989년 거래 마지막 날 최고점인 3만 8957.44포인트를 찍고 장 종료 시 3만 8915.87을 기록했다. 이 수치는 플라자합의 당시 닛케이지수의 세 배가 넘었다. 최절정기에는 일본 상장주식의 시가총액이 4조 달러에 이르렀으며, 이는 미국 내 모든 주식시장 합계의 한 배 반에 육박하며(당시 일본 GDP가 미국 GDP의 절반도 못 되는 상황이었는데도) 전 세계 주식 시가총액의 45퍼센트에 달했다.[31]

고객들은 단순한 손님이 아니라 마치 과시가 무엇인지 완전히 새로운 것을 보여주겠다고 마음먹은 것처럼, 도쿄의 가장 배타적인 클럽에서 금가루를 뿌린 사케를 마시거나 한 점에 100달러가 넘는 스시를 집어 먹었다. 세계에서 가장 유명한 명품 브랜드들은 일본에서의 판매액이 가장 높았다. 부동산 가치도 치솟았다. 황당한 비용을 청구하는 술집과 마찬가지로 비싼 돈을 내고 술을 마시는 술꾼이 있는 곳으로 잘 알려진 쇼핑과 식당가인 도쿄 긴자銀座 지역의 경우 목 좋은 곳은 땅값이 1제곱미터당 3000만 엔(약 21만 5000달러)에 달했다(1제곱피트당 2만 달러에 상당한다). 전문가들은 한때 도쿄 핵심에 자리 잡은 황궁의 면적이 불과 3.4제곱킬로미터지만 땅값은 캘리포니아주 전체와 맞먹는다고 계산했다. 1990년 어느 경제학자는 일본의 모든 부동산 가격 가치가 나머지 전 세계의 모든 부동산 가격을 합친 것보다 50퍼센트 더 많다고 추산하기도 했다. 그리고 은행들이 이런 부동산 가치에 기반해 자금을 대출해줄 때도 아무도 눈을 꿈쩍이지 않았다. 돌이켜보건대 경제학자들은 1986년부터 1989년까지 불과 3년 동안에 주식과 부동산을 통한 자본소득 총합계가 명목 GDP의 452퍼센트에 달한다고 계산했는데, 이는 아찔할 정도의 증가였

던 것이다.[32]

일부에서는 위험 신호를 눈치챘다. 대장성 大蔵省*과 일본은행의 관리들은 장기적으로 경제를 안정시킬 책임이 있었다. 인플레이션을 통제하고 있었지만, 1989년이 되자 부동산과 주식시장의 거품이 지속 불가능하다고 결론을 내렸다. 이들은 정상적인 가격을 회복시켜야 한다고 결심하고 이자율을 1989년 5월의 2.5퍼센트에서 1990년 8월에는 6퍼센트까지 급격하게 인상했다. 충격요법은 효과가 있었다. 주가가 거의 즉각 폭락하기 시작했다. 닛케이지수는 1년도 안 되어 46퍼센트나 떨어졌다. 금리인상에 이어 부동산 분야의 은행 대출에 대한 대장성의 새로운 지침이 정해졌다. 이 두 조치는 자산가치의 폭발을 억제한 정도가 아니라 30퍼센트 이상 폭락시켰다.[33]

불행히도 부동산은 기업과 개인의 방만한 대출에 대한 담보로 이용되었다. 은행 규제로 부동산담보 가치의 90퍼센트까지만 대출이 허용되었는데, 이런 정책은 한창 잘나가던 1980년대나 부동산 가치가 결코 떨어지지 않는 세계에서라면 타당했다. 하지만 이자율 급등 이후 이어진 경기둔화는 대출 담보가치가 하락하는 바로 그 시기 기업의 재무제표에도 부담을 주었다. 갑자기 은행이 보유한 부실채권 규모가 막대해졌고 이를 다 회수할 가능성이 거의 없다는 사실도 깨닫게 되었다. 설상가상 과잉 대출이 금융시스템 전반을 감염시켰다. 은행뿐 아니라 보험사, 중개업체도 과다 차입 상황에 놓이게 되었다. 다행스럽게도 이들에게는 일본 은행가들이 너그러운 존재였다. 문화적·정치적 상황과 기업 관행을 이유로 은행가들은 대출을 회수하거나 빈털터리가 된 채무자를 차압하거나 강제로 자산을 매각하기를

---

* 우리의 기획재정부와 금융위원회를 합친 정부기관과 유사하며, 2001년 이후 재무성 財務省과 내각부 산하 금융청 金融庁으로 분리되었다.

꺼렸다. 하지만 산더미 같은 악성부채가 은행 장부에 남게 되고 성공 가능성이 큰 사업에도 대출해주기 어려워지면서 경제가 피해를 입었다.[34]

　실물경제에서는 총공급이 총수요를 능가하면 그만큼의 초과공급이 발생한다. 다시 말하면 시장에서 흡수하지 못할 정도로 너무 많은 기업이 너무 많은 제품을 생산하고, 너무 많은 사람을 고용하고 있었다. 이미 파산했어야 할 기업이 여전히 영업을 지속했다. 이러한 '좀비기업'은 대출을 충당하기에만 충분할 정도로 간신히 영업하고 있었고, 은행 대차대조표상으로는 건전했지만 수익을 누리거나 자립경영을 할 정도는 못 되었다. 일부 경우에는 은행이 고객에게 대출금을 상환하고 채무불이행에 빠지지 않을 정도의 자금을 대출해주기도 했다. 이러한 관행은 좀비기업의 파산을 막을 수는 있었지만, 시장이 해소되지 못하게 막고 있었다. 퇴출되었어야 할 기업이 버티면서 건실한 기업까지 발목이 잡혔다. 한 연구 결과에 따르면 1990년대 일본 내 비효율적인 노동 재배치로 인한 총생산성의 성장 감소분 중 37퍼센트는 이런 '좀비대출' 때문이었다.[35] 공급이 수요를 지속적으로 초과함에 따라 가격이 하락하고 경제가 디플레이션에 빠졌다.

　그러자 기적이 반대로 돌기 시작했다. 1946년부터 1960년까지 연간 9.38퍼센트씩 확대되고, 1960년부터 1975년까지 연간 8.26퍼센트씩 성장해오던(그리고 둔화되었지만 여전히 존경할 만한 정도로 1975년부터 1990년까지는 4.12퍼센트씩 성장했다)[36] 일본이 1990년대 내내 죽을 쒔다. 연간 실질 경제성장률이 1퍼센트에 불과했고 경제협력개발기구OECD 회원국 중 최악의(세 차례) 불황을 겪었다. 물가수준을 조정하지 않은 산출량인 명목 GDP는 더 상황이 좋지 않았다. 2001년 명목 GDP는 1995년 수준과 거의 비슷했는데, 이 말은 일본이 그동안 전혀 성장하지 못했다는 뜻이다.[37] 1990년대를 일본의 '잃어버린 10년'

이라고 종종 언급해도 놀라울 일은 아니다.

내우외환

일본에 뿌리 깊게 자리한 우울한 분위기는 일본의 경제전망에 대한
우려만 반영된 것은 아니었다. 두 가지 놀라운 위기관리 실패 사례가
국민의 불안감을 자아냈다. 1995년 1월에 있었던 한신대지진大阪神
地震은 일본 남부의 고베神戸시를 뒤흔들었고, 그 과정에서 그동안 거
의 매일 작은 지진을 겪으면서 일본인에게 형성되어 있었던 건설 안
전기준에 대한 신뢰를 산산조각 냈다. 6400여 명이 지진으로 목숨
을 잃었다. 고베 중심 상업지구의 건물 가운데 22퍼센트가 사용 불
가 판정을 받았고, 절반 이상의 주택이 주거 부적합 판정을 받았다.[38]
1킬로미터에 달하는 한신고속도로의 고베 구간 고가도로가 붕괴되
어 도심을 가로지르는 잔해의 모습이 지진 피해의 상징적인 이미지
로 자리 잡았다.

건설 안전기준이 미흡하다는 점은 일본 정부가 실패했다고 인식
하는 이유 중 일부에 불과하다. 고베시 당국은 고베 지역이 대규모
지진에 취약하지 않다고 여기고 이러한 규모의 재난에 대비하지 않
았다. 일본 중앙정부도 위기관리 절차나 제도가 미비했다. 그 당시
위기에 대응하는 미국의 연방재난관리청FEMA과 비슷한 역할을 하
는 중앙정부 기관*도 존재하지 않았다.[39] 그 결과 개별 당국의 대응
에 혼선이 있었고, 구호 노력도 사기업이나 단체, 개인이 주도하는

---

* 코로나19가 창궐하고 있는 2020년 시점에서도 일본 정부 조직에는 범정부 차원의 위기
관리 기관이 없다.

민간 분야 위주로 진행되었다. 야쿠자나 우익단체도 따뜻한 국을 제공하고 원조 구호품을 분배하는 데 효과적으로 참여하여 가장 눈에 띄었다.[40]

일본 정부가 이 정도 규모의 위기를 예측하고 계획하지 못했다는 사실은 불과 몇 주 뒤인 1995년 3월 중순, 옴진리교 소속 새천년 테러리스트 그룹이 도쿄 지하철에 사린 가스를 살포하면서 다시 느껴졌다. 이 공격으로 거의 1000명에 가까운 사람이 피해를 당했는데, 그중 13명이 목숨을 잃고 중상자도 수십 명이었다. 옴진리교는 현대 일본사에서 특별히 어둡고 추악한 면모를 띠고 있지만, 이 사건과 관련된 두 가지 점이 유달리 우려스럽다. 첫 번째는 옴진리교 신도가 사회에서 소외된 미친 청년들이 아니었다는 것이다. 많은 신도가 일본 명문대를 졸업한 30~40대였다. 이들이 미친 교주의 지시를 받고 바쁜 출근 시간대에 무고한 시민을 대상으로 테러 공격을 했다는 사실은 1990년대 중반 일본에 불길한 징조가 있었음을 보여주었다. 두 번째는 일본 정부가 이 단체에 대해 파악하고 있던(혹은 의심하고 있던) 수준이 드러난 것이다. 정부가 이들의 테러 공격에 전혀 대비하고 있지 못했다는 사실이 더욱 충격을 주었다. 정부로부터 배신을 당했다고 느낀 일본 국민의 미래에 대한 불안감이 한층 증폭되었다.

이러한 일본인의 불안감은 국경 너머 외부 세계를 바라보면서 한층 더 심해졌다. 일본은 1990년대를 맞으면서 자신들의 경제적 성공뿐 아니라 세계가 일본만의 독특한 방식을 활용하는 방향으로 나아가고 있다고 믿으며 고무되어 있었다. 조지 H. W. 부시 미국 대통령이 이라크의 쿠웨이트 침공에 맞서려고 주도한 다국적군은 국제법과 제도에 기반을 둔 '신세계질서a new world order'를 약속했다. 많은 일본인이 이런 구상을 환영했다. 탈냉전기 세계에서는 법의 지배가 무자비한 무력보다 더 우월할 것이라 상상했고, 그렇게 되면 국력의 수단으로서 무력 사용을 포기한다고 헌법에 명시한 일본이 세계적인 리더십을 발휘할 독특한 위치에 놓일 것이기 때문이었다. 하지만 일본은 그 대신 이 같은 신세계질서 그리고 그 속에서 자신들의 국력과 한계를 거칠게 깨달았다. 일본은 사담 후세인 군대를 퇴치하는 다국적군에 130억 달러나 되는 가장 많은 재정적 기여를 했기에 많은 혜택을 누릴 수 있었음에도 무임승차를 했다고 무시당했다. 자국 병력을 위험에 빠뜨리기 싫어 '수표책 외교'를 했다는 것이다.[41] 심지어 쿠웨이트 정부가 전 세계 유력 신문에 자신들의 해방을 도와준 나라들에 감사하는 광고를 게재했을 때도 일본은 그 명단에서 빠졌다.

더 많은 위기가 뒤따랐다. 1992년에는 북한의 핵 야욕이 처음으로 분명해졌고, 이듬해에는 미국과 거의 충돌할 뻔했다. 이러한 위기는 지미 카터 전 대통령의 개입 그리고 미국과 북한 간 합의*로 간신히 피할 수 있었지만, 이는 과도한 낙관론을 전제로 하고 있었기에 10년도 못 가서 붕괴했다. 불량국가만이 핵 문제 우려를 일으킨 것은 아니었다. 세계가 포괄적인 핵실험 금지 조약에 대해 토론하고 있을 때 중국은 1995년 핵실험을 감행했으며, 인도와 파키스탄도 각각 잇따라 핵실험을 하면서 1998년 핵클럽에 가입했다. 핵 문제에 역사적으로 민감한 일본으로서는 이 같은 핵무기의 확산이 특히 우려스러웠다.

1992년 중국이 경제개혁을 채택하면서 맹렬한 경제성장을 하게 되었고 국방비도 두 자릿수 퍼센트대로 증가할 수 있었다. 중국의 군사력이 갈수록 강력해지면서 냉전 시기 주요 분쟁지역이었고 냉전 종식 후에도 여전히 그대로인 양안(중국과 대만) 갈등에 대한 인식과

•   1994년 미북 제네바 기본 합의.

대응도 변했다. 대만의 독립을 적극 지지하는 리덩휘李登輝 대만 총통이 1995년 모교인 코넬대학교를 방문해 '대만의 민주화 경험'이라는 제목의 연설을 할 때 위기가 불꽃처럼 타올랐다. 중국은 빌 클린턴 행정부에 만약 리 총통의 미국 비자를 발급한다면 미국과 중국 사이에 문제가 생길 것이라고 경고했다. 워런 크리스토퍼 국무장관은 첸치천钱其琛 외교부장에게 리 총통의 비자가 발급되지 않을 것이라고 안심시켰지만, 공화당이 주도하는 미국 의회가 리 총통의 방문을 촉구하는 결의를 통과시켰다. 미 국무부의 입장이 바뀌자 첸 외교부장의 체면이 구겨졌으며 중국은 분노했다. 1996년 중국은 대만 유권자를 겁주려고 미사일 시험발사 훈련을 했지만 이 전술은 실패했다. 리 총통은 재선에 성공했고 미국은 항공모함을 대만해협에 급파하는 방식으로 대응했다. 일본의 안보 전문가들은 '공세적인 강대국으로서 중국의 부상'에 대해 경고했다. 이들은 중국이 아시아에서 위상을 강화하기 위해 무력을 사용할 준비가 되어 있고, 민주주의 체제가 아니어서 내부 불안을 일으킬 수도 있으며, 경제력이 강해지면서 국제사회에서 더 높은 위상을 요구할 것이라고 지적했다.[42]

북한도 다른 이슈에 관심을 빼앗기지 않으려고 자신들의 메시지를 계속 발신했다. 호전적이고 전투적인 북한은 1998년 대포동 미사일을 일본 너머로 쏘아 올리면서 자신들의 오래된 원수를 타격할 기술을 새롭게 획득했다는 사실을 일본과 전 세계에 깨우쳐주었다. 북한은 간첩선을 통해 마약과 간첩을 일본으로 침투시키면서 일본 해상자위대와 숨바꼭질을 벌이기도 했다. 그렇기 때문에 "일본의 방위정책 결정자들은 북한의 군사력이 동북아 지역의 불안정을 잠재적으로 촉발시킬 수 있다고 파악했다. … 북한에 대한 일본의 공식적인 우려는 일본 방위청의 〈방위백서〉에 잘 나와 있으며, 1994년의 백서부터 처음으로 동북아시아 지역의 군사적 불안을 일으키는 근본 요

인으로 북한을 러시아나 중국보다 앞서서 지적"하고 있다.[43]

일본인의 불안은 대미 관계에 대한 우려로 한층 가중되었다. 미국과 일본의 관계는 "다른 어떤 것과도 비교가 불가능할 정도로 세계에서 가장 중요한 양자관계"[44]라는 유명한 표현으로 묘사되기도 했다. 하지만 그런데도 긴장 상태에 놓였다. 일본이 경제적으로 성공하자 도널드 트럼프 같은 비판론자들은 당연히 지불해야 할 국방비를 일본이 교묘히 회피하는 바람에 미국이 대신 내고 있다면서 일본 정부를 '무임승차자'라고 비판했다. 이런 비판론자들은 일본 정부가 주일미군에 제공하는 접수국 지원금이라는 상당한 기여금과 미국이 병력을 전방 배치함으로써 얻어내는 이익을 간과하고 있다. 통상 분쟁도 들끓었지만, 미일구조협의SII와 같은 양자 차원의 노력으로 대부분 관리할 수 있었다. 안보 관계가 틀어질(파열될) 것 같아 좀 더 우려스러웠다. 1995년 9월, 미군 장병 셋이 밴을 빌린 뒤 열두 살짜리 오키나와 소녀를 납치해 강간하는 일이 벌어지면서 이러한 위험이 현실화될 가능성이 커졌다. 이처럼 끔찍한 사건이 발생하자 일본 전역에서는 미군의 주둔 대가에 대한 심도 있는 성찰이 있었고, 미군이 법을 어기면 어떤 처벌을 받을지를 규정한 주둔군지위협정SOFA을 개정하고자 양국 정부 간에 밀도 있는 대화가 이루어졌다. 궁극적으로 미일 안보 파트너십 조건에 대한 새로운 합의가 체결되었다.[45] 이런 노력으로 조성된 선의와 신뢰는 2년밖에 지속되지 못했다. 1998년 클린턴 미국 대통령이 2주일 동안 중국을 방문했으나 귀국하면서 일본에 들르지 않았다. '일본 때리기Japan bashing'는 '일본 통과하기Japan passing'가 되어버렸고, 일본 국민은 일본의 경제문제와 정치적 취약성 탓에 미국의 전략적 고려에서 일본이 소외당할까 봐 두려워했다.

1990년대가 끝나갈 무렵, 일본인은 체념과 약간의 두려움이 섞인 채 세계 속 일본의 위상에 대한 설문조사를 실시했다. 1999년 12월에 내각부가 실시한 일본인의 생각과 전망에 관한 연례 여론조사에 따르면, 불과 3.3퍼센트의 응답자만이 지난해보다 삶이 나아졌다고 답했다. 67퍼센트는 그대로라고 답했고, 28퍼센트 이상은 나빠지고 있는 것 같다고 답했다. 9퍼센트는 앞으로 좋아질 것, 64퍼센트는 그 대로일 것, 24.5퍼센트는 더 나빠질 것이라고 전망했다.[46] 새로운 세기가 시작될 때 〈재팬타임스〉는 신년 사설에서 "20세기의 마지막 10년은 일본으로서는 '잃어버린 10년'이었고, 1980년대 말 거품경제의 붕괴로 계속된 어려움을 겪었다. 일본이 다시 세계 무대에서 경쟁력 있는 경제대국으로 복귀하려면 산업과 금융뿐 아니라 행정과 정치, 교육, 사법 그리고 이민을 포함한 사회 분야까지 근본적인 개혁이 필요하다"라고 한탄했다.[47]

새천년이 시작된 지 며칠 지나지 않아 특별위원회가 '일본의 바람직한 미래 방향'에 관한 평가를 상정했다. '21세기 일본이 갖춰야 하는 새로운 이상과 조직 원칙'을 설정하고자 21세기 일본의 구상에 대한 총리위원회가 1999년 3월 발족되었다.[48] 가와이위원회河合委員会라고도 지칭되는 이 위원회는 일본이 현재 세계화와 전 세계적인 문해율 향상, 정보통신혁명, 과학적 진보, 인구 변화 등으로 메이지유신이나 제2차 세계대전 패전과 유사한 '역사적 전환점'이자 '제3의 전환기'에 놓여 있다고 결론지었다(제3장 2항). 또한 1980년대와 1990년대의 경제적 어려움으로 "경제 분야뿐 아니라 정치 질서와 사회, 심지어 국민의 핵심인 가치관과 윤리적 규범까지 훼손시켰다"라고 경고했다(제1장 1항). 그리고 사회계약을 다시 쓰고 개인과 사회 간 관계를 재정의하는 것이 일본의 가장 큰 임무이며 '새로운 공공 공간의 창조' 이상의 무언가가 필요하다는 점을 인정했다(제1장 7항). 작성자들은 "너무나 광범위해서 숙고하기가 어려울 정도의 큰 주제가 있다"라는 점도 시인했다(제1장 19항). 의미심장하게도 위원회 소속 위원 16명은 이러한 극적인 개혁이 반드시 필요하다며 "우리는 시급성에 공감한다. 그대로 있으면 일본이 쇠퇴의 길로 들어서게 될까 봐 두렵다"라고 적시했다(제1장 1항).

구원투수 고이즈미 준이치로의 등판

이러한 경고는 효과가 거의 없었다. GDP가 2001년 일사분기에 축소되었고, 실업률은 5.5퍼센트로 치솟았고, 산업 생산량은 13년 만에 최저점을 찍었으며, 일본 정부의 신용등급은 Aa2로 모든 선진국 중 최악의 등급을 받았다.[49] 경제계획자들은 기업들의 해외 설비투자 속도와 이로 인한 국내 산업 '공동화空洞化'를 신랄하게 비판했다. "2001년만 해도 69개 주요 일본 기업이 일본에서 120개의 공장을 폐쇄했고 그중 70퍼센트는 중국으로 이전했다."[50] 일본의 대중국 해외직접투자FDI가 일본의 대아시아 투자에서 차지하는 비중이 1990년에는 5퍼센트였으나 2004년에는 48.6퍼센트로 증가했다. "2002년에 후지쓰총연富士通総研은 2002년부터 2010년 사이에 국내 생산이 8조 8000억 엔(약 730억 달러) 줄어들고, GDP가 1.7퍼센트 감소하며, 추가로 125만 명의 실업자가 증가할 것이라고 전망했다. … 정부 위원회는 만약 일본 기업들의 이러한 해외직접투자 비율이 지속되면 2018년까지 일본에 아무런 제조업 공장도 남아 있지 않을 것이라고 완전히 빈말만은 아닌 경고를 했다."[51]

경제가 휘청거리면서 조성된 사회적 위기도 많은 일본인을 더욱 불안하게 했다. 동질적이라고 생각하며 성과와 번영의 과실이 골고루 분배되었다고 믿는 사회에서(일본인은 대체로 90퍼센트 이상이 스스로 중산층이라 생각한다는 점을 상기하라) 개인적 차원의 정체가 일어나고 있다는 사실은 섬뜩하게 느껴질 정도였다. 2000년대 초에는 실업률, 소기업의 파산율, 노숙자, 범죄율, 이혼율, 아동학대, 자살률 등 사회적 불안을 나타내는 많은 지표가 최고점을 찍었다. "경제적 어려움과 직접 연관된 … 개인 차원에서 고난이 급속하게 악화되었다."[52] 2000년 OECD의 조사에 따르면 일본의 아동 빈곤율은 14.3퍼센트에 달했으며, 이는 OECD 평균보다 2.2퍼센트포인트가 높았다.[53] 1980년대에 일본의 지니계수(소득 불평등 지수)가 27.8로 OECD 평균보다 밑이었던 점을 감안하면 이는 놀라울 정도의 추락이다. 2000년이 되자 일본의 지니계수는 OECD 평균인 31.4를 상회했으며 불평등이 OECD 평균속도의 두 배로 악화되었다.[54] 아이러니하게도 이렇게 불편한 상황은 일본이 과거에 이룬 경제적 성공의 산물이다. 일본 기업들이 번창하는 동안 정부기금에서 제공되는 사회안전망 프로그램의 중요성이 줄어들었기 때문이다.

한편 일본은 안보 환경이 계속해서 악화되고 있다고 보았다. 여기에 불길하게도 워싱턴에서는 미일동맹을 강화하려는 미국의 노력에 대해 "일본 정부가 집중하거나 상응하는 조치를 할 능력이 있는가 하는 의구심이 증대되고 있었다."[55] 이러한 불안은 대부분 일본의 리더십에 대한 불신을 반영했다. 일본 총리들은 부끄러울 정도로 자주 교체되었으며, 자민당에 오래 남아 있거나 충성심을 보인 사람에게 보상주는 식의 제도로는 경쟁력을 보장할 수 없었다. 일본 관료들이 동맹을 지속시킬 수는 있었지만, 역동적인 안보 환경에 대응할 수 있는 전략과 정책을 마련하기 위해 필요한 정치적 리더십을 정계에서 찾아보기는 어려웠다.

이런 리더십 공백은 예상치 못했던 정치인으로 채워졌다. 별로 알려지지 않은 3대代 정치 가문 출신의 정치인 고이즈미 준이치로小泉純一郎가 당내 지도부 선거에서 승리한 뒤 2001년 총리가 되었고, 이

후 놀랍게도 5년이나 총리직을 유지했다. 고이즈미는 그 전에 1992
년부터 1993년까지 8개월간 우정성 장관을, 1980년대에는 1년이
채 못 되게 그리고 7년 후에 한 번 더 두 차례에 걸쳐 후생성 장관을
역임했다. 고이즈미는 너무 젊었고('겨우' 59세였다), 너무 특이했고(사
자 머리 헤어스타일과 엘비스 프레슬리의 팬으로 알려졌다), 그의 정책도 너
무 개혁적이었다.

　이렇듯 낮은 기대감에도 고이즈미는 일본 리더십의 기준을 새롭
게 설정했으며, 총리 관저(일본 총리가 거주하고 집무하는 건물로 일본의 백
악관에 해당한다)에 신선한 에너지와 역동성을 불어넣었고, 일본에 대
한 국제적 인식을 변화시키는 한편 일본의 정치와 가능성에 대한 새
로운 관심을 불러일으켰다. 고이즈미는 쿨하고 단호하며 언론 감각
이 좋은, 화면발 잘 받는 정치인이었다. 일본에 생기를 불어넣을 수
만 있다면 어느 것도 성역이 될 수 없으며, 문제를 해결할 수만 있다
면 자신이 속한 정당이라도 달려들겠다(개혁에 대한 저항에 직면하자 기
꺼이 약속했다)고 말한 후 그의 개인적 인기는 전례가 없을 정도인 80
퍼센트까지 급등했다.[56]

　고이즈미가 총리로 오랫동안 집권함에 따라 그토록 요구되었던 일
본 정부 최상층의 안정이 이어졌다. 일본이 다시 설 자리를 얻기 위
해서는 반드시 필요한 조건이었다. 외교정책에서는 2001년 9월 11
일에 테러 공격이 발생하자 고이즈미는 심지어 영어로 일본은 미국
이 어려울 때 지지할 것이라고 선언하면서 즉시 조지 W. 부시 미국
대통령의 편을 들어 점수를 땄다. 부시 대통령은 고이즈미의 본능적
이고 적극적인 리더십 스타일을 마음에 들어 했고, 자신의 장점 중
많은 부분이 고이즈미에게도 있다고 보았다. 물론 부시 행정부의 외
교정책 분야 고위직 인사 대부분이 미일동맹을 발전시키기를 매우
원했으며, 고이즈미야말로 그토록 필요했던 동맹을 현대화하는 데

적합한 파트너라는 사실을 간파하고 있었다는 점도 큰 도움이 되었다. 부시와 고이즈미는 자신들의 집권 기간에 1980년대 중반 로널드 레이건 대통령과 나카소네 야스히로中曾根康弘 총리 사이에 형성했던 '론-야스' 파트너십에 비견되는 '조지-준 관계'를 구축했다. 이 시기는 미일 관계가 최고 수위에 달했던 때로 평가받았다. 고이즈미는 일본이 자유주의 국제질서의 최대 수혜자 중 하나로서 이러한 질서 유지를 위해 더 많이 노력해야 한다고 주장했다. 단순히 미국의 동맹국으로서 의무를 지고 있기 때문만이 아니라 미일동맹의 성공적인 결과 때문에 일본에 의무와 책임이 발생한다고 주장한 점이 의미심장했다. 이러한 사고관을 견지하면서 고이즈미 정부는 이라크 자유 작전을 지원하고, 인도양에서 테러리스트를 차단하는 작전에 참여할 군함에 연료를 제공하는 두 가지 임무를 위해 일본자위대의 역사적인 이라크 파병을 2001년부터 2008년까지 추진했다.[57] 고이즈미의 임기가 종료되었을 때 한때 수표만 발행하고 다른 나라에 자국을 대신 지켜달라고 한다며 조롱받았던 일본은 '아시아의 영국'으로서 미영동맹에만 적용되었던, 미국과의 '특별한 관계'를 맺은 나라라고 칭송받았다.[58]

미국과의 관계는 고이즈미가 2002년 9월 17일 평양을 방문해 은둔적인 북한의 지도자 김정일을 만나겠다는 놀라운 발표를 했을 때 흔들렸다. 고이즈미의 짧은 평양 방문 기간에 김정일은 놀랍게도 과거 몇 년 동안 북한 공작원들이 수십 명의 일본인을 납치했다는 사실을 인정했다. 일본 내 보수 세력들이 예전부터 이러한 주장을 해왔지만 북한 정부와 일본 내 친북주의자들은 부인했다. 김정일은 아마도 솔직히 고백한다면 과거사를 깨끗이 정리하고 생산적인 양자관계를 이끌어낼 수 있을 것이라 생각했을지도 모른다. 하지만 그와 반대로 이 이슈는 오늘날까지도 일본과 북한의 양자관계를 해치는 주요 요인이 되고 있다.[59] 몇 명이나 납치당했는지, 그들이 여전히 살아 있는지 등 납치자에 대한 질문이 여전히 맴돌며 도쿄와 평양이 화해하는데 걸림돌이 되고 있다.

몇 주 지나지 않아 미국은 북한이 1994년의 기본 합의를 속이고 비밀리에 핵무기 프로그램을 추진하고 있다며 비난했고, 북한과의 관계가 개선될 것이라는 희망은 치명타를 입었다. 이 위기는 이후 몇 년에 걸친 다자 대화(미국-중국-북한 간 3자 대화와 이후 6자 회담)에도 해결되지 않고 지속되었으며, 그사이 북한은 여섯 차례의 핵실험을 실시하고 다양한 사거리의 미사일을 수십 발 발사하면서 국제사회와 유엔안보리 결의를 노골적으로 무시했다. 북한의 핵 능력이 점진적으로 발전할수록 일본은 우려하게 되었다. 고이즈미 정부 초창기에 실시했던 내각부 조사에 따르면 92퍼센트의 일본인이 북한의 위협을 걱정하고 있으며, 미일동맹에 대한 신뢰와 독자적인 핵 능력의 필요성에 의문을 표했다.[60] 일본의 역사를 감안한다면 핵 외교에 대해 민감하게 반응하는 것이 당연하다. 방어를 위한 일본의 미국 의존, 특히 핵무기 등을 사용한 미국의 확산 억지와 관련하여 핵무기 문제가 더욱 논란의 중심이 되었다.[61] 고이즈미 내각이 끝나갈 무렵, 일본 방위청이 발간한 연례 방위백서는 "북한의 대량살상무기와 탄도미사일의 개발, 배치 및 확산, 대규모 특수부대 유지, 한반도 내 북한의 군사 긴장 심화 그리고 활동이 일본을 비롯한 동아시아 전체를 불안하게 하는 심각한 요소가 되고 있다"라고 비판했다.[62]

북한이 직접적인 위험이 되는 한편, 일본인은 지역 패권과 우위 면에서 숙적이었던 중국의 부상에도 불편함을 느꼈다. 중국은 경제가 활기차게 성장하고 있는 대국이었지만 과거의 원한을 잊지 않고 역사의 오점, 특히 일본이 남긴 가장 고통스러운 오점을 바로잡을 준비가 되어 있었다. 과거 50년 동안 일본은 노련한 외교와 경제적 후원을 통해 중국을 다루어왔으며, 미국과의 동맹이 일본의 국익을 지켜 줄 것이라는 믿음이 이러한 활동을 뒷받침해주었다. 그러나 21세기에는 중국이 지역적 우위 경쟁에서 심지어 미국에 도전하게 되었다. 이러한 상황 전개는 미국이 일본을 방기放棄하고 중국과 공동으로 태평양을 관리하기로 합의하여 실질적으로 각각 반분半分할 것이라는 우려를 자아냈다.

고이즈미의 대중국 관계는 복잡했다. 앞서 언급한 바와 같이 일본 기업은 경쟁우위를 지속하기 위해 값싼 노동력을 찾아서 갈수록 중국에 의존하게 되었고, 경제통합이 깊어짐에 따라 이익도 늘어났지만 정치적 난관도 한층 커졌다. 조용하지만 확고한 민족주의자인 고이즈미는 일본의 전사자에게 경의를 표하기 위해 매년 야스쿠니신사를 방문하겠다고 약속했다. (일본을 위해 전쟁에 참여한 모든 개인의 영혼이 야스쿠니에 '안치'되어 있다. 특히 A급 전범 14명도 합사되면서 정부 당국자의 방문이 논란을 일으키고 있다. 일본 내 진보 세력 그리고 한국과 중국 정부는 전사자에게 경의를 표하는 것은 태평양전쟁을 저질렀던 군국주의자와 팽창주의 노선을 추구한 일본 정부를 지지하는 게 아니냐고 항의한다.) 고이즈미는 총리 재직 기간에 야스쿠니신사를 여섯 번 참배했고, 1985년 이후 최초로 방문한 총리가 되었다. 참배에 대한 질문을 받자 고이즈미는 사죄하지는 않았지만 자신의 참배가 전쟁의 참혹함과 평화 유지의 필요성을 상기해주는 것이라고 언급했다. 선거공약을 지키겠다는 그의 결심은 대중국 관계의 갈등을 불러왔고, 이른바 경열정냉經熱政冷 시대를 만들었으나 다행히 양국 정부가 중요한 사안이나 위기가 발생했을 때 협력하는 것을 막지는 못했다.

일본과 한국의 관계도 비슷했다. 한국인은 고이즈미의 야스쿠니신사 참배에 중국인만큼 분개했지만, 한국과 일본 정부는 북한의 위협에 대한 공통된 인식으로 미국 정부와 함께 대북정책조정감독그룹

TCOG에서 긴밀히 공조하고 있었다. 이 그룹에서 3국 정부는 북한의 도발에 대해 조율된 공동의 외교적·군사적 대응을 하도록 되어 있었다. 더욱이 한국과 일본은 2002년 피파 월드컵을 공동 개최했는데, 양국이 서로 경쟁하면서도 어느 한 나라가 다른 나라보다 압도적으로 더 뛰어나지 않도록 긴밀히 협력해야 했다. 월드컵 공동 개최는 국내 정치로 인해 생겨난 마찰을 극복하는 데 도움이 되었다. 하지만 중국과의 관계와 달리 경제는 양국 관계에 긍정적 요소가 되지 못했다. 한국과 일본의 산업구조 때문에 한국과 일본 기업은 서로를 국제 시장에서 주된 경쟁자로 여기는 성향이 있었기에 양국 사이의 경제 통합은 덜 이루어졌다.

국내적으로 고이즈미는 일본 시장을 개방하고 경제 분야에서 경쟁을 촉진하려는 의도로 신자유주의적 경제개혁을 추진했다. 그는 자신이 속한 정당이 계속 여당이 될 수 있도록 지속시켜 주었던 기득권과 신성불가침의 요소에 대해 주저 없이 집중하고 달려들겠다고 약속했다. 여러 면에서 그는 성공했다. 고이즈미가 총리에 취임한 지 3년 차가 되었을 때 일본은 5개 분기 연속 경제성장을 누리고 있었으며, 2003년 사사분기에는 경제성장률이 거의 3퍼센트에 달했다. 그가 총리에서 물러난 직후에 일본은 57개월간의 연속적인 경제성장을 기록하여 1965년부터 1970년까지 지속되었던 '이자나기 붐いざなぎ景気'을 능가했다.[63] 2002년부터 2007년까지 일본 기업은 연이어 최고의 세전이익을 기록했고, 그에 발맞춰 닛케이지수도 2003년부터 2006년까지 100퍼센트 상승했다.[64] 실업률은 정점을 찍었던 2002년 5.7퍼센트와 비교해 2006년 1월 4.6퍼센트로 떨어지면서 고용 불황이 회복세를 보였다.[65]

그런데도 고이즈미에 대한 평가는 엇갈린다. 기존과의 근본적인 단절을 계속 이야기했지만 눈썰미가 날카로운 관찰자들은 "고이즈미 정부는 구조조정을 위해 일본 기업에 새로운 옵션을 제공하는 다양한 형태의 기술적 혁신을 시작한 것이 아니라 지속해온 것에 가깝다"라고 평가했다.[66] 고이즈미는 자신이 속한 정당이라도 자유화에 반대하면 공격에 머뭇거림이 없었고 '헨진變人(괴짜)'라는 이미지를 형성하는 데도 크게 성공했다. 하지만 그가 많은 개혁 구상을 계속 추진해서 매듭지었는지에 대해서는 여전히 논란이 있다. 일본 국내 정치를 가장 면밀히 분석해온 연구원 중 하나인 호주의 조지 멀건은 "정치인과 관료들의 특별한 이익에 대해 달려들기는 했지만 고이즈미는 결국 자신의 최초 목표와 관련해 상당히 타협해서 넘어갔고, 여러 개혁이 미완된 상태로 총리직에서 물러났다"라고 지적했다.[67] 도쿄대학東京大學*의 그레그 노블은 "규제 자율화, 재정적 투자 및 대출 프로그램의 과감한 축소, 낙하산 자리의 감축 등 두드러진 개혁이 있었으며, 아울러 이러한 개혁 조치에 힘입은 경제 성과는 평가받아야 한다"라고 좀 더 후한 평가를 내렸다.[68] 불행히도 고이즈미의 경제적 성과는 아주 탁월하지는 않았다. 그가 총리로 재임하던 5년 동안 실질 GDP 성장률은 단지 연평균 1.3퍼센트였으며, 이 정도면 이전 10년의 침체를 고려할 때 나쁘지는 않지만 1980년대 잘나가던 시절에 비할 바는 못 되었다.[69]

하지만 고이즈미는 일본 내 분위기를 바꾸었다. 일본 국민은 활력을 되찾은 정부와 국제 무대에서 독자적인 존재감을 드러내는 지도자를 보면서 국민을 대표하는 지도자를 가졌다고 느꼈다. 퓨리서치센터의 여론 분석 데이터에 따르면 일본이 나아가는 방향에 대해 만족스럽다고 답한 일본인의 비중이 2002년 12퍼센트에서 2006년

• 　일본은 통상적으로 university를 '대학교'가 아닌 '대학'으로 부른다. 방위대학교防衛大学校는 National Defense Academy여서 대학교로 부른다.

27퍼센트까지 증가하는 등 긍정적 변화가 분명히 있었다.[70] 일본의 경제 상황 평가에 대해서도 비슷한 흐름이 있었다. 일본의 경제 상황이 좋다고 답변한 비중은 2002년에는 6퍼센트에 불과했으나 2007년에는 28퍼센트였다.[71] 이런 호의는 고이즈미가 이끄는 자민당에까지 확대되었다. 2005년 국회 선거에서 자민당은 압승을 거두었고, 총 480석인 중의원의 경우 85석을 추가로 확보하여 확고한 과반수인 296석을 석권했다. 고이즈미와 자민당은 연립정권 파트너인 공명당의 31석을 더해 중의원 전체의 3분의 2를 확보하게 되었다.

구습旧習과 악습惡習의 귀환

고이즈미는 2006년 총리직에서 물러났다. 경제는 그럭저럭 돌아가고 있었으나 정치는 총리가 매년 교체되면서 유사한 패턴으로 돌아갔다. 아베 신조가 고이즈미에게서 총리 자리를 물려받았다. 비교적 유리한 환경을 물려받았는데도 아베 정부는 많은 실수로 고전을 면치 못했다. 가령 외교정책의 경우 아베는 고이즈미 시절 한일 관계와 일중 관계의 특징으로 여겨졌던 긴장으로 수혜를 입었다. 전임자*가 해왔던 것과 달리 아베는 야스쿠니신사 참배를 하지 않겠다고 약속함으로써 한국과 중국 정부와의 관계가 즉각 개선되었다. 아베가 취임한 지 얼마 안 되어 북한이 핵실험을 실시했고 그로 말미암아 그가 추진하는 강경한 안보 노선은 한층 설득력을 얻었다. 더욱이 아베는 확장적인 외교정책 어젠다를 추구했으며 '가치 지향적 외교'를 증진

---

* 　원문에는 계승자로 잘못 표기됨.

하려고 전 세계 여러 나라, 특히 아시아에서 새로운 파트너국에 손을 내밀었다. 이러한 가치 지향적 외교는 일본 정부와 뜻을 같이하는 나라들(이라고 쓰고 중국이라고 읽는다)과 차별화하고 일본을 국제사회에서 더 두드러지게 하는 토대를 마련하는 데 초점을 두었다. 일본 총리로서는 처음으로 브뤼셀에 있는 북대서양조약기구 NATO 본부를 방문한 아베는 "일본과 나토는 파트너다. 우리는 자유, 민주주의, 인권, 법의 지배와 같은 근본적인 가치를 공유한다. 이러한 가치를 보호하고 증진하고자 우리가 협력하는 것은 너무나 당연하다. 우리 정부는 방금 내가 말한 근본적인 가치를 기반으로 세계의 안정과 번영을 강화하는 데 대한 의지가 확고하다"라고 설명했다.[72]

아베는 고이즈미와 같은 보수주의자이지만, 고이즈미처럼 민족주의를 누그러뜨리는 이단아 같은 특이한 스타일은 없었다. 아베는 A급 전범 혐의로 제2차 세계대전 종료 후 3년이 지나 체포되었지만 나중에 총리를 두 차례나 역임한 기시 노부스케岸信介의 외손자다. 이 때문에 아베의 민족주의적 성향은 더욱 두드러졌고 일각에서는 그가 일본 제국주의를 부활시키려 한다고 우려했다. 아베는 '아름다운 나라로' 발전하고자 마음먹었다. 그러기 위해 민족주의 의식을 주입하고 자신과 그 밖의 다른 우익 정치인들이 부끄러운 유산으로 간주했던 일본의 전후 시대의 특징들을 극복하려 했다.[73] 그의 첫 번째 임기 중 중요한 입법 성과로 '애국심'을 교육하는 내용 그리고 전통과 문화를 존경하는 내용이 포함된 교육 목적에 관한 법 개정을 들 수 있다. 이러한 입법 활동은 신임 총리의 민족주의 노선이 경제 이슈보다 더 우선순위에 있다는 인식을 유권자에게 심어주었다.

고이즈미 총리가 개혁 입법에 반대했다는 이유로 축출했던 자민당 의원 11명을 아베 총리가 다시 복당하도록 허용하자 그에 대한 반감이 심해졌다. 전반적으로 아베가 자민당의 구질서에 굴복하는 것처럼 보이면서 아베 내각에 대한 지지율 하락도 촉발되었다. 아베가 총리로 있는 동안 각료 네 명이 물러나야 했고 다른 한 명은 금융 스캔들로 목숨을 끊는 등 구태가 다시 나타나고 있다는 또 다른 징조가 보였다. 결국 2007년 5월에는 5000만 명의 국민연금 관리기록이 사라졌고, 일부 보험료 납입자의 보험 납입액이 얼마인지 알 수 없게 되었다. 아베는 자민당이 참의원 선거에서 50년 만에 처음으로 과반수 지위를 상실하는 대참패를 겪은 뒤 곧바로 자리에서 물러났다. 아베는 새로운 국회가 개원한 지 며칠 만에 자신의 인기가 떨어져 중요한 국가안보 법안을 통과시키는 데 걸림돌이 되고 있다고 주장하면서 사임했다(물론 건강 문제가 사임하기로 한 결정적 요인이었다는 소문이 돌았고 나중에 사실로 확인되었다).

후쿠다 야스오福田康夫가 아베의 뒤를 이었다. 후쿠다는 좀 더 중도 성향의 정치인이면서 또 다른 명문가 출신이라는 후광이 있었다. 그의 부친은 일본의 제67대 총리였으며, 후쿠다 본인도 정부의 일일 운영을 책임지고 내각의 2인자로 관방장관직을 역대 최장 기간 역임했다. 후쿠다가 총리에 선출되면서 능력(일련의 스캔들로 아베 내각이 붕괴된 이후)도 그렇고 국내외 정책도 중도 성향을 띨 것이라는 기대감이 생겼고, 일본 주변국이나 파트너국과 마찰이 덜할 것이라는 희망이 생겼다. 그는 야스쿠니신사 참배를 거부하면서 주변국을 진정시켰고, 아베의 '민주주의 유지 연합' 논의를 하지 않음에 따라 일본 정부가 일본과 중국 중 택일하도록 선 긋기를 시도한다는 우려도 해소했다.

하지만 이런 희망은 금방 사라졌다. 후쿠다는 연륜이 있었지만 냉담한 태도로 인해 유권자와 가까워질 수 없었고, 유권자는 자신들의 근심거리에 무심해 보이는 정치인에게 갈수록 좌절감을 느끼고 있었다.[74] 이미 전임자 기간에 5000만 명의 국민연금 관리기록 분실 사건이 알려진 적이 있었지만, 후쿠다 총리 재임 기간에도 또 다른 7만 명의 국민연금 기록을 정부의 승인하에 위조하거나 변조했다는 점이 폭로되었다. 연금 문제는 경기가 좋을 때도 정치적으로 민감한 이슈인데 경제 상황이 좋지 않을 때는 국민에게 충격적으로 다가온다. 후쿠다는 2004년에 3년 동안 국민연금 월 보험료를 납입하지 않았다고 실토한 뒤 관방장관직을 사임했을 때와 마찬가지로 이번에도 유약했다.

그러나 후쿠다 내각에 가장 큰 타격을 준 것은 야당이 참의원(상원)을 장악해서 내각의 구상 대부분을 좌초시킨 일이었다. 야권을 주도한 민주당은 피 냄새를 맡고 매번 후쿠다 내각을 막으려고 최선을 다했다. 국익 추구가 목적이 아니라 반대를 위한 반대로 민주당이 어느 선까지 막았는지에 대해서는 아직도 논쟁의 여지가 있다. 적어도 이러한 반대가 입법 저지에서 선례를 낳았고, 자민당도 힘을 키워 몇 년 후에 똑같은 방식으로 엄청난 효과를 거두었다(상세한 내용은 제3장에서 논의할 것이다). 민주당은 인도양 해상에서 아프가니스탄 전쟁에 참전 중인 연합군 소속 보급함에 연료를 공급하는 작전에 일본이 참여하는 것을 재승인하려는 후쿠다 내각의 시도를 좌절시켰다. 이 특별조치법은 결국 통과되었지만 조건이 바뀌었다. 법안 통과가 지연됨에 따라 미국에서 일본을 지지하는 이들은 무능한 정치인들에게 다시 속박받고 있는 일본 정부를 보면서 좌절감을 겪었다.[75]

후쿠다는 총리직을 맡은 지 1년에서 이틀을 남겨둔 시점에 사임했다. 그는 사임 기자회견을 하겠다고 불과 10분 전에 공지한 다음, 국회 내 상호 파괴적인 정쟁이 효율성을 죽였으며, 이러한 교착 상태를 타개하려면 새로운 권한을 부여받은 새로운 정부가 필요하다고 했다. 후쿠다의 후임자는 아베 내각 시절 외무상을 역임하고 실언과 논란이 되는 발언으로 정치인 경력 내내 구설수에 올랐던 아소 다로

麻生太郎였다. 아소도 마찬가지로 총리직을 채 1년도 버티지 못했고, 2009년 처음으로 선거에서 패배해 민주당에 정권을 내주는 역사적인 순간 자민당을 이끌었던 정치인으로 기억될 것이다.

걱정스러운 국가

분명히 2008년에 일본인은 뭔가 제대로 돌아가고 있지 않다고 느낄 이유가 많았다. 고이즈미 시절 시작된 경기 회복은 전후 시기 최장 기간 지속되었을 수도 있겠지만, 자세히 들여다보면 우려할 만한 이유가 매우 많았다. 2006년까지 일본은 30개 OECD 회원국 중 빈곤율이 4위에 달했다.[76] 실업률이 떨어졌지만, 새로 창출된 일자리 가운데 상당수가 안정성이 있거나 장기적으로 정규직이 될 가능성이 없는 임시직이거나 계약직이었다. 비정규직 노동자가 1984년 15퍼센트에서 2006년 34퍼센트로 두 배 이상 증가했다. 특히 가장 피해를 많이 당한 계층은 자영업자와 가족 사업가였다. 이들은 1995년 전체 노동인구의 18퍼센트(약 1180만 명)를 차지했으나 2002년에는 8.3퍼센트(530만 명)로 줄어들었다.[77] 사회조직망이 찢기고 있었다. "최저임금 수준을 하회하는 세대의 수가 2001년 78만에서 2005년 104만으로 증가했다. … 지니계수가 고이즈미 시절 다시 증가했으며, 1000만 명의 노동자가 '워킹푸어working poor'로 추산되고 있다. 〈요미우리신문〉의 설문조사 결과 81퍼센트가 소득뿐 아니라 그 밖의 다른 불평등도 심각해지고 있다고 답변했으며, 56퍼센트는 이것이 고이즈미의 구조개혁 때문이라고 지적했다."[78]

동질감과 공동의 목표 의식에 대한 자부심이 컸던 국민으로서 스스로 중산층이라고 답하는 비중이 줄어들고, 중하계층이거나 빈곤계층이라고 여기는 비중이 늘어남에 따라 일본의 국가정체성은 큰 타격을 받았다. 앞서 언급했던 퓨리서치센터의 데이터에 따르면 고이즈미 내각이 종료되었을 때 경제가 개선되고 있다고 생각한다는 답변이 놀라울 정도로 증가했지만(6퍼센트에서 28퍼센트로 뛰어올랐다), 2008년이 되자 이 수치는 13퍼센트로 주저앉았다. 경제 상황이 나쁘다고 생각한다는 답변도 85퍼센트까지 올라가고 이듬해에는 90퍼센트에 육박했다.[79] 일본은행의 자체 설문조사 결과 2008년 6월에는 응답자의 79.9퍼센트가 현재의 경제 상황이 좋지 않거나 약간 좋지 않다고 보았으며, 36.9퍼센트는 내년에도 똑같을 것으로 생각하고, 60.5퍼센트는 더욱 악화될 것으로 생각하고 있었다.[80] 현재 가계 상황에 대해서는 불과 3.4퍼센트만이 다소 개선되고 있다고 말한 반면, 96.5퍼센트는 말하기 어렵다(34.9퍼센트)거나 다소 악화되었다(61.6퍼센트)고 답변했다.[81]

주변 세계로 관심을 돌렸을 때도 일본인이 여전히 불안해할 이유가 있었다. 2007년에 발간한 〈외교청서Diplomatic Blue Book〉는 지역 정세를 분석한 다음 "일본의 평화와 안보에 심각한 위협이 되는 사건"이 있다고 결론지었다.[82] 이 청서는 북한의 핵 프로그램 지속뿐 아니라 핵실험과 미사일 발사, 중국군의 성장과 현대화, 에너지 안보, 감염병 등을 강조했다. 2007년 일본 〈방위백서〉도 위에 언급한 요소에 덧붙여 테러리즘, 아시아·태평양 지역의 국방비 증가, 대량살상무기 확산, 주요 강대국 간 관계의 불투명성 증대를 추가했다. 특히 이 백서는 "오늘날 안보 환경에서 가장 큰 특징은 위협이 갈수록 다양하고 복잡해지고 있으며, 이러한 위협의 등장을 정확히 가늠하기가 어렵다는 점이다. 이를 위해 개별 국가들이 새로운 접근법을 개발해야 한다"라고 기술했다.[83]

마지막 문장이 정곡을 찌른다. 일본인이 자신들의 정치인에 대해 무기력하고, 자기 자신에게만 몰두하고 있으며, 무능할 뿐 아니라 정치제도가 불안정해 문제점을 해결할 수 없다고 결론을 내리면서 바로 이 순간에 리더십이 중요하다는 점을 강조했다. 관료들이 배를 물에 띄워놓았지만 진정한 리더십은 없었다. 그리고 그러한 공백이야말로 지정학적 불안정이 요동치는 순간에 일본의 안보와 번영에 갈수록 위협이 되었다. 다시 말하지만, 퓨리서치센터의 데이터는 숨겨진 부분을 들춰 보여주고 있다. 일본이 나아가는 방향에 만족하는 일본인의 숫자가 2002년 12퍼센트에서 2006년 27퍼센트로 증가했지만, 이듬해에는 22퍼센트로 줄어들었다. 더 우려되는 점은 일본이 나아가는 방향에 대해 불만스러운 일본인의 비율이 2008년에는 74퍼센트에 달했다는 것이다.[84]

경제적·지정학적 우려로 인해 일본인은 자신들의 국가가 보다 근본적인 차원에서 방향성을 상실했다는 생각을 한층 심화시켰고, 아마도 과거의 눈부신 경제적 성공 때문에 이런 불안감이 더욱 심했을 것이다. 2006년 일본이 제2차 세계대전 종전 60주년을 기념했을 때, 나카소네 전 총리와 인연이 깊고 현재는 나카소네 야스히로 평화연구소NPI라고 공식적으로 알려진 연구기관인 세계평화연구소IIPS*에서 〈21세기 일본의 국가상〉을 공개했다. 이 '국가상'은 두 가지 근본적인 전제에서 시작했다. 첫째, 일본과 세계는 "새로운 대전환의 시대"로 들어섰다. 둘째, "우리나라의 정체성에 대한 혼동이 있으며, 그로 인해 국가의 목표가 희미해지고 국가의 존엄성도 사라지게 된다."[85] 이 보고서는 냉전 기간의 일본의 경제적 성공을 칭찬한 다음 초강대국 간의 대립으로 말미암은 상대적인 안정성이 사라지고 "혼

• 영어 명칭을 번역하면 국제정책연구소에 가깝지만, 일본어 공식 명칭은 '공익재단법인 세계평화연구소'다.

란과 불안정, 동요의 시대로 접어들었다"라고 지적했다. 중국의 경제적 성장과 군사 역량의 신장은 지역 내 안정뿐 아니라 실제 세력균형도 위협했다. 북한의 핵 능력 개선도 마찬가지로 우려스러웠다. 또한 보고서 작성자들은 지역 질서를 뒤흔들 수 있는 인도와 같은 국가들도 예의 주시할 것을 일본 정부에 촉구했다.

이렇게 불확실한 환경에서는 "일본 내부에 있는, 시대에 뒤떨어진 기존 질서와 단절하고 보다 적극적이고 전략적인 외교적 접근" 이상의 것이 필요했다. 보수적인 연구소라는 점에서는 놀라운 일이 아니지만 이 보고서는 금융, 사회보장, 인구, 외교와 안보 정책의 변화뿐 아니라 새로운 헌법과 교육개혁에 찬성했다. 다만 일본에 대한 이 보수 성향의 비판서가 국력의 현실주의적인 관념에 초점을 두었다는 점을 착각해서는 안 된다.

세계평화연구소가 비록 두 번째로 지적하기는 했지만 똑같이 중요한 요소로서 문화적 비판을 포함했고, 이를 국가정체성의 일부로 일본이 직면하고 있는 도전이라는 틀에서 바라보았다는 사실은 의미가 크다. 그래서 21세기 일본 국가상의 첫 번째 요소는 "국가의 정체성을 재건하고 일본만의 독특한 메시지를 전달하는 것"이었다. 이 보고서는 다음과 같이 설명했다. "일본이 자신의 역사와 전통, 문화의 가치를 재발견하고 재평가해야 한다. 일본 문화는 평화와 조화를 존중하면서도 자연과 상생하는 특징이 있고, 영적 속성이 깊으며, 국제문화를 받아들이는 개방적인 사고에 기반을 둔 문화적 다양성에 그 토대를 두어왔다." (이러한 표현을 본능적으로 반동적인 민족주의 사고관이라고 여기는 독자는 마지막 문단과 그 뒤에 이어지는 '좁은 사고의 민족주의'를 분명하게 포기해야 한다는 표현에 주목하기 바란다.)

표류하고 있다는 자각은 새로운 것은 아니었다. 1990년대 초반 새로운 야당을 발족하는 데 결정적으로 기여했으며, 과거 자민당 실세

이자 일본을 '정상 국가'로 만들겠다는 정치적 경쟁을 구상했던 오자와 이치로小沢一郎는 1994년 일본에서 정체성에 대한 개념이 "일본의 경제적 지위에 과도하게 경도되어 있다"라고 불평했다.[86] 또한 가와이위원회 보고서는 일본의 다른 활동이나 표현이 경제로 가려진 데 대해 비슷한 우려를 표명했으며, 일본인 개인이 자신들의 우선순위에 맞춰 가치관과 삶의 방식을 더욱 자유롭게 표현해야 한다고 촉구했다.[87]

세계평화연구소 보고서는 "전통적인 공동체 개념으로부터 … 이익이 성공의 중요한 척도가 된 사회로 변모했다"라고 비판했다.[88] 몇몇 비판가들은 '문화'나 '공동체'를 언급한 것이 일본 제국주의를 재창조하려는 공동체 정서가 발현된 거라고 주장하지만, 실제로는 이러한 비전이 완전히는 아니더라도 많은 부분은 개인에게 권한을 더 부여하고 자신들의 삶의 방식과 선택을 추구할 자유를 주어야 한다는 점을 인정한다. 이러한 시각은 세계평화연구소의 비전이나 가와이위원회 보고서, 일본 내 막강한 기업 협의체인 일본경제단체연합회(이하 경단련経団連)의 〈Japan 2025〉 등에 분명히 나와 있다. 경단련 보고서는 "다양한 가치관을 존중"하고 개인들이 직장의 가치관이나 이익보다는 개인의 가치관이나 이해에 따라 살게끔 기회를 주라고 촉구한다.[89]

일본 사회가 내부에서 붕괴하고 있다는 공포는 우파만의 전유물이 아니라는 점이 중요하다. 정치적 지향점이 양극단으로 다르기는 하지만, 이러한 시각은 일본 사회가 인간성을 황폐화시키고(비인간적으로 만들고) 개인이나 (유기적) 단체의 이익보다 기업의 이익을 앞세우는 자본주의 기구의 지배를 받고 있다는 전통적인 마르크시스트-좌파적 비판과도 부합한다. 어떤 경우에는 좌파의 시각이 경제적 동물을 외면하고 '소일본론小日本論'이나 '아름다운 섬'이라는 심리로 이어지기도 한다. 이 같은 사고는 1920년대 이시바시 단잔石橋湛山이 주창해온 이래 일본에서 오래되고 두드러진 계보를 갖고 있다. 이런 식의 사고관은 1970년대부터 구시대의 유물로 치부해버리려는 유혹도 있었지만, 놀랍게도 일부 동조자들이 있었다. 교토에 근거지를 둔 다국적기업을 운영하는 백만장자인 무라타 다이스케村田大介는 "우리 모두 축소되어야 한다. 우리는 작은 섬나라이고 우리가 세계 경제의 20퍼센트를 차지한다는 것은 옳지 않다"라고 고백했다.[90] 이러한 사고관은 일본국제협력기구JICA의 선임 자문관인 이와세 사치코의 생각과도 부합했다. 이와세는 많은 사람이 자신에게 동조한다고 믿는다. "대부분의 일본인은 이제 속도를 늦춰 내려가야 할 때가 되었다는 사실을 받아들이고 있다. 정상에서는 내려가는 길밖에 없다."[91]

당초 이시바시와 그의 동조자들은 식민지 등 해외 소유물을 포기해야 한다는 전략 차원에서 이러한 사고를 주창했으나, 오늘날에는 삶의 질에 대한 고민을 포함하여 부와 권력을 좇는 삶을 거부하는 것을 이른다. 이러한 사고의 옹호자들은 근대 자본주의를 완전히 받아들이면서 일본인이 그들의 본질이나 다름없는 자연과 공동체로부터 유리되었다고 주장한다. 또한 이들은 일본의 국가정체성과 현재 상황에 더욱 적합한 일본 사회를 만들어나가기 위해 국가 목표와 야심을 재고해야 한다고 촉구한다. 이런 좌파적 접근법을 지지하는 일부 사람들은 자신들의 사고가 합당하다는 근거로 역사를 들면서 일본이 20세기 초 첫 10년간 서구식 근대화와 권력 개념을 받아들인 것이 군사 제국주의와 식민주의, 전쟁 그리고 궁극적으로 패망으로 이어지는 과도함과 남용을 야기했다고 주장한다. 이들은 미래에는 이같은 유혹에서 철저하게 벗어나기를 원한다.[92]

물론 이러한 생각이 절대로 다수 의견인 것은 아니다. 많은 일본인은 '소일본론' 학설을 어리석다고 여긴다. 〈아사히신문〉의 전 편집국장이자 일본 최고의 국제 문제 분석가 중 하나인 후나바시 요이치船橋洋一는 이러한 사고관을 배격한다. "일본은 더 이상 '우아한 쇠퇴'나 작지만 아름다운 섬나라와 같은 허상을 생각할 여유가 없다. 우리에게 주어진 선택은 재탄생* 아니면 파멸 가운데 하나일 뿐이다."[93]

후나바시의 결론에 대해 어떻게 생각하건 간에 그가 사용한 '재탄생'이라는 용어는 많은 점을 시사한다. 일본 속의 일본과 세계 속의 일본의 위상에 대한 불안감은 단순한 정책 변화뿐 아니라 국가정체성과 목적에 관한 근본적 질문의 조정까지도 초점에 두고 있다. 변화, 혁명 혹은 재탄생이라는 용어는 일본 역사에서 유사한 전환기를 떠올리며 가와이위원회, 세계평화연구소 보고서 그리고 이 책의 뒷부분에서 언급할 그 밖의 전략, 계획, 비전 등에서 확연히 드러난다. 하지만 15년 동안의 정체와 혼동 그리고 위상과 명성, 지위의 상실을 겪고 나서도 일본은 새천년의 첫 10년 동안 충분하게 자극을 받지 못했다. 무엇이 그렇게 할 수 있을까? 이 책의 이후 4장에서는 도화선이 될 수 있었던 일련의 '쇼크'를 상세히 다루고자 한다. 그러한 쇼크 중 하나는 아소 내각이 불운하게 분투하던 2008년에 이미 일본과 세계에서 발생하고 있었다.

---

* 일본어로 '사이세이きいせい, 再生(재생)'라고 한다.

제2장

리먼 쇼크

PEAK JAPAN
The End of Great Ambitions

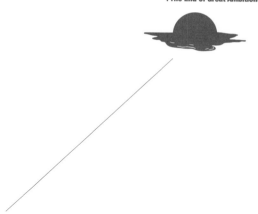

고이즈미 준이치로는 2006년 총리에서 물러나면서 정치적 안정과 경제회복이라는 두 가지 소중한 유산을 일본에 남겼다. 그러나 후임자인 아베 신조, 후쿠다 야스오, 아소 다로는 자민당의 전통적 통치 원리와 관행으로 되돌아갔고, 스캔들로 곤경에 빠졌다. 자민당도 허약해지고 당파성이 한층 심해진 정치 환경 속에서 길을 찾지 못하면서 정치적 안정이라는 첫 번째 유산을 탕진해버렸다. 이러한 정치적 실패의 원인과 결과는 제3장에서 다룰 것이다.

하지만 고이즈미가 물러난 직후 일본을 덮친 경제위기가 그의 후계자 3인방 때문이라고 비난하기는 어렵다. 물론 이들은 정치적 우선순위가 고이즈미와 달랐고, 경제문제를 대응할 때 고이즈미만큼 개혁에 대한 의지가 확고하지도 못했다. 물론 일부에서는 고이즈미의 진실성마저 의심하지만 말이다. 성장을 촉진하거나 경제를 혼란으로부터 격리하기 위해서는 많은 것이 필요했을 수도 있겠지만, 이미 기반은 닦여 있었고 잘나가던 1970년대와 1980년대의 수준에는 훨씬 못 미치더라도 일본 경제는 다시 상승세를 타고 있었다. 일본이 2007년에서 2008년에 발생한 세계 금융위기에 무방비 상태에서 기습 공격을 받았다고 말하는 것은 부당하다. 세계 어디에서건 그 위기를 미리 예측했던 사람은 거의 없었기 때문이다. 실제로 대부분의 관찰자는 일본이 세계 금융위기의 초기 단계에서 경제를 잘 지켜냈다는 점을 높이 평가한다. 일본 경제는 미국 서브프라임 모기지 시장의 붕괴 이후 이어진 위기에 직접적으로 영향을 받지는 않았지만, 신용과 유동성이 증발해 전 세계 수요가 축소되자 타격을 받았다. 그때 일본은 세계 거의 모든 다른 나라보다도 더 잘 견뎌냈다.

이 장에서는 세계 금융위기를 이용하여 일본의 경제적 어려움을 분석하고자 한다. 이 사건이 일본에 미친 영향 그리고 일본 정부와 경제계의 반응을 검토할 것이다. 또한 일본 경제문제의 구조적 원인과 예상했던 해결책이 실패해서 어떤 지속적인 영향이 있었는지에 분석의 초점을 두려고 한다. 세계 금융위기로 일본 경제가 심각한 타격을 받자 전문가와 당국자들은 일본의 미래가 겪을 수 있는 최악의 사례를 떠올려야 했다. 하지만 정책결정자들은 여전히 정신을 차리지 못했고 일본의 방향성을 즉각 변화시키지도 못했다.

속삭임에서 비명으로

세계 금융위기의 원인에 대한 토론은 위기가 있고 나서 시간이 지날수록 더욱 격렬해졌다. 원인에 대해 진단하면 종종 경제적 통찰 못지않게 정치적 전망의 결과물로 귀착되기도 하지만, 이번 경우에는 무엇이 발생했으며 어떤 식으로 위기가 전개되었는지에 대한 논란이 적다.[1] 최초의 구체적인 붕괴 신호는 2007년 8월 9일 프랑스 투자은행인 BNP파리바BNP Paribas가 시장에서 '유동성이 완전히 증발'함에 따라 자산평가를 할 수 없어 보유 헤지펀드 가운데 세 개를 폐지했

을 때 나타났다. 한 달 후에 영국 은행 노던록Northern Rock은 유동성
이 고갈되고 더는 장부상의 담보에 대해 금융지원을 할 수 없게 되어
영란은행Bank of England에 긴급 대출을 요청했다. 영국 정부는 예금인
출사태를 막으려고 150년 만에 처음으로 개입하게 되었다. 10월에
는 전 세계 주요 은행과 투자회사들이 담보 연계 대출로 인한 심각한
손해를 발표했고, 최고관리자들이 물러나야만 했다. 연말이 되자 각
국 중앙은행이 세계시장에 수천억 달러의 유동성을 투입하려고 전
례 없는 공조 활동에 나섰다.

2008년 1월 세계은행World Bank은 유동성 부족이 심각해지면서 전
세계적인 경기둔화가 있을 수 있다고 경고했으며, 각국 중앙은행은
수요 축소에 대응하려고 역사적인 이자율 인하를 추진했다. 2월에는
노던록이 국유화되었다. 한 달 후에는 월스트리트 5대 은행인 베어
스턴스Bear Stearns가 2007년 가치의 불과 7퍼센트밖에 안되는 가격
으로 J.P.모건체이스J. P. Morgan Chase에 매각되었다. 9월에는 미국 정
부가 주택담보대출회사인 패니메이Fannie Mae와 프레디맥Freddie Mac을
구제해야만 했는데, 이 두 기관은 미국 내 미해결 대출금의 약 절반
을 떠안고 있었다. 그리고 일주일 후에 1850년 설립되었던 투자은행
인 리먼브라더스가 직전 사사분기에 39억 달러의 손해를 입었다고
보고한 뒤 파산 신청을 했다.

이러한 '리먼 쇼크'는 남아 있는 도미노를 넘어뜨렸다. 리먼 쇼크
로 은행의 도산과 인수합병이 촉발되었으며, 각국 정부는 즉각적으
로 국내외 금융기관을 유지하기 위한 공세적 조치에 나섰다. 정부는
은행 구제 패키지 방안을 통과시켰고(일부 경우에는 몇 번의 시도를 거
친 끝에 통과되었다), 각국 중앙은행은 시장이 마비되는 것을 막기 위해
비상 금리인하 조치를 단행했다. 미국 정부는 12월 1일 공식적으로
불황에 접어들었다고 발표했으나 경제학자들은 이미 1년 전부터 경

기가 위축되고 있다고 지적했다. 2009년 1월이 되자 전 세계에서 수백만 개의 일자리가 사라졌고, 각국 경제가 내부 파열음을 내고 있었으며, 각국 정부는 상황을 반전시킬 수 있는 아이디어와 자원을 마련하기 위해 전전긍긍하고 있었다.

처음 일본에서 금융위기는 수평선 너머 멀리서 반짝거리며 다소 신경이 쓰이는 불빛에 불과했다. 일본 은행들은 "서브프라임과 연계된 상품에 대한 직접투자를 하지 않았거나 '자사 금융상품을 생산하고 동시에 판매하는' 신용 디폴트 스와프나 더 큰 규모의 금융상품 업에 종사하지도 않았기 때문에"* 고위험성 증권에 대한 노출이 크지 않았다. 서브프라임과 관련된 피해는 2010년 9월까지 1조 380억 엔으로 일본 제1금융권 총자본(은행 자금인출 사태를 막기 위해 요구되는 지급준비율)의 2.2퍼센트에도 미치지 못했으며, 자본 규제capital requirement로 보호받고 있었다.[2] 사토 다카후미佐藤隆文 전 금융청장은 2007년 4월부터 2009년 7월까지의 누적 손실을 250억 달러로 파악했고 손해 평가 산정액을 50억 달러로 잡았다.[3] 만약 그가 옳다면 일본의 손실 규모는 미국이나 유럽보다 훨씬 적은 편이다.[4]

리먼 쇼크는 이후 멀리 떨어져 있는 위험에서 실질적인 위협으로 변질되었다. 일본은 세 가지 이유로 피해를 당했고 그 이유 모두가 세계경제와 더욱 통합되었기 때문이다. 첫 번째로 일본의 금융기관들은 해외 자본의 흐름에 크게 의존하고 있어서 취약했다. 일본은 경기가 회복되면서 외국인이 투자 기회를 찾아 도쿄로 돌아옴에 따라 자본 순유입을 즐기고 있었다. 하지만 일본을 제외한 전 세계가 유동

•   미국 투자은행들은 리먼 금융위기 이전까지는 외부 투자자들의 자본이 아닌 자사가 보유한 자본으로 금융상품을 만들어 판매하기도 했으나 상품이 문제가 생길 경우 투자은행 자체의 재무구조가 악화되는 위험이 있었다.

성 부족으로 휘청거리자 투자자들은 국내 자금 부족을 충당하고자 자금을 회수하려고 했다. 특히 외국 투자자와 헤지펀드들은 일본 주식시장에서 순매도로 돌아섰고, 외국인의 일본 주식 순매수도 마이너스로 돌아섰다. 일본 주식의 시가총액 중 외국인 지분이 4분의 1이었고, 시장 거래의 거의 3분의 2가 외국인 거래였기 때문에 이런 흐름의 변화는 치명타가 되었다.[5] 놀랍지도 않게 닛케이지수가 2007년 7월 1만 8000에서 2009년 3월 7000으로 폭락했다. 이러한 폭락은 기본자기자본tier-1 capital의 상당 부분이 주식 투자금이었던 일본 은행에 순차적으로 큰 충격을 주었다. 은행은 손실이 발생하면 신용등급이 그다지 높지 않은 중소기업에 대한 여신을 꺼리므로 손실이 실물경제에도 반영되었다. 은행 신용이 고갈되면서 기업어음과 채권 발행에 대한 기업의 부담감도 더욱 커졌다(대기업은 신용 유지에 상대적으로 어려움을 덜 겪었다).[6]

만약 전 세계가 불황에 빠지지 않았더라면 이런 경기 위축이 고통스럽지만 그나마 견딜 만할 수도 있었다. 하지만 이번 불황은 세계 금융위기라고 부를 이유도 충분했고, 일본 경제에 중요한 상품 수출에 대한 수요도 위축시켰다. 일본 수출품의 90퍼센트는 소득탄력성이 큰 산업 공급재와 자본재, 내구성 소비재였기 때문에 미국과 유럽 시장의 붕괴는 "일본의 수출에 심각한 악영향을 끼쳤다." 2008년 4사분기에 일본은 전년 대비 수출이 12.5퍼센트 감소하면서 '심각한 경제 위축'을 겪었다. 경제 위축은 2009년 일사분기 수출이 3분의 1이상(36.8퍼센트) 감소하면서 가속화되었다. 산업 생산도 마찬가지로 고꾸라졌으며 2008년 사사분기와 2009년 일사분기, 이사분기에 각각 15.0퍼센트, 34.0퍼센트, 27.6퍼센트 감소했다.[7]

이 두 가지 충격이 충분하지 않다고 하더라도 일본 수출 기업들은 엔화 가치가 급등해서 더 큰 피해를 당했다. 국제통화기금IMF은 엔화가 실질환율 기준으로 세계 금융위기 기간에 20퍼센트 이상 급등한 것으로 보았다.[8] 사태가 진정되고 나서 보니 일본의 실질 GDP는 2008년에 1.2퍼센트, 2009년에는 6.3퍼센트가 축소해 주요 OECD 국가 가운데 가장 큰 피해를 당한 축에 속했다.[9] 더욱 놀랍게도 일본은 세계 금융위기로 직접 피해를 당했던 나라만큼 빨리 회복하지도 못했다. 미국의 명목 GDP는 금융위기 전 최고 수준으로 회복되는 데 2년이 걸렸으며, 실질 GDP로 보면 3년이 걸렸다. 일본의 실질 GDP는 2013년 사사분기가 되도록 완전히 회복되지 못했으며 명목 GDP는 계속 밋밋하게 남아 있었다.[10] IMF는 "최근 세계 금융위기 기간에 경험했던 경제 축소로 인해 2010년 생산 수준이 2005년 수준(명목 수준으로는 1995년)으로 뒷걸음쳤다"라고 결론을 내렸다.[11]

오랜 기간에 걸쳐 형성된 위기

일본 기업인과 당국자들은 경제문제가 어느 정도로 심각한지에 대해 아무런 환상도 없었다. 아베 신조의 제1기 총리 기간(2006년~2007년)에 일본의 경기는 회복되었지만 경고음이 울리고 있었다. 아베 정부는 다음과 같은 전제에 기반을 둔 포괄적 패키지 구상인 아시아 게이트웨이 구상Asian Gateway Initiative을 고안해냈다.

> 일본의 경기회복이 두드러지고 있지만 동시에 인구 감소와 고령화라는 위기에 직면하고 있다. 일본이 견실하게 경제성장을 지속하고, 전세계에 매력적인 '장소'가 되려면 세계의 성장과 활력, 특히 아시아의 성장에 통합되어야 한다. … 일본은 개방된 경제와 사회를 구축하여 사람과 상품자본, 문화, 정보가 좀 더 자유롭게 이동할 수 있어야 한다.[12]

다시 말하면 '실질적으로 경기가 회복되는' 시기에도 정책결정자들은 인구문제를 걱정하고 있었고, 일본이 전 세계에 더 의미 있고 '매력적인' 장소가 되도록 만들어야 할 필요가 있었으며, 일본을 외부 세계, 특히 아시아와 연계시키려고 했다. '21세기는 아시아의 세기'라는 점을 인식했고 일본이 아시아에서 위상을 찾아야 한다고 보았다. 이러한 구상을 집필한 사람들은 "다른 어떤 아시아 국가보다도 일본이 뒤처질 가능성이 있다. … 세계화에 대응할 수 있는 조치가 지연되면서 일본의 경쟁력이 약화되고 있는 분야가 많다"라고 걱정했다.[13]

1년이 흘러 세계 금융위기가 잦아들고 나서 경단련은 2009년 3월에 "일본이 예전에 겪었던 것과 다른 성격의 경제위기에 직면하고 있다. 세계 금융위기의 충격은 실물경제로 확산되었고 세계적 불황을 일으켰다. 특히 일본은 심각한 타격을 받았다"라고 경고했다.[14] 또한 "고용 안전, 일자리 창출, 일본의 잠재 성장력 신장을 위한 국가적 프로젝트 실시 차원에서 일본판 뉴딜 추진을 요구"했다.[15]

경제가 계속 악화되면서 전문가와 당국자들은 더욱 적극적인 대응방안을 채택했다. 경단련은 위기 이후를 대비한 〈신성장전략新成長戰略〉을 2009년 말에 발표했다.[16] 이 자료는 일본이 "다른 어떤 주요 선진국보다도 세계 불황의 충격을 가장 심각하게 받았다"라는 경고로 시작했으며, "국내 수요와 인구 감소라는 부적절한 성장 요인"에 시달렸고, 기업들의 생산기지가 공동화하면서 약화되었으며, "사회 및 경제 시스템을 유지하는 데 필요한 인력을 확보하기가" 어려워졌다고 지적했다. 6개월 후에 경제산업성은 〈산업구조 비전 2010〉을 발표했는데, 마찬가지로 일본 산업이 "교착 상태에 빠져 있고" "세계 주요 경쟁자들과 시장의 변화에 뒤처져 있다"라고 경고했다.[17]

이 두 가지 구상은 2000년부터 2008년까지 명목 경제성장률이 평균 0.2퍼센트 혹은 "거의 0퍼센트"에 머물러 있었다면서 일본의 경제문제가 세계 금융위기 이전부터 존재했다는 전제로 출발한다는 점에서 의미가 있다. 이런 저성장률은 일본을 제외한 OECD 회원국의 평균 성장률이 5.8퍼센트라는 점에서 크게 대조된다. 또한 경제산업성이 제시했던 비전은 일본의 문제가 세계 금융위기가 발생하기 훨씬 이전부터 명백했고, 더 나아가 "전후 시기 성장에 기반을 둔 성공 신화" 때문이라고 지적했다. 또한 일본이 전 세계 GDP에서 차지하는 비중이 1990년 14.3퍼센트에서 2008년 8.9퍼센트로 감소했고, 세계경영개발기구IIMS 순위에서도 1990년 1위에서 2008년 22위로 추락했으며, 1인당 GDP 순위도 2000년 3위에서 2008년 23위로 미끄러졌다는 사실을 강조했다. 설상가상으로 경제산업성은 엔화 가치가 상승하고 경제가 디플레이션을 겪으며 재정적자가 악화되는 한편, 비용 증가로 일본의 경쟁력이 잠식됨에 따라 상황이 더욱 나빠지고 있다고 지적했다. 일본 기업의 수익률은 외국 경쟁 기업들과 비교했을 때 절반에도 미치지 못했다. DRAM 메모리칩이나 LCD, 태양열발전 패널 등 기술 장비 분야에서 일본 기업들의 세계시장 점유율이 곤두박질쳤고 중국이 글로벌 기업들의 아시아 지역 내 연구개발센터, 백오피스, 통합연구소 등을 유치하면서 일본을 대신하여 지역 경제의 중심으로 자리 잡았다. 경제산업성 보고서의 결론도 신랄했다. "일본은 아시아의 중심 거점으로서 가진 모든 기능의 경쟁력을 급격하게 상실했다."

〈포천〉이 꼽은 총매출 기준 세계 500대 기업 중 일본 기업의 비중은 1995년 35퍼센트에서 2009년 13퍼센트로 줄어들었다. 전 세계 전자제품 수출에서 일본 수출품이 차지하는 비중도 1990년 30퍼센트에서 2011년 15퍼센트로 반 토막 났다.[18] 최첨단 기술산업 분야에서도 일본 기업들의 시장점유율이 2008년부터 2013년까지 20퍼센트 더 줄어들 것으로 예상되었다.[19] 경제학자인 바츨라프 스밀에 따르면 세계 제조업 분야에서 일본의 부가가치 생산 비중은 1990년 18퍼센트에서 2010년 11퍼센트로 미국(같은 기간에 23퍼센트에서 19퍼센트로 감소)보다 훨씬 빠른 속도로 줄어들었다.[20] 스밀은 세계경제 생산에서 차지하는 일본의 비중 축소(1991년에 9.2퍼센트였지만 2010년에 5.8퍼센트로 무려 37퍼센트나 줄어들었다)가 같은 기간 각각 31퍼센트와 11.5퍼센트가 감소한 독일이나 미국과 비교해서도 두드러진다고 지적했다. 눈썰미가 날카로운 관찰자들에게는 "일본 경제가 직면하고 있는 도전의 수준이 19세기 중반 개항과 1920년대 혼란, 제2차 세계대전 직후 파멸 등을 포함한 주요 역사적 전환점의 사례와도 비견될 만한 것"으로 보인다.[21]

"왜 일본은 성장을 멈췄는가?"

일본의 경제 성과가 시원찮은 이유를 설명하는 책들이 서가에 즐비하게 많다. 가장 구하기 쉬우면서도 정확한 보고서는 대부분 "왜 일본이 성장을 멈추었는가?"라는 식의 제목으로 되어 있다.[22] 이러한 보고서들 가운데 경제학자인 호시 다케오星岳雄와 애닐 캐샵은 일본이 경이롭게 성장했지만 이후 중대한 세 가지 환경 변화에 적응하지 못했기 때문이라고 주장한다. 첫 번째로 일본과 경쟁국 사이의 경제 격차가 줄었다는 점인데, 다시 말하면 그간 용이했던 따라잡기 성장전략이 소진되었다는 것이다. 두 번째로 전후 세계 금융관리 시스템(이른바 브레턴우즈시스템)이 끝나고 변동환율제가 도입되었다. 이에 따라 일본은 수출 촉진을 위한 저환율 고수 정책에 더는 의존할 수 없었다. 세 번째로 일본의 인구구성이 변했으며, 노동력이 급격히 고령화되면서 생산성 증대가 더욱 어려워졌다.

도쿄의 정책결정자들은 이러한 도전에 대응하는 과정에서 헛발질을 했다. 1990년대 금융 문제가 얼마나 심각한지 이해하지 못한 채 재정적자가 치솟도록 방치했으며, 1990년대 초중반 일본의 문제는 과잉설비였는데도 인플레이션 억제에 초점을 두어 통화 긴축이라는 잘못된 정책을 추진하는 등 거시경제정책에서 실수를 저질렀다. 규제정책에서도 구산업을 챙기면서 혁신을 억눌렀고, 규제와 사회적 규범이 노동유연성 완화에 걸림돌이 되었다. 정치인과 관료들은 경제의 본질은 다루지 못한 채 변죽만 울렸고, 여론의 향배가 다시 반전되기만을 기다리다가(결국 그렇게 되었다) 소련의 붕괴와 이후 시장 및 시장경제의 확장, 정보통신 혁명 등으로 촉발된 세계의 변화를 인식하지 못했다.

오늘날 일본의 성장이 주저앉게 된 원인을 진단하기는 쉽다. 첫번째로 일본은 엄청난 부채에 짓눌리고 있었다. 일본의 공공부채는 2008년에 GDP의 190퍼센트였으나 2013년 6월 30일에는 무려 1008조 6000억 엔(10조 4600억 달러), 즉 GDP의 244퍼센트까지 치솟았고 이는 프랑스와 독일, 영국의 GDP를 합친 것보다 더 큰 규모였다.[23] 일본은 한때 '경제 기적'의 상징이라고 칭송받았지만, 오늘날 경제학자들은 일본이 모든 선진국 가운데 빚이 가장 많은 나라라고 평가한다. 부채 원리금 상환액만도 매년 2570억 달러에 달하며 싱가포르의 경제 규모보다도 크다.[24] 이러한 적자는 일본의 두 가지 정책보다 더 빠르게 성장했다. 첫째는 지속적인 재정 확대 약속이다. 1990년대 이래 매년 정부가 바뀌었지만, 모든 정부는 재정 확대 조치로 휘청거리는 경제를 일으켜 세우고 추락하는 수요를 충당하려 했다.[25] 그런 전략은 정부 재정지출 감소, 3퍼센트에서 5퍼센트로 소비세 인상, 소득세 환급 폐지라는 삼중고로 인해 불황에 빠진 1997

년까지는 효과가 있었다. 둘째는 세율은 미국 수준인데 사회복지는 유럽 수준으로 지출되는 정책이다.[26]

재정 상태를 건전하게 하려면 일본은 세입을 늘리면서 동시에 세출을 줄이거나, 아니면 둘 중 하나만 택해야 한다. 만약 현 정부가 2020년까지 재정 균형을 달성하겠다는 의지가 확고하다면, 즉 2020년에 정부의 세입을 기존 채무상환을 제외한 세출과 동일하게 맞추려 한다면 소비세를 19퍼센트까지 인상해야 한다(소비세는 2014년 5퍼센트에서 8퍼센트로 증가했고, 예상했던 결과가 나왔다. 경기가 불황으로 접어들었다. 정부는 2015년 10월에 다시 10퍼센트로 인상하기로 했지만, 경기회복을 위해 시행을 18개월 늦췄다. 하지만 시한이 임박해지자 또다시 2019년 10월로 연기했다).[27*] 총부채의 상당 부분이 재정적자로서 2012년에는 GDP의 9.9퍼센트였고, 2013년에는 GDP의 10.3퍼센트에 달했다. 1000조 엔의 부채 가운데 83퍼센트가 정부 채권 발행으로 발생했다.[28] 일본 경제가 속도를 내기에는 너무 강력한 맞바람을 맞고 있는 셈이다.

두 번째로 우울한 인구 지표도 일본의 성장에 걸림돌이 되고 있다. 일본은 이미 세계에서 가장 '고령화된' 국가이며 평균 연령이 45세다. 전체 인구의 24.1퍼센트(3079만 명)가 65세 이상이며 2050년엔 38.8퍼센트까지 증가할 것으로 예상된다. 2013년에는 14세 이하 인구가 13퍼센트 밑으로 떨어지면서 기록을 갱신했다.[29] 일본 인구는 고령화와 더불어 감소하고 있다. 2012년 1억 2700만 명에서 2040년 1억 600만 명으로 줄어들고 이후 매년 약 1퍼센트씩 감소할 것으로 전망된다. 인구가 고령화하고 줄어들면서 '부양 비율dependency

---

•　10퍼센트 인상은 더 연기되지 않고 2019년 10월 예정대로 실시되었다.

ratio', 즉 생산연령인구에 대한 퇴직연령인구(비생산연령인구)의 비율
도 증가한다. 이 비율은 연금 수급의 시행 가능 여부에 결정적이다.
연금이 물가상승률에 연동되면서 퇴직자들은 자신들이 납부한 연금
기여금 이상의 연금을 받는다. 그렇기 때문에 이런 연금제도가 유지
되려면 연금을 받는 사람보다 연금을 납부하는 노동자가 더 많아야
한다. 세계은행에 따르면 일본의 부양 비율은 2011년 57.9퍼센트였
으나,[30] 생산연령인구가 매년 2퍼센트씩 감소할 거라는 예측에 따라
OECD는 2050년이 되면 100퍼센트를 넘을 것으로 전망한다(이와
대조적으로 OECD 평균은 89퍼센트이다).[31]

세 번째 문제는 초과설비다. 경제 불안을 막겠다는 정부의 의지
로 기업 파산을 막는 조치가 시행되었다(그리고 파산을 피하기 위해 사
회적 지출도 많아졌다). 정책결정자들은 종신고용제를 신봉하는 국가에
서 실업률이 치솟는 상황을 우려했지만, 일본 시장에서 초과설비 문
제가 해소되지 못하면 너무 많은 상품이 너무 적은 소비자에게 몰려
들기 마련이다. 이렇게 비생산적이고 수익도 내지 못해 시장에서 이
미 퇴출되었어야 하는 좀비기업은 채권자와 정부의 너그러운 원조
로 버티고 있으면서 수익을 내는 건전한 기업에 해를 끼친다.[32] 실제
로 가치 없는 채무를 쥐고 있는 금융기관들이 파산할 경우 예상되는
충격도 좀비기업들의 파산만큼은 아니지만 마찬가지로 걱정스럽다.
만약 기업들이 도산한다면, 은행들도 같이 위협받을 것이다.

지속적인 디플레이션도 네 번째 걸림돌이다. 일본의 물가는 1990
년대 중반 이래 내리 하락세였으며, 경제학자들은 일본이 '만성적인
디플레이션'을 겪고 있다고 결론 내렸다.[33] 경제학자인 밀턴 프리드
먼은 디플레이션을 대재앙이라 불렀는데 그럴 만한 이유가 있다. 디
플레이션은 경제에 큰 해악을 끼친다. 물가가 떨어진다는 말은 추상
적으로는 좋게 들리며 약간만 하락한다면 괜찮을 수도 있겠지만, 실

제로는 수요를 억제하고 그로 인해 생산도 축소된다. 디플레이션은 가계가 보유한 부의 1차적 요소인 부동산과 같은 대규모 자산의 가치를 떨어뜨리고 채무상환 부담을 가중시킨다. 자산가치가 떨어지고 소비가 줄면 세수도 줄어든다. 기업은 수요가 줄어듦에 따라 가격을 올릴 수 없게 되고 노동자의 임금을 동결하며 고용도 하지 않는다. 이로 인해 불확실성이 더욱 커지고 돈을 쓰기보다 붙들고 있어야 할 이유가 더 많아지며, 이런 식으로 계속 간다. 일본에 너무나도 익숙한 하향 나선형을 그리는 것이다.

물가가 위축됨에 따라 일본 기업들은 더욱 외국으로 진출해야 할 유인이 생겼다. 이들은 1980년대에 노동비용이 치솟고 이어서 플라자합의에 따라 엔화가 평가절상 되면서 처음에는 동남아시아로 진출했다. 한국이나 중국과의 새로운 경쟁이 심화되면서 생산비용을 통제해야 했고, 항상 그랬듯이 노동 분야에서 먼저 시작되었다. 좀 더 최근에는 아시아의 중산층 증가와 더불어 원자재 생산을 최종 시장과 가까이 두려는 욕구 때문에 해외에 설비를 건설하려는 성향이 더욱 강해졌다. 이런 '공동화' 현상이 경제의 다섯 번째 걸림돌이며, 상황은 계속 악화되고 있다. 2010년 일본 제조업의 해외 생산 비중은 17.9퍼센트였고, 2016년에는 22.4퍼센트로 증가할 것으로 예상되었다.[34] 같은 기간 가공공업과 소재산업의 해외 생산 비중은 각각 24.8퍼센트와 14.9퍼센트에서 31.3퍼센트와 19.2퍼센트로 치솟을 것으로 예상되었다.[35]

이런 원인을 다 합쳐보면 일본의 문제가 경기 순환적인 것도 아니고 일본이 휘말려버린 전 세계 규모의 위기 탓도 아니라는 결론을 피하기가 어렵다. 일본의 우울한 성과는 일본 지도자들이 인지하고는 있었지만 다루지 못했던 구조적 문제의 산물이다. 가령 1980년대의 데이터를 사용하여 일본 GDP의 예상 궤적을 그려보면 2012년의

GDP 예상치가 지금보다 40~50퍼센트가 더 크다. 〈워싱턴포스트〉 특파원인 치코 할런은 2012년 10월에 일본을 짓누르고 있던 우울한 모습을 다음과 같이 묘사했다. 한때 "번영과 권력을 어떻게 거머쥐어야 하는지를 보여주었던 세계적인 모델"이 이제는 "장기적 슬럼프에 빠졌을 뿐 아니라 달아날 수 없는 쇠퇴에 접어들었다."[36]

케임브리지대학교 아시아중동연구소의 연구원인 다마모토 마사루玉本偉는 일본의 전반적인 분위기에 대한 설문조사를 하면서 자국에 대해 절망했다. 그는 다음과 같이 결론 내렸다.

> 40세 미만의 일본인에게 성인 생활의 질은 항상 디플레이션의 위협을 받고 있으며, 그로 인해 엄청난 심리적 부담감을 자아낸다. 모든 연령대의 자살률 증가는 과거의 내러티브가 뒤틀렸다는 사실을 보여준다. 실업률과 불완전고용의 증가, 정규직이 아닌 계약직 고용의 증가, 소득수준의 감소, 사회보장제도의 파산 등 더 많은 것이 있다. 비관주의와 질시 그리고 분노 등의 정서가 현대 일본인의 삶의 모든 영역에 스며들었다. 일본의 미래는 더 이상 확실하지 않고, 예측할 수 있는 미래의 범위에서 볼 때 암울하다.[37]

'실망스러운' 대응

1990년대 초반에 거품이 꺼지자마자 통찰력 있는 관찰자들은 일본이 갖고 있는 문제의 규모와 그 문제를 해결하는 데 얼마나 시간이 필요한지를 파악했다. 1992년 언론인 크리스토퍼 우드는 일본이 1980년대에 있었던 과열 투기를 정리하느라 1990년대 초반을 보내게 될 거라면서 "고통스럽고 축소되면서 시간을 허비하는 과정을 겪으며 일본의 경제성장 능력도 불가피하게 줄어들 것"이라고 경고했다. 경기둔화 혹은 심지어 마이너스 성장 형태의 불경기가 이제 1945년 이후 형성되었던 일본 정치질서의 안정성까지도 위협하고 있다.[38] 모리타 아키오 소니 회장도 동의했다. 그는 기업 환경에 대한 설문조사를 하면서 경쟁력의 새로운 '패러다임'을 촉구했다.[39] 우드는 2년 후에 "거품 붕괴가 모든 일본 사람에게 영향을 주었다"라고 썼으며 일본이 "과잉 생산설비, 수요 감소 그리고 걷잡을 수 없이 고평가된 엔"이 합쳐진 국면에 직면하면서 상황이 악화될 것으로 전망했다. "제2차 세계대전 패전 후 미국의 점령기 이래 가장 혹독한 경제위기"를 겪으면서 일본은 '일본주식회사Japan Inc.'의 예전 활동 방식과 근본적으로 다르게 변해야 한다는 사실에 직면했다. "거품경제의 상징적 붕괴는 이런 형태의 경제개발이 사실상 한계에 달했고, 이제는 그 한계도 넘어섰다는 메시지를 준다."[40]

우드의 혹독한 전망은 선견지명이 있었지만, 이런 평가조차도 신중했던 것으로 드러났다. 일본의 대규모 불황은 "경제적 정체와 정치적 불황으로 잉태된 시기"로서 1990년부터 2003년까지 이어졌다.[41] IMF는 1990년대를 평가하면서 일본의 경제적 성과를 "일본의 과거나 그 밖의 다른 선진국과 비교할 때도 실망스럽다"라면서 간결하게 특징지었다.[42] '잃어버린 10년'을 진앙지(템플대학 일본 캠퍼스)에서 보냈던 학자인 제프 킹스턴은 손실이 어느 정도였는지 집계하면서 "산더미 같은 돈, 경계심, 안정적인 가족 그리고 국가의 리더십에 대한 신뢰" 등을 잃었다고 지적했다.[43]

도전에 맞서 극복하는 능력을 여러 차례 보여주었던 일본이 장기적이며 고통스러운 경기침체에 계속 시달리고 있다는 사실은 당혹스럽기도 하다. 1991년 이래 모든 총리가 경제문제를 한탄하고 개혁을 촉구했다. 1994년 하타 쓰토무羽田孜 총리는 "일본 경제가 이전까지 알려지지 않았던 고통을 겪었으며 심지어 미래에 대한 우리의 자신감을 흔들 정도에 달했다"라고 애통해했다.[44] 7년이 지난 뒤 고이즈미 준이치로 당시 총리는 아무런 조치도 취해지지 않았다고 보고했다. "하지만 1990년대 이래 일본 경제는 정치 리더십이 손상되고 우리 사회가 환멸을 느끼면서 오랫동안 지속된 경기침체에서 벗어나지 못했다. 우리에게 그동안 잘 들어맞았던 시스템은 21세기 사회에는 적합하지 않을 수도 있다."[45] 그 후 7년이 지나 총리가 네 번 교체되고 나서도 당시 총리였던 아소 다로는 "일본 경제 재건이 매우 시급하다"라고 주장했다.[46] 2012년 노다 요시히코野田佳彦 총리도 국민에게 여전히 "미래에 대한 불안감의 사슬을 만들어내는 디플레이션에 빠진 경제와 과도하게 고평가된 엔화에서 탈피해야 한다"라고 강조했다.[47] 그리고 약간 미리 말하면 아베 총리도 2016년에 "우리는 디플레이션의 탈출구를 찾아가는 과정에서 겨우 절반밖에 오지 못했다"라고 시인했다.[48]

이러한 불평의 합창이야말로 그간 발표되었고 몇몇 사례에서는 시행되기도 했던 각종 제안과 프로그램, 구상 등을 고려하면 더욱 주목할 만한 일이다. 가령 하시모토 류타로橋本龍太郎 총리는 1996년부터 금융규제 완화를 위한 '빅뱅' 개혁을 감독했다. 이 프로젝트는 일본의 은행 분야를 자유롭고 공정하며 글로벌하게 만들고, 자본을 더욱 효율적으로 활용할 수 있게 해서 경제에 다시 활기를 불어넣고 도쿄를 뉴욕이나 런던 수준의 세계적 금융 중심지로 발전시키기 위한 수십 가지 제안을 담고 있었다.[49] 더욱 투명하고 규칙에 근거하며 시장 지향적인 시스템의 도입이 일본 금융 분야의 현대화를 위해 중요했지만, 이것만으로 일본을 정상 궤도로 되돌리기에는 충분하지 못했다. 이후 고이즈미 총리 임기 중에 일본 정부는 구조개혁을 위한 특별 지역까지 설정했지만 성과를 거두지 못하고 실패로 끝났다.

한편 기업과 관료들은 자신들의 아이디어를 증진하고 있었다. 경단련은 일본 경제의 체력이 약해졌고 일본에 대한 신뢰가 국내외에서 하락하고 있다는 전제에서 출발해 〈Japan 2025〉(제1장에서 이미 언급했다)를 고안했다.[50] 6년이 지난 뒤 세계 경제위기를 겪고 나서 경단련은 〈경제위기 탈피 이후를 대비한 새로운 성장전략(2009. 12. 15.)〉을 발표했고,[51] 경제산업성은 〈산업구조 비전 2010〉을 발표했다. 경단련은 다시 2012년에 〈성장전략의 실행과 재정 건전의 단행을 요구한다〉라는 보고서를 발표해 "만약 디플레이션이 지속되고 정치적 우유부단으로 막대한 재정적자를 해결하지 못한다면 세계 속 일본의 위상은 점차 내리막길을 걸을 것이다. … 일본의 명목상 1인당 GDP는 1990년 세계 10위에서 2011년 25위로 주저앉았다. 일본의 경제적 지위는 지속적으로 쇠퇴하고 있다"라고 지적했다.[52]

이들의 보고서 내용이 똑같다는 점도 눈에 띄지만, 가장 인상적인 것은 자신들의 주장을 강조하기 위해 사용하는 언어다. 경제산업성과 경단련은 일본에서 각각 국가와 사회의 정점에 있으면서도 냉철하고 입이 무거운 기관이다. 이들은 호들갑을 떨지도, 과장된 표현을 쓰지도 않는다. 그런 기관들이 시스템을 고발한다면 간접적으로 자기 자신을 고발하는 셈이다. 하지만 둘 다 일본이 체력과 지위를 잃어가고 있으며, 일본의 기업이 '교착 상태에 빠진 채' 갈수록 경쟁력이 약해지고 있다고 묘사한다. 두 기관 다 일본이라는 선박이 방향을 바꾸지 않으면 미래가 끔찍할 것이라고 예측한다. 나오시마 마사유키直嶋正行 당시 경제산업성 대신은 "국민에게서 경기침체라는 생각을 떨쳐내려면" 종합적인 계획이 필요하다고 설명했다.[53]

리먼 쇼크는 이처럼 무사안일한 태도를 끝내지 못했다. 이 책의 제3장부터 제5장까지는 이론상으로 변화를 위한 추동력을 이끌어낼 뻔했던 정치와 외교정책, 국내 문제 등의 측면에서 각각 비슷한 순간들을 다루고 있다. 특히 2011년 3월 11일에 지진과 쓰나미, 원전 사고라는 삼중재난이 일본을 강타했을 때(제5장에서 상세히 다룰 예정이다) 드디어 지도자와 엘리트 그리고 대중이 상황의 심각성, 즉 "일본이 거의 완전히 길을 잃었다"[54]라는 사실을 각성하고 국가를 개조하기 위해 대담하게 집단행동에 나설 것이라는 희망이 있었다. 히타치의 미국 지부장인 오데 다카시는 많은 일본인을 대신해 3월 11일이 "제2차 세계대전 이후 최대의 위기"였고 "우리의 기대 수준을 뛰어넘었다"라고 말했다.[55] 경제학자인 호시와 캐샵도 "장기 성장 정책이 없다면 일본 경제는 2011년의 비극 직전 팽배했던 침체 상태로 되돌아갈 가능성이 크다"라고 경고했다.[56]

기회 포착

당시 민주당 정부가 3월 11일의 재난을 기회라 여기고 극적인 정책 변화를 추진하려 했던 점은 평가받아야 한다. 후쿠시마에서 삼중재난이 발생한 지 9개월 후 당시 내각 총리였던 노다는 〈일본 재생의 기본 전략日本再生の基本戦略〉이라는 놀라운 보고서를 발표했다. 이 보고서의 제목 자체부터 일본 정부는 3월 11일에 일어났던 사건을 혁신적 변화를 도입할 촉매로 삼을 수 있다고 보았으며, 기꺼이 그렇게 하려고 했다. 일본 정부는 이런 기회를 그냥 허무하게 놓치고 싶어 하지 않았다.

국가전략실NPU이라고도 지칭되는 국가전략회의는 전략을 구상하고 그 내용을 보고서에 망설임 없이 모두 담았다. 첫 줄부터 어조가 심각하다. "일본은 현재 중대한 위기에 직면하고 있다." 일본은 "새로운 성숙한 사회에 대응할 수 있는 산업구조의 변화를 지연시키면서

… 동일본대지진東日本大震災, 원전 사고, 엔화 평가절상, 금융시장의 전 세계적인 불안정성 등과 같은 전례가 없었던 심각한 수많은 난관뿐 아니라 '잃어버린 20년'에 직면하고 있으며 … 일본은 진정으로 '역사적 위기'의 한복판에 놓여 있다."[57]

이어서 변화해야 하는 이유, 정확히 말하면 새로 태어나야 하는 이유가 35페이지에 걸쳐 자세히 기술되어 있다. 문제 진단은 익숙하다. 일본의 어려움은 거품이 붕괴되었던 20년 전부터 시작했고 이후 경제 침체와 성장 잠재력 둔화, 엔화 고평가, 재정 불균형 그리고 인구 감소로 더욱 심각해졌다.

내부적 어려움은 세계경제의 변화, 그중에서도 특히 아시아의 부상과 세계화, 유럽의 경제 침체 등으로 더욱 복잡해졌다. 불평등 심화, 빈곤 확대, 중소기업 상황 악화 등이 일본 내 불안감과 미래에 대한 불확실성을 한층 더 키웠다. 보고서는 "견고하고 폭넓은 중산층 없이 일본의 미래는 없다"라고 경고한다. 한때 인구의 95퍼센트가 스스로 중산층이라고 생각했던 나라로서 이는 너무나도 불길한 지적이다.

국가전략실의 전략에 따르면 일본의 회복은 초토화된 도호쿠東北 지역*의 재건부터 시작하지만, 이러한 노력은 디플레이션을 멈추고 수출경쟁력을 약화시켰던 엔화의 평가절상을 멈추는 등 근본적인 경제문제를 해결하겠다는 더 포괄적인 구상의 일부에 불과하다. 문제 해결 패키지에는 인구문제에 따른 충격을 완화하는 사회보장 개혁과 중소기업의 성장을 촉진하는 구상 등도 포함되어 있다. 아울러

• 일본의 9대 지방 중 하나로 혼슈本州의 도쿄 이북 지역을 일컬으며, 지역 내에 후쿠시마현福島県, 미야기현宮城県, 야마가타현山形県, 이와테현岩手県, 아키타현秋田県, 아오모리현青森県이 있다.

일본의 문화와 창의성을 전 세계에 홍보하고 활용하여 "가격을 매길 수 없는 일본의 경쟁 요소를 강화시킨다"라는 구상으로서 쿨재팬 프로젝트Cool Japan Project*가 포함되었다. 이 보고서는 2020년까지 일본 GDP의 명목성장률과 실질성장률을 각각 평균 약 3퍼센트와 2퍼센트 달성하겠다고 목표를 잡고 있다.[58] 또한 일본 재생 전략은 공동체 지향적이라고 모호하게 해석되면서도 일본의 전통적 사회 정서가 반영된 '참여와 상호 지원이 있는 사회'와 국제사회에 이바지하는 국가라는 맥락을 통해 경제회복의 틀을 잡는다. 아울러 신성장 모델을 핵심 요소로 세계에 제시하고 재난 위험, 고령화 사회, 출산율 하락, 환경문제 등 시급한 글로벌 문제를 해결하는 데 선도 국가가 되어 세계에 이바지하겠다고 밝히고 있다.[59]

그렇지만 일본은 이런 목표를 어떻게 달성할 것인가? 이 점에서 국가전략실의 전략이 빈약하다. 아이디어는 그럴듯하지만 디테일이 부족하다. 그 구상을 보면 재생에너지 지지와 채택, 연구개발R&D 중심 지역 개발, 혁신 촉진, '출산율 감소와 사회 고령화, 에너지와 환경 제약 등의 난제 극복'을 통한 시장 확대, 중소기업 강화, 지속 가능하며 탄탄한 농업 육성, 아동 그리고 육아를 위한 신시스템 구현 등 여러 가지가 있다. 많은 경우에 마치 해결책 제시만으로 문제가 저절로 해결되기를 바라는 것처럼 보인다.

국가전략실은 이러한 단점을 인식하고 최고위층 자문기관인 프런티어분과회フロンティア分科会를 설치했고, 2012년 상반기에 노다 총리와 접촉하면서 "'희망과 자부심이 있는 일본希望と誇りある日本'이 되기 위한 2050년 일본의 미래 모습 비전"을 제시했다. 여기에서는

---

* 쿨재팬은 1990년대 블레어 정권이 추진한 쿨브리타니아Cool Britannia의 이름을 모방했으며, 한류를 따라 했다는 지적도 있다.

"일본이 직면하는 다양한 도전을 해결하기 위한 로드맵을 제시하고자 했다"(많은 도전에 직면하고 있는 선구적인 국가 모델이라는 점에서 다른 나라들이 뒤를 따르도록 '과제선진국課題先進国' 일본이 앞장서는 모습을 제시하고자 했다).⁶⁰ 〈'공동 창조하는 국가共創の国' 만들기〉˙라는 보고서의 제목이 별로 매력적이지 않더라도, 이를 뒷받침하는 네 기둥인 예지叡智, 번영繁榮, 행복幸福, 평화平和는 매력적이다.˙˙

프런티어분과회 보고서는 국가전략실의 일본 재생 전략의 정서와 비슷하다. 전자는 '희망과 자부심이 있는 일본'을 창조하려 했고, 일본을 다른 나라들이 따르는 모델로 만들겠다는 야심을 실현하려 했다. 그리고 현재 방향으로 계속 가면 일본의 지속이 불가능해지기에 일본이 미래에도 계속 '자유낙하' 하는 상황을 막으려고 했다. 이 보고서는 경제 이익뿐 아니라 정체성 상실로 일본의 '핵심 국가 이익'도 위협받고 있다고 주장했다. 따라서 고부가가치산업 창출하기, 인적·물적 자원을 불문하고 모든 자원을 최대로 활용해 지역 중추로서 일본 재창조하기, 국제사회의 규범을 제정하는 데 적극 참여해 국제 공공재 창출하기 등을 해결책으로 제시했다. 프런티어분과회는 이를 위해 가장 근본적 요소부터 변해야 한다고 보았다. 즉, 일본 국민이 자신들의 사고방식을 바꾸고 좀 더 주도적이어야 한다는 것이다. 이런 과정에서 정치가 "리더십을 발휘해야 한다." 최종적으로는 국가 비전에 대한 범국민적 대화가 필요하다.

국가전략실의 〈일본 재생의 기본 전략〉과 프런티어분과회의 보고서는 여러 이유로 흥미롭다. 첫 번째는 어조다. 국가전략실은 "일본

- 모든 힘을 드러내고 창조적 결합으로 새로운 가치를 창출하는 '공동 창조의 나라' 만들기
  あらゆる力を発露し創造的の結合で新たな価値を生み出す「共創の国」づくり.
- •• '예지'보다는 '지혜'가 더 적절한 한국어일 수도 있으나 예지라고 기술해도 독자들이 이해할 수 있을 것으로 판단해 일본어 보고서 원문에 더 충실한 용어를 사용했다.

은 기로에 서 있다. 활기찬 국가로 발전할 것인가 아니면 쇠퇴할 것인가?"라고 묻는다. 다른 어떤 나라도 이처럼 우울하고 노골적인 평가를 공식 정책으로 제시하리라고 상상하기 어렵다. 흔히 이런 질문은 외부인이 묻게 마련이고 일본 정부는 긍정적인 답변만 제시했을 것이다.[61] 더욱이 〈일본 재생의 기본 전략〉은 마치 결론이 정해지지 않은 것처럼 들린다. 이 전략은 "냉정하게 경제가 보다 축소된 상태에서 균형을 유지하도록 하는" 그 밖의 타당한 대안이 있다는 사실도 인정한다. 즉, "일본이 신산업 창조와 신부가가치 창출을 통한 경제 성장을 추구하여 현재의 위기를 기회로 바꾸어야 한다"라고 결론 내리기 전에 저러한 다른 대안이 있을 수도 있다고 본다.

일본이 택해야 하는 선택이 단지 정치적 또는 경제적 결정뿐 아니라 일본의 정체성과도 긴밀히 연계되어 있다는 점이 중요하다. 이 전략은 어떤 것이 일본에 좋은가에 그치지 않고 궁극적으로 무엇이 일본다운가를 논한다. 이에 대한 응답은 단순히 일본을 올바른 길로 인도하는 정도가 아니라 "일본의 희망과 자부심을 회복"하는 것이다. 이는 국가정책이 아주 사적이고 개인적인 영역까지 침투하는 것처럼 보인다. 혹은 이 보고서가 설명하듯이 "일본이 진정으로 활기를 되찾는다는 의미란 희망과 자부심을 회복하여 일본 국민이 '이 나라에 태어나서 기쁘다'라고 느끼게 해주는 것이다." 이런 식으로 개인적인 수준까지 접근해 정책의 틀을 구상하는 내용을 담은 미국 정부의 공식 보고서를 상상하기는 어렵다.

희망과 자부심을 다시 불어넣으려면 극단적 조치가 필요하다고 한 점도 주목해야 한다. "강한 위기의식"이 "절대적으로 필요하며" 국민은 "우선 사안과 관련하여 극단적 조치"를 각오해야 한다. 이러한 표현은 상당히 충격적이면서 국가전략실과 전략가들이 오늘날 일본이 더 나은 미래를 위해 과거와 단절해야 하는 용기와 통찰력, 결의가 요구되는 '메이지 시대'와 같다는 상황 인식을 갖고 있다는 것을 암시한다.

일본의 미래를 국제적 맥락에서 모색하고 있다는 점도 이 보고서의 중요한 특징이다. 〈일본 재생의 기본 전략〉 보고서는 일본의 미래를 분명하게 외부 세계와 연계했다. "일본의 재생은 국제적 발전 없이 이루어질 수 없다." 외부인에게는 이것이 당연하게 보이겠지만, 이런 생각은 역사적으로 배타적이었으며 일본을 일본인만의 관점에서 규정지으려 하는 국가 이미지와 상충한다. 이 보고서는 내부 지향적인 과거 사고에서 탈피하도록 일본을 밀어붙여야 한다는 점을 인정하고 있다. 일본은 이와 같은 새로운 세계에서 문제 해결사의 역할을 맡아야 한다. 도쿄는(혹은 좀 더 적절하게 말하면 일본 전체가) 3월 11일 위기를 기회로 활용하여 회복이 빠르고 재난에 대한 내성이 큰 공동체 건설, 환경적으로 지속 가능한 경제모델 개발, 고령화된 인구 수요를 한층 더 충족하는 도시 건설 등 산업화 이후 사회가 직면한 과제를 해결하는 데 선두주자가 되어야 한다. 국가 재생 전략은 명확하다. "일본은 올바른 해결 방안을 모색하는 과정에서 선두주자가 될 것이며" 이를 통해 국제 공동체에서 지도국의 지위를 되찾을 것이다.

마지막으로 두 보고서에서 눈여겨볼 만한 요소는 변화를 이끌어내기 위한 정부 주도의 노력을 수용했다는 사실이다. 한쪽에서는 일본 정부가 특히 3월 11일의 재난 이후 경제성장을 위한 틀만 구축한 다음 뒤로 빠지고 기업이 주도하도록 해야 한다고 주장한다. 이러한 주장은 중앙집권적으로 통제하며 변화도 수월하게 이끌어낼 수 있는, 일본인이 선호하는 톱다운(상의하달) 방식과 배치된다. 정부는 비전을 제시하고 국민은 비전을 실현하려 일한다. 모든 국민에게 희생을 요구하며 모든 사람이 국가의 목표와 목적을 자신의 것으로 동일시하여 동참하게끔 한다. 일상생활에서 실천되는 점진적 변화는 구체적 목표이기 때문에 이를 달성하고자 모든 일본인이 참여하고 혁신을 추구하게 된다. 이 점에서 국가 재생 전략은 변화하겠다고 주장하면서도 역설적으로 중요한 측면에서 일본의 전통적 사고방식과 일치한다. 이 보고서에서 지적한 모든 노력과 우선순위 분야에서 중앙정부는 전략과 비전 설계, 자문위원회 설치, 파트너십 구축 또는 보조금 지급 등의 분야에서 중추적 역할을 맡고 있다. 이런 관점에서 볼 때 〈일본 재생의 기본 전략〉과 프런티어분과회의 보고서는 보기만큼 극단적이지는 않다.

국가 재생 전략은 그 장점이 무엇이었건 간에 자민당이 정권을 되찾은 2012년 12월에 봉인되었다. 이 전략은 노다 정부에서 2011년 12월 24일 채택되었지만, 아베 신조가 총리에 취임하자마자 전략을 구상했던 국가전략실과 더불어 거의 곧바로 보류되었다. 국가전략실 홈페이지는 사라졌고 이 전략의 흔적을 찾아보기 어렵다.* 국가전략실과 그 작업을 지워버린 데는 여러 이유가 있으며, 그중 하나로 많은 정치인과 고위 관료의 강한 반민주당 정서를 들 수 있다. 이들에게 3년간의 민주당 집권 시절은 어둡고도 차라리 잊히는 게 낫겠다는 공백 시기에 가까우며, 아마추어가 집권하면 일본이 어떻게 길을 잃게 되는지를 떠올리는 계기가 되었다. 두 번째 설명은 자민당은 일본에 변화가 필요하지만 재생 전략처럼 극단적일 필요는 없다고 믿었기 때문이다. 충성스러운 당원들은 훨씬 더 세련된, 즉 자민당이 작성한 다양한 구상이나 전략이 일본을 다시 정상 궤도로 올려놓기에 적절하다고 본다. 실제로 누군가가 재생 전략의 계보를 따져

---

* 2020년 1월 현재 국가전략실의 활동은 https://www.cas.go.jp/jp/seisaku/npu/에서, 프런티어분과회의 활동은 https://www.cas.go.jp/jp/seisaku/npu/policy04/archive06.html에서 그 흔적을 볼 수 있다.

보니 1기 아베 총리 시절인 2007년 고안했던 프로그램 '이노베이션 25 innovation 25'와 연계되었다.[62] 마지막으로 일본이 방향을 전환해야 한다면, 자민당이 독자적인 제안을 해야 한다는 주장이 있다. 이러한 구상인 '아베노믹스Abenomics'는 아베가 재집권한 지 얼마 안 되어 발표되었으며, 제6장에서 논의할 예정이다.

쉽지 않은 일을 하기는 어려운 법

개혁의 시도는 많았지만, 일본 경제를 안정적으로 성장할 수 있도록 정상 궤도로 옮겨놓지 못한 데는 여러 설명이 있다. 물론 가장 단순한 설명이 가장 만족스럽지 못하다. 일본이 가진 병을 치유하기 위해 요구되는 변화는 그 규모가 매우 크고 실제로는 구조적이어서 광범위하게 동원해야 하며, 모든 국민의 비상한 노력이 필요하다. 가령 일본 인구의 변화 추이를 바꾸겠다는 시도는 이러한 흐름이 이미 한두 세대에 걸쳐 진행되었다는 점을 감안할 때 상당히 큰 과제다. 제2의 가계소득(맞벌이)에 대한 불이익을 완화하는 조세개혁처럼* 어린이집이나 노인관리센터를 제공한다면 다소나마 도움이 될 수는 있을 것이다. 하지만 궁극적인 성공은 바람직한 가족의 규모와 가족의 형태에 대한 관념이 바뀔지 여부에 달려 있으며, 이는 시간이 흘러야 변할 수 있다. 또한 가치관과 생활방식이 변해야 하며, 이런 사고관을 바꾸겠다는 발상은 세법 조항 개정보다 훨씬 어렵다.

두 번째로 개혁을 추진하는 데 '세속적인' 문제로서 기득권이 있

---

* 맞벌이 부부가 가계소득 합산으로 소득세를 많이 내게 되는 상황을 개선하는 것을 의미한다.

다. 일반적으로 이런 이익은 자금이나 규제처럼 정부의 자원으로 제공되는 특혜를 보호하려는 기업인과 정치인의 결탁으로 만들어진다. 일본의 정치·경제를 긴밀하게 분석해온 T. J. 펨펠은 "일본은 예전에도 공공 분야의 이른바 밥그릇 문제와 관련해 제도화가 잘되어 있었지만, 특히 지난 10년간 자신의 위치를 공고하게 유지하고 있는 자민당 정치인과 개별 관료 기관 그리고 농업, 건설, 유통, 금융서비스, 항공운송, 도로화물, 식품업, 소기업 등 국내 지향적인 업계 사이에 서로의 뒤를 돌봐주는 구조가 더욱 공고해졌다"라고 사정없이 비판했다.[63] 기득권이 확고하게 잡혀 있는 분야가 원자력발전 산업인데, 이는 제5장에서 다룰 것이다.

이러한 이익은 단순히 금전에만 국한되어 있지 않다는 사실도 중요하다. 정치인과 관료들이 특정한 규제와 제도로 엮이고 권한을 부여받으면서 수반되는 지위와 권력에 사로잡힌다는 사실도 실망스럽다. R. 태거트 머피 교수가 주장했듯이 어떻게 하면 개혁을 가장 효과적으로 촉진시킬지는 너무 뻔하지만, 이런 조치는 "현재의 권력구조에 위협이 될 것이다." 변화하려면 "일본 엘리트 기득권층의 자살과 같은 방식도 필요하지만, 엘리트들은 자살하지 않는다."[64]

개혁 시도를 좌절시키는 세 번째 요소는 일본의 정치적 난국이다. 일본은 정부 상층의 불안정 때문에 개혁을 성공적으로 이끌어낼 수 있는 많은 요소를 박탈당한다. 어렵고도 광범위한 변화를 추진하려면 의견 일치를 이끌어내야 하는데, 여기에는 리더십, 정책 후퇴나 번복을 막아내는 일관성, 차질을 극복하고 어려운(때로는 인기 없는) 결정을 내릴 수 있는 용기 등이 필요하다. 관료들은 각종 프로그램을 실행하고 지속할 수는 있겠지만, 이러한 변화를 위해서는 정치적 리더십이 필요하다. 총리실의 회전문 인사나 빈번한 각료 교체로 일본에서는 개혁을 위한 선결 조건에 제약이 붙는다.

네 번째 요소는 일본만의 독특한 형태의 자본주의를 창조했다는 국가적 자부심이다. 일본의 독특한 자본주의는 일본만의 독특한 문화와 심리 그리고 역사와도 밀접하게 닿아 있다. 일본인은 자신들이 독특하고도 우월한 사회로 진화했다는 사고관을 뒷받침해주는 많은 아이디어를 마음속에 품고 있다. 일본인의 95퍼센트가 중산층이며, 일본인은 자신들이 더 큰 국가 이익을 위해 경쟁을 억누를 수 있고, 자신들의 문화가 동질적이어서 일본이 다른 자본주의국가에서 겪고 있는 많은 문제에 면역되어 있다고 믿는다(이러한 믿음이 실제로 정확한지 여부는 상관없다. 일본인이 그렇게 믿고 있다는 사실로 말미암아 이들이 무시무시해지는 것이다). 하지만 그런 사고방식이 일본인이 그렇게 믿고 있는 사회를 만들기까지 도움이 되었기에 그들의 자부심이 설령 정당하다고 하더라도 개혁에 큰 걸림돌이 될 수도 있다. 일본인의 이러한 믿음 탓에 1990년대에 있었던 자유화에 대한 요구가 묵살되었다. 많은 사람이 가정했던 것처럼 일본의 어려움이 그 속성상 경기 순환적인 것이었다면 왜 문제의 근원을 찾고 개혁을 모색했겠는가? 만약 불가피하게 다시 흐름이 바뀌고 일본이 과거에 그랬던 것처럼 또 한 번 호령할 수 있게 된다면 왜 그동안 그토록 잘 작동하던 시스템을 포기해야 하는가? 이런 사고방식은 제1장에서 밝혔던 '소일본론' 학파의 다양한 분파에서 잘 드러난다. 이 사고방식을 지지하는 이들은 만약 변화로 말미암아 국가정체성의 핵심 요소를 포기하거나 타파해야 한다면, 차라리 개혁을 거부하고 세계 속에서 더 작아진 지위를 받아들여야 한다고 믿는다.
　다섯 번째 장애물은 국가적 자부심과 기득권의 혼합물임에도 독특한 변종이다. 많은 일본인은 개인의(혹은 기관의) 이해관계나 국가정체성 논란과 무관하게 현재의 일본 모델이 경제를 꾸려나가기에 최선의 시스템이라고 믿고 있다. 즉, 기존 시스템이 잘 작동했기 때문에 계속 유지해야 한다는 것이다. 이러한 규범적인 논리는 머피 교수의 분석에 생동감을 불어넣어 준다. 머피 교수는 모든 일본인이 부패하거나 이기적이라 보지 않고(물론 일부는 그럴 수 있다), 오히려 일본인이 만들어왔고 운영하고 있는 시스템이 이성적이며 모든 이해관계를 위해서도 당연히 최적이라는 것이다. 예를 들어, 머피 교수는 일본 은행과 규제 당국은 자신들의 역할을 서방세계 은행가의 역할과 근본적으로 다르게 인식한다고 주장한다. 서구에서 은행을 단순히 경제의 한 주체로 여기는(물론 좀 더 특혜가 주어지지만) 것과 달리 일본인은 "은행이 공공이익을 위해 봉사하는 공익사업"이라고 인식한다는 것이다.[65]

이러한 사고관은 "정부의 정책이 구조조정을 무력화하는 효과가 있었다"라고 결론 내리는 호시와 캐샵의 연구 논리를 강화한다.[66] 이들은 일본이 1990년 후반 금융위기에 대응하는 과정에서 "중요한 구조조정이 필요하다고 생각하기보다 금융위기를 단순히 무차별적인 재정지출로 해결할 수 있는 경기 순환적 문제라 생각하고 정책 대응도 이런 방향에서 맞췄다"라는 점에 주목했다.[67] 다시 말하면, 이런 정책을 통해 좀비기업을 살려두려 했다는 점에 주목했다는 것이다.[68] 스티븐 보겔은 일본이 정보통신기술 하드웨어를 포함한 전자 분야 등 일본 경제에서 가장 경쟁력 있던 분야를 지키지 못하고 실패한 이유를 분석하면서 이 같은 사고방식이 문제였다고 지적했다. 그의 주장은 일본 정부와 기업이 "경쟁력 있는 새로운 분야를 육성하기보다 기존 산업 분야를 강화하는 점진적인 개혁을 선호했다"는 것이다. 특히 일본 기업은 노동자와 은행, 납품업체, 그 밖의 다른 사업 파트너와 장기적 관계를 유지하고 되도록 이런 관계에서 나오는 이익을 활용하는 전략을 선호해왔다. 또한 자신들의 전통적인 경쟁력 기반을 훼손하지 않은 채 기업 구조조정을 유도하는 점진적 개혁을 도입하도록 정부를 상대로 로비해왔다.[69] 그리고 정부는 이런 개혁 방식을 수용했다.

우정 개혁 사례는 개혁의 걸림돌이 어떤 것인지 잘 보여준다. 고이즈미 총리는 자신의 임기 중 우정 개혁을 최우선 순위 과제로 제시했다. 대충 하겠다는 제안이 결코 아니었다. 일본 우정사업은 일본 금융시스템의 중심에 자리 잡고 있었으며, 우정사업을 해체하거나 소유권을 이전하는 것은 일본의 금융시스템을 혁신하겠다는 의미나 다름없었다. 일본 우체저금에는 176조 엔의 저축금이 예치되어 있었는데, 이는 일본 전체 현금과 예치금의 5분의 1에 해당했다. 우체저금은 시중 은행보다 더 높은 이자율을 제시했고, 이런 식으로 정부는 공공사업 프로그램의 자금을 조달했다. 또한 우정서비스 은행의 보험사업 분야는 일본 정부 채권의 상당 부분을 보유하고 있었다. 그 덕분에 이자율을 억제하고, 지속적으로 증가하는 일본의 국채를 관리하느라 애를 먹던 관료들의 근심을 다소나마 덜어줄 수 있었다. 우체국은 일자리와 정치적 영향력을 제공하는 원천도 되었기 때문에 일본식 후원 체제에서 중요한 신경망 역할을 맡았다. 일본우정그룹 노동조합은 일본의 최대 노조단체였고, 우정성은 20만 명 이상을 고용하고 있었다.[70]

고이즈미의 우정 개혁은 많은 논란을 일으키고 자민당을 분열시켰다. 2005년 총선에서 고이즈미는 자신의 개혁을 반대하는 자민당 내 후보에 대항해 자신이 직접 지명한 후보(일반적으로 자객 후보라고 불렀다)를 출마시켰다. 고이즈미에게 저항했던 자민당원은 당에서 축출되었다. 고이즈미가 물러난 뒤 그의 후계자인 아베는 이런 반발 세력의 복당을 환영했는데, 이는 2007년 참의원 선거에서 자민당이 패하는 요인이 되었다. 한편 민주당의 노선도 바뀌었다. 당초에는 개혁을 지지했지만, 우정 분야 종사자와 노조의 불만을 감지하고 입장을 선회했다. 민주당은 2009년에 집권한 뒤 고이즈미의 개혁을 되돌리는 법안을 상정했다. 이 법안은 통과되지 못했지만, 어느 정도 지지를 계속 받고 있다. 고이즈미의 법안에서 추진했던 많은 변화를 되돌리려는 또 다른 법안도 회람되었다.[71] 결국 2015년 11월, 일본 정부는 일본우정주식회사와 공동으로 두 금융 분야*의 지분 10퍼센트를 상장했다. 정부는 2011년 지진과 쓰나미로 파괴된 지역의 재건에 필요한 자금조달을 위해 일본우정그룹을 추가로 상장하여 4조 엔(350억 달러)을 마련한다는 계획을 세우고 있다.[72]

우정 개혁 사례를 간단히 훑어보면 진정한 개혁에 많은 걸림돌이 있다는 사실을 알 수 있다. 한 가지 설명만으로는 충분하지 못하다. 오히려 기득권, 정치적 약점과 기회주의, 정책 변화, 노골적인 반전 그리고 기존 제도가 장점이 있고 공공의 이익에 부합한다는 기저에 깔린 믿음이 다 같이 뒤섞여 개혁에 치명적인 걸림돌이 되는 것이다. 물론 몇몇 경우에는 이러한 장애물에 맞서 변화를 달성하는 데 성공한 적도 있지만, 이는 아주 인상적인 일이다.

불행하게도 아주 두드러진 변화는 아직 없었다. 일본의 핵심 이해 관계자들이 그럴 필요를 느끼지 못했기 때문이다. 이 장과 제1장에서 상세히 서술한 문제점들, 즉 빈곤이나 실업, 불평등의 증가, 인구와 같은 구조적인 변화, 경쟁력 약화 등에도 일본은 현상 유지를 택했다. 이런 편향적인 선택을 한 데는 다양한 이유가 있는데, 뒤에서 좀 더 논의해볼 것이다.

•   우정은행郵貯銀行과 간포생명보험がんぽ生命保険(간이생명보험상품).

도쿄를 방문하고 미래를 보라

가장 두드러진 이유 중 하나는 일본의 상황이 그렇게 나쁘지는 않다는 것이다. 일본의 상황이 좋다고 주장하는 사람들은 비록 1990년대가 끔찍한 10년이었다고 인정하지만 2000년대는 다르다는 것이다. 이들은 비판자들의 주장 이상으로 일본의 상황이 호전되었을 뿐 아니라 일본이 아시아와 세계에서 일어나고 있는 변화를 더욱 잘 활용할 준비가 되어 있다고 본다.

이런 수정주의자들은 우선 1990년대의 경기침체가 과장되었다고 주장한다. 물론 전반적인 GDP 성장이 사실상 정체되었지만, 1인당 GDP 성장은 미국보다 불과 0.5퍼센트포인트밖에 낮지 않았다(일본 1.5퍼센트, 미국 2.0퍼센트).[73] 1990년대에 경제정책에서 실수를 저질렀지만 2000년에 들어서 수정되었고, 일본 경제는 강력하고 지속 가능한 회복에 들어섰다. 피터슨국제경제연구소장인 애덤 포즌은 2002년부터 2008년까지의 경기회복이 "일본 전후 역사상 가장 길고도 걷잡을 수 없었던 경기 확장"이었다고 지적했다. 그리고 인구 감소분을 반영한다면 그토록 비판받던 생산성 격차도 사실상 사라진다. 2003년부터 2008년까지 일본의 경제 생산 속도는 1인당 기준으로 볼 때 미국을 추월했다. 일본은 노동자 1인당 기준으로 볼 때 연간 GDP 성장이 가장 높았으며, 총요소생산성 측면에서도 연간 상승률이 가장 높았다.[74] 1991년부터 2012년까지 "일본의 개별 노동력 단위 실질 GDP는 미국, 독일과 거의 같은 속도를 유지했다."[75]

예전에는 실업도 증가했다. 1990년 당시 2.1퍼센트였던 실업률은 두 배 이상으로 늘었지만, 2002년 5.7퍼센트로 정점을 찍고 이후 다른 선진국들의 부러움을 살 수준으로 떨어졌다. 경제학자인 노아 스미스는 "'잃어버린 10년' 중에서도 최악의 시기에 일본의 실업률은 버블경제 정점기보다 불과 3퍼센트 높았을 뿐이다"라고 지적했다. 1990년대에 일부 정책적 실수가 있었을 수도 있지만, 이로 인한 성장둔화는 이른바 '따라잡기 성장catch-up growth'의 종언이었으며 '불가피'했던 것이다. 더욱 눈여겨봐야 할 점으로 스미스는 1인당 명목 GDP가 2001년에 4만 5900달러였고,* 일본이 그 밖의 비교할 만한 다른 어떤 나라들(인구가 5000만 명에서 1억 5000만 명 사이의 선진국)보다 개별 소득 측면에서 가장 부유했다고 덧붙였다.[76]**

더욱 중요한 사실은 일본이 미래를 활용할 준비가 잘 되어 있다는 점이다. 세계경제포럼*** 회장인 클라우스 슈밥은 "일본은 경쟁력을 이끌어내는 모든 정교한 분야에서 아주 탁월하다"라고 언급했다. 일본은 세계경제포럼이 정의한 비즈니스 성숙도business sophistication에서 혁신 4위, 보건 및 초등교육의 질 9위, 인프라 11위를 차지하는 등 세계를 선도하고 있다. 기업들의 미래를 개척하기 위해 일본의 연구개발 투자는 계속해서 증가하고 있으며, GDP의 3.8퍼센트로 세계 5위 수준에 달하고 미국과 독일 그리고 OECD 평균치를 상회한다.[77]**** 이러한 투자에 맞춰 일본의 특허출원 수도 지속적으로 증가하고 있다. 일본의 특허등록은 2000년대에는 전 세계의 10퍼센

- IMF 통계를 보면 3만 3860달러였다.
- •• 실제로 천연자원을 통한 부 창출은 한계가 있어 인구 대국이 고부가가치산업의 발전 없이 천연자원에만 의존해 부유해지기는 극히 어렵다. 그래서 인구가 많은 국가는 선진국이 되기 어려운 것이 사실이고, 전 세계 200여 개 나라 중 인구가 1억 명이 넘는 선진국은 2개국(미국 · 일본), 5000만에서 1억 명인 국가 중 선진국은 5개국(독일 · 영국 · 프랑스 · 이탈리아 · 한국), 2000만 명이 넘는 국가 중 선진국은 4개국(스페인 · 캐나다 · 호주 · 대만)에 불과하다. 그 밖의 유럽 선진국은 네덜란드(1740만 명)를 제외하면 대부분 인구가 1000만 명 수준이거나 그보다 적다. 중동 지역 산유국 중 부국은 사우디아라비아를 제외하면 다 걸프 지역 소국이며, 3000만 명이 넘는 사우디아라비아도 경제적으로 심각한 도전에 직면하고 있다.
- ••• 다보스포럼으로 더 잘 알려져 있다.
- •••• 한국의 2018년 연구개발 투자는 GDP 기준 세계 1위이며, 총액으로 5위다.

트를 차지했으나 현재는 20퍼센트에 육박하며, 미국 내 특허등록의 21퍼센트를 차지하고 있고, 이는 독일과 한국, 대만, 캐나다, 영국, 프랑스, 중국의 특허등록을 합친 것과 맞먹는다.[78] 세계지식재산기구WIPO가 구분한 35개의 기술 분야 가운데 일본은 26개 분야에서 1위이고, 8개 분야에서 미국에 이은 2위이며, 그 밖의 분야에서는 미국, 중국에 이어 3위를 차지하고 있다.[79] 연구개발 분야의 지평을 넓히겠다는 의지에 힘입어 일본에는 200~250개에 달하는 '히든 챔피언', 즉 연 매출액이 40억 달러 미만이고 일반 대중이나 투자자에게 잘 알려져 있지는 않지만 해당 분야에서 지역 및 세계 점유율이 매우 높은 기업이 있다.[80]

1997년 이후에 창립되고 2007년까지 상장되었으며 2005년부터 2007년 사이 연간 매출이 50퍼센트 이상 증가한 '고성장 스타트업 기업' 분야에서도 일본은 중국, 인도, 미국에 이어 4위를 차지하고 있다. GDP 규모로 보면 미국의 절반도 안 되지만, 일본의 고성장 스타트업 기업 수는 미국의 절반에 육박한다.[81] 이러한 순위를 고려할 때 일본의 전성기가 지나갔다는 주장을 진지하게 받아들이기는 쉽지 않다. 노아 스미스는 "'잃어버린 10년'이건 아니건 간에 2012년의 일본은 자신이 있어야 할 위치에 있다"라고 결론 내렸다.[82]

"일본의 잃어버린 10년이 허구다"라고 가장 강하게 항변하는 사람으로 1980년대 말 일본 주식시장의 폭락을 예견했던 이먼 핑글턴을 꼽을 수 있다. 핑글턴은 확실한 정보와 일본의 일상생활을 긴밀히 관찰하면서 비관론자들을 반박한다. 모든 경제적 고난에도 일본의 무역수지는 1990년 360억 달러에서 2011년 1940억 달러로 다섯 배 이상 증가한 점에 주목한다. 한편 이 기간에 달러 대비 엔화 가치는 한때 65퍼센트 이상 증가했으며 다른 어떤 주요국 통화보다도 절상되었다.[83] 빈혈에 걸린 것처럼 경제가 매년 1퍼센트밖에 성장하지 못하지만, 일본인의 수명은 계속 길어지고 있다. 그리고 더 크고 더 신형이고 더 비싸고 더 좋은 장비가 장착된 차를 운전하고 다니며, 최첨단 휴대전화와 초대형·초고화질 TV도 사용한다. 핑글턴은 비록 많은 상품이 중국에서 제조되고 있지만, "고도로 자본 집약적이고 지식 집약적인 일본 제조업이 기술적으로 가장 까다로운 분야에서 소리 없이 상당히 많은 역할을 맡아왔다"라는 점이 일본의 성공 비밀이라고 주장한다.[84]

일본을 방문한 사람들은 분명히 일본이 종말적인 쇠퇴 단계에 들어섰다는 것을 감지하지 못한다. 도쿄에는 새로운 건물이 계속 지어져 스카이라인이 변하고 있다. 1991년부터 2006년까지 일본은 150미터가 넘는 마천루를 94개나 지었다.[85] 2006년부터 2017년 사이에 추가로 고층건물 121개가 지어졌다.[86] 한때 장벽처럼 회갈색 벽돌 건물이 줄지어 있고 금융기관이 자리 잡았던 마루노우치丸の内 상업지구는 저녁과 주말이면 쇼핑객과 가족들로 붐비는 박물관, 명품관, 카페, 레스토랑 등이 입점한 고급 쇼핑몰과 식당가로 변모했다. 오모테산도表参道는 지속적으로 관광객과 지역 주민을 끌어들이고 있다. 한때 샹젤리제에 비유되었던 오모테산도의 거리는 이제 샹젤리제만큼 붐비게 되었고 가격도 비싸졌다. 도쿄는 전 세계 다른 어떤 도시보다도 미슐랭 스타 레스토랑 수가 많으며, 이 분야에서 지난 11년간 연속으로 1위를 차지했다.

롯폰기六本木 클럽지구도 1990년대에는 쇠퇴했고 한때는 일과 시간 이후 유흥을 즐기기에는 말도 안 되게 비싼 곳이라는 평판에 시달렸다. 하지만 이 지역은 9만 3000제곱미터 이상의 부지에 54층짜리 오피스 건물과 아파트, 상가, 식당, 카페, 극장, 박물관, 호텔, 주요 TV 스튜디오, 옥외 경기장, 공원 등 40억 달러 규모의 복합시설이 들어오면서 새롭게 변모했다. 17년의 건설 기간을 거쳐 2003년 롯폰

기힐스가 개관했으며, 그동안 조용했던 지역에 활기를 불어넣었다. 2007년 이곳에서 800미터도 떨어지지 않은 옛 방위청 부지였던 지구에는 30억 달러를 들여 연면적 57만 제곱미터 규모의 도쿄미드타운이 들어섰다. 주말과 평일 밤에는 롯폰기힐스와 도쿄미드타운은 쇼핑객과 관광객들로 붐빈다. 과거 철도차량 기지였으나 오늘날 일본의 최고층 아파트 등 새로운 시설이 들어선 21만 9000제곱미터 규모의 시오도메沙留 구역처럼 화려한 신개발지구가 도쿄 외곽을 따라 순환하는 전철 노선인 야마노테山の手선의 한때 방치되었던 역 주변 지역에 계속 들어서고 있다. 일본의 건축은 21세기 중국의 부상을 상징하는 마천루 단지인 상하이의 푸동에 비견될 수도 있다. 사이버 소설계의 숨은 실력자인 윌리엄 깁슨이 "미래를 보고 싶으면 나는 도쿄에 가서 일주일을 보낸다"라고 한 말은 많은 점을 시사한다.[87]

흔들리되 동요하지 않는*

깁슨의 낙관적인 시각은 도쿄에서 고작 일주일만 머물렀기 때문에 나왔을 수도 있다. 만약 더 오래 머무른다면 일본의 더욱 짙고 어두운 모습을 볼 수 있을지도 모른다. 마찬가지로 일본 경제의 '히든 챔피언들'이 전반적인 경기 침체와 쇠퇴를 막을 수는 없다. 일본인 대다수가 장래 전망을 평가할 때 불만스러워한다는 점은 이론의 여지가 없다. 퓨리서치센터가 설문조사를 했을 때 응답자의 4분의 3이

---

* "젓지 말고 흔들어서shaken not stirred"라는 표현은 007 영화 속 주인공 제임스 본드가 보드카 마티니를 주문할 때 하는 말이다. 007 영화마다 나오는 클리셰와 같은 이 표현을 저자는 일본인의 정서를 설명하는 데 사용했다.

일본이 잘못된 방향으로 가고 있다고 밝힌 사실을 상기해보라. 엘리트들은 리먼 쇼크를 대수롭지 않게 여길 수도 있지만, 일반 대중은 그렇지 않다. 일본을 덮친 위기의 결과가 나타나고 나서 일본 유권자들은 투표소로 향했고, 기존 질서에 대한 놀라운 비난이 쏟아져 나왔다. 그 쇼크가 제3장의 주제다.

제3장

정치 쇼크

PEAK JAPAN
The End of Great Ambitions

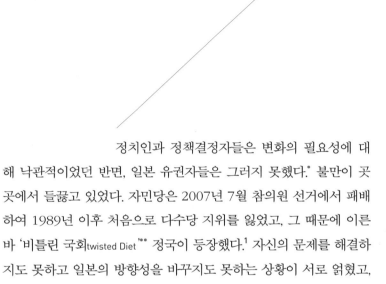

정치인과 정책결정자들은 변화의 필요성에 대해 낙관적이었던 반면, 일본 유권자들은 그러지 못했다.* 불만이 곳곳에서 들끓고 있었다. 자민당은 2007년 7월 참의원 선거에서 패배하여 1989년 이후 처음으로 다수당 지위를 잃었고, 그 때문에 이른바 '비틀린 국회twisted Diet **' 정국이 등장했다.¹ 자신의 문제를 해결하지도 못하고 일본의 방향성을 바꾸지도 못하는 상황이 서로 얽혔고, 유권자들은 2009년 7월 중의원 선거에서 생각지도 못했던 선택으로 정권을 민주당에 넘겨주었다.² 민주당의 선거 승리는 유권자들의 심판을 거쳐 1955년 창당 이래 처음으로 자민당을 권좌에서 축출했다는 점에서 의미가 있었다. 하지만 궁극적으로 민주당의 경험 미숙

• 저자는 제3장, 제4장, 제5장 제목을 일본어로 쓰면서 정치 쇼크를 '세이지 숏쿠政治ショック'로 표기했으나 여기서는 정치 쇼크로 옮겼다.
•• 일본어로 '네지레곳카이ねじれ国会'라고 하며 중의원과 참의원의 과반수를 차지한 정당이 다른 경우를 일컫는다. 이 경우 총리를 선출한 중의원 다수당이 법안을 상정해도 야당이 다수를 차지한 참의원이 법안을 거부하면 다시 중의원의 3분의 2가 찬성해야 통과되는 등 상황이 아주 복잡해진다.

과 자민당의 무자비한 '일절의 타협 거부' 전술이 결합되면서 일본의 정치 변화에 대한 희망이 치명상을 입는 결과를 가져왔다. 이 장에서는 일본 정치 격변기의 원인과 결과를 분석하고, 민주당이 힘들게 집권하기 전부터 이미 있었고 물러난 뒤에도 지속되는 큰 이슈들에 초점을 두고자 한다.

'1955년 질서'로부터 21세기의 혼란까지

자유민주당, 즉 자민당은 1955년 일본 정치 스펙트럼에서 절반을 차지했던 보수 세력인 자유당과 일본민주당의 합당으로 탄생했다. 자민당은 야당을 억누르고 1955년 이래 거의 방해받지 않고 일본을 통치해왔다는 점에서 엄청난 정당 조직이라는 점이 입증되었다. 앞서 언급한 바와 같이 자민당은 총리직을 딱 두 번 내놓았을 뿐이다. 첫 번째 사례는 1993년 자민당 내 개혁 세력들이 자민당 내부의 부패와 마비를 감지하고 탈당해 신생당新生党을 창설하고 11개월이 지났을 때 발생했다. 이들은 자민당 독주에 맞서 신뢰할 수 있는 핵심적인 대안 세력으로 등장하면서 개혁 세력의 일부 중도좌파와 정부를 구성할 수 있는 다수파를 형성했다.

이 짧은 권력 공백 기간에 새로운 정부는 일본 정치의 특징이었던 대선거구제*를 폐지하고 통합소선거구제와 비례대표를 선출하는 선거개혁 법안을 통과시켰다. (이러한 제도에서 유권자는 지역구 내 후보 한 명[전국적으로 300석]과 지지 정당에 대해 각각 한 표씩 투표한다. 그러면

---

* 선거구를 크게 획정해 하나의 선거구에서 두 명 이상의 대표를 선출하는 제도.

180석은 전국적인 정당 투표율에 따라 사전에 설정된 정당별 비례대표 후보자가 선출된다.) 이 같은 선거개혁은 일본 정치의 중대한 변화를 초래했다. 대선거구제에서는 선거에서 승리하기 위해 반드시 과반수를 득표할 필요가 없고 단지 득표율만 높으면 된다. 이런 시스템은 여러 함의가 있었다. 첫 번째로 동일한 정당에서 복수의 후보자가 같은 지역구에서 경쟁할 수 있다. 두 번째로 정치인은 이미 충분히 큰 핵심 지지자만 챙기면 되고, 이 경우에는 치열한 소선거구제 방식으로 경쟁하는 것보다 득표수가 적어도 된다. 후보자가 최선은 아니더라도 '적절히 괜찮기만 하면' 되는 것이다. 세 번째로 앞의 두 가지 요소로 말미암아 후보들이 정견을 토론하거나 유권자에게 대안을 제시할 필요가 없었다. 선거는 그저 인기를 확인하는 절차였다. 따라서 기타오카 신이치北岡伸一 도쿄대학 정치학 교수가 설명한 바와 같이 자민당의 영구 집권과 만년 야당 체제가 이어져 왔다. 1993년까지 일본 제1야당인 일본사회당日本社会党은 "전체 의석수의 3분의 1에서 그 이상을 확보하는 데 성공했으며, 얼마 안 가서 이 정도의 지분에 만족하고 집권하겠다는 야심을 버렸다."³ 야당의 목표가 집권이 아닌 당선이 되었고, 목표 달성에 성공했다.

1993년에 있었던 개혁은 이와 같은 안락한 조합을 종식했다. 선거개혁은 정치적 의견을 직접 충돌하게 하고 일본 정치를 양당제도로 밀어붙여 정치적 이념들이 투표장에서 경쟁함으로써 권력 교체가 발생하도록 하려는 의도가 있었다.⁴ 불행히도 새로운 정부는 불안정하다는 것이 입증되었고, 자민당은 1994년에 상상도 못 했던 전략을 만들어냈다. 예전의 적이었던 사회당(이제는 사회민주당社会民主党이라고 부른다)과 연합해 권력을 되찾은 것이다. 하지만 이번 연정에서는 전직 사회주의자를 총리로 내세우는 특징이 있었다. 이러한 시도는 설명이 불가능해 보였지만, 좌파에 총리직을 내주는 대신 총리가 진보적인 정강 중 핵심적인 원칙(특히 자위대에 대한 반대 등)을 포기해야 한다는 점에서 명확해졌다. 이런 식의 연정은 좌파를 지지해왔던 많은 사람의 영혼에 일격을 가했으며, 좌파 지도자도 실은 좌파가 그동안 그토록 비난해오던 보수파와 다를 바 없이 기회주의적이라는 점이 드러났다. 25년이 지난 현재까지도 좌파가 이처럼 큰 충격에서 회복되었는지 여부는 여전히 불투명하다.

사회민주당 출신 총리인 무라야마 도미이치村山富市는 불과 18개월 동안 총리직을 역임했고 다시 자민당에 자리를 넘겨주었다. 좌파의 축출이 완료되고 나서 자민당은 일본 정치판에서 등장한 분파 세력 가운데 신뢰할 수 있는 대안 세력인 민주당이 등장할 때까지 2년 더 어떤 도전도 받지 않고 집권했다. 민주당은 자민당의 정책을 반대하는 그 밖의 다른 정당들과 통합해가면서 점차 세력을 키워나갔다. 하지만 그들에게는 불행히도 이 당시 자민당은 일본 정치에서 지난 수십 년간 보기 드물었고 몇 명 찾아보기도 어려웠던, 진정으로 카리스마 넘치는 고이즈미 준이치로가 이끌고 있었다. 대부분의 전임자와 달리 고이즈미는 동료 정치인이 아닌 일본 대중에게 직접 호소했다. 실제로 그의 대중적 지지 기반 중 하나는 "어떤 성역이나 금기도 없는 구조적 개혁"을 추진하겠다고 약속하면서 자민당 내 핵심 지지층에도 직접 맞설 준비가 되어 있는 태도였다.[5] 그는 심지어 "자민당을 파괴하겠다"라는 공약도 내걸었다.[6] 그의 말은 단순히 무의미한 협박이 아니었다. 제1장에서 설명한 바와 같이 2005년 총선에서 고이즈미는 자신의 개혁 어젠다를 지지하지 않는 자민당 정치인을 대상으로 '자객' 후보자 명단을 작성했다. 야당이 이 기간에 죽을 쒔던 점이 놀랍지도 않다. 진짜 야당이 자민당을 이끌고 있었던 것이다!

고이즈미는 2005년 총선에서 압승했지만, 자민당 총재 임기를 두 번 마치고 나서 2006년에 물러났다. 후임자로 아베 신조가 잠깐 총리직을 맡았지만, 그는 임기 내내 스캔들과 건강 문제로 시달렸다. 2007년 7월 아베가 총리직을 맡은 지 1년도 채 못 되어 자민당은 참의원 선거에서 다수당 지위를 야당에 빼앗겼고, 그리하여 비틀린 국회가 등장했다. 기타오카가 다음과 같이 설명한 대로 이런 국회는 문제가 많았다.

> 오늘날 양원 민주주의 체제에서 상원(참의원)이 이렇게 막강한 권한을 가진 경우는 없거나 있다고 해도 거의 드물다. 일본 헌법에 따르면 예산안을 제외하고 중의원을 통과한 어떤 법안도 중의원이 다시 3분의 2 표결로 재통과시키지 않는 한 참의원에서 거부될 수 있다. … 이는 어떤 정당이 효과적으로 통치하기 위해서는 국회 양원을 다 장악하거나 아니면 중의원에서 3분의 2 이상의 의석수를 확보해야 한다는 뜻이다.[7]

민주당은 참의원 내 다수당 지위를 이용해 매번 자민당을 좌절하게 했으며, 입법부를 마비시켰다. 참의원이 가차 없이 자민당의 실수와 무능에 집중하고, 입법을 저지하고자 모든 가능한 수단을 동원하면서 자민당은 아마추어처럼 보이고 통치할 역량도 없어 보였다.

힘 빠진 정당이라는 이미지는 역동적인 고이즈미 시절과 대조되면서 더욱 두드러졌다. 아베는 정확하게 1년간 총리직을 맡았고 예상치 못하게 사임하면서 자기 스스로가 정부가 추진하는 어젠다의 걸림돌이 된다고 말했다. 실제로는 스캔들(각료 한 명이 자살했다)과 잘못 짚은 정책 기조로 인한 아베 내각의 지지율 하락과 본인의 건강 문제가 결정적 요인이었다. 그의 후임인 후쿠다 야스오도 정확히 363일간 총리직을 맡았다가 마찬가지로 물러났다. 세계 금융위기가 발생하면서 제대로 일하는 정부가 필요하다는 점이 한층 뼈아프게 느껴졌지만, 국회는 여전히 교착 상태에 빠져 있었고 총리직은 회전문 인사로 사람들이 계속 교체되었다. 또 다른 자민당 정치인 아소 다로가 후쿠다의 뒤를 이었고, 결국 4년 동안 네 명의 총리가 취임한 셈이 되었다.

10년 동안 긴밀히 주시하면서 기회를 노리던 민주당은 2009년 유권자들이 마침내 자민당을 포기하면서 통치할 기회를 잡았다. 7월 선거에서 민주당은 지역구 300개 가운데 221석을 획득하고 정당 지지 투표에서 42.4퍼센트를 거두어 추가로 광역 비례대표 87명을 당선시키며 대승을 거두었다. 480석이 있는 중의원에서* 민주당은 308석을 확보하고 자민당은 119석에 그쳤는데, 이는 일본 현대사에서 집권당이 거둔 최악의 패배일 뿐 아니라 4년 전 선거에서 자민당이 역대 두 번째로 큰 승리를 거두었다는 점에서 의미가 크다. 이런 선거 결과는 "1955년 자민당이 창설되고 집권한 이래 가장 두드러진 정치적 변혁이라고 널리 받아들여졌다."[8]

대부분의 일본 일간지가 자민당의 선거 패배를 예측했다. 한 관찰자는 "일본 국민은 지난 20년간, 특히 지난 10년간 삶의 질이 더욱 두드러지게 저하되고 있었는데도 이를 해결하지 못했다는 정서가 강했기 때문에 자민당을 버렸다"라고 지적했다.[9] 더욱 불길한 점은 "뭔가 깊숙한 것이 이미 진행되고 있는지도 모른다. … 이른바 일본에 '집단 정체성 위기'의 조짐이 있다. 소득 불균형, 빈곤한 연금 수령인과 아동의 증가가 일본인이 소중하게 여겼던 가치관과 충돌하고 있다. 마찬가지로 해외로 눈을 돌리면 일본인은 1950년대부터 1980년대까지 자신들이 누렸던 호황을 현재 누리고 있는 중국이 일본을

---

* 2020년 현재 중의원 총의원 수는 소선거구 289명, 비례대표 176명인 465명으로 줄어들었다.

무색하게 하는 상황을 접한다."[10]

민주당은 자신들이 획득한 승리를 곧바로 날려버렸다. 사실상 자폭했는데, 그 첫 번째 조치가 하토야마 유키오鳩山由紀夫를 총리에 앉힌 것이다. 하토야마의 할아버지가 총리였고 아버지는 외무대신이었으며 모계가 브리지스톤 타이어 창업주 가문이었기 때문에 그의 가족을 종종 '일본판 케네디 가문'으로 불렀다. 하지만 인상적인 가족 내력에도 아랑곳없이 그는 무관심하게 정책을 제안했다가 폐기하는 등 변덕이 심한 총리로 드러났다. 하토야마는 9개월도 채우지 못하고 총리직에서 물러났으며 2010년 6월 간 나오토菅直人가 그 뒤를 이었다. 그도 마찬가지로 정부의 굴레에 맞서 싸웠다. 한 달 후에 있었던 참의원 선거에서 자민당은 다시 다수당이 되었고, 그동안 추진된 민주당의 개혁 노력을 아마추어처럼 보이게 하는 방해 전략을 구사함에 따라 간의 국정 운영은 더욱 험난해졌다. 이 선거 직후에 있었던 오찬 간담회에서 자민당 고위 간부는 능글맞게 웃으면서 자신의 소속 정당이 야당으로서 '약간 무책임해질' 준비가 되었다고 고백했다.

2011년 3월에 있었던 삼중재난(제5장에서 다룰 것이다)은 어떤 당이 집권했건 간에 큰 타격을 받았겠지만, 민주당의 집권 경험이 너무나도 일천한 데다 야당과 계속 투쟁하고 있었기 때문에 간 내각은 운이 다했다. 간 총리는 상황을 통제하려 했지만 대체로 실패했다. 그는 1년 넘게 총리직을 유지했지만 2011년 9월 물러나야 했고(정책 노선 대립으로 교착 상태에 빠졌기 때문이고, 여기에 덧붙여 3월 위기 대응에 대한 책임까지 크게 불거져 덤으로 얹어졌다), 후임으로 또 민주당 출신의 노다 요시히코가 취임했다. 노다는 안정을 되찾고 총리실의 권위도 겉으로나마 회복했다. 하지만 민주당으로서는 불행하게도 노다는 기본적으로 보수 성향이었으며, 그가 이끄는 내각의 정책도 사실상 자민당의 정책과 구분할 수 없을 정도였다. 노다가 국방이나 세금 개혁 분야에서 자신들의 정책을 이행(이라고 쓰고 훔쳤다고 읽는다)한다고 자민당 내 많은 사람이 분개했던 반면, 민주당 내 좌파 성향 인사들은 정당이 자신들을 버렸다고 생각했다. 혼동과 모순은 결국 피해를 주었다. 2012년 7월 의원 50명이 세금 정책을 둘러싼 분쟁 끝에 탈당하면서 민주당의 운명이 결정되었다. 2012년 가을, 불신임 투표에 직면한 노다는 상황을 극복하고자 자민당과 거래하여 자신의 내각을 지지해주는 대신 조기 총선을 개최하기로 합의했다.

이러한 불신임 선거의 독특한 점은 일본 정치가 얼마나 '뒤틀렸는지'를 잘 보여준다. 중의원과 참의원 내 몇몇 소수 야당은 소비세를 인상하기로 한 정부의 결정에 항의하고자 선거를 요구했는데, 이 소비세 인상은 자민당도 지지하고 심지어 찬성 표결을 했던 사안이었다. 하지만 8월 초 중의원에서 불신임안이 표결에 회부되자 자민당은 기권했다. 몇 주 뒤에 있었던 참의원 투표에서 자민당은 불신임안을 실제로 지지했다. 다시 말하면, 자민당은 자신들이 지지했던 정책을 추진하는 정부에 맞서는 표결을 한 것이다.

노다는 자신의 약속을 충실히 지켜 2012년 12월 후반기에 총선을 실시하겠다고 발표했고, 이 선거에서 민주당은 3년 전에 자신들이 자민당을 상대로 승리했던 것 이상으로 참패했다. 상황이 정리되고 나서 보니 자민당은 294석을 획득했다. 여기에 연정 파트너인 공명당의 의석을 더해 총 325석으로 중의원의 3분의 2 이상을 거머쥐며 압승함으로써 참의원이 반대하더라도 다시 뒤엎을 수 있는 수준이 되었다. 민주당은 230석에서 57석으로 고꾸라졌다. 노다는 사임했고, 아베 신조가 의기양양하게 총리로 귀환했다.[11]

제도의 희생자와 자해행위

민주당의 통치가 끝난 뒤 통치 기간을 사후 검시(분석)한 결과는 우울했다. 비판가들은 일반적으로 "도저히 이해할 수 없을 정도로 기량이 부족하다"라고 민주당을 신랄하게 비판했는데,[12] 민주당의 오락가락했던 행보를 보면 이러한 비판이 맞는 말처럼 보였다. 교토대학京都大学 법학 교수인 마치도리 사토시待鳥聡史는 "결국 민주당은 자신들이 선거공약으로 내세웠던 강령을 정책으로 실행하지 못했다. 핵심 제안 사항을 부분적으로나마 이행할 수 있었지만 … 결국 뭐라도 성과가 있었던 정책이 모두 후퇴한 채로 끝나버렸다"라고 결론 내렸다.[13] 또 다른 분석 결과는 더욱 심각했다. "민주당은 3년 전 자민당이 몰락했던 것과 똑같이 대중적 지지를 잃고 권력에서 밀려났다. 일반 대중이 보기에는 현실감각이 결여된 것처럼 보이는 내부투쟁에 시달리면서도 의미 있는 개혁을 이행할 능력이 없는 정당이었다."[14]

민주당이 마주한 많은 문제는 민주당 스스로 초래한 것이 아니었다. 이미 진이 빠져 있고 움직이지 않는 정부를 민주당이 물려받았다. 누가 맡았건 간에 지난 반세기 동안 기가 막히게 잘 작동했던 시스템의 주검을 끌어안고 씨름했어야 할 상황이었다. 뭐라도 성공을 거두면 그 성공 자체가 역으로 개혁의 걸림돌을 만들어냈고, 일본 정치에서 거의 20년간 정체停滯가 하나의 표준이 되어 있었다. 마치도리는 "민주당의 경험 부족과 준비 미흡 또는 하토야마나 간이 보여준 리더십의 부족만 비난하는 것은 부적절할 수도 있다"라고 인정했다. 일본 정치의 기능 마비 현상은 민주당이 집권하기 전인 자민당 리더십의 쇠퇴기 때부터 분명히 있었다.[15]

대부분의 관찰자는 민주당이 권력의 고삐를 쥘 준비가 안 되었다는 점은 인정하지만, 지난 반세기 동안 자민당이 일본 정치를 지배해왔다는 점에서 민주당이 준비되었는지조차 의심스럽다. 민주당은 그 밖의 다른 야당들처럼 정책 과정과 통치의 근본에 대한 이해 수준이 기초적이었다. 오랜 기간 자민당이 정부를 장악하면서 여당과 야당은 궁극적으로는 법안이 통과되게 하되, 각종 문의와 대정부 질의를 위한 시간을 충분히 두어 '다수의 횡포'로 국회에서 밀어붙인 것처럼 보이지 않게 하는 절차를 운영해왔다.[16]

하지만 사안에 대한 본질적 논의는 별로 없었다. 반대는 이념에 근거했을 뿐이고 정책의 실제 내용에 대해서는 별로 관심을 기울이지 않았다. 정부는(좀 더 정확히 말하면 자민당은) 전문가들을 당에 영입하거나 관료들과의 관계를 통해 전통적으로 전문성을 독차지해왔다. 관료들은 정책 사안을 신속히 처리하고 싶었기 때문에 야당에 가르쳐주고 싶은 마음이 그다지 들지 않았다. 정책의 구체적인 내용을 야당 정치인에게 알려줘야 한다는 규정화된 제도도 없었다. 그들이 야당 의원으로서 만년 황무지에만 머무르도록 되어 있었다면 왜 굳이 귀찮게 그러겠는가? 실제로 그러지 말아야 할 이유만 있었다. 내용을 잘 알지 못하는 야당을 선호하는 집권당은(이렇게 되면 비교되어 보여서 더 좋았다) 야당에 접근하는 관료들을 응징했다. 민주당 의원인 이즈미 겐타泉健太는 대부분의 정당 관계자가 정보를 입수할 능력도 없고, 현장에서 그렇게 할 권한도 없다고 말했다. 관료와 비교해서 선출된 공무원은 "상대적으로 미숙하고 정책 과정에 참여할 준비가 되어 있지 않다." 따라서 관료에게 접근할 수 있어야 성공적으로 통치할 수 있겠지만, 관료들이 여당과 야당에 제공하는 정보의 질이 너무 달라 정책 구상이나 조직 역량에서 엄청난 격차가 발생했다고 이즈미는 불만을 토로했다.[17] 그리고 보니 민주당이 2009년 집권한 뒤 학습곡선이 가파르게 올라갔던 점이 이해가 갈 만하다.

불행히도 민주당은 이미 나쁜 상황을 더욱더 악화시켰다. 민주당 프로그램의 주요 골자는 '정치인이 주도하는 정치'였다. 2009년 선거운동 과정에서 민주당은 일본의 실제 권력이 관료의 손에 있다고 주장했다. 관료가 중요한 결정을 내리고 일본이라는 선박을 띄워놓으면 자민당은 그냥 조종하고 있을 뿐이라는 것이다. 어떤 설명에 따르면 1955년 이래 국회를 통과한 모든 법의 90퍼센트는 관료가 초안을 작성했다. 이에 덧붙여 관료에게는 입법 절차를 보완하거나 우회할 수 있는 다른 수단이 있다. 관료들은 시행령과 시행규칙을 개별 정부 부처나 내각을 통해 만들 수 있으며, 이 경우 이들의 영향력이 매우 크다. 정부 부처는 아주 중요한 유권자나 전문가들이 포함된 심의위원회 혹은 자문위원회에 종종 의견을 조회하기도 한다. 이론적으로는 이런 기관이 외부 전문지식의 영향력을 발휘하는 원천이 될수도 있다. 하지만 현실적으로는 관료들이 의제를 설정하고, 참석자를 선정하고, 모든 보고서를 작성한다. 그렇게 '독자적' 검토라는 도장이 찍히면 관료들의 농간을 가리는 눈속임이 될 수도 있다.[18]

일본 해상자위대海上自衛隊의 자위함대사령관自衛艦隊司令官*을 역임했던 무뚝뚝한 고다 요지香田洋二는 일본의 정치제도에 대해 만연해 있는 인식을 다음과 같이 요약했다. "우리는 지도자가 필요 없다. 오히려 일본 정치는 구식이고 막후에서 보이지 않게 영향력을 행사하는 관료들이 주도한다. 국회는 관료의 역할을 승인하는 정치적 장치일 뿐이다."[19] 그는 이런 시스템을 '재포크라시Japocracy'라고 불렀다. 고다는 이 시스템 때문에 일본이 위기 대응을 제대로 준비하지 못하도록 방치된다고 믿는다. "교실에서 배운 논리가 현실보다 더 중요하다면, 그 때문에 관료 문화가 생겨나는 것이다. … 이들은 현실에 집

---

* 자위함대는 해상자위대에서 호위함대, 잠수함대, 항공집단, 기뢰 제거, 정보수집 등 기동 운영을 총괄하며 자위함대사령관은 한국의 해군작전사령관에 해당한다.

중하고 모든 것에 대해 준비 태세를 갖추기보다 왜 그래야 하는지 합당한 근거를 요구한다."

이러한 논리는 일본 정치에 대한 오래된 비판과도 유사하다. 1990년대 일본이 숨 막힐 듯이(그리고 놀라울 정도로) 자주 총리와 내각이 교체되고 있을 때 정치학자인 이노구치 다카시猪口孝는 일본이 '가라오케 민주주의'에 속박되어 있다고 결론 내렸다.[20] 어떤 아마추어라도 가사가 있는 한 자신의 애창곡을 부르면서 노래 실력을 뽐낼 수 있듯, 어떤 정치인이라도 마찬가지로(물론 요구되는 연차나 선수가 있다) 각료급 지위를 맡을 수 있다는 것이다. 이런 정치인은 반주에 따라 가사를 읽기만 하면 된다. 이 시스템은 누가 지휘하건 간에 시스템 자체의 존속만을 보장했다.

전 통상산업성 관료였던 오쿠무라 준奧村淳은 관료가 모든 것을 통제하고 어디를 가더라도 존재하는 군대와 같다는 인식을 비웃으면서 규제 절차가 한층 더 투명해지고 외부인이 결정 과정을 추적하고 관찰할 수 있게 되었다면서 변화를 지적했다. "심지어 회의도 공개되어 있다"라며 코웃음을 쳤다. "관료들이 아마도 너무 많은 칭찬거리를 원했을 수도 있다. 우리는 한 번도 차머스 존슨의 책(앞서 언급한 《MITI와 일본의 기적》이라는 책이며 이는 발전국가에서 관료들의 권력에 대한 주장을 하고 있는 로제타석과 같은 고전이다)을 부인한 적이 없다."[21] 이러한 절차가 정치인과 무관하게 진행된다는 주장은 과장되었다. 정치인은 자신과 선거구 주민의 이익을 지키려고 개입한다. 관료가 발품을 팔아야 하는 일을 하고, 법안 초안을 작성하고, 절차가 진행되도록 신경을 쓴다면 정치인은 동료 정치인의 지지를 이끌어내고, 대중에게 정책을 홍보하는 등 마찬가지로 중요한 역할이 있다. 민주주의에서 대중의 지지는 필수 불가결하다. 그런데도 관료가 중요한 역할을 한다는 사실은 부인할 수 없다.

지지자들은 민주당 정부가 정치인들이 탁월하다는 사실을 다시 보여줄 테고 그 연장선상에서 국민의 의지가 더 잘 반영될 것이라고 장담했다. 물론 보좌관이 준비한 쪽지나 브리핑 자료를 내각 각료들이 읽는다고 비판받았을 때처럼 좀 지나칠 수도 있었다. 그리고 관료들과 힘겨루기를 하는 것과 통치에서 파트너를 비방하는 것은 별개였다. 나는 민주당이 집권한 지 얼마 안 되어 외무성에 근무하는 친구를 만났다. 대부분의 관료는 국회 증언과 필수 업무를 수행하느라 오랜 시간을 보내기 때문에 찌들거나 때로는 수면 부족에 시달리기도 한다. 그런데 예전에 찾아가서 만났을 때와 달리 친구는 휴식을 취한 것처럼 보였고, 심지어 햇볕에 그을린 듯했다. 내가 뭔가 달라졌다고 지적하자, 그 친구는 슬픈 미소를 지으면서 갈수록 자신이 집에서 가족과 시간을 더 보내고 정원도 관리한다고 말했다. 이런 것이 정치인들이 주도하는 정치의 혜택이었다. 한편 민주당 정부의 외교정책은 혼란에 빠졌다. 관료들은 나라가 굴욕을 겪거나 망신당하는 모습을 지켜보면서 즐거워하지는 않았지만, 전문가를 맹비난하고 자신들의 도움을 거부했던 정치인들이 실력대로 평가받는 모습을 보면서 별다른 죄책감을 느끼지도 않았다.

이러한 반감은 실질적인 후과를 가져왔다. 민주당 정부는 정책을 변화시키지 못했다. 국회 양원을 다 장악했는데도 제안된 법안이나 제정된 법의 숫자가 크게 늘어나지 않았고, 심지어 무기력하고 교착 상태에 빠졌던 지난 자민당 시절과 비교해서도 그랬다. 3월 11일 대지진이 있고 나서 의정 활동이 조금 증가했지만, 이 또한 오래가지 못했다.[22] 자민당 시절에는 내각이 제출한 법안 중 70퍼센트에서 100퍼센트가 통과되었다. "민주당 정부에서는 이 비율이 2010년에 55퍼센트까지 떨어졌고 평균 66퍼센트였으며", 이는 "믿어지지 않을 정도로 놀라운 수준"이었다.[23] 한 권위 있는 연구 결과에 따르면 "민주당 집권 기간에 한 달을 제외하면 민주당이 낸 독자적인 제안 170개 가운데 30퍼센트만 실행되었다"라는 결론이 나왔다.[24]

민주당은 자신들의 정체성을 구성하는 기본 특성 때문에 꼼짝달싹할 수가 없었다. 민주당은 일관성 있는 정당이기보다는 자민당 지배에 반대하는 개인과 단체들의 모임에 가까웠다. 일본 정당들은 전통적으로 정책보다 개인에 따라 조직되었다. 하지만 심지어 일본 기준에서 보더라도 민주당은 특이한 조합이었다. 민주당의 구성 원리는 일본 정치에 대한 자민당의 장악력을 분쇄하겠다는 욕망이었다. 그리하여 2010년 여름 외무성 고위직에 임명된 정치인 출신 인사는 다가오는 참의원 선거에서 자민당을 패배시키는 것이 민주당의 가장 중요한 목표이므로 아직 일본 정부의 외교정책 전략이 무엇인지 분명하게 설명해줄 수 없다고 밝혔다.[25] 이런 식의 접근은 야당 시절이라면 말이 될 수도 있었겠지만, 이때는 민주당이 집권한 지 이미 10개월이 지난 시기였다. 정책보다 정치에 초점을 둔다는 것은 특히 외무성에서는 무책임한 일이었다.

2009년 민주당의 승리 기세에 편승하여 당선된 민주당 의원인 나카바야시 미에코中林美惠子는 그런 맥락을 외무성 관료들이 침묵하는 상황을 통해 설명했다. 나카바야시는 민주당이 "통일된 정당이 아니었고 일본과 자민당이 만들어온 시스템을 개혁하기 위해 존재했다"라고 말했다. 그래서 당원 사이의 유대감이 약하고 위기가 닥치면 쉽게 느슨해졌다는 것이다. 또한 "당이 아주 취약하다"면서 "쉽게 부서질 수도 있다"라고 했다.[26] 나카바야시는 정치적 혼란이 빚어지고 있는 상황에서 자신의 생각을 피력했다. 실세이자 탁월한 막후정치 조종자인 오자와 이치로가 또다시 기소되었으며 이번에는 정치자금 보고서를 조작한 혐의였다. 지난 25년간 오자와만큼 일본 정치에서 중심에 있거나 영향력 있었던 인물은 거의 없었다. 오자와는 1993년 자민당이 분열되어 권력을 상실하는 과정을 핵심적으로 주동했으며, 2007년과 2009년 민주당 선거 승리의 막후에 있었던 최고의 전술가였다. 하지만 스캔들 제조기이기도 했던 이 '그림자 쇼군'은 대중에게 민주당 이미지를 훼손시키는 빌미를 주어 일본 정치의 새로운 시대를 표방한다는 민주당의 주장은 조롱받았으며, 내부적으로도 친親오자와 파벌과 반反오자와 파벌이 생겨나 민주당을 분열시켰다.[27] 오자와는 끝판에는 마지막 기소도 무죄판결을 받았지만 민주당에는 그의 이런 문제점이 치명타가 되었다. 오자와와 다른 의원 49명이 2012년 7월 소비세를 둘러싼 분쟁으로 탈당하면서 나카바야시의 주장이 옳았던 것으로 입증되었다. 나카바야시는 선견지명이 있었지만 그것이 큰 도움이 되지는 못했다. 나카바야시는 2012년 자민당의 반혁명 운동으로 분위기가 반전되었을 때 낙선했다.

당원들을 결집시키는 강력한 핵심 신념이 없었기 때문에 민주당은 정책을 입안하는 데도 줏대가 없을 정도로 유연했다. 민주당 자문위원이자 정치학 교수인 야마구치 지로山口二郎는 민주당이 자멸하기 한참 전에 민주당을 이렇게 묘사했다. "민주당은 소선거구제의 결과로 등장한 잡동사니 정당이며 이런 정당에서 어떤 이념을 찾겠다는 것은 연목구어나 마찬가지라는 게 너무나 확실하다."[28] 탄탄한 기반이 되는 원칙도 없이 당원의 기강이나 규율을 강조하기는 어렵다. 어떤 영감이나 방향성, 벤치마크도 없이 정책이 표류했다. 어떤 변화는 특정 정치인의 독특한 성격이 반영된 것이기도 했고, 어떤 변화는 기회주의에서 생겨난 것이기도 했다. 다른 어떤 관찰자는 "민주당의 이력을 자세히 들여다보면 경제개혁 원칙이 아니라 표를 얻기 위해 구조개혁을 추진했던 점이 드러난다"라고 지적했다.[29]

이런 문제는 민주당 정부의 최고위직에 올랐던 인사들의 특이한 이력 때문에 더욱 복잡해졌다. 하토야마는 오키나와현沖繩県에 주둔하고 있는 미 해병대 기지 이전을 반대했고, 이로 인해 그에 대한 신뢰는 치명상을 입었다. 오자와는 소수만 결정 과정에 참여하게 하고 겉보기에 멋대로 결정 내리는 것을 선호했으며(자신만 볼 수 있는 정치적 패에 대한 계산과 긴밀히 연계되었다), 그 때문에 유권자들은 더욱 혼란스러워했다. 정책이 급작스럽게 변경되면서 대중은 민주당의 신념이 어떤 것인지 종잡을 수가 없었다. 가령 간 총리는 3월 11일의 여파로 일본이 원자력에너지에서 탈피하겠다고 갑자기 발표했다. 이는 자신의 자리를 지키기 위해 취한 뻔뻔하고도 대중 영합적인 접근법이었으며, 정치적으로 거의 패배한 상황에서 무모하게 마지막 카드를 던진 셈이나 다름없었다.[30] 혹은 노다 총리 시절 민주당의 소비세(균형재정 달성 목적)나 미일동맹(일본 안보정책의 핵심축이라는 점을 재확인), 환태평양경제동반자협정(가입) 등에 대한 정책은 자민당의 입장과 구분되지 않았다. 유권자와 당원들은 다 같이 민주당이 무엇을 표방하는지, 그리고 설령 표방하는 게 있다면 그토록 경멸했던 자민당과 어떤 차이가 있는지 확실히 이해하지 못했다. 게다가 삼중재난이 발생하고 나서 재건에 더욱 초점을 두게 되면서 혁신적인 정책을 펼칠 수 있는 범위가 좁아졌고, 기존 정책에서 벗어날 수 있는 여지도 한층 줄어들었다. 한 정치분석가는 "3월 11일의 피해로 일본의 정책 옵션이 좁혀졌고, 양대 정당의 입장도 한층 더 수렴되었다"라고 지적했다. 다른 저자들은 "이러한 마지못한 의견 일치" 때문에 "그토록 필요한 일본의 변화와 개혁"이 지연되었다고 비판했다.[31]

이런 정책적 수렴은 양대 정당의 경쟁을 더욱 심화시켰다. 일본 정치는 유혈 스포츠가 되었고, 상대방을 당혹스럽게 하거나 좌절시키려는 두 정당의 의지도 확고해졌다. 2012년 불신임 투표의 배후에 있었던 권모술수가 가장 추악한 사례지만, 정도의 차이만 있지 성격이 다른 것은 아니었다. 전술이 정치적 계산을 지배해왔으며, 더 큰 국가 이익에는 관심이 없거나 아주 작은 관심만 두었다. 사토 하루코佐藤治子 오사카대학大阪大学 대학원 국제공공정책연구과 특임준교수는 "일본의 국회의원은 마치 제2차 세계대전 이후 최악의 국가적 재난으로 어려움을 겪는, 여타 일본과는 유리된 평행우주 속에서 살고 있는 것처럼 도쿄에서의 정치적 생존을 위해 정치적 국면 게임에만 몰두한다"라고 힐난했다.[32] 자민당 의원인 고노 다로河野太郎도 동의했다. 3대代 정치인인 고노는 다양한 각료직을 섭렵했으며, 직설적이면서도 허심탄회한 발언으로 신선한 이미지를 주었다. 물론 그 때문에 동료의 신뢰를 잃을 위험도 있지만 말이다. 2012년 여름, 고노는 3월 11일 사건에 일본 정치가 반응하지 못하고 있다고 실토했다. 위기가 전개되는 상황에서도 정치는 예전과 똑같았다. "우리는 민주당과 협력해 잠깐만이라도 정치적 싸움을 멈출 수 있었다. … 그러나 정치인 사이에서는 그런 절박감이 없었다."[33] 나카바야시도 반대편 정파였지만 자신의 입장에서 동일한 결론에 도달했다. "내가 생각하기에 3월 11일은 초당적 협력을 이끌어내는 충격요법으로서 큰 동력이 될 수도 있었다고 본다. 우리는 위기가 발생하면 정당과 당국자들이 정파적 이익을 한쪽으로 밀어놓고 국가를 위해 뭔가 할 수 있을 것으로 생각했다. 하지만 그런 일은 발생하지 않았고, 그게 가장 놀라웠다."[34]

2012년 7월 고노는 삼중재난이 일본에 변화를 불러일으키지 못했다는 사실을 받아들였다. 그는 2009년 총선 이후 자민당이 권좌에서 물러나야만 했던 때의 당내 분위기를 설명했다. 고노는 그 당시 분위기에서 변화를 감지했다. "민주당이 10년은 집권할 것이고, 자민당이 하지 못한 개혁을 하리라 생각했다. 또한 그게 일본에도 좋을 거라고 생각했다." 그는 잠시 말을 멈췄다. "그런데 그들이 비참할 정도로 실패했다. 이보다 더 못할 수는 없을 정도로 말이다." 민주당이 연거푸 헛발질을 하면서 자민당 내에 있었던 위기감이 잦아들었다. "우리는 2010년 선거에서 의석수를 늘렸고, 시급하다는 생각은 희미해졌다." 여름이 되어 민주당의 지배가 끝나가면서 고노는 다른 사람들과 마찬가지로 양 정당의 차이를 거의 느끼지 못했다. "민주당이 갈수록 자민당과 비슷해지고 있다." 경기침체를 종식하고 일본에 새로운 목표 의식을 불어넣겠다는 약속은 증발해버렸다. "2009년 선거로 엄청나게 혼란스러웠지만 그래 봤자 오래된 혼란일 뿐이다. 새로운 것이 아니다. 내가 놀랐겠는가? 난 아니라고 본다."[35]

다시 한번 민주당의 나카바야시가 예견한 것이 맞았다. 그녀는 2012년 여름 "자민당이 단결되어 있는 한 일본 정치를 재편할 수 없다"라고 우려했다. 또한 일본이 "2009년 이전의 정치로 되돌아갈 가능성이 아주 크다"라고 예측했다.[36] 2012년 12월의 선거와 자민당의 압승은 나카바야시가 옳았다는 사실을 입증해주었다.

민주당의 패배는 민주당이 집권했던 동안의 성과와 대중의 과도한 기대를 둘 다 감안하면 불가피했다. 2009년 선거 이후 실시한 여론조사에 따르면 유권자의 69퍼센트가 정권교체를 환영했다. 그 수치에는 자민당을 지지한 사람들 가운데 46퍼센트가 포함되어 있었다. 같은 여론조사에서 응답자의 81퍼센트는 민주당의 승리를 정부 교체를 바라는 열망이 반영된 결과로 생각했다. 단지 38퍼센트만이 민주당의 정책을 신뢰했다.[37] 2012년 12월 참패 이후 선거 결과의 원인으로 81퍼센트의 유권자는 "민주당 정부에 대한 실망"이라고 밝혔고, 단지 7퍼센트만이 자민당의 정책을 지적한 사실은 우연 그 이상일 것이다.[38] 민주당이 2009년 선거운동을 하면서 과도한 약속을 했을 뿐 아니라 자민당이 했던 방식으로 사실상 똑같은 성과를 냈기 때문에 특히 실망이 컸다. 한 평가의 결론에 따르면 "민주당은 전임자와 차별화할 수 있는 정책을 이행하지 못했다. 정부가 방향타를 상실하고 내부적으로 분열되었으며, 민주당 선거 전략의 핵심처럼 보였던 중심 선거공약을 계속해서 변경하거나 방기하는 것처럼 보였다."[39]

만약 민주당의 참패 사실이 이처럼 특정한 실패를 반영한 결과라면, 민주당의 패배 규모는 일본 정치제도의 구조적 요인이 반영된 산물이다. 2012년 한 선거 분석 결과에 따르면 자민당은 고작해야 지역구의 31.7퍼센트와 비례대표의 27.6퍼센트만 확보했고, 이는 지난번 중의원 선거와 '실질적으로 동일한' 결과였다(지역구와 비례대표가 각각 30.6퍼센트, 27.6퍼센트였다). 하지만 2009년은 '대참패'라는 성적표를 받았다.[40] 또 다른 통계분석가는 자민당이 선거에서 승리했지만 유권자 가운데 1000만 명이 기권했다는 사실을 강조했다. 자민당은 두 번째 선거에서 200만 표나 적게 득표했는데도 오히려 지역구에서 획득한 의석수는 더 많았다.[41] 그런데도 자민당은 자신들의 정치인과 정책에 대해 국민에게서 위임받았다고 주장했으며, 기존 정책들을 지우고 새 출발을 하기로 했다.

"기다리기가 가장 쉬운 법"

민주당 집권 시절에 우울한 경험을 하고 나서 일본 국민은 일본 정치 시스템(과 일본)을 괴롭혔던 문제가 일당 지배나 자민당 지배 또는 뒤베르제의 법칙Duverger's Law*의 결과가 아니라는 점을 확인했다. 일본은 시대의 요구에 부합하지 못하는 정치인과 졸렬하게 고안하

• 　지역구로 선출하면 양당제, 비례제로 선출하면 다당제가 된다는 법칙.

고 실행한 정책, 놀라울 정도로 변화를 거부하고 쉽게 원상회복하는 정치·경제 구조, 개혁 시도를 효과적으로 침묵시키는 보수적 문화와 국민 정서 그리고 불행 등이 결합하여 절뚝거리고 있었다. 또한 국내외에서 발생한 사건이 계속 끼어들면서 정책결정자와 유권자의 관심을 다른 곳으로 돌려버렸고, 우선순위도 바꿔버렸으며, 정책 결정을 만들고 집행하는 환경을 변화시켰다.

많은 일본인에게 해결책으로 떠오르는 한 단어는 리더십이다. 거품경제가 꺼진 이후 일본이 길을 잃으면서 일본 국민은 단순한 정치적 권모술수만이 아닌 진정한 리더십을 강력하게 갈망해왔다. 〈마이니치신문〉은 2012년 사설에서 일본 정치층에 대해 급증하는 대중의 분노와 혐오감을 담아냈다. "정당이 국가를 위해 이상적인 비전을 공유하고, 이를 달성하기 위한 정책 수단을 입안하며, 자신들의 정책을 이행하려는 목적으로 지도자를 선출하는 한편, 선거에서 국민의 지지를 묻도록 되어 있다. 정당은 자신들이 추구하는 정책을 이행하고 통치하기 위해 존재한다."[42] 이 사설은 민주당과 자민당을 싸잡아 이런 임무를 수행하지 못하고 있다며 혹평했다. 자민당의 거물이자 언젠가는 총리 관저에 거주할 수도 있는 하야시 요시마사林芳正는 "매우 어렵지만 그래도 최고지도자들은 반드시 결정을 내리고, 위험을 감수하고, 책임을 져야만 한다"라고 주장했다. 그러나 몇몇 각료직과 당 간부직을 거치면서 그도 "가장 쉬운 일은 기다리는 법"이라는 사실을 시인했다.[43] 익명을 요구한 한 정치 인사이더는 정계 선두주자 가운데 "선각자가 거의 없다"라고 인정했다. 대부분은 "일본이 나아갈 방향에 전혀 관심이 없다. 그들의 시야는 고작 향후 3개월에만 머물러 있다. 일본의 진정한 비전이나 미래에 나아갈 길에 관해 생각하지 않고, 전략적 비전도 없다."[44] 교토대학 법학부에서 국제 문제를 담당하는 나카니시 히로시中西寛 교수는 리더에 대한 대중의 갈망을 다음과 같이 설명했다. "우리에게도 리더십이 있고 다른 선택 방향을 제시해줄 수 있는 버락 오바마 같은 사람이 있으면 좋겠다."[45] 일부는 자신들의 이상적인 지도자 형태로 고이즈미 준이치로를 꼽고, 일부는 더 먼 과거를 돌이켜본다. 작가이자 논평가인 다마모토 마사루는 "우리는 미하일 고르바초프처럼 기성 제도를 배신할 정도로 배짱 있고 자신이 진정으로 믿는 바를 실천에 옮길 수 있는 그 누군가를 기다린다"라고 주장했다.[46]

이와 같은 갈망이 있다는 신호는 민주당이 집권한 첫해인 2010년에 명백해졌다(불행히 그런 불안감이 현실화되었다). 그해 일본은 사카모토 료마坂本龍馬에 대한 추모 물결이 일면서 '료마 신드롬'을 겪었다. 사카모토 료마는 일본이 쇄국을 탈피하고 정신없이 근대화를 향해 질주하던 19세기 메이지유신 시절 활약했던 주요 인물 가운데 하나다. 종종 '르네상스 사무라이'로 묘사하곤 하는 료마는 도쿠가와막부를 타도하고 일본이 근대화의 길로 들어서도록 결정하는 데 중요한 역할을 했던 인물이다. 그의 개인사는 매력적이며 일본 역사에 중요하게 반영되어 있다.

료마는 1835년 일본 남쪽 시코쿠四国섬의 고치현高知県에서 고시鄕士 사무라이 집안의 막내로 태어났다. 고시 사무라이는 사무라이 서열 중 최하위였지만, 그의 가족은 상대적으로 유복한 상인 집안이었다. 료마의 가족은 료마를 사립학교에 보낼 형편이 되었지만, 그는 학문에 별로 소질이 없었다. 하지만 검술에서 능력을 발휘했다. 18세가 되자 료마는 실력을 연마하여 검술의 장인이 되고자 에도江戸(오늘날의 도쿄)로 이사했다. 그래서 1853년 매슈 페리 제독이 흑선을 이끌고 와서 우라가浦賀항에 입항하고 일본에 외국과 교역하도록 개항을 요구하던 광경을 볼 수 있었다.

서구 열강의 화력에 밀려 막부 정부는 더 강력한 군에 머리를 숙였다. 하지만 막부 정부가 외국인에게 하나씩 차례로 양보하는 모습을 보면서 료마는 그 당시 비슷한 처지의 또래 일본인과 마찬가지로 갈수록 극단적이 되었다. 그는 존왕양이尊王攘夷의 기치하에 뜻이 맞는 일본인을 규합하여 이런 가치관을 추종하는 조직은 반역자로 여기는 일본인 관리들을 암살하러 나섰다. 그런 대상에 막부 정부의 고위 관리이자 서구 문물을 학습했던 가쓰 가이슈勝海舟가 있었는데, 그의 죄목에는 1860년 최초로 주미 일본대사관에 파견되었다는 이유도 있었다. 일본을 전 세계에 개방하겠다는 그의 주장을 또 하나의 죄목으로 추가했고 암살 대상으로 삼았다.

료마의 동료에 따르면 1862년 12월 료마가 가쓰를 암살하러 그의 집에 들어가자 가쓰는 우선 료마와 공범들에게 자신의 행동과 이를 정당화하는 명분을 설명할 기회를 달라고 했다. 설명을 듣고 나서 료마는 너무나 감화되어 원래의 목적을 포기했을 뿐 아니라 가쓰의 신봉자가 되었다. 심지어 가쓰를 "일본에서 가장 위대한 사람"이라고 부를 정도였다. 2년 후에 료마는 막부의 반대 세력 탄압을 피해 가고시마번鹿児島藩으로 피신해야 했다. 정부가 서구에 대한 개항을 지지했지만 가쓰와 료마는 막부 정부가 준비하던 것보다 훨씬 더 앞서갔다. 가고시마에서 료마는 역사적으로 앙숙이었던 사쓰마번薩摩藩과 조슈번長州藩의 동맹* 체결을 중개했으며, 사쓰마와 조슈 동맹은 일본의 구질서에 큰 위협이 되었다. 대부분의 역사학자는 료마의 중립적 입장이 두 번의 동맹 체결에 큰 역할을 했다고 본다.

료마는 막부 정부의 강력한 해군에 맞서 젊은 반란 동맹 세력을 보호하는 해상 병력을 육성하려고 했으며, 그로 말미암아 일본제국 해

• 삿초동맹薩長同盟을 말한다.

군을 창설하는 데 이바지했다고 평가받는다. 또한 일본 최초의 근대적 기업인 가메야마샤추亀山社中를 설립했다. 운송회사인 이곳은 반막부 세력에 무기와 군수물자를 수송해주었고 이후 가이엔타이海援隊라는 무역 결사체로 발전했다. 료마는 도사번土佐藩으로 돌아오고 나서 1867년 도쿠가와 요시노부德川慶喜 쇼군의 퇴위를 이끌어내는 협상에서 핵심적인 역할을 했고, 메이지유신을 출범시키는 마지막 절차를 완성했다. 1867년 그는 이른바 막부 지지 세력에게 암살되었다. 당시 료마는 32세에 불과했으며, 그의 죽음으로 일본은 국가를 움직일 능력을 여러 번 보여주었던 카리스마 넘치고 치밀한 지도자를 상실했다.

료마 정도로 몇 세대에 걸쳐 일본인을 계속 매료시켰던 역사적 인물은 거의 없다. 몇몇 사람들은 료마를 낭만적이면서도 '실천에 나서는 사람'이라 하면서 그의 지위를 바이런 경에 비유하곤 한다. 사무라이 복장을 고수하면서도 서구 부츠를 신었던 료마의 모습은 일본 문화와 근대화의 상징을 혼합하고, 전통과 실용주의를 결합한 이미지로 다가온다.* 자신만의 신념이 있는 사람으로서 료마는 안정적인 정부를 구성하는 데 필요한 요소로 센추핫사쿠船中八策를 발표했다. 여기에는 천황에 대한 궁극적인 권한 부여, 양원 국회제도, 봉건 체제를 대신하는 새로운 법령 제정, 해군 건설 그리고 그 밖의 여러 요소**를 포함했다. 그의 제안은 궁극적으로 메이지 5개조 서약문五箇

---

* 나막신조차 신지 못하고 짚신만 신어야 하는 하급 사무라이 신분인 료마는 서구 군인들이 계급에 상관없이 모두 군화를 신은 모습에 감동받아 일본 전통 복장인 하카마를 입으면서도 부츠를 신었다고 한다.
** 종래의 유명무실한 관직 폐지와 인재 등용, 해외 교류 확대를 위한 의견 수렴과 규약 설정, 황실 어친병御親兵 설치를 통한 수도 경비, 금은 시세의 외국과의 균형 확보 등을 주장했다.

條御誓文의 토대가 되었다.

료마의 인기는 최근 들어 더욱 올라갔다. 고향인 고치시高知市는 그의 이름을 딴 공항을 두었고, 기념주화에서 화장지까지 그의 모습이 그려져 있을 정도다. IT 대기업인 소프트뱅크 로고도 료마의 기업인 가이엔타이의 이미지에 기반을 두고 있다. 노년 세대가 청년세대에게 일본을 개조하겠다는 결기나 "일본을 한 번 더 청소하겠다"라고 누이에게 보낸 료마의 편지에 적힌 내용을 따라 해보라고 촉구하면서 료마 위인전은 일본 청년들이 즐겨 보는 참고서가 되었다. 〈아사히신문〉이 일본 기업 200곳의 임원을 대상으로 지난 1000년간의 세계사에서 지금 일본이 직면하고 있는 어려움을 극복하는 데 가장 도움이 되는 인물이 누군지 묻는 질문에도 료마가 꼽혔다. 2010년이 되자 료마는 드라마 일곱 편, 소설 여섯 편, 만화 일곱 편, 영화 다섯 편에 등장했다.[47] 그해 일본 국영방송인 NHK는 료마의 일생에 기반을 둔 대하드라마를 방영했다.

료마는 단순한 역사적 인물이 아니다. 그는 당시 일본이 직면했던 가장 시급한 문제를 붙들고 씨름하면서 대응 방안을 강구했다. 동양과 서양 사이에서 일본의 위치는 어디인지, 편안한 질서를 버리고 새로운 환경에 적응할 준비가 되었는지 여부 등 그 당시와 똑같은 질문이 오늘날 일본 사회를 사로잡고 있다. 이러한 질문을 던졌다는 사실 그리고 더욱 중요한 사실, 즉 그에 대한 답을 주었다는 점에서 료마는 글자 그대로 진정한 영웅이 되었다. 그는 한 사회의 영혼과 야망을 전형적으로 보여주었다. 료마가 표상했던 가치관이 오늘날에는 존재하지 않는다고 대중이 믿을수록 그만큼 일본에서 료마를 영웅시하는 현상도 심해진다. 오늘날 그러한 인물이 존재하지 않기 때문에 료마가 현대 일본에서 중요해지는 것이다. 2008년 정계에서 은퇴한 아버지의 지역구를 물려받아 당선된 고이즈미 준이치로 전 총리의 아들은 료마와 그의 동료들이 오늘날에도 여전히 적합하다고 본다. "국민은 정치 상황에 좌절하고 실망했다. 국제사회 공동체는 우리를 바라보면서 일본이 변화할 수 있는지 궁금해할 것이다. … 20년이나 30년 후에 우리는 변화하기로 결정을 내렸어야 할 때 우리가 결정했는지 여부로 평가받을 것이다." 그 또한 영감을 받기 위해 마찬가지로 메이지 시대를 되돌아보았다.

사카모토 료마, 사이고 다카모리西鄕隆盛 등 이러한 젊은 영웅들은 한때 나라를 변화시키려고 자신의 목숨을 걸었다. 우리는 그 사람들을 개인적으로는 알지 못하겠지만, 그들의 이름과 업적을 인식하고 있다. 그들은 그 당시의 문제를 직면하고 목숨까지 걸고 해결하려 노력했기 때문이다. 이 시대는 일본인에게 천재일우의 기회를 제시하고 있다. 우리에게 지금 문제가 많아서다. 이 시대를 살아가는 일본인도 그 사람들과 비슷할 것으로 믿는다. 100년이 지나서 우리는 21세기의 메이지 애국자처럼 평가받을 수 있다.[48]

"그들은 여전히 영웅을 바란다"

국가 차원에서 리더십이 부재함에 따라 일부 관찰자는 현縣정부와 지방정부 차원의 역동성과 정책 혁신가들을 살펴보았다. 전통적으로 일본 현지사는 유능하고 침착하며 정치보다 행정에 집중하는 관료 출신 인사들이다. 하지만 1990년대 국가 차원의 정치에 대한 불만이 현 단위에서도 증가한 것으로 감지되었다. 인습을 타파하려던 몇몇 정치인은 이러한 국민의 불만에 편승해 현직 지사나 자민당이 지지하는 후보를 선거에서 꺾었다. 대중의 태도 변화는 1995년 4월 최초로 감지되었다. 유명 인사인 아오시마 유키오青島幸男(배우이자 각본가이며 제작자)와 노크 요코야마라는 예명으로 더 잘 알려진 코미디언 야마다 이사무山田勇가 각각 도쿄 도지사와 오사카 부지사에 당선된 것이다.[49]* 두 선거 결과 모두 기성 정치권에 충격을 주었으며, 몇몇 정치인은 유권자를 비난했고 몇몇 정치인은 자아성찰을 하는 계기로 삼았다.[50] 야마다는 오사카 부지사로서 인기가 높았고 재선에도 성공했지만, 선거캠프 관계자가 야마다에게 성희롱을 당했다고 주장하는 민사소송에서 패소한 뒤 사임했다. 한편 아오시마 도쿄 도지사는 그다지 성공적이지 못한 첫 번째 임기를 마치고 나서 보수적인 민족주의자 이시하라 신타로에게 자리를 넘겨주었다.

이시하라는 일본에서 가장 잘 알려졌지만 가장 논란의 여지가 있는 정치인 가운데 하나다. 그는 대학생 시절 명망 높은 아쿠타가와상을 받으면서 문필가로 두각을 나타냈고 정점에 이르렀다. 이시하라는 친한 친구이자 세계적으로 유명한 저술가였지만 1970년에 할복자살한 미시마 유키오三島由紀夫와 치열한 민족주의 정서를 공유했다. 앞서 언급한 바와 같이 이시하라는 소니 창업주인 모리타 아키오와 함께《NO라고 말할 수 있는 일본》을 저술했으며, 일본의 주변국이나 동맹국인 미국을 비틀 기회를 놓쳐 아쉬워한다. 이시하라는 1968년 처음으로 의원에 선출되었으며, 참의원에서 한 번 임기를 마치고 중의원에서 연속으로 8선 의원을 역임했다. 그는 1995년 자민당 총재직에 도전했다가 실패하고 국회를 떠났다. 이후 전 세계를 빈둥거리면서 돌아다녔으며, 저술 활동도 하고 그림도 그렸다. 그러다가 1999년 다시 정치에 관심이 생겨 몸이 근질거리자 도쿄 도지

---

* 한국의 광역자치단체에 해당하는 일본의 행정구역은 1도都 1도道 2부府 43현県으로 구성되며 도쿄는 도, 오사카는 부라고 부른다.

사에 출마해 결국 당선되었다. 이시하라는 무소속 후보로 출마하면서 일본에서 가장 큰 광역자치단체이자 크기와 영향력 면에서 어지간한 여러 국가와 견줄 수 있는 대도시의 수장을 내리 네 번이나 맡았다. 하지만 그의 임기 기간은 스캔들로 점철되었고, 신랄한 언사는 많은 사람을 불쾌하게 했다. 이시하라는 종종 '일본의 장마리 르펜'*으로 불리기도 했는데, 아마 그의 민족주의적 정치관이 그의 정책보다 더 중요할 수도 있다. 중국과 기꺼이 싸우려는 이시하라의 태도가 민주당 정부의 해체를 초래하기도 했다(이는 제4장에서 설명할 것이다).

네 번째 정치적 아웃사이더는 소설가 출신이며 2000년부터 2006년까지 나가노 현지사를 역임한 다나카 야스오田中康夫다. 다나카는 이 네 정치인 가운데 유일하게 일관성 있고 집중된 자신의 정강을 뚜렷하게 밝혔다. 그는 환경주의자로서 댐 건설이나 그 밖의 낭비성이 강하고 자연을 파괴하는 공공사업 프로젝트를 중단시키려 했고, 투명성을 증진하겠다고 약속한 뒤 글자 그대로 유리 사무실에서 일했으며, 전통적으로 언론관계를 다뤄왔던 기자클럽을 폐지했다. 다나카는 지방의회의 불신임 투표로 도지사직에서 물러났지만, 재선되었다.

최근 몇 년 사이에 다른 정치인 두 명이 현지사 직위를 이용해 국가 차원의 정치적 정강을 창조하려 했다. 첫 번째 주자는 TV 화면을 잘 받는 외모에 변호사 출신인 하시모토 도루橋下徹다. 하시모토는 법률 조언을 위해 TV에 자주 등장하며 인지도를 높였고 2008년 오사카 부지사에 출마했다. 그의 출마 기반은 산업 중심지였다. 그는 도쿄를 중심에 놓고 국가적 정책을 결정하는 정치·경제 시스템 때

●   프랑스의 극우 정치가.

문에 오사카가 20년간 경제불황에 시달리고 있다고 주장하면서 자신의 출마 이유를 밝혔다. 지역적 문제는 지역에서 해결해야 하지만, 도쿄의 정치인과 관료들은 너무 멀리 떨어져 있고 오사카의 문제에 대한 적절한 해결책을 찾기에는 자신들만의 사고에 사로잡혀 지나치게 편협하다는 것이다. 그는 선거에서 승리했지만 자신의 야망을 실현하려면 정치조직이 필요하다는 사실을 깨달았다. 2010년 하시모토는 오사카유신회大阪維新の会를 창설했으며, 이 정당은 즉시 지방의회와 자치구 선거를 휩쓸었다. 민주당이 도쿄에서 내부 파열음을 내고 있을 때, 하시모토는 전국적인 정치 거물로 떠올랐다. 2012년 초 여론조사에 따르면 일본 전역의 많은 사람이 하시모토가 전국 차원으로 활동을 강화하기를 희망하고 있었다.[51]

두 번째로 전국 무대에서 눈여겨봐야 할 현지사는 2016년 이래 도쿄 도지사를 맡고 있는 고이케 유리코小池百合子다. 그녀는 정치 신인도 아니고 아웃사이더도 아니다. 이미 1993년부터 2016년까지 의원을 지냈고, 각료직을 세 차례나 맡았으며, 이 기간에 짧게나마 제1기 아베 정부의 방위대신과 국가안전보장문제담당 내각총리대신 보좌관도 역임했다. 보수주의적 민족주의자인 그녀는 비록 도쿄 도지사에 출마하려고 자민당을 탈당했지만 의원 시절 대부분을 자민당원으로서 지냈다. 첫 번째 도지사 임기는 아주 성공적이었으며, 순식간에 일본에서 가장 인지도 높고 인기 있는 정치인이 되었다. 고이케는 전국 인기 TV 뉴스 프로그램인 〈월드 비즈니스 새틀라이트 World Business Satellite〉에서 앵커로 활약한 적이 있는데, 이때의 경험이 그녀의 이미지와 성향을 다듬는 데 도움이 되었다. 그녀를 알고 지내던 지인은 "고이케는 다른 많은 정치인보다 비즈니스, 특히 기업가들을 더 잘 이해한다"라고 말했다. 민주당 의원인 기우치 다카타네木内孝胤는 "그녀는 단호하면서도 배짱이 있다"라고 평가했다.[52]

그러나 두 사례 모두 개인적 인기만으로 이들이 추구했던 변화를 불러일으키기에는 충분하지 못했다. 이러한 대의명분을 증진하려는 야망 때문에 전국 단위의 정당 창당이 이어졌다. 2005년 다나카는 다른 개혁가 네 명과 공동으로 '신당일본新党日本'을 창당했으나 2012년 국회 선거에서 모두 의석을 잃었다. 반면 이시하라는 성공을 거두었다. 그는 2012년 도쿄 도지사에서 물러나 '일어나라일본たちあがれ日本'이라는 당을 창당했다. 이 당은 이후 이시하라의 출세작인 소설《태양의 계절》의 제목을 따서 '태양당太陽の党'으로 당명을 개정했고, 몇 달 뒤 하시모토 오사카 부지사의 오사카 정당의 전국 버전인 '일본유신회日本維新の会'와 합당했다. 일본유신회는 2012년 11월 선거에서 54석을 얻어 일본 정치에서 제3의 세력으로 떠올랐다. 하지만 이때가 일본유신회의 전성기였고, 이후엔 내부 파열음을 냈다. 하시모토는 자신의 인기를 손상하는 경솔한 발언을 했다.[53] 그로 인해 다른 정당과 합당이 취소되었고, 2014년 5월 선거에서 실망스러운 결과를 얻자 하시모토와 이시하라는 서로 갈라섰다. 2014년 12월 국회해산에 따른 총선 결과는 두 정치인의 정치생명에 치명타를 안겨주었다. 이시하라는 자신의 선거구에서 패하고 정계에서 은퇴했다. 한편 일본유신회는 또 다른 정당과 합당했지만 투표에서 다시 패했고(한 석을 더 잃었다), 하시모토는 전국 정당 지위에서 물러나 오사카 정치에 전념하겠다고 선언했다. 하지만 도쿄에 맞먹는 거대 도시인 오사카 '메트로폴리스'를 만들겠다는 계획*이 주민투표에서 부결되면서 그의 정치생명도 관에 들어가고 대못이 박혔다. 주민투표가 부결되자 하시모토는 더는 출마하지 않겠다고 선언했다.

---

* 오사카부를 오사카도로 만들고 오사카부와 별도의 행정구역인 오사카시를 통합한다는 구상.

하시모토의 정치적 명운은 다했지만, 고이케 도지사는 한층 더 빛났다. 그녀의 도지사 임기 첫해는 2020년 도쿄올림픽의 비용 분담을 둘러싸고 중앙정부와 도쿄도 정부가 공개적으로 다투고, 전임자인 이시하라 도지사 시절에 결정되었던 세계적으로 유명한 쓰키지築地 수산시장 이전 예정 부지가 오염되어 있었다는 점이 발견되어 이시하라가 망신을 당하는 사건 등으로 점철되었다.[54] 이로 인해 고이케의 인기가 치솟았다. 고이케 도지사가 2017년 여름 도쿄도의회 선거 직전 창당했던 '도민퍼스트회都民ファーストの会'가 전체 127석 가운데 55석을 차지해 압승하면서 그녀는 첫 번째 정치적 자본에 대한 시험에서 성공을 거두었다. 종종 자민당과 협력하는 공명당과 연정을 맺은 뒤 도민퍼스트회는 도쿄도의회 선거에서 자민당을 제치고 제1당이 되었다. 2017년 9월 고이케 도지사는 국회해산에 따른 2017년 10월 총선에서 경쟁하기 위해 '희망의당希望の党'을 창당한다고 발표했다. 그녀에게 정치적 순풍이 확실히 불어왔다. 국회 내 공식 야당이자 두 번째로 큰 정당인 민주당은 후보자를 출마시키지 않고 당원들이 새로운 정당의 후보로 출마할 수 있도록 하겠다고 발표했다.[55] 이러한 행동은 이제 민주당이 끝났다는 추측에 더욱 기름을 끼얹었다.[56]

비록 단명하기는 했지만, 일본유신회는 갈수록 길어지는 일본 내 정당 명부에서 피상적인 수준 이상의 평가를 받을 자격이 있다. 이 정당은 지방자치 업무에 대한 도쿄의 강력한 통제를 분쇄하고 지역 정부와 시정부에 권한을 위임하기 위해 고안한 혁신 구상을 수용했다.[57] 핵심 개념은 '자립自立'이었다. 일본유신회라는 이름 자체가 일본 근대사에서 첫 번째 개혁이었던 메이지유신을 떠올리게 했다. 만약 역사적 언급만으로 충분하지 않다면, 일본유신회는 여덟 가지 구상안인 이신핫사쿠維新八策를 채택했으며 하시모토가 제안했던 '더

그레이트 리셋the great reset**의 기반이 되었다. 이것도 마찬가지로 료마의 센추핫사쿠를 따라 한 것이다.

과거를 떠올리면 하시모토의 핵심적인 매력 요소가 부각되는 효과가 있다. 즉, 실천하는 사람의 이미지가 두드러지는 것이다. 오사카 부지사로서 하시모토는 가령 오사카 교원노조처럼 강력한 반대 세력이나 뿌리 깊으며 외피에 둘러싸인 관료 세력을 공격하는 데도 거리낌이 없었다. 그는 오사카 지방공항 폐쇄와 같은 큰 아이디어를 내놓았고 이런 아이디어가 거부되더라도 시도했다는 것 자체로 평가받았다. 오사카 사람들은 그를 일본의 정치적 교착을 부숴버리려는 아이디어와 에너지가 있는 사람으로 여긴다. 거의 모든 대화에서 하시모토를 묘사하는 데 똑같은 단어들이 등장했다. 똑똑하고, 카리스마 있고, 언론 감각이 좋고, 포퓰리스트라는 것이다. 이러한 설명은 일을 하지 못하는 주류 정치인과 뚜렷하게 대조된다.

자민당 소속인 젊은 의원 쓰지 기요토辻清人는 2012년 맹렬하게 돌진하는 하시모토에 대한 설문조사를 실시하면서 그의 핵심 매력을 간파했다. "하시모토는 3년 전 민주당과 똑같은 모습을 반영하고 있다. … 일본인은 100퍼센트 빠른 변화를 원한다. … 그들은 누군가가, 즉 '나보다 똑똑한 누군가가' 이런 문제들을 해결할 수 있다고 믿는다."[58] 민주당의 나카바야시도 동의했다. "(하시모토는) 강력한 지도자를 찾고 있는 국민의 정서를 대변한다. 이들은 모든 것을 가능하게 하고 무엇이건 간에 국민이 원하는 것이라면 다 실현시킬 수 있는 영웅을 원한다." 나카바야시는 잠시 말을 멈췄다가 덧붙였다. "2009년 이후에 사람들이 깨달았어야 하는데 그러지 못했다. 영웅이 선거에

• 일본에서도 'the great reset'으로 발표되었다.

서 크게 승리하더라도 변화는 불가능하다는 점을 알아야 한다."[59] 나카니시 히로시는 한술 더 떠 하시모토가 일본인의 요구에 응답했다고 주장했다. "국민은 사안들을 다루고 분열된 사회로부터 해결책을 만들어낼 강력한 리더십을 원한다. 하지만 동시에 정치에 좌절감을 느끼고 제도권 밖의 구원자를 기다린다. 이것이 꿈과 같거나 환상일 수도 있겠지만, 국민은 그동안의 상황이 어려웠기 때문에 이런 종류의 상상을 요구한다. 이것이 일본인 심리의 현주소다."[60]

이런 사람을 찾는 것 자체가 투쟁이다. 다마모토 마사루가 설명한 바와 같이 "일본을 변화시킬 수 있는 사람은 누가 되었건 간에 … 시스템을 통해 성장해야 하고, 이 시스템은 그런 사람을 솎아내도록 되어 있다. … 권력을 휘두를 수 있는 위치에 도달하면 이들은 자신의 생각을 억제하거나 사고를 바꾸는 방법을 배운다. 이것이 조직의 힘이다." 일본 정치의 특별한 순간에 권력을 잡았으며 국민과 친화력이 있었던 "아주 특이한 성격의 소유자"라고 할 수 있는 고이즈미조차 "어떤 일본 총리도 못 했던" 무엇인가를 실천하려고 노력했지만 미흡했다. 다마모토는 "그가 자민당을 깨뜨렸는데도 관료지배 체제를 혁파하지는 못했다"라고 설명했다.[61]

현상 유지를 고수하는 경직성은 문화적으로 편견이 아주 강하면서도 극도로 위험을 기피하려는 일본인 대다수의 성향이 반영된 결과로 볼 수 있다. 다마모토는 "만일 위험을 감수한다면 당신은 다른 사람이 하지 않는 무언가를 하고 있는 셈이다. … 하지만 일본에서는 모든 사람이 위험을 감수할 때만 당신도 위험을 감수해야 한다. 모든 사람이 다 같이 실패하거나 성공한다. 〈7인의 사무라이〉를 보면 알 수 있다. 이는 사무라이가 아니라 소작농에 관한 영화다. 일본에는 귀족이 없다. 일본은 자기 자신을 관료라고 부르는 소작농이 관리하는 소작농 사회다"라고 말했다.[62] 일본의 정치적 문제에 관해 좀 더 전통적인 방식으로 분석하면서 다마모토의 비판에 동조하는 목소리도 있다. 가령 미우라 루리三浦瑠麗와 조슈아 워커는 3월 11일의 정치적 충격을 평가하면서 "리더십이 부족했고, 위기에 대응하기 위한 혁신적인 해결 방안을 가로막으면서도 '정당한 절차'라는 격식을 '존중'해야 한다는 식으로 책임을 회피했다"라고 비판했다.[63]

일본 정치의 세습 성향도 제도적 편견을 더욱 강화한다. 중의원 480명* 가운데 30퍼센트 정도가 '니세이二世(2세)' 정치인이고, 자민당 의원의 40퍼센트가 2세 정치인으로 추산된다. 제2차 세계대전 이후 30명의 총리 중 자기 가족 가운데 정치인이 없었던 총리는 불과 세 명이었으며, 다른 사람들은 대부분 전직 총리나 장관의 자식이거나 손자였다.[64] 2세 정치인의 당선 비율이 80퍼센트에 달한다는 점에서 이런 현상은 더욱 두드러진다. 또한 제2기 아베 총리의 각료 19명 중 여덟이 친척 가운데 의원이 있거나 지방정치 무대에서 활동하는 정치인이 있었다.[65] 정치인의 자식은 값진 통찰력이나 정치의 속사정에 노출될 기회를 얻을 뿐 아니라 습관이나 가정假定, 절차 등도 물려받는다. 특히 정치적 출세에 매우 중요하면서 제약으로 작용하기도 하는 인간관계도 물려받는다. 이는 정치가 원활히 진행하도록 해주고 인간관계를 결속시키기 때문에 일본 정치의 기반이 되는 후원회를 통해 구체적으로 드러난다. "가장 쉬운 일은 기다리는 법"이라고 인정했던 하야시 의원의 경우 4대째 세습 정치인이라는 점에 주목하라.

이와 관련된 문제가 드러나지 않았던 것은 아니며, 세습 정치의 틀을 부수려는 시도도 있었다. 2009년 민주당은 매니페스토**에서 "세

- 　2019년 현재 465명이다.
- •• 　구체적인 예산과 추진 일정을 갖춘 선거공약.

습 정치에 작별을 고함으로써 새로운 정치 문화를 창조하겠다"라고
밝혔으며 실제로 2009년과 2012년 선거에서 민주당의 세습 후보
출마를 금지했다. 이와 같은 관행을 금지하도록 제도화하는 법률은
전혀 견인력을 얻지 못했다. 그리고 실제로 입법되었더라도 위헌이
었을 것이다.

"여기는 시리아가 아니다!"

일본 국민은 현재의 도전을 해결하지 못하는 정치인의 모습에 갈수
록 실망하고 있다. 하지만 몇몇 일본인은 어떤 면에서 '시스템의 실
패'라면서 유권자들이 책임을 회피하고 있다는 점도 인정한다. J.P.모
건 이사이자 수석 경제학자인 간노 마사아키菅野雅明는 "궁극적으로
는 유권자를 비판해야 한다. 그들은 진실을 들으려 하지도 않고 현안
이 들리지도 않는다"라고 주장했다.[66] 가장 기초적인 수준에서 이는
곧 투표를 의미한다. 믿을 수 없게도, 정부가 3월 11일에 놀라운 정
도로 대응하지 못했는데도 2012년 12월 선거의 투표율은 2009년
선거 당시보다 10퍼센트나 낮아 전후 최저 투표율인 60퍼센트를 기
록했다.[67] 이런 추세는 이후에도 계속되었고 2014년 12월 선거의 투
표율은 52.6퍼센트를 기록했다. 이와 같이 혼란스러운 결과는 일본
의 정치 시스템이 국민의 이익이나 선호를 반영하지 못한다는 인식
이 널리 퍼져 있다는 점을 감안하면 말이 된다. 2012년 내각부가 실
시한 여론조사에서 응답자의 80퍼센트 이상이 국민의 의지가 정부
정책에 반영되어 있지 않다고 대답했다. 이 수치는 81.9퍼센트였고
그 전년보다 3.2퍼센트가 증가한 것으로, 정부가 1982년 조사한 이
래 가장 높은 수치를 기록했다.[68]

투표율 하락은 국민이 체념했다는 신호로 보일 수도 있다. 한편에서는 제2차 세계대전 이후 일본을 점령했던 미군정 당국이 일본인에게 민주주의를 '부여했기' 때문에 이런 현상은 이미 예견되었다고 주장한다. 따라서 일본인은 민주주의사회에서 요구되는 시민의 의무 사항을 별로 심각하게 여기지 않는다.[69] 이런 평가가 자극적으로 들릴 수 있겠지만, 고노 다로와 같은 정치인도 지역구 주민의 행동에 당황하고 있다. "3월 11일에 재난이 발생하고 나서 놀랐던 사실은 사람들이 내게 이메일을 보내 무슨 일을 할 수 있는지 물었다는 것이다. 투표 행위로만 충분한 게 아니다. 그들의 목소리가 정치인에게 들려야 하고, 그들이 정치인을 압박해야 한다." 고노는 잠시 말을 멈췄다가 "여기는 시리아가 아니다. 정치인이 여러분을 쏴 죽이지는 않는다"라고 약간의 분노를 섞어서 덧붙였다.[70]

유권자의 책임의식도 포함되어야 한다는 말은 절반의 정답에 불과하다. 부담을 짊어지려는 후보자도 있어야 한다. 정치 분야 인재를 다양하게 배출하려고 몇몇 학교가 설립되었다. 그중 가장 유명한 곳은 마쓰시타정경숙松下政經塾이다. 1979년 파나소닉그룹 회장 마쓰시타 고노스케松下幸之助가 설립한 마쓰시타정경숙은 "보다 심도 있는 변화를 일본 그리고 일본과 세계와의 관계에 불어넣을 수 있도록 고안된 혁신적인 접근 방식이 포함된 교육이라는 장기적인 전략으로 20세기의 진부하고도 평범한 리더십에 맞서 싸울 수 있도록 한다"라는 목적으로 설립되었다.[71] 4년간의 교육 동안 학비는 무상이지만, 입학 허가를 받기가 어렵다. 2016년 현재 마쓰시타정경숙은 260명 이상의 졸업생을 배출했으며, 그중 42퍼센트가 정치인이 되었다. 가장 유명한 동문은 노다 전 총리다.[72] 또 다른 유명한 동문으로 외무성 대신정무관과 방위대신을 역임한 오노데라 이쓰노리小野寺五典, 전 민주당 총재이자 외무대신이었던 마에하라 세이지前原誠司, 미야기

현지사인 무라이 요시히로村井嘉浩, 그리고 이미 많은 각료직을 경험했으며 미래의 여성 총리 후보 중 하나인 다카이치 사나에高市早苗 등이 있다.

전직 경제산업성 관료 출신인 아사히나 이치로朝比奈一郎는 하버드 케네디스쿨 재학 시절 영감을 받아 2010년 싱크탱크이자 학교 그리고 컨설팅회사인 아오야마샤추青山社中를 설립했다. 료마의 원조 무역회사였던 가메야마샤추를 본떠 이름을 지은 이 조직의 목적은 "전 세계적인 경제력 강화를 통해 일본의 부활을 도모한다"이다. 홈페이지에 들어가 보면 야심찬 목표가 잘 드러나 있다. "정책 옵션을 국민에게 효과적으로 알려주고 정부와 민간 분야의 핵심 이해관계자들을 동원함으로써 일본의 국가정책 결정 과정을 근본적으로 개조한다"라는 것이다. 이 사설 교육기관은 리더십 훈련 세미나와 후보자들을 위한 선거 활동 정강 초안 작성을 지원해준다.[73]

전국 정당을 건설하겠다는 목적에 일관되게, 유신회도 자신들의 고유한 정치인 교육기관을 설립했다. 2012년 3월 유신정치숙維新政治塾을 개설했고 등록 신청자가 2000명이 넘었다. 학생들의 배경은 다양했으며, 한 달에 두 번 훈련 프로그램에 참석하고 현안에 관해 토론하고자 학비를 납입했다.[74] 하시모토는 학생들을 대상으로 "전사가 되어라. 다 같이 싸우자. 일본을 변화시키자"라고 말했다. 하지만 여름까지 학생 수가 888명으로 줄어들었으며, 이 중 65명은 비록 직급이 낮기는 하지만 이미 정치인이었다.[75] 이들은 하시모토의 메시지를 일본 전역에 퍼뜨리고 싶다고 말했으나, 이 교육기관 자체의 목적이 정치인 양성인지 풀뿌리 운동 촉진인지 불분명해 보였다.[76] 2012년 선거에서 이곳의 학생이었던 16명이 당선되어 국회에 입성했지만, 하시모토의 운이 점점 줄어들면서 사람들의 관심도 줄어들었다.

전국적인 지지자를 육성하려는 목적에 부합하고자 고이케 도쿄 도

지사는 2016년 10월 자신만의 리더십 교육기관인 희망의숙希望の塾을 설립했다. 일본 각지에서 4500명 이상이 정치와 관련된 주제에 대한 월간 세미나에 참석하겠다고 지원했다.[77] 이때 고이케는 자신의 정당에 인력을 충원하는 수단으로 이 교육기관을 활용하는 데 대해 언급을 꺼렸다. 하지만 앞에서 언급한 바와 같이 고이케 도지사는 아베 총리의 국회해산에 따라 2017년 10월 22일로 예정된 총선에 대비하려 2017년 9월 희망의당을 창당했다. 선거 결과 이 당은 커다란 희망을 품었는데도 별로 약진하지 못했고, 확보한 의석수는 3위에 그쳤다.

"새로운 문화 창조"

일본의 고민에 대한 답이 정치가 아니라 시민운동에 달려 있다고 믿는 일본인들도 있다. 이런 활동은 1995년 1월 고베를 타격했던 한신 대지진이 발생했을 때 시작해 현재도 20년 넘게 진행 중이다. 이 지진으로 가족과 친척을 잃고 집이 파괴된 피해자만 수천 명에 달했으며 130만 명이 나서서 자원봉사를 했다. 이 지진에 대한 당국의 대응은 끔찍했으며 시민단체가 나서서 정부 활동을 보완해야겠다는 생각이 절실히 들었다. 초기 대응 활동에 가장 즉각적이고 효과적으로 나선 이들이 야쿠자였고, 정부는 적지 않게 당황했다. 한신 대지진과 그 여파로 시민사회가 일본에서 어떤 역할을 할 수 있는지 재검토하게 되었고 이에 대해 권력자들은 상당한 의심의 눈초리로 바라봤다. 1998년에는 특정비영리단체활동촉진법特定非営利活動促進法, 즉 NPO법이 제정되었다.[78] 정부와 시민사회단체 그리고 비영리단체의 관계는 여전히 논쟁이 있다. 정의상으로 시민사회단체는 약자에게 힘을 주고, 정부 정책이 시행되면서 발생하는 격차를 메우려고 만든 단체이므로 정부의 우선순위에 문제 제기를 해야 한다. 이론상으로도 이들은 상호 보완적이어야 하지만 현실에서는 이따금 서로 충돌한다. 비영리단체NPO 법은 이러한 두 기관 사이의 관계와 그 때문에 발생하는 갈등을 제도화했다. 예를 들어 어떤 비영리단체가 감면 혜택(가령 기부금이 세금 공제 대상이 되도록 하는)을 받으려면 유관 정부 부처가 그 단체를 승인해야 하는데, 이 같은 승인 절차가 단체의 독립성을 해칠 수 있다는 우려를 불러일으켰다. 그런데도 이러한 제3영역은 계속 성장하고 있다.

구도 야스시工藤泰志는 일본이 당면한 문제를 기성 정당이 해결할 수 있을지 회의적이었기 때문에 싱크탱크이자 비영리단체인 '겐론言論 NPO'를 창설했다. 그는 "이들은 그냥 단체일 뿐이다. 어떤 실질적인 정당이 아니다"라고 설명했다. "이들은 문제를 해결하려고 충분히 단결하지도 않았다. 그럴 능력이 없다면 분열될 것이다."[79] 정치권이 계속해서 문제를 해결하지 못한다는 사실은 3월 11일의 재난을 겪고 더욱 분명해졌다. "국민은 정부가 도와주기를 기대했지만, 눈앞에서 벌어지는 위기를 보고 나서 직접 행동에 나섰다. 그들은 행동에 나서야 한다는 사실을 깨달았다."

전직 경제산업성 관료 출신인 아사히나 이치로는 다른 종류의 행동주의를 상상한다. 그는 정부가 비전을 만들고 관료들이 그 비전을 이행했던 구질서를 위협하는 새로운 기업가 정신을 본다. 관료가 일본 청년세대에서 가장 우수한 인재를 더는 끌어모으지 못한다는 사실이 제일 확실한 증거라는 것이다. "오늘날 가장 우수한 학생은 공무원이 되기를 원하지 않는다. 그들은 혁신가가 되고 싶어 한다."[80] 이렇게 생각이 변한 배경에는 신자유주의라는 새로운 유행과 신자유주의로 말미암은 작은정부론, 관료의 봉급과 각종 혜택을 제한한 재정적 압박, 까다롭고 대우만 받으려 하고 상상력이 부족하다는 정부 공무원의 이미지 등이 있다. 아사히나는 현재의 일본 상황이 메이지 시대와 유사하다고 보며, 젊은 사람들이 나라를 바꾸기 위해 반드시 행동에 나서야 한다고 믿는다. 그 또한 스티브 잡스와 료마가 아주 매력적인 모델이라고 생각한다.

경제산업성에 근무할 때 아사히나는 일본의 과중한 행정 구조를 재편성하려고 프로젝트 K 팀을 설치했다.[81] 이 팀은 여러 중앙정부 부처의 전현직 관리들과 이에 해당하는 지방정부와 민간 분야 관계자를 모아 관료제를 간소화하는 방안을 논의했다. 아사히나는 2010년 "단순히 정부의 문제가 아니라 정부 혁신만으로는 구조적 변화를 유발하기에 불충분하다"라는 점을 깨닫고 경제산업성을 그만뒀다. 구조적 변화를 위해 아사히나는 앞에서 언급한 바와 같이 리더를 육성하고자 아오야마샤추를 설립했다. "우리는 단순히 새로운 정치인이 필요한 게 아니다. 관료 사회에서, 민간 분야에서, 시민사회에서 시스템을 변화시키는 리더가 필요하다." 그의 새로운 학습기관은 리더십에 필요한 역량을 개발하는 수업을 제공한다. "우리는 새로운 문화를 창조하고 있다."

일본에서 진행되는 변화에 대한 제3의 해석이 있다. 오랫동안 시민사회 활동가로 활약해온 구로다 가오리黒田かをり는 일반적인 일본인의 생각이 변했기 때문에 이제 행동에 나서야 한다는 수요가 있다고 말했다. 일본에서 시민사회 육성을 위해 애써온 그녀의 목소리는 지난 20년간 해왔던 노력을 설명하면서 지친 기색을 숨기지 못했다. 구로다는 한편으로는 대규모 시민 활동에 환멸을 느끼는 것처럼 보였다. 그녀는 "시민사회 분야와 비영리단체가 개인에게 얼마나 적실성이 있는지 확신이 서지 않는다"라고 솔직히 털어놓았다.[82] "그들은 개인의 요구와 희망에 반드시 부응하지는 않는다. 기반이 탄탄한

비영리단체는 오늘날 상당히 보수적이다. … 비정부기구NGO와 비영리단체가 관료화되었다." 그러나 비록 이런 기관이 일본인에게 도움이 되지 못하고 있지만 "단체가 할 수 있는 것과 개인이 보고 싶어 하는 것의 틈새 공간에서" 여전히 개인의 활동을 위한 기회가 있다. 3월 11일 위기 이후 시작된 매주 금요일 오후의 총리 관저 앞 집회를 살펴보면서 구로다는 "그냥 뭐라도 하고 싶어 하는" 평범한 국민을 보았다. 이들은 시민단체 활동가도 아니고 어떤 큰 운동의 일부도 아니다. "이게 큰 변화로 이어질지는 모르겠지만, 각각의 개인은 확실히 어느 정도 영향이 있을 것이다." 구로다의 말은 "국민이 행동에 나서고 있지만 행동에 동참하는 데는 관심이 없다. 이는 지도자가 없는 혁명이다"[83]라고 주장했던 미디어스트(mediaist, 일본 내 새로운 미디어인 소셜미디어에서 주로 활동하는 평론가) 쓰다 다이스케津田大介의 말처럼 들리기도 한다.

구로다가 새로운 료마를 갈망하는 분위기에 대해 양면적인 태도를 보인 몇 안 되는 사람 중 하나라는 사실은 그리 놀랍지도 않다. 그녀는 "그건 답이 되기에는 너무 단순하다"라고 말했다. "어쨌든 변화가 밑바닥에서부터 시작될 것이다. 톱다운식 절차가 아니다. … 내가 같이 일하는 공동체는 카리스마 넘치는 리더는 없지만 그래도 잘하고 있다. 우리는 세심하면서도 현장에서 무엇이 발생하는지 볼 수 있는 정치인이 필요하다."

"일본을 고치려면 정치를 고쳐야 한다"

그런 정치인이 될 가능성이 있는 인물이 고이즈미 신지로小泉進次郎다. 그는 총리 시절 자신이 속했던 정당을 상대로 전쟁을 선포했던 고이즈미 준이치로의 아들이다. 처음에는 그 연령대에 비해 잘생기고 연예인 같은 사람(그리고 세습 정치인으로서 가족 내력 등)으로 치부되었으나, 신지로는 자민당 내 인기 있는 인물일 뿐 아니라 내성적이면서도 생각 깊은 정치인으로 떠올랐다. 아버지의 지역구를 물려받은 4대째 세습 정치인인 그는 구질서를 상징하는 존재로 보일 수도 있다. 신지로는 자민당의 청년국장을 맡고 있으면서 차세대 자민당 의원들에게 고이즈미의 마법을 뿌리고 있다. 2010년 참의원 선거에서 자민당은 17명의 후보의 지원 유세에 신지로를 내세웠으며 그중 14명이 당선되었다. 신지로는 포스터에 등장할 법한 잘생긴 외모 때문에 불이익을 받지는 않지만, 대부분의 관찰자는 그가 부지런하다고 높게 평가한다. 전직 경제산업성 관료였던 오쿠무라 준은 처음에 품었던 의심을 거두고 고이즈미 신지로가 진정한 리더로 진화하고 있다고 결론 내렸다. "살해 본능을 감추고 정적에게 야만스러운 공격을 할 때조차도 선한 오라를 띠게 해주었던 로널드 레이건의 침착함과 무대 매너 그리고 메시지 전달력이 고이즈미 신지로에게도 똑같이 있다."[84] 오쿠무라만 이런 평가를 내리는 것이 아니다. 정치부 기자들을 대상으로 일본에서 가장 유능한 정치인이 누구인지를 묻는 설문 조사에서 고이즈미 신지로는 4위에 올랐다.[85]

충성스러운 자민당원인 고이즈미 신지로는 자신이 소속된 정당이 다시 권력을 되찾았다는 사실을 인정한다. 하지만 단순히 집권당 의원이 되는 것만으로는 충분하지 않다. "우리는 어떻게 자민당을 새롭게 만들고 일본이 회복할 수 있도록 새로운 모델을 만들어야 할지 물어봐야 한다."[86] 궁극적으로 이를 위해서는 정상적으로 작동하는 양당 체제가 필요하다. 정치에서 안정이 좋기는 하지만, 너무 지나치게 안정되면 현실에 안주하고 게을러진다. "더 좋은 정치를 위해 우리는 강한 야당과 강한 여당이 필요하다. 이들은 한 쌍이다." 우리가 2012

년에 이야기를 나누었을 때 민주당은 내부적으로 무너져 있었고 자민당에 대한 진정한 대항 세력이 되지 못했다. 신지로는 "국민이 '당신들은 변하지 않고, 당신들은 구식 자민당이다'라고 지적하면서 자민당에 도전해야 한다"라고 믿는다. 그는 말하는 도중에 자주 말을 멈추곤 하다가 "우리는 변화를 위해 투쟁하고 분투해야 한다"라고 결론을 내렸다.

고이즈미 신지로가 보기에, 다른 많은 일본인과 마찬가지로, 일본이 겪고 있는 어려움의 핵심은 급변하는 세계에 적응할 수 없는 정치적 상부구조이다. "일본을 고치려면 정치를 고쳐야 한다."

제4장

센카쿠 쇼크

PEAK JAPAN
The End of Great Ambitions

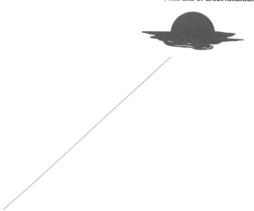

PEAK JAPAN
: The End of Great Ambitions

민주당 집권이라는 정치적 지진이 일본이 직면한 문제 해결을 위한 충격요법이 될지 모른다는 희망은 급속히 무너졌다. 새로운 정부는 집권하자마자 휘청거리고 제대로 서지도 못했다. 민주당이 집권 원년에 입은 충격은 대체로 자초한 결과였다. 하지만 일본은 2010년에 국가의 상태나 방향성에 변화를 초래한 제3의 충격을 경험했다. 세 번째 충격은 2008년의 리먼 쇼크처럼 외부에서 촉발되었지만 이번에는 일본을 타깃으로 삼았으며, 일본이 뜻하지 않게 피해자가 된 것은 아니었다. 2010년의 충격은 동중국해의 무인도를 둘러싼 중국과의 영토분쟁으로 생긴 결과였다. 일본과 중국 두 나라 사이에 오랫동안 이어져 온 이 갈등 요인은 중국이 마오쩌둥毛澤東의 사망 후 고립에서 탈피하여 세계에 등장하고 지역 내 리더십을 주장하면서 의미가 더욱 커졌다. 이 장은 라이벌인 일본과 중국의 관계를 고찰하고 영토분쟁을 일본의 대미국, 대아시아 관계를 조망하는 틀로 삼아 일본의 외교·안보 정책을 종합적으로 짚어보고자 한다.

황금 시기로부터 심판의 시간까지

1853년 페리 제독이 도착하면서 시작되는 일본의 근대기에 일본에 주어진 핵심 질문은 일본이 아시아와 서구 사이에서 자신의 위치를 어떻게 잡아야 하는가였다. 일본인은 지리적·역사적·문화적 뿌리를 두고 있는 곳과 같이해야 하는가, 아니면 이런 유대 관계를 끊어버린 다음 발전하겠다는 열망을 제외하면 어떤 뚜렷한 유대 관계나 공통점도 찾기 어렵지만 근대적이고 외관상으로 '선진화된' 국가들의 모임에 동참해야 하는가? 메이지 지도자들은 '탈아입구'를 선택했다. 이러한 결정을 내린 논리는 당시 일간지였던 〈시사신보時事新報〉 1885년 3월 16일자에 게재된 "다쓰아론脫亞論(탈아론)"에 나와 있다. 아마도 후쿠자와 유키치福沢諭吉로 추정되는 익명의 기고가는 일본이 자신의 운명에 대한 결정권을 유지하려면 변화해야 하고, 그러한 변화를 위해서는 일본의 과거를 규정지었던 동양 문명을 버리고 새롭게 산업화된 서구와 가깝게 지내고 거기에 동참해야 한다고 주장했다.

이런 선택은 일단 엄청난 성공으로 이어졌으나 궁극적으로는 세계대전과 폐허(제1장에서 설명한 바와 같이)로 귀결되었다. 패전 후 75년이 지나 다시 한번 성공과 실패라는 주기를 겪은 뒤에 일본은 이러한 문명의 분할 사이에서 갈팡질팡하며 고민하고 있다. 메이지 시대의 틀과 일관되게 일본은 여전히 서방세계가 근대성과 근대적 장치(좋건 나쁘건 간에)를 상징한다고 여긴다. 이 같은 시각은 일본이 안보 분야에서 미국에 의존하면서 강화되었다. 하지만 지리란 변하지 않는 것이고, 아시아가 따라잡고 있다. 이러한 줄다리기와 긴장의 해소가 바로 일본의 정책결정권자가 21세기에 해결해야 하는 가장 중대한 외교정책 과제다.

만약 아시아와 서방세계 사이에서 일본의 위치 잡기가 이런 맥락이라면, 중국과의 관계는 핵심 변수다. 두 나라는 항상 상대방을 의식하고 있었기에 상호 경계심과 경쟁이 있었다. 준 튜펠 드레이어가 일중 관계에 대한 권위 있는 연구서에서 설명한 바와 같이 양국 사이의 긴장을 유발하는 이슈는 "양국 관계의 초창기까지 거슬러 가는 근본적인 문제, 즉 중국이나 일본이 서로 동등한 존재로 받아들이기를 기피하는 태도와 서로를 자신보다 열등한 존재로 여기는 데 대한 상대방의 거부와 같은 문제"를 반영하고 있다.[1] 19세기 중반까지 중국은 패권국으로 인정받았고 일본은 그런 질서에 가장 먼저 도전한 세력이었다. 메이지 시대에 중국을 대신해 지역의 핵심 세력으로 등장한 일본은 중국을 완전히 복속시키지는 못했지만, 아시아와 중국의 많은 지역을 식민지로 만들고 가혹하게 통치했다. 제2차 세계대전 이후 양국 관계는 대체로 얼어붙어 있었다. 일본 지도부가 중국 공산당의 1949년 중국 내전 승리를 어떻게 생각했던 간에(몇몇 사람들은 생산적인 관계가 가능하다고 보았다) 공산주의에 대한 미국의 적개심으로 일본 정부는 중국과 할 수 있는 일이 없었다. 하지만 일본 경제가 발전하면서 사업가와 정치인은 영향력을 행사하고, 정치적으로나 외교적으로 자주성을 주장하며, 자신들의 사업 기회를 증진할 수 있다는 생각에 탐욕스러운 눈빛으로 중국을 바라보았다. 리처드 닉슨 미국 대통령의 중국 개방은 일본 국민에게는 진정한 충격이었지만, 일본 정부는 기회가 왔다며 환영했다.

　일본은 기회를 놓치지 않았고, 이른바 '중일 관계의 황금기'를 열었다.[2] 양국은 즉시 외교관계를 정상화하기로 합의했다. 비록 외교관계 수립 협상에 이후 6년이 소요되기는 했지만 말이다. 경제적 유대관계가 급속히 성장했다. 1978년 양국 간 최초의 통상협정이 체결되었으며, 10년 내로 상호 수출액을 100억 달러까지 확대하기로 목표를 잡았다. 실제로 양국 간 교역은 1972년 11억 달러에서 일본 기업들이 방대한 중국 시장으로 앞다투어 진출함에 따라 1988년 거의 200억 달러에 이르게 되었다.[3] 공적개발원조ODA도 1979년에 시작하여 사실상 폭발하듯이 증가했다. 일본은 1979년부터 1984년까지 3310억 엔 그리고 1984년부터 1989년까지는 5400억 엔의 차관을 제공했으며, 일본의 대중국 원조는 1990년대까지 일본 전체 공적개발원조의 10퍼센트에서 15퍼센트에 달했다.[4] 두 정부는 서로 상대방을 이용해 외교적 활동을 위한 공간을 넓히고 자신들의 경제를 발전시키려고 했다. 양국 지도부는 양국 관계의 기반을 다지고 아시아의 두 거인 사이에 지속되는 화해를 해야 할 필요가 있다고 인식했다. 실라 스미스는 일본과 중국 관계에 대해 날카롭게 분석한 보고서에서 "당시 일본과 중국의 경제가 상호 보완적이었기 때문에 경제적 상호 의존이 일본의 전시 침략과 이후 1945년의 패배로 생긴 상처를 덮는 연고와 같은 역할을 했다"라고 설명한다.[5]

한동안 이런 논리가 지배적이었다. 중국과 일본 간 교역 규모가 1990년부터 2005년 사이에 10배 이상 급증했으며, 2008년 여름이 되자 중국은 미국을 대신해 일본의 최대 수출대상국가가 되었다.[6] 일본 경제가 마침내 잃어버린 10년으로 인한 정체에서 벗어난 것으로 보일 때(비록 이런 전망이 다시 리먼 쇼크로 무색해졌지만) 중국의 역할이 아주 중요했다. 외무성 외무심의관*을 역임한 다나카 히토시田中均는 "일본의 최근 경기회복은 중국의 부상 덕분에 가능했다. 다시 말하면 중국의 경제성장이 일본 경제를 불황에서 '끌어냈다'라는 인식이 오늘날 일본 경제계에 만연하고 있다"라고 지적했다.[7]

---

* 의원내각제인 일본에서는 정치인이 장관직을 맡기 때문에 직업 외교관 출신이 올라갈 수 있는 외무성 내 최고위직은 사무차관이며 외무심의관은 바로 그다음 선임 고위직이다.

일본 기업들의 대중국 누계 투자액은 2011년 말까지 830억 달러에 달했으며, 일본은 중국에 대한 해외직접투자국 가운데 3위가 되었다.[8] 중국 상무부는 2012년 말까지 2만 3094개의 일본 기업이 중국에서 활동하고 있으며, 일본 기업의 투자액은 74억 달러로 전년도보다 18퍼센트 증가했다고 발표했다.[9] 경제산업성이 2012년 5월 실시한 설문조사에 따르면 중국에 기반을 두고 있는 일본 기업 자회사의 이익은 2010년에 1조 9000억 엔(약 200억 달러)이며 전체 영업이익에서 차지하는 비중도 더욱 커졌다. 가령 운송장비 산업의 경우 2010년에 중국에 기반을 둔 일본 기업의 자회사들이 그 산업계 분야에서 일본 기업들이 벌어들인 총이익의 35.3퍼센트를 차지했다.[10] 물론 이익이 한 방향으로만 간 것은 아니었다. 일본의 중국 투자는 일자리 1000만 개를 만들었고, 기술을 전파했으며, 재정수입과 인프라, 사회서비스 등을 위한 자금도 제공했다.[11]

하지만 이런 긍정적인 경제 관계는 갈수록 정치적 마찰로 위협받았다. 제2차 세계대전 이후 외교관계를 수립했던 초창기부터 중국은 특히 일본 역사 교과서에 서술된 내용을 비롯하여 일본의 전쟁사에 대한 평가, 일본 정치인의 야스쿠니신사 참배, 일본과 소련의 관계(중국은 일본이 소련에 좀 더 공세적인 태도를 취하기를 원했다) 그리고 미중 관계가 악화될 때는 일본과 대만의 관계에 대해서까지 불평했다. 반면 일본은 천안문사건, 중국의 일본 국내 정치 간섭(소련에 대해 일본이 더 단호한 태도를 취하라고 요구할 때) 그리고 불공정무역관행에 대해 비난했다.[12] 양국 모두 영토분쟁과 상대방이 자신의 이익을 경시하는 데 대해 불평했다. 냉전기에는 소련에 대한 공통된 우려 때문에 이런 마찰을 잠재울 수 있었다. 그러나 소련이 붕괴하고 나서 양국의 우선순위가 바뀌었고, 양국 간 쟁점 이슈가 더욱 불거졌다.[13] 하지만 경제적인 사리사욕이 한동안은 지속되었다. 정치적 긴장이 심화되면서도 경제적 관계가 중심을 잡으면서 이런 현상을 설명하는 '경열정냉經熱政冷'이라는 표현이 등장했다. 한 평론가는 '경열정냉'이라는 일본과 중국의 관계야말로 "경제적 상호 의존이 평화 요인이 된다는 자유주의적 이론의 상징적인 사례"라고 지적했다.[14]

역설적으로 경제조차 양국 관계에서 부담 요인이 되었다. 〈인민일보〉는 논평에서 "일본 경제는 중국의 경제조치에 대해 면역력이 없다"라고 지적하면서 갈수록 커지는 중국의 (오만까지는 아니더라도) 자신감과 중국 시장 의존 확대에 따른 일본의 불안정성을 강조했다.[15] 상무부 국제무역경제합작연구원CAITEC의 메이씬이 연구원은 중국에 대한 일본의 높은 수출 의존도를 지적하면서 "중국은 무역 전쟁에서 일본이 엄청난 대가를 부담하게 할 능력이 있다"라고 한층 더 노골적으로 말했다.[16] 일본은 중국이 경제적으로 발전하는 과정에서 많은 기여를 했는데도 배은망덕하게 나오는 데 대해 분노했을 뿐 아니라 이러한 기여가 중국의 군사력 강화로 이어져 자신들을 위협할 수도 있다는 생각까지 들어 갈수록 난처해했다.

여기에 두 나라의 성장 궤도가 극적으로 엇갈리면서 이런 불안감이 더욱 가중되었다. 일본은 1991년부터 경제 침체에 빠져들었으나 중국은 이 기간에 매년 두 자릿수의 경제성장을 구가하고 있었다. 이러한 양국의 경제 상황으로 일본과 중국은 각자 근본적으로 다른 생각을 했다. 일본은 자신의 영향력이 줄어들고 있는 반면에 중국의 힘은 세지고 있다면서 갈수록 불안하고 초조해했다. 반면 중국은 갈수록 자신감이 커지고 공세적인 태도를 취했다. 실라 스미스는 "중국의 부상과 관련된 질문만큼 일본의 지도자나 국민에게 일본 국가정책의 우선순위를 집중하도록 한 요소는 없었다"라고 통렬하게 지적했다.[17] 양국의 엘리트와 대중은 양국 간 세력균형의 변화를 감지했으며, 일부 사람들은 과거사에 대한 심판이 임박했다며 희망을 품었고,

일부 사람들은 두려워했다.

트롤선 사고

센카쿠를 둘러싼 영토분쟁은 양국 간 이견을 확연히 드러냈다. 센카쿠 열도는 다섯 개의 작은 섬과 세 개의 바위로 구성되어 있으며, 면적은 약 6제곱킬로미터이고 오키나와 남서쪽 170킬로미터, 대만 북쪽 끄트머리에서 170킬로미터 그리고 중국 본토 원저우溫州에서 약 380킬로미터 떨어진 곳에 자리잡고 있다. 센카쿠 열도는 15세기 초 중국 쪽 기록에 처음 등장한다. 물론 오키나와(당시는 류큐琉球 왕국) 출신 어민이나 여행자들은 다른 이름으로 센카쿠 열도를 알고 있었다. 일본 정부는 류큐 왕국을 1872년 일본의 속령으로 선포했고 1879년 일본에 병합한 다음 마침내 1895년 센카쿠 열도를 무주지無主地라며 자국 영토로 병합했다.[18] 일본은 이 열도를 자국 기업인에게 임차했으며, 이 기업인은 1940년까지 여기에 양식장을 설치하고 사업을 했다. 제2차 세계대전에서 일본이 항복하고 나서 센카쿠 열도는 오키나와와 그 밖의 다른 일본 도서와 함께 미국의 통치를 받았고, 1972년 일본에 반환되었다. 중국은 센카쿠 열도가 무주지가 아니라 15세기부터 중국 영토였다고 반박했다. 중국과 대만 정부는 모두 센카쿠 열도를 카이로선언과 포츠담선언에 근거하여 제2차 세계대전 후 중국 정부에 반환해야 했다고 주장한다.

이 분쟁은 1960년대 말 유엔이 후원하는 탐사대가 이 지역에 상당한 해저유전이 있다는 사실을 발견하기 전까지는 별로 주목받지 않았다.[19] 일본과 중국 간 외교관계 정상화를 논의하는 과정에서 당시 중국의 최고지도자였던 덩샤오핑鄧小平은 센카쿠 열도의 장래는 뒤로 미루어 더 현명한 세대가 해결하도록 해야 한다는 유명한 말을 한 적이 있다. 이런 발언은 편의주의적인 몸짓이면서도 분쟁이 이어지게 한 조치였다. 그때부터 각국의 민족주의자들이 상대방의 주장에 맞서 센카쿠 열도에 상륙해 국기를 꽂으려 하거나, 중국과 대만 어선이 센카쿠 열도 수역에 진입하기도 하고, 연구 선박도 주기적으로 수역에 진입하는 등 정기적인 항의가 있었다.[20] 각 정부는 센카쿠 열도에 대한 영유권 주장을 강화하기 위한 조치를 반복해서 취했으며, 상대방이 도전할 경우에도 자신들의 입장이 변하지 않았다고 강하게 반박했다.

2010년 9월 중국 트롤선 선장인 잔치슝詹其雄이 센카쿠 열도 주변 분쟁 수역에서 조업 활동을 하다가 일본 해상보안청이 저지하자 이에 항의하면서 영유권 주장을 얼버무릴 수 있는 여지가 사라졌다. 잔치슝은 일본 해상보안청의 저지에도 방향을 틀지 않고 오히려 순시선 두 척과 충돌하고 난 다음 도주했고, 순시선은 그를 추격해서 체포했다. 기존에는 이런 일이 생기면 범법자를 고발하지 않고 즉석에서 석방해주는 게 관행이었기 때문에 이번 사건은 중국 내에서 공분을 일으켰다. 2004년 3월 중국인 일곱 명이 센카쿠 열도에 상륙했을 때는 48시간 동안 구금당했다가 중국으로 추방되었다. 일본 당국은 잔치슝이 저항했기 때문에 달리 대응할 수밖에 없었다고 반박했다. 이런 설명은 중국에서 받아들여지지 못했고, 중국은 일본 민주당 정부가 이 사건을 다루는 전례를 알지 못하거나, 아니면 처리 방식을 바꾸려 한다고 생각했다. 어찌 되었건 간에 중국 정부는 이를 중일 간 균형을 거스르는 조치라 생각했고 일본 정부의 주목을 끌고자 긴장을 고조시켰다.

먼저 중국은 중국 주재 후지타Fujita에서 제2차 세계대전 이후 중국에 남겨진 화학무기를 회수하는 사업에 참여하던 일본인 직원 네 명을 체포했다. 그리고 유엔총회 개회식 때 예정되었던 원자바오溫家寶 총리와 간 나오토 총리의 회담을 취소했다. 그다음으로 중국 정부는 몇몇 문화 교류 프로그램을 취소했다. 또한 아마 가장 놀라운 조치로서 일본에 대한 희토류 수출을 막아버렸다. 중국 당국자들은 이에 대해 다양한 이유를 제시했다. 일단 수출 금지 조치는 없다는 것이다. 그리고 만일 어떤 수출 중단이 있었다면 이는 애국심 넘치고 과하게 열정적인 세관 당국자의 판단에서 나온 비공식적인 조치였다는 것이다. 마지막으로 희토류 수출 감소는 과잉 개발을 막기 위해서였다고 설명했다. 이유가 무엇이건 간에 일본이 최첨단 전자제품 생산에 필수적인 희토류를 중국산에 90퍼센트나 의존하고 있다는 사실로 미루어볼 때, 중국은 다른 방식으로 선전포고를 한 셈이었다. 긴장 고조 전술은 성공을 거두었다. 며칠도 못 가 일본은 잔치슝을 계속 구금하면 양국 관계에 부정적인 영향을 줄 수 있다고 판단해 그를 석방하기로 했다.

일본 민주당 정부는 이 위기를 서툴게 다루었다. 트롤선 선장을 체포한 결정이 절차를 따른 것이긴 했지만, 중앙정부는 애초에 이 사건의 정치적 성격을 인식하고 그에 따라 대처함으로써 문제를 해결할 기회를 놓쳐버렸다. 오히려 일본 정부는 이 문제의 결정 권한을 나하那霸* 검찰 당국에 위임했고, 중국의 반발이 거세진 뒤에야 판결을 뒤집었다.

이 위기의 충격은 매우 컸다. 일본과 중국의 상호 인식이 역사적 저점을 찍었다. 〈요미우리신문〉과 신화통신사가 2010년 10월 하순 공동으로 실시한 설문조사에 따르면 일본인 응답자 가운데 중국을

---

* 오키나와 현청 소재지.

믿을 수 없다고 말한 사람이 87퍼센트나 되어 사상 최고치를 기록했으며, 중국인 응답자 가운데도 일본에 대해 똑같은 감정을 느끼는 사람이 79퍼센트나 되었다. 일본인 가운데 무려 90퍼센트, 중국인 가운데 81퍼센트가 양국 관계가 나쁘다고 답했다. '중국에 우호적 감정'이 있는 일본인은 사상 최저인 20퍼센트를 기록하여 이전에 실시한 2009년 설문조사 결과보다 18.5퍼센트포인트 하락했다.[21]

특히 이번 사건은 중국이 일본을 추월해 세계 2위 경제대국으로 올라섰다는 뉴스가 나온 지 불과 몇 달 뒤에 발생했다는 점에서 의미가 있다. 일본은 1968년 독일을 추월한 이래 그때까지 세계 2위의 경제대국 지위를 계속 유지하고 있었다. 이 뉴스는 많은 일본인에게 자신들이 앓고 있었던 문제가 진짜로 심각하다는 것을 확인해주는 계기가 되었다. 인류학자인 앤 앨리슨은 많은 일본인이 탄식하면서 체념하는 모습을 자신의 친구가 한 말로 확인했다.

상품의 품질이나 만듦새로 보았을 때 중국은 일본과 비교가 안 된다. … 하지만 사람들의 에너지와 낙관적인 태도란! 알다시피 우리도 한때 그랬다. 1970년대와 1980년대에 일본은 전 세계를 선도하는 활력소였다. 우리는 다들 열심히 일했고, 큰 꿈이 있었고, 세계적으로 역동적이었다. 하지만 이제 우리는 굼떠졌고, 지쳤고, 우리의 섬나라 안에서 은둔하고 있다. 중국인은 전진하고 있는데 일본인은? 우리는 어떻게 보면 죽은 셈이다.[22]

이러한 변화에 이어 또 다르면서도 더욱 불길한 차원의 문제가 있었다. 중국의 새로운 공세적 태도는 두 나라의 운명이 역전되었다는 결과를 상징적으로 그리고 그대로 드러낸 것으로, 관찰자들은 앞으로 더 위험한 순간이 뒤따를 거라고 걱정했다. 일본 최고의 중국 분석가인 다카하라 아키오高原明生는 중국의 새로운 자신감이 리먼 쇼크와 세계 금융위기 때까지 거슬러 올라간다고 보며, 미국이 휘청거리는 사이에 "중국이 예상보다 더 강하고 빠르게 등장하고 있다"라고 지적했다. 이런 경험 덕분에 중국은 '더 큰 자신감'을 얻었고 "국제관계에서 한층 더 공세적인 태도를 취하는 방향을 잡았다."[23]

불길한 지표가 손쉽게 집계되었다. 다나카 히토시는 중국 정부가 "2010년 동남아시아국가연합ASEAN 회의에서 … 더 자신감 넘치고 공세적으로 나온" 사실을 간파했다. "중국은 남중국해의 영토분쟁을 논의 의제에서 삭제하려고 계속 시도했다. 센카쿠 열도를 둘러싼 일본과의 지속되는 긴장, 2010년 중국 반체제인사 류샤오보劉曉波의 노벨평화상 수상에 대한 보복 조치인 노르웨이산 수산물 수입 금지 등이 이런 추세를 반영한다."[24]

남중국해에서 보인 중국의 공세적 태도는 동중국해에서 보여주었던 완력 행사 못지않았기에 일본 국민은 위협적으로 느꼈다. 해양 전문가인 고타니 데쓰오小谷哲男는 "환유라시아 지역과 더불어 해양고속도로는 글자 그대로 일본 경제의 생명선이나 다름없다"라고 설명했다.[25] 그곳에서 중국은 인근 수역국들의 주장에도 아랑곳없이 공세적으로 해양 영유권을 주장할 뿐 아니라 산호초와 바위를 군사 전초기지로 바꾸는 대규모 매립공사를 통해 현상을 변화시키려 하고 있었다. 남중국해가 중국의 '핵심 이익' 가운데 하나이며 그렇기 때문에 협상이 불가능하다[26]는 선언은 전체 무역량의 99.7퍼센트가 해상교통로를 거치고, 해상무역의 42퍼센트와 전체 상품 무역의 19.1퍼센트가 남중국해를 거쳐 이루어지는 무역국인 일본에는 특히 우려스러웠다.[27] 중국이 항행의 자유나 해상무역을 절대 위협하지 않는다고 주장하지만, 일본은 중국이 핵심 수로를 장악하면 중국 정부가 잠재적으로 라이벌의 목줄을 쥘 수 있게 된다고 걱정한다.

중국의 판돈 올리기

센카쿠 열도 문제는 2012년에 다시 민주당 정부가 난타당하는 모루 역할을 했다. 이번에는 일본인인 이시하라 신타로 도쿄 도지사가 선동했다. 이시하라는 자신이 보기에 민주당이 중국의 공세에 무기력하게 대응한다고 생각해 한번 비틀어보기로 마음먹었다. 이시하라는 구리하라 구니오키栗原国起가 소유한 센카쿠섬 세 곳을 구매하기 위한 협상을 시작한다고 발표하고 자금 마련을 위해 공공 캠페인을 실시했다. 이시하라가 섬들을 매입하면 무슨 짓을 할지 몰라 우려한 민주당 총리 노다 요시히코는 중앙정부가 그 섬을 매입하겠다고 발표했다.

노다는 소유권이 일본인에게서 일본 정부로 이전되는 것이기에 구매가 별로 대단한 일이 아니라고 생각했다. 하지만 그가 틀렸다. 중국은 그런 모욕이 루거우차오사건蘆溝橋事件* 75주년에 발표된 점에 유의하면서 분개했다. 중국 정부는 일본이 센카쿠섬을 '국유화' 하면 센카쿠 열도에 대한 일본 정부의 통제가 강화되며 현상 유지가 근본적으로 변경된다고 주장했다. 9월 블라디보스토크에서 노다 총리가 후진타오胡錦濤 주석을 만나 자신의 결정을 설명하려 하자 후진타오는 노다의 주장을 일축하고 이 구매가 불법이자 무효라고 주장했다.[28]

일본 정부는 어찌 되었건 매입을 추진했고, 누가 봐도 알 수 있는, 중국을 무시하는 이런 행동은 중국의 상처에 또다시 소금을 뿌린 셈이 되었다. 그다음 주에 중국인 수만 명이 100곳이 넘는 중국 도시에

---

* 1937년 7월 7일에 일어난 발포 사건으로 중일전쟁의 시발이 되었다. 루거우차오의 영어 표기는 'Marco Polo Bridge'다.

서 시위를 했다.[29] 일본과 중국의 외교관계 수립 40주년 기념행사는 취소되었고, 일본 기업에 대한 불매운동과 폭력 행위가 있었으며, 양국 사이의 무역과 관광도 급격하게 하락했다.

이러한 대립이 반복되면서 중국의 반응도 점차 달라졌는데 중국이 자신들의 해양 선박을 센카쿠 수역에 투입하기 시작한 것이다. 2012년 9월에는 중국 국가해양국이 선박 81척을 센카쿠 열도 주변 접속수역에 보냈으며, 이와 별도로 13척을 일본의 12해리 영해까지 보냈다. 그다음 달에는 접속수역과 영해에 각각 122척과 19척이 진입했다. 11월에는 이 수치가 각각 124척과 15척이 되었다(2012년의 8개월 전에는 단지 25척만이 이들 수역에 진입했다).[30] 12월이 되자 중국이 상황을 감시하기 위해 공군을 투입하고, 일본도 중국 비행기를 감시하기 위해 유사한 방식으로 대응하여 상공에서 일본과 중국의 조우가 있었다. 이 같은 항공기와 선박의 등장만으로도 우발적 사고나 잘못된 계산의 가능성이 커졌고 충돌 전망도 한층 더 현실화되었다.

이처럼 판돈을 높이려는 중국의 전술은 중요한 결과를 가져왔다. 첫 번째로 이런 대응은 센카쿠 열도를 행정적으로 지배하고 있다는 일본의 주장에 직접 도전하는 것이었으며, 이전에 중국이 입장을 반복해서 밝혔던 것과 다른 방식으로 일본의 법적 지위를 훼손했다. 두 번째로 중국의 행동은 잠재적으로 일본의 영토 보전에 대한 군사적 위협이 되었으며, 일본과 미국 간 안보 관계와 이러한 섬을 보호하기 위해 미국 정부가 어떤 조치를 취할 준비가 되어 있는지 의구심을 불러일으켰다. 일본 당국자들은 센카쿠 열도에 대한 공격이 있을 경우 미일 안전보장조약 5조를 원용해달라고 요청했고, 센카쿠 열도가 이 조약의 적용 대상이 된다는 보장을 받아냈다.[31]

세 번째 중요한 결과로 많은 일본인이 이 지역 내 안보가 악화되고 있으며 중국이 안보 환경을 악화시키는 역할을 한다고 인식했다. 모리모토 사토시森本敏 방위대신*은 아시아·태평양 지역에 대한 연례 정세 평가를 하면서 2012년 안보 환경이 "갈수록 험악해지고 있다"라고 설명했다.[32] 방위성 보고서는 북한의 도발과 핵무기 프로그램, 중국의 군사 현대화와 군사 분야의 불투명성, 중국의 일본 수역 내 침범 증가, 러시아의 극동 지역 내 군사 활동 빈도 증가 등을 강조했다.[33] 그중에서도 중국의 위협이 특별했다. 2012년 〈방위백서〉에 따르면 '중국이 발표한 명목상 국방비'는 실제 국방비 지출액의 일부에 불과했지만, "지난 5년간 두 배로 늘었으며 24년간 약 30배 이상 증가했다."[34] 그 결과 중국 인민해방군은 역량이 급속히 신장되고 활동 영역도 확대되었다. 육군은 현대화되고 전문성을 갖추게 되었고, 해군은 중국 연안에서 훨씬 먼 원양까지 헤집고 다니면서 아직 대양해군이라고 부르기는 어렵지만 그것을 추구하고 있었다. 지난 10년간 중국은 다양한 첨단기술을 갈수록 많이 과시했다. 인공위성 요격을 시험해보고, 최초로 항공모함을 진수하고, 스텔스 전투기를 공개했다. 양국 사이 긴장이 고조됨에 따라 중국의 이런 군사 역량은 특히 우려를 자아냈다. 방위성이 발표한 백서는 일본 인근 수역에서 중국의 해상 활동이 확대·심화되고 있음을 강조했다.[35]

아울러 〈방위백서〉는 일본 안보에 중국만 직접 위협이 되는 게 아니라고 기술했다. 일본과 러시아 사이에도 북방 영토를 둘러싼 영토 분쟁이 있으며, 구소련이 제2차 세계대전 이후 북방 4개 열도를 점령한 뒤로 영유권을 주장하고 있어 일본 민족주의자들을 자극하고 분쟁을 공식적으로 종료하는 평화조약을 체결하는 데 걸림돌이 된다.[36] 러시아와 일본은 여러 차례 합의할 뻔했지만 결코 최종 합의문

---

* 한국의 국방장관에 해당한다.

을 완성하지 못했다. 이들의 공식적인 입장만 놓고 보면 타협이 불가능해 보이지만 외교관들은 굴하지 않고 인내하고 있다. 합의문의 개요는 이해하기 쉽지만 이를 위해서는 양쪽이 다 양보해야 하는데, 어느 쪽도 선뜻 그렇게 할 의사가 없는 듯하다.[37] 2010년 11월 센카쿠 열도를 둘러싼 위기가 발생한 지 불과 몇 주 뒤에 드미트리 메드베데프가 러시아 국가원수로서 처음으로 분쟁지역인 북방 열도를 방문하면서 일본의 민감한 부분을 더 건드렸다. 메드베데프의 북방 영토 방문은 9월 중러 정상회담 후에 이루어졌고, 특히 이 회담에서 양국 정상이 역사를 다시 쓰려는 국가를 비난했던 사실이 있었기 때문에 일본의 우려가 증폭되었다. 일본 정책결정자들은 양국 사이의 이런 관계 형성이 자신들을 겨냥하고 있다고 보았기 때문이다.[38] 이듬해에 러시아는 북방 영토에서 군사 활동을 증강하고 이 지역 내 해군과 공군 활동도 증가시켰다. 일본은 그 당시 항공자위대를 긴급 출동시키는 방식으로 대응했으며 이후에도 대응 빈도를 늘렸다. 메드베데프는 제2차 센카쿠 위기가 터지기 직전인 2012년 7월에 다시 북방 영토를 방문했다.[39]

일본인의 눈에는 러시아보다 더 우려스러운 일이 북한에서 발생하고 있었다. 북한 정권은 오랫동안 이 지역 내 불안의 원천이었으며, 북한의 호전적 수사에 따르면 일본은 군사 활동 시 타격 목표로 꼽히고 있었다. 일본의 민감함을 건드린 가장 큰 사례 가운데 하나로 1998년 북한이 일본 영공 위로 미사일을 발사한 사건을 꼽는다. 노나카 히로무野中広務 당시 내각관방장관은 이 시험발사를 "아주 위험한 행위"라고 일컬으면서 "동북아시아 안보에 심각한 충격을 줄 것"이라고 했다.[40] 민주당이 집권할 즈음에 발표한 분석보고서에서 영국의 핵심 일본 전문가 중 하나로 꼽히는 크리스토퍼 휴스는 "일본이 방위 태세를 점검하는 데 북한의 비중이 갈수록 커지고 있다"라고 지적했다. 심지어 북한은 일본이 지목한 안보 불안 요인에서 중국을 2순위로 밀어내고 한때 소련이 차지했던 제1의 안보 위협이 되었다.[41]

연례 〈방위백서〉는 이런 결론을 확인하고 있다. 2010년판은 북한의 군사력(재래식 병력과 특수작전 병력 모두 포함), 핵 및 생화학무기, 미사일 능력, 일본인 납치 문제, 한반도 긴장 고조 초래, 내부 불안정 등 북한에 대한 각종 우려 사항을 나열했다. 방위성의 최종 평가는 직설적이었다. "북한이 핵실험을 단행(당시까지 핵실험을 2회 했다)했고 탄도미사일 능력을 발전시키고 있어 일본 안보에 중대한 위협이 된다. 이는 결코 받아들일 수 없다."[42] 북한의 잠재적 위협은 2010년 3월 26일 북한 잠수정이 한국 초계함인 천안함을 침몰시켜 46명의 해군 장병이 전사하면서(수색 과정에서 한 명이 더 순직했다) 현실화했다.[43] 그해 11월 북한군과 한국군이 연평도에서 포격을 주고받으며 또다시 사망자가 발생했다. 북한은 사상자가 없다고 주장했던 반면, 한국인은 네 명이 사망했다. 2012년 일본 〈방위백서〉는 북한 내 김정은의 권력 승계에 주목하면서 "일본의 안보에 심각한 위협이 된다"라는 결론을 반복했다.[44]

센카쿠 열도를 둘러싼 분쟁이 계속되면서 긴장이 고조되고 러시아와 북한의 도전이 증가하자 일본에 유능한 정부가 필요하다는 점이 강조되었지만, 민주당은 집권한 지 3년이 되도록 헤매고 있었다. 비난의 화살 대부분이 민주당 정부 초대 총리이자 동맹 이슈를 잘못 건드린 하토야마 유키오에게 갈 수도 있었다. 하토야마 정부는 중국의 힘과 영향력이 부상할 때 민주당의 미일동맹에 대한 공약에 의구심을 초래하여 치명상을 입었다. 비록 후계자들이 미국과의 관계를 개선하고 신뢰를 다시 쌓으려고 열심히 노력했지만, 이런 의구심은 집요하게 살아남았고 민주당에 대한 대중의 인식에도 오점을 남겼다. 폴 미드퍼드는 센카쿠 열도 분쟁과 관련하여 "민주당이 미일동맹을 악화시켰기 때문에 주변국이 일본의 영토 영유권에 도전하게 되었다는 담론을 재점화했으며 … 이로 인해 민주당은 자신들의 정강 정책 중 가장 손상된 분야에서 단호한 정책을 펼쳐달라는 대중의 요구에 직면한 채 2012년 총선을 맞이했다. 바로 외교·안보 정책 분야다"라고 주장했다.[45]

"새로운 형태의 국제 강대국"

안보적으로 취약하다는 사실을 통렬히 실감하면서 일본은 세계 속에서 자신의 위상에 대한 생각을 바꾸었다. 가와시마 유타카川島裕 전 외무성 사무차관은 "일본에 천연자원이 부족하다는 사고에 대한 집착이 일본 국민의 뇌리에 뿌리 깊게 박혀 있다"라고 믿는다.[46] 일본은 잠재적으로 적대적인 정부가 점령할 수도 있는 거대한 아시아 대륙의 해안으로부터 떨어져 있어 일본 정책결정자들은 여러 세대에 걸쳐 주변 대륙을 자원과 전략적 차원에서 바라보았다. 일본의 20세기 초 팽창정책은 한국의 점령에서부터 시작하여 잽싸게 만주까지 확산되었으며, 만주 지역은 "일본의 국가 방어와 경제발전을 위한 보루"로 여겨졌다.[47] 일본 육군이 그곳에서 저항에 부닥치자 완충지대를 설치할 필요가 있었고, 일본의 이익도 확대되었다. 이처럼 아시아 대륙에서 일본의 존재가 커지면서 또다시 더 많은 자원이 필요했다. 이와 같은 순환 현상은 멈출 수가 없었다.[48] 시간이 지날수록 일본의 목표는 자기방어에서 벗어나 "서구 열강으로부터 자유롭고 일본이 주도하는 자급자족이 가능한 아시아 국가들의 블록"인 대동아공영권으로 변질되었다.[49] 이러한 모험은 결국 패배와 파괴 그리고 점령이라는 나쁜 결과로 이어졌다.

미 점령 당국은 일본이 다시는 평화를 위협하지 못하도록 하겠다고 마음먹고 일본 정부로부터 전쟁을 수행할 수 있는 수단을 박탈했다.[50] 헌법에 명시된 용어는 아주 명확했다. 헌법 9조는 국권의 발동인 전쟁과 무력에 따른 위협 또는 무력 행사를 국제분쟁을 해결하는 수단으로서는 영구히 포기한다고 명시했다. 그리고 법적인 허점을 막기 위해 다음 조항은 일본이 육해공군 및 그 외 전력을 보유하지 않는다고 되어 있다.[51] 무정부 상태의 세계에서 이는 상당히 큰 약속이었다. 일본으로서는 다행스럽게도 점령국인 미국은 만약 일본의 이익이 침해받으면 보호할 준비가 되어 있었다.

이러한 합의 사항은 1952년에 미국의 점령이 종식되고 일본이 주권을 되찾은 뒤에도 지속되었다. 그때가 되자 미국의 생각이 바뀌었다. 미국 정부는 한국전쟁으로 냉전이 격화되는 과정에서 전 세계 동맹국을 보호해야 할 필요를 절실하게 느꼈다. 한국이 최전방 국가가 되고, 1949년 중국에서 공산당이 권력을 장악하자 일본은 미군의 전방 배치 기지 차원에서 그리고 초강대국 간 대치 국면에서 군사물자 조달원으로 더욱 중요해졌다. 하지만 일본은 재무장하라는 미국의 요청을 거부했다.

요시다 시게루吉田茂 당시 일본 총리는 미국의 핵우산이 일본의 국가 이익을 보호하는 데 여러모로 도움이 된다는 사실을 인식했던 기민한 지도자였다. 미국이 일본을 보호할 준비가 되어 있었기에 일본 정부는 국방비에 투입했어야 할 돈을 생산적인 분야에 투자할 수 있었다. 그는 경제개발에 집중하여 정치적 지지를 끌어올렸고 일본이 재무장하기로 결정하면 필연적으로 일어날 국가적 논쟁을 피할 수 있었다. 만약 논쟁이 있었다면 적어도 민간과 군의 관계에서 군에 대한 문민통치가 문제였을 테고, 최악의 경우에는 일본이 태평양전쟁의 과오와 책임을 새롭게 들여다보면서 상처를 다시 열 수도 있었을 것이다. 아주 역설적이지만, 냉전이 가열되면서 요시다는 헌법 9조의 제약 조건을 이용해 지역 안보 분야에서 더 확실한 태도를 취해달라는 미국의 요청을 막아냈다. 이는 일본이 방위나 안보에서는 저자세를 취하는 대신 경제개발에 집중하겠다는 정책인 '요시다독트린'의 일부다.

하지만 요시다독트린은 실제로 보이는 것과는 상당히 달랐다. 몇몇 사람들은 요시다독트린을 평화주의라고 일축했지만, 일본 지도자들은 세계가 여전히 무정부 상태이며 어떤 상황에서는 '하드파워(경성권력)'가 결정적인 요소가 될 것이라는 사실을 인정했다. 이들은 일본이 단순히 저울 위의 추처럼 되지만은 않을 것이라고 주장했다. 또한 이 독트린도 안보정책 분야의 사고방식을 지배하는 현실주의적 시각을 부인하지 않았다. 오히려 요시다독트린은 일본에 더 강해질 시간과 원하는 방식으로 재무장할 시간을 벌어주었다. 더욱이 일본이 경제개발에 집중하면서 아시아의 다른 국가들에 위협적이거나 적대적으로 보이지 않게 되어 그들과 교류할 수 있었다. 아울러 미국과의 동맹은 일본의 국제적 야망을 막을 수 있었다. 미국은 '나쁜' 일본이 재등장하는 것을 막아주는 '병마개' 역할을 했다. 게이오대학慶應大學 정치학 교수 호소야 유이치細谷雄一는 요시다독트린을 미일동맹 외교에 기반을 두고 "전후 일본의 안보정책이 공격적이지 않으며 저비용으로 유지할 수 있게 이끌어주는 비군사주의"라고 묘사했다.[52]

더욱 중요한 점은 일본 대중이 요시다독트린을 지지했다는 사실이다. 일본 국민은 자신들도 민간의 통제에서 벗어난 고삐 풀린 군부 때문에 태평양전쟁에서 희생자가 되었다는 전 국가적인 정서를 받아들였다. 그래서 이러한 유혹을 피하고 그 대신 경제적으로 부강한 선진국 건설에 초점을 두는 게 낫다는 것이다. 이는 결국 모든 일본인이 이바지할 수 있는 민족적 사명이었다. 막강한 좌익 성향의 일본

교직원조합日本教職員組合은 군국주의가 나쁘다는 메시지를 강화했고, 많은 일본인에게 평화주의와 유사한 정서를 불어넣었다. 이러한 성향은 패전 후 몇 년이 지나 실시한 설문조사에서도 헌법 9조에 대한 지지가 강하며 기관으로서 자위대에 대한 존경이 낮다는 점[53] 그리고 전 세계 미군의 활동과 겹쳐 주기적으로 폭발해 나오는 반미감정 등에서 분명하게 드러났다.

요시다독트린은 적어도 1990년대까지는 유효했다. 근면한 국민을 제외하면 별다른 천연자원도 없었던 국가가 제2차 세계대전의 잿더미에서 세계 2위의 경제대국이 되었다. 일본은 미국의 핵우산 아래 자리 잡은 채 동남아시아 전역에 자신의 비즈니스 네트워크를 확장해나갔고, 몇몇 사람들은 일본이 반세기 전에 일본군이 달성하지 못했던 이 지역 내 선도적 지위를 기업들을 통해 이루어냈다고 주장했다. 1980년 일본의 GDP는 1조 860억 달러였으며, 중국과 인도의 약 10배에 달했다. 당시 중국과 인도의 경제 규모는 1890억 달러 수준이었다. 다른 아시아 국가들은 1000억 달러의 벽을 넘지 못했다.[54]• 일본의 월등히 방대한 경제 규모는 이 지역 내 파트너와의 경제 관계에서 큰 역할을 한다는 사실도 뜻했다. 일본은 아세안 회원국의 총수출 가운데 10퍼센트를 흡수했으며, 이들의 총수입 가운데 18퍼센트는 일본 수출품이었다. 10년 후에 이 수치는 각각 12퍼센트, 13퍼센트가 되었다. 장기간의 불황을 겪고 난 2004년에도 일본은 여전히 아세안 회원국 총수출의 13퍼센트를 수입했고, 아세안 회원국 총수입의 15퍼센트가 일본 수출품이었다.[55] 일본의 동남아시아 투자도 상당히 많았으며, 1951년부터 2004년까지의 누계 투자액이 834억 달

• 국민계정을 어떻게 측정하느냐에 따라 차이가 있을 수 있지만 IMF 통계에 따르면 1980 년 일본, 중국, 인도의 GDP는 각각 1조 990억 달러, 3050억 달러, 1890억 달러였다.

러에 달했고 이 중 거의 90퍼센트가 1981년 이후 투자되었다.[56] 일본의 경제적 성공과 아시아 국가로서의 정체성이 지역 내 여타 국가들에 일본의 매력을 증가시켰다. 이러한 매력은 말레이시아 총리인 마하티르 모하맛이 1981년 주창했던 말레이시아의 경제개발 모델로서 일본을 바라보자는 룩이스트Look East 정책에서 잘 드러난다.

또한 경제적 성공 덕분에 일본은 세계에서 원조 프로그램에 재정 기여를 가장 많이 하는 국가가 되었다(적어도 몇십 년 동안은 그랬다). 정치경제학자인 휴 패트릭은 "아세안 10개 회원국과 동티모르 가운데 브루나이와 싱가포르를 제외한 모든 나라가 공적개발원조를 받았다. 일본은 압도적으로 개별 국가에 가장 많이 지원한 공여국이며, 캄보디아를 제외한 모든 국가의 공적개발원조에서 절반 이상을 차지했고, 캄보디아에서의 비중도 45퍼센트였다"라고 밝혔다.[57] 이렇게 후한 원조는 더 광범위한 지원 패키지의 일부였으며 여기에는 아이디어와 정책, 프로그램도 포함되었다. 이러한 방식은 일본이 국제 안보에서 다른 방식의 접근법을 택하는 나라라는 이미지를 심어주었다.

전략가들은 일본이 겪은 전후 경험을 활용한 독특한 외교정책 전략에 의존했다. 호소야 교수는 일본인의 사고방식을 다음과 같이 설명했다.

> 개발 논리에서는 혁명의 근원이 빈곤에 있기 때문에 아시아는 확고한 국가를 건설해야 하고 경제개발을 강조해야 한다는 점을 지적한다. 그런 관점에서 계급투쟁이나 공산주의에 대한 군사적 봉쇄와 같은 정치적인 조치는 아시아의 근본 문제를 해결하는 데 별로 효과적이지 않다. … 일본은 스스로 국가 건설의 원형이 되었고, 이러한 개발 논리가 전후 일본과 아시아 국가들의 관계 형성에서 근본 토대가 된 것처럼 보였다.[58]

일본 정부 당국자와 분석가들은 이런 시각을 일본이 주도하기를 꿈꿔왔던 이 지역과 일본을 연계시키는 또 다른 방식으로서 "개발에 관한 동아시아적 관점"이라고 불렀다.[59]

일본 지역 외교의 세 번째 기둥은 분쟁을 평화적으로 해결하고 외교에 전념하겠다는 공약이었다. 이런 전략은 하드파워 추구를 포기하기로 한 결정으로 귀결되는 당연한 결과이기도 했지만, 동시에 일본만의 자산으로 여겨야 한다. 일본 외교정책이 수동적이고 사후적으로 반작용만 하며 범위나 의도 면에서 한정적이라고 비난할 수도 있겠지만, 일본 외교의 성공을 간과하지 말아야 한다. 일본은 국제외교와 법의 지배에서 선도국으로 평가받는다. 일본 정부는 유엔에서 제2의 재정 분담국으로 주도적인 기여를 하고 있으며, 유엔 예산의 10퍼센트 이상을 부담해왔다.[60] 일본은 세계 유일의 원자폭탄 피폭국임을 항상 인식하면서 국제 핵 외교의 최전선에 자리를 잡아왔고, 핵무기 군비축소 추진을 위한 글로벌 제로 운동Global Zero Movement의 모멘텀을 유지하려 했다. 또한 일본은 핵심적인 환경보호 선도국이었다. 실제로 기후변화를 막기 위한 첫 번째 국제협약이 교토의정서라고 명명된 것도 우연은 아니다. 일본은 1960년대부터 환경오염을 해결하려고 노력해온 덕분에 오늘날 비슷한 문제를 해결하려는 다른 나라들에 협조하여 크게 신뢰받고 있다. 아세안이나 아시아·태평양 지역을 포괄하고 통상과 투자, 개발 이슈를 논의하는 거대한 협의체인 아시아·태평양경제협력체APEC와 같은 지역 기구에 지적·정치적·경제적 지원도 제공했다. 일본 정부는 실제로 APEC 구상에 대한 아이디어를 제시했지만, 호주가 이 포럼의 창설을 주도하도록 했다. 또한 아시아개발은행ADB의 설립을 주도했으며, 1966년 설립된 이래 최대 주주 중 하나였다.

일본이 아시아, 특히 동남아시아와 긍정적인 관계를 구축할 수 있였던 것은 많은 노력과 국가적 경륜이 있었기에 가능했다. 태평양전쟁 당시 일본의 행동에 대한 이 지역의 인식은 아주 드문 경우를 제외하면 부정적이었다. 일본 정부가 스스로 상상했던 제국의 모습에 덮어씌워졌던 이름인 대동아공영권은 일본군에 공급해줄 수 있는 자원을 찾아 뻗어나갔다. 일본 민족주의자들은 선의의 목적이었고 긍정적이었다고 최대한의 노력을 들여 해명했지만, 원래 그 의도가 어떠했다고 아무리 설명한들 일본 점령군은 무자비하고 잔인했으며 수많은 잔학 행위를 저질렀다.[61] 이러한 유산은 냉전기에도 지속되었고 그 이후에도 남아 있었다. "전후 일본이 이 지역에서 적극적으로 주장을 내세울 때마다 아시아 각국의 지도자는 일본의 전쟁범죄를 상기하며 대중에게 일본의 야심에 대해 경고했고, 일본이 '군사적 강국이 되려는 조치를 취하려' 하고 있다고 말했다."[62] 1991년 당시 싱가포르 총리였던 리콴유李光耀는 일본을 국제평화유지활동PKO에 참여하도록 하는 것은 마치 "알코올중독자에게 위스키가 들어간 초콜릿을 주는 것과 같다"라면서 동년배 세대의 정서를 재치 있게 반영하며 의견을 피력했다.[63]

일본 지도자들은 이런 씁쓸한 유산을 극복해야 한다는 점을 깨달았으며 동남아시아 지도자들과 대중의 마음을 얻고 좋은 관계를 구축하려 부지런히 노력했다. 다나카 가쿠에이田中角栄 총리가 1974년 인도네시아를 방문했을 때 그곳에서 최악의 폭동이 발생했으며, 전쟁 당시 기억이 여전히 생생해 일본이 아시아의 민심을 얻으려면 아직 갈 길이 멀었다는 사실을 떠올리게 했다. 그때의 교훈과 베트남전 이후 아시아 지역에 대한 미국의 개입 축소 우려가 맞물려 일본 정부는 동남아시아와 다시 교류하려면 더욱더 노력을 조율해야 한다고 자극받았다. 이런 맥락에서 1977년 당시 총리였던 후쿠다 다케오福田赳夫의 이름을 딴 외교 전략인 후쿠다독트린이 발표되었다.

후쿠다독트린은 몇 가지 핵심 요소가 있었다. 동남아시아의 외교정책에서 아세안의 중심적 역할을 인식하며 국제기구로서 아세안과의 관계 강화, 다양한 변수와 수단을 아우르는 광범위한 안보 개념, 일본의 참여와 개입을 위한 문호 개방 그리고 더욱 광범위한 정부 원조와 기업 투자(물론 엔화 평가절상과 일본 기업의 경쟁력 유지를 위한 저임금 노동력 추구에 따른 결과라는 점도 무시할 수 없다) 등이 이에 해당한다. 각 요소는 일본에 대한 적개심을 누그러뜨리고 지역의 평화와 안녕을 위한 정치적·경제적 기여에 집중하고 있는 일본 정부의 눈에 띄는 역할에 대한 저항감을 극복하는 데 더욱 도움이 되었다.

냉전이 종식되고 일본은 놀라운 경제적 성공과 더불어 다른 국가들과의 협력에 초점을 두어 국제적인 목표를 추구하며, 비군사적이고 경제적인 수단에 우선 집중했다. 국제 이슈를 관리하고자 초국가적 기관의 발전을 적극 지원함으로써 '새로운 형태의 국제 강대국'의 원형으로 제시되었다.[64] 일본 개발원조 프로그램의 자금을 조달하고 이행하는 기관인 일본국제협력기구 선임 자문관 이와세 사치코는 자신의 업무가 일본의 외교 덕분에 한결 수월해졌다고 확신한다. "국제정치는 복잡하지만 우리의 원조 업무엔 어떤 숨겨진 의도도 없다." 이와세는 오랜 현장 경험과 동남아시아 지역에서 근무한 경험을 통해 "사람들이 우리를 신뢰할 수 있다고 느낀다. 우리는 그러한 신뢰를 저버리지 않으려 한다"라고 말했다.[65]

일본의 존재감이 쇠퇴했다

거품의 붕괴와 그 이후 잃어버린 10년은 일본의 경제뿐 아니라 외교정책에도 많은 피해를 초래했다. 당연히 두 가지 요소가 긴밀하게 연계되어 있기 때문이다. 일본의 눈부신 경제적 성과는 이 지역에서 일본의 위상을 유지하는 데 상당한 토대를 제공했을 뿐 아니라 투자와 개발, 원조 정책에 재정적 지원을 해줄 수 있는 자금을 만들어냈다. 총리와 내각 각료가 수시로 교체됨에 따라 정부가 외교정책에 집중하기 어려워졌고, 국내 정치 속에서 살아남는 것이 최우선 과제가 되었다. 결국 중국이 성장함에 따라 군사력이 커지면서 기꺼이 무력을 행사하겠다는 태도를 취하고, 북한도 갈수록 적대적이고 호전적인 모습을 보이는 등 이 지역 내 정세 변화로 안보정책에 대한 일본식 접근 방식의 가치가 떨어지고 여전히 군사력이 중요하다는 점이 강조되었다. 일본의 공적개발원조도 줄어들기 시작했다. 2007년이 되자 일본의 원조액은 전성기에 비해 30퍼센트나 줄어들었으며, 원조 공여국 가운데 5위로 주저앉았다. 일본의 국방비도 5년째 감소세를 기록했고 GDP의 1퍼센트를 밑돌았다. 일본은 유엔평화유지활동 기여국 가운데 83위를 기록했다.[66] 2008년이 되자 국제회의에서 "일본이 적실성을 잃어버렸는가?"라는 제목의 패널까지 등장했다.

정책결정자나 정치인, 일반 대중은 모든 분야에서 일본이 부활하려면 일단 경제부터 활력을 되찾아야 한다고 보았던 반면, 민주당은 새로운 기회를 보여줄 수 있다며 외교정책 분야에서 아이디어를 제시했다. 민주당은 선거 매니페스토로 세 가지 핵심 목표를 제시했다. 일본의 안보정책에서 미일동맹을 여전히 중심에 두되 미국과 좀 더 동등한 동맹 파트너십을 구축하고, 아시아와 정치적·경제적 관계를 심화하되 이미 제안한 바 있는 동아시아공동체East Asian Community 개발을 주로 활용하며, 유엔 중심의 외교 어젠다를 더욱 적극적으로 모색하는 것이 이에 해당한다.[67] "변화를 위한 권한을 위임받았고 뜻을 같이하는 각료와 자문단으로 구성된 팀과 함께 하토야마 총리는 새로운 자민당 시대 이후의 외교를 구축하려고 노력했으며, 여기에는 미국과의 전략적 역동성에 대한 재조정도 포함되었다."[68]

몇몇 사람들은 이런 변화를 외교정책의 일부 조정 정도로 봤지만, 이와 같은 신중한 평가보다는 일본 외교의 방향성을 전면적으로 전환하겠다고 염두에 둔 개혁을 시사하는 것이 아닌가 하는 광범위한 우려가 지배적이었다.[69] 이러한 공포는 하토야마의 변덕스러운 태도로 증폭되었다. 특히 그중에서도 그는 선거운동 기간에 미국과 후텐마普天間 기지를 오키나와 북부 지역으로 이전하기로 한 2006년의 합의를 재검토하겠다고 약속했다. 그는 이 기지를 "일본 밖으로는 아니더라도 오키나와현 밖으로 이전해야 한다"라고 말했다. 하지만 결국 이 합의를 원안대로 유지하기로 결정했으며, 이러한 태도 변화는 그해 총리직에서 물러나는 데 결정적 요인이 되었다. 아프가니스탄 전쟁에 참전하고 있는 다국적군에 대한 연료 보급 작전에서 일본이 더는 참여하지 않겠다고 한 결정도 우려를 심화시켰고, 하토야마의 동아시아공동체 주창 또한 마찬가지였다.

하토야마는 처음에 자신의 아시아 외교정책이 대미국 관계를 희생하면서 추진되는 것이 아니라고 주장했다. "우리는 미국을 배제할 의도가 없다. 오히려 아시아·태평양공동체로 진화해야 하는 동아시아공동체를 구축하는 방향으로 시작해나가야 한다."[70] 하지만 이러한 그의 태도는 흔들리는 것처럼 보였다. 하토야마 총리는 한 달 후에 당시 원자바오 중국 총리와 이명박 한국 대통령에게 "현재까지 우리는 미국에 너무 의지하는 성향이 있었다. 일본과 미국 사이의 동맹이 여전히 중요하게 남아 있지만, 아시아의 일원으로서 나는 아시아에 더 초점을 둔 정책을 발전시키고 싶다"라고 말했다.[71] 자신의 정치철학을 설명하는 과정에서 나온 미국에 대한 비판도 마찬가지로 그가 미국으로부터 거리를 두려는 것처럼 보이게 했다. 그는 미국 정부가 "사람을 목적이 아닌 수단으로 삼는 결과를 낳는" 시장근본주의를 고취하고 있다고 공격했으며, "현재 세계화된 브랜드인 자본주의의 과도함을 조절하면서 … 우리의 전통 속에서 자라난 지역적 경제 관행을 수용하는 목적에 부합하는" 우애友愛의 원칙을 지지했다.[72]

민주당의 다른 당원들은 이러한 정책의 의미를 한층 더 혼란스럽게 표류시켰다. 오카다 가쓰야岡田克也 당시 외무상은 외신과의 인터뷰에서 "일본은 일본만의 국익이 있고, 미국도 미국만의 국익이 있다"라고 말하면서 동아시아 그룹 구상에서 미국을 날카롭게 배제했다.[73] 민주당 간사장인 오자와 이치로가 2009년 12월 베이징을 방문했을 때 600명이 넘는 의원과 기업인으로 구성된 대표단이 동행함에 따라 의심의 눈초리가 더욱더 강해졌다.

하토야마는 1년도 못 되어 총리직에서 물러나야 했고, 특히 후텐마 기지 문제 등에서 보인 태도 변화와 당내 스캔들, 연정 파트너 상실 그리고 그 밖의 다른 국내문제가 하토야마 내각에 대한 신뢰 위기를 초래했다. 후임자인 간 나오토는 일본과 미국의 관계를 개선하고 일본 정부의 외교정책을 좀 더 전통적인 방향으로 돌리는 데 관심을 집중했다.

그런데도 일본 외교정책 그룹에는 여전히 불만과 우려가 팽배했다. 2011년 세계에서 차지하는 일본의 위치에 대한 평가와 관련해 "일본은 국제정치에서 결코 주요 행위자로 여겨질 수가 없다. 이로 말미암아 일본의 존재가 전후 아시아의 국제정치에서 특별히 의미가 있는 것은 아니라고 인식했다"라는 결론이 나왔다.[74] 외무성의 공식 싱크탱크인 일본국제문제연구소JIIA는 이러한 인식을 선제적으로 바로잡으려고 향후 20년을 위한 외교 전략과 어젠다를 명확히 밝히는 프로젝트에 착수했다. 이 프로젝트는 다음과 같은 전제에서 출발했다.

전후 기간에 일본의 국제적인 위상은 경제적 능력으로 보장받았으며,

일본의 정치적 위상 또한 일본 경제에 대한 평가에 비례했다. 심지어 경제 거품이 꺼지고 난 뒤 이어졌던 이른바 '잃어버린 10년'이 끝난 지 다시 10년이 지난 오늘날에도 일본은 여전히 과거에 행사했던 경제력을 회복하지 못하고 있는 상황이다. 이러한 경제적 쇠퇴에 비례해 국제 공동체에서 일본의 정치적 존재감도 마찬가지로 쇠퇴했고, 오늘날 일본 국민 사이에서는 이러한 쇠퇴를 불가피한 사실로 받아들이려는 경향이 있으며, 특히 젊은 층에서 이런 시각이 공유되고 있어 우려스럽다.[75]

일본국제문제연구소의 보고서가 발표되는 바로 그 순간, 일본에 강력한 지진이 급습하면서 이 보고서를 발표하기로 예정된 회의는 글자 그대로 중단되었다. 이 위기의 다양한 측면을 제5장에서 다룰 예정이지만, 일본 외교정책에도 중대한 함의가 있었다는 사실은 여기에서 언급하려 한다. 지진 발생 후 엄청난 규모의 참사로 일본은 재건에 집중할 수밖에 없었으며, 그에 따라 일본의 내향적 성격이 더욱 심해질 수 있다는 두려움이 생겨났다. 하지만 그런 위험은 피할 수 있었다. 어떻게 보면 이 비극으로 외부 세계와 교류 활동을 더욱 확대해야 한다는 국제주의자들의 주장에 힘이 실렸다. 3월 11일의 지진으로 일본인은 자위대의 역할을 다시 생각했고, 미일동맹에 대해서도 새롭게 평가했으며, 일본과 아시아 사이에 다른 관계를 구축할 기회도 만들어냈다. 민주당을 이어받은 자민당 정부는 이런 기회를 잡으려고 갈망했다.

일본이라는 견제 세력

동아시아에서 존재감과 위상을 높이려는 일본의 시도는 이 지역의 국가들이 이를 받아들일 때만 성공할 수 있다. 이 점에서 볼 때 동아시아 지역에서 중국에 대한 불편함이 커지는 상황은 일본에 유리하게 작용했다. 일본의 군국주의에 대한 기억은 점차 희미해졌다. 1990년대 중반이 되자 동남아시아 국가들은 일본의 적극성보다 무기력을 더 우려했다. 이들은 특히 일본의 시원치 않은 경제 성과 때문에 동남아시아 지역의 경제성장까지 둔화되지 않을지 불안해했다. 동남아시아 국가들은 한때 미일동맹을 일본의 실지 회복 야심을 막는 견제장치로 여긴 적도 있었다. 하지만 1997년 아시아 금융위기가 이 지역을 강타했을 때 일본이 미국에 문제를 제기하려 나서기를 기피했고, 동남아시아의 경제가 침몰했을 때도 특별히 어떤 조치를 하려는 의지가 없었다는 점에 대해 동남아시아 국가들의 불만이 가장 컸다. 새천년이 시작할 즈음에 싱가포르의 분석가인 부빈다르 싱은 "비록 완전히 잊히지는 않았지만, 군국주의 일본의 이미지는 동남아시아 국가들의 인식에서 점차 잦아들고 있다"라고 결론지었다.[76]

새로운 세기의 첫 10년 동안 있었던 일련의 사건에 자극받은 동남아시아 지도자들은 일본이 좀 더 적극적으로 나오기를 원했다. 미국에 대한 이들의 태도는 조현병 환자 같았다. 어떤 때는 미국이 테러에 대한 전쟁에만 너무 몰두한다고 걱정하다가도, 어떤 때는 미국이 동남아시아에 대한 관심이 지나치게 커져서 인도네시아의 제마 이슬라미야Jemaah Islamiya나 필리핀의 아부 사야프Abu Sayyaf 같은 무력 단체를 상대로 대테러전처럼 군사 활동을 전개해 이 지역을 불안정하게 하면 어쩌나 두려워했다. 이러한 상황에서 일본은 두 가지 역할을 했다. 미국이 관심을 다른 쪽으로 분산할 때 일본은 편리한 대비책이 될 수 있고, 미국이 이 지역에 너무 많이 개입할 때는 일본 정부가 나서서 미국 정부의 과도함을 좀 달랠 수 있으리라는 희망도 가졌다.

지적한 바와 같이 2000년대가 되자 동남아시아 국가들도 중국의 부상을 우려했다. 이들은 10년 전 혹은 20년 전 일본을 상대로 그랬던 것처럼 역동적인 중국 경제로부터 신속하게 이익을 챙길 수 있었으나, 중국의 새롭고 고압적인 외교정책에 대한 불안감이 갈수록 커졌다. 중국은 1990년대에 '미소 외교'로 많은 친구를 얻을 수 있었는데, 당시 지도자였던 덩샤오핑의 유명한 '24자' 지침을 따르는 외교를 시행하고 있었다. 즉 냉정관찰冷靜觀察(냉정하게 관찰한다), 참온각근站穩脚筋(입장을 확고하게 견지한다), 침착응부沈着應付(침착하게 대응한다), 도광양회韜光養晦(자신의 능력을 노출하지 않으며 실력을 기른다), 선우수졸善于守拙(교묘하게 세태에 영합하지 않고 우직함을 지킨다), 절부당두絶不當頭(결코 우두머리로 나서지 않는다) 원칙이었다.[77] 이 전략은 성공을 거두었다. 1999년 필리핀의 안보분석가 에일린 바비에라는 "동남아시아 국가들은 … 이 지역 내 중국의 합당한 이익을 받아들일 준비가 되어 있다. … 1993년 이래 모든 분야에서 중국과 아세안의 관계가 제도화된 양자 및 지역 협력 메커니즘을 통해 개선되었다. … 물론 몇몇 양자 이슈, 특히 영토분쟁이나 화교에 대한 처우 등을 둘러싼 갈등이 주기적으로 다소 대두할 것으로 예상되지만 이 또한 정상적인 관계의 범주에서 나타날 것이다"라고 결론을 내렸다.[78]

하지만 세기가 바뀌면서 중국은 덩샤오핑의 지침에 싫증 난 듯했다. 동남아시아인은 일본인처럼 중국이 분쟁 이슈에서 점점 공세적으로 나오고 자신의 권리를 주장하며 입장을 내세우는 데 거리낌이 없어졌다고 보았다. 2001년 4월에 있었던 미국 정찰기와 중국 전투기의 충돌 사건에서 드러난 대치 상황은 경종을 울렸다. 국제위기그룹ICG은 "중국의 모호한 영유권 주장과 이에 대한 공개적인 해명 거부는 중국이 남중국해에서 더욱 공세적인 태도를 취하고 있으며, 이런 태도가 갈수록 증강되는 해군력과 공격적인 행동을 보이는 중국의 해양법 집행기관과 연계되면서 이 지역 내 우려를 불러일으켰다"라고 평가했다.[79] 이 그룹은 이어서 공세적인 법적 권리 주장, 중국이 영유권을 주장하는 남중국해 수역에서 활동하는 비중국 어선에 대한 위협 행위, 이 지역에서 경쟁국과 협력해 에너지 개발을 하는 외국 기업이 중국에서 사업할 때 후과가 있을 것이라는 경고, 분쟁 수역에서 강화된 법집행 순찰 활동, 분쟁 수역에서 벌어진 비중국 선박과의 충돌, 이 지역 내 인민해방군의 군사훈련 등과 같은 중국의 행동을 기술했다.[80] 남중국해에 대해 상충되는 영유권 주장을 둘러싼 분쟁이 끓어넘치면서 2010년까지 긴장과 부침을 거듭했다. 이제는 악명 높은 외교 회의로 알려진, 베트남에서 개최되었던 회의*에서 양제츠楊潔篪 당시 중국 외교부장은 영유권을 주장하는 나라들에 대해 "중국은 대국이고, 다른 나라들은 소국이다. 그냥 그게 사실이다"라고 반박했다.[81]**

어느 정도 예상할 수 있었던 대로 동남아시아 국가들은 중국의 지배에 맞설 수 있는 대비책을 찾아 나섰고, 여기저기 손을 뻗어 중국에 맞서 균형을 잡고 되도록 많은 외교적 가능성을 찾으려 노력했다. 이러한 노력에서 일본은 호주, 미국, 인도, 심지어 러시아와 더불어 중요한 국가였다. 필리핀의 분석가 로멜 반라오이는 "동남아시아는 이 지역에서 갈수록 영향력이 커지고 있는 중국에 대한 견제 세력으로서"

•   2010년 7월 하노이에서 열린 아세안지역안보포럼을 말한다.
••   양제츠 외교부장은 조지 요 싱가포르 외교장관에게 "China is a big country, and other countries are small countries. That's just a fact"라고 말했다.

일본의 역할을 "조심스럽게 환영한다"라는 글을 썼다.[82] 하지만 동남아시아는 아직 중국에 대해 확고한 입장을 정하지 못했다. 이 지역의 입장은 각국 내부의 입장만큼이나 상이하다. 일본은 공세적인 중국에 맞설 수 있는 하나의 대비책이며, 동남아시아 국가들은 이 지역에서 더 높은 정치적·안보적 지위를 일본에 제시할 준비가 되어 있다.

동북아시아 지역에서 중국 및 한국과의 관계도 더욱 어려워졌다. 중국과의 관계는 철저하게 어려운 상황이다. "중국과 일본은 각자 스스로 피해자로, 그리고 상대방을 가해자로 여긴다. 각자 스스로 평화적이라고 보면서 상대 국가를 공격적이며 수정주의자라고 생각한다. 둘 다 서로에 대해 엄청난 수준의 음모론을 갖고 있으며, 상대방의 의도를 항상 의심한다."[83] 일본과 중국의 관계를 지배하는 경쟁이 한국과 일본 관계의 프레임도 짜버리며, 이러한 시각으로 인한 긴장은 20세기의 역사적 유산 탓에 한층 고조된다. 야스쿠니신사 참배나 일본 역사의 부정적 평가에 대한 반박 등 애국심을 불어넣으려는 보수주의자들의 시도가 한국과 중국에서 "일본이 제2차 세계대전 이후 국제질서에 대해 억울하다고 생각한다"라고 해석되면서 일본의 민족주의는 긴장을 고조시켰다.[84]

특히 한국과의 관계도 어려움이 많다.[85] 멀리서 바라본다면 한국과 일본 두 나라는 자연스럽게 동맹이 될 것처럼 보인다. 둘 다 민주주의국가이자 선진국이고 항행의 자유와 안전한 해상교통로에 의지하고 있다. 둘 다 기존 국제질서와 제도로부터 엄청난 이득을 누려왔으며, 이런 질서와 제도가 공고해지고 확산될수록 더 큰 혜택을 누릴 것이다. 둘 다 미국의 동맹국이며 지리적으로도 비슷한 위치에 있다. 이론상으로 그리고 실제로 질문을 받는다면 한국과 일본의 이해관계나 우려 사항 그리고 두 나라의 야심은 상당 부분 들어맞는다. 하지만 일본에 대한 악감정의 골이 너무 깊어 핵심적인 안보 사안에 대한 양국 간의 협력이 제한적이다. 이러한 독성이 어느 정도로 강력한 지는 군사비밀정보의 보호에 관한 협정*으로 알려진 군사정보 교환 방식을 표준화하기로 하는 단순한 협정을 체결하는 서명식이 2012년에 두 차례나 무산되었던 사례에서 여실히 드러났다. 두 번째로 추진되었던 서명식은 일본과의 안보협약은 무엇이건 간에 불쾌하게 여기는 국민 정서 때문에 불과 몇 시간 전 취소되었다. 이런 협정을 지지하는 사람들은 일본과의 비밀 협상을 통해 '매국 행위'를 한다고 비판받았다.[86]

양국 관계가 얼마나 빠르게 뒤집어질 수 있는지는 3월 11일 대지진 이후 확실히 드러났다. 한국은 이 재난에 신속하게 대응했으며, 지진이 발생한 지 며칠 만에 구조대를 급파했다. 한국 정부는 후쿠시마원전의 통제를 돕고자 붕산 53톤을 제공했으며, 일주일 후에는 대피소에 있는 이재민을 위해 식수 100톤과 담요 6000장을 전달했다. 2주일 이내에 한국적십자사는 1900만 달러가 넘는 성금을 모금했으며, 이는 국내외에서 발생한 모든 재난을 통틀어 한국에서 있었던 자발적 재난 성금 모금 활동 가운데 최대 액수였다. 3주가 지나가기 전에 한국의 성금이 4600만 달러에 달했다는 뉴스 보도가 나왔다. 이러한 원조가 '한일 관계를 업그레이드하는 새로운 이정표' 내지 '한국인 정서의 패러다임 전환' 또는 '반복되는 논쟁으로 인한 악순환을 끊는 전환점'이 되리라는 희망은 독도에 대한 일본 영유권을 주장하는 내용이 담긴 교과서를 일본 문부성이 3월 말 승인함에 따라 산산조각 났다.[87]** 예를 들어, 하루에 16만 7000건에 달했던 자선

기부 활동이 82건으로 줄었고, 독도에 대한 영유권을 똑같이 반복하는 2011년판 〈외교청서〉가 일본 내각에서 승인된 이후에는 21건으로 뚝 떨어졌다.[88]

일본이 이 지역에서 좀 더 적극적인 안보정책을 취하려고 하면 한국은 곧바로 불안해한다. 서울에 있는 비영리 연구기관인 한국전략문제연구소의 2012년 보고서는 이런 정서를 적나라하게 드러낸다. 이 보고서의 일본과 관련된 장의 제목인 "'포괄적 평화 창조 국가'의 군사화: 노다 내각의 방위정책 전개"만 봐도 모든 것을 말해준다.[89] 이 보고서는 안보 역량을 강화하려는 일본의 노력을 정확히 묘사하면서 동아시아에서 "증가일로에 있는 중국의 영향력에 맞서고" "경제적 수단과 군사적 수단 두 가지를 통해 국제 공동체에서 일본의 지위를 신장하고자 하는 것"이라고 결론 내렸다.[90] 하지만 저자들은 이것이 민족주의자와 보수주의자들의 어젠다라고 여러 차례 지적했으며, 일본이 적어도 대중국 견제 이상을 염두에 두고 있다고 암시했다. 실제로 일본이 영토분쟁과 관련하여 보수주의 노선을 채택함에 따라 한국인은 "갈수록 일본과의 관계에 더 낙심하고 불신하게" 되었다.[91] 만약 일본이 이 지역에서 안보와 관련된 역할을 하려 한다면 먼저 한국의 호의를 얻어야 하며, 한국 정부와 협력해 일본의 행동이나 의도에 대한 우려를 누그러뜨려야 한다.

"일본의 시대는 끝났다"

일본의 외교와 안보 정책은 짤막하고 단순하게 설명할 수 없다. 요시다독트린은 이른바 '일국평화주의一国平和主義'라기보다 많은 정책과 성향이 복합적으로 엮여 있다. 일본이 국가정책으로서 군사력을 포기한다는 사실은 미국 전략가들에게는 생소하다. 실제로 많은 사람은 전후 시기에 일본의 전략적 사고가 부족하다고 본다.[92] 하지만 2009년 민주당이 집권하고 나서 혼란과 과잉 단순화가 더욱더 심각해졌다. 이는 정치적 마케팅 내지 정당 사이의 차별화가 필요하다는 요구를 반영했기 때문일 수도 있고, 또는 유혈 스포츠가 되어버린 정치가 반영되었기 때문일 수도 있다. 민주당은 외교정책과 관련하여 사고의 전환을 약속했다. 자민당은 민주당이 아마추어 정당이어서 이들의 어설픈 아이디어 탓에 일본의 국익이 위태로워졌다는 주장을 뒷받침하고자 야당 시절과 민주당의 입장이 달라졌다는 사실을 과장했고, 민주당에 대한 잘못된 인식을 방조했다.

실제로 일본 외교정책에서 근본적인 변화로 표상되었던 민주당의 아시아 중시 정책은 혁명이라기보다는 재조정이었다. 비록 시간이 흐름에 따라 외교관계가 변화하면서 우선순위가 바뀌기도 했지만, 아시아는 항상 일본 외교의 타깃이었다. 일본은 1977년 후쿠다독트린을 발표한 이래 동남아시아 국가들과의 관계를 한층 공고히 하려고 노력해왔다.[93] 정강을 실천하는 과정에서 내각에 따라 혹은 내각 내부에서조차도 일관성이 없었고 번복을 되풀이하면서 민주당의 의도와 목적에 대한 정확한 평가를 내리기가 복잡해졌다. 하지만 그렇더라도 민주당은 전후 일본의 주류 대아시아 정책에서 벗어나지 않았다.

민주당 집권기까지 포함해 일본 외교정책의 전형적인 특징을 꼽자면 연속성이라 볼 수 있다. 하지만 일본 정부는 과거의 서열 관계가 아니라 진정한 동반자로서 아시아와 새로운 관계를 형성해야 한다는 압력을 갈수록 확실하게 받고 있다. 메이지 시대 이후부터 일본은 지역 내 지도자의 역할을 맡아왔다. 20세기 전반에는 제국주의와 식민주의 강대국으로서, 그리고 나서 1980년대와 1990년대에는 경제적 패권국으로서 그렇게 했다. 1930년대에 제시되었던 지역 경제발전 모델인 '안행형태雁行形態, flying geese*' 이론은 지역 내 모든 국가가 함께 발전하는 모습을 상상했지만, 일본은 항상 스스로 기러기 떼 맨 앞에서 선도하는 기러기로 여겼다.

이제 더는 그렇지 않다. 지방정부의 자문에 응하기 위해 후쿠오카에 파견된 도쿄 출신 관료는 이렇게 설명했다. "1990년까지 일본은 이 지역의 경제를 완전히 압도하고 있었고 정치와 경제, 개발 이슈와 관련해서 경제력을 동원해 영향력을 행사할 수 있었다."[94] 하지만 그것은 그때 이야기다. 오늘날 "일본은 강대국 지위를 상실하고 있다. … 일본은 과거 1등이었으나 단지 20년 동안만 그랬을 뿐이다. 일본인은 일본 경제가 강하다는 환상을 갖고 있다. 대부분의 일본인은 일본과 중국 간 세력균형이 변했다는 사실을 깨닫지 못한다. 이들은 일본이 여전히 1등이라고 믿는다. 이런 오해는 완전히 틀렸고 위험하다." 그는 "이제 일본의 시대는 끝났다"라고 경고했다.

몇몇 사람들에게는 한 시대의 종말이 기회가 된다. 이들은 과거의 경직적인 서열 관계를 거부하고 일본과 주변국 사이에 좀 더 균형 잡힌 파트너십을 구상한다. 일본 기업들은 아시아와의 새로운 관계를 신속하게 받아들였으며, '아시안 적극주의'를 지지하는 주장이 도쿄 밖에서 더 크게 들리는 것도 놀라운 일이 아니다. 도쿄는 일본의 수도로서 360도를 돌아볼 수 있지만, 이곳에서는 미국과의 관계를 둘러싼 경쟁이 가장 강력하다. 다른 도시들, 특히 서부나 남부에 있는

---

* 일본의 경제학자 아카마쓰 가나메赤松要가 1935년에 발표한 이론으로, 당초 섬유산업의 동태적 발전 과정을 설명하는 데 사용했다. 리더를 중심으로 V자 대형을 유지하면서 장거리 비행을 하는 기러기 떼의 비행에 빗대어 아시아에서 가장 앞선 일본과 그런 일본의 성장을 답습하면서 산업과 기술개발에서 시차를 두고 순차적으로 뒤따라가는 신흥공업국, 선발 아세안 나라들, 후발 아세안 나라들의 모습을 설명한 모델이다.

오사카와 교토 또는 후쿠오카에서는 사람들이 서울, 부산, 상하이, 타이베이와 가깝다는 현실을 강하게 느낀다. 다시 말하면 '아시아와 서구'라는 구분이 근대기의 시작 때부터 확실하게 일본의 전략적 사고를 두 갈래로 나눠놓았지만, 실제로는 그 경계선이 그다지 명확하지 않다. 일본은 중차대한 시기에 서구를 '선택'했을 수도 있었겠지만, 지리가 여전히 일본의 운명을 결정한다. 후쿠오카에 있는 국제적 호텔의 총지배인 호사카 마사타케는 비즈니스계 인사들의 생각을 이처럼 대변했다. "우리 고객의 30퍼센트는 아시아인이다. 우리가 그 공동체의 일원이 되는 게 매우 중요하다."[95] 일본국제협력기구의 이와세도 동의한다. "아세안은 상공회의소에서 인기가 아주 많으며, 일본의 많은 중소기업이 국내에서 생존할 수 없어 아시아로 옮겨야 한다는 사실을 알고 있다. 비즈니스 업계는 자신들의 미래가 아시아 국가들에 달렸다는 점을 실감하고 있지만 단순히 시장으로서만 그런 것은 아니다. 제조라인을 연장해야 한다. 이는 완전히 다른 형태의 파트너십이다. 단순히 물건을 사고파는 게 아니다."[96]

3월 11일의 재난으로 공급사슬supply chain이 취약하다는 사실이 드러나면서 일본 기업들의 전략적 고려에서 아시아가 한층 더 중요해졌다. 기술이 향상되고, 비용곡선이 변화하며, 현지 노동자의 자기 능력에 대한 자신감이 높아지는 등 지역 내 노동시장이 급속도로 진화해가면서 이와 같은 평가를 내리기가 더욱 용이해졌다. 아시아 중산층의 확대는 새로운 수요의 원천이 되었으며, 일본 기업은 소비자를 접촉하고 그들의 수요를 충족하려 그들에게 최대한 가까이 다가갈 것이다. 한편 일본 시장의 축소는 이러한 역동성의 또 다른 측면이기도 하다. 당시 미쓰이물산三井物産의 워싱턴 지사장이었던 요네야마 노부오는 "새로운 파트너십이 오고 있다"라고 말했다. 또한 그는 "비즈니스가 아시아의 통합을 촉진하고 있지만, … 이런 건 모두 미국과

함께 아시아로 이동하는 것이다. 서구와 아시아 가운데 선택하는 게 아니다"라는 생각도 곁들였다.[97]

이러한 파트너십이 직관적으로는 매력적으로 보이면서 이 같은 관계가 어려운데도 쉽다고 착각하게 된다. 일본 최고 수준의 국제적인 제조기업 가운데 한 곳에서 임원으로 종사하는 인사는 익명을 요청하면서 "일본을 둘러싸고 있는 국가들이 더 빠르게 성장하면서 갈수록 자신감이 커진다. 그들은 성취감과 더불어 자신들이 일본을 앞지를 수 있다는 믿음도 갖고 있다. 이렇게 되면 일본이 이 나라들과의 관계를 관리하기가 한층 더 복잡해질 것이다. 일본은 한 번도 이런 형태의 변화에 대해 협상해본 적이 없다. 일본은 분투할 것이다. 일본인은 누구를 신뢰할 수 있는지 심각하게 생각해봐야 할 것이다"라고 설명했다.[98]

민주당 집권 시절에 가장 역설적이었던 사실은 일본의 외교정책이 변해야 한다는 점을 이해하면서 변화할 준비가 되어 있는 것처럼 보였던 정당이 막상 자신들이 가장 공을 들여 파트너로 삼으려고 했던 대상인 중국 때문에 와해되었다는 점이다. 민주당을 불신하게 된 이유로 이 같은 외교정책의 변경에 대한 불신 때문이라고 주장하고 싶은 유혹이 드는 것도 사실이다. 하지만 민주당의 사고방식을 형성했던 현실은 민주당이 몰락한 이후에도 여전히 건재하다. 아시아는 많은 점에서 예전보다 훨씬 중요해졌기 때문에 일본으로서는 메이지 시대 세계관에 있는 아시아와 서구라는 두 가지 선택지 사이의 간극을 메워야 한다는 시급성이 더욱 커졌다.

제5장

동일본대지진

PEAK JAPAN
The End of Great Ambitions

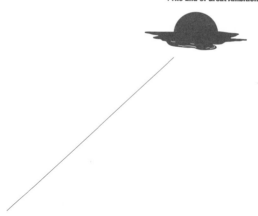

2011년 3월 11일, 일본은 일본 현대사에서 발생했던 최악의 재난(중 하나)으로 크게 출렁거렸다. 일본 혼슈섬 동쪽 해안에서 80킬로미터도 떨어지지 않은 곳에서 규모 9.03의 지진이 발생했다. 이 지진으로 만들어진 집채만 한 물의 장벽이 일본의 태평양 해안을 급습했으며, 물길이 내륙으로 십여 킬로미터나 밀어닥치면서 마을과 주거지를 휩쓸어갔다. 이후 2만여 명이 사망하거나 실종되었다. 이어서 쓰나미가 후쿠시마 제1원전의 보호막을 집어삼키면서 최악의 재난을 초래했다.

2011년 3월 11일 당시 일본은 두 번에 걸친 잃어버린 10년을 겪었으며, 그로 인해 "과거 수십 년간 이룩했던 눈부시면서도 놀라울 정도의 경제성장만큼" 쇠퇴로 이어지고 있다는 게 중론이었다.[1] 〈아사히신문〉은 2009년에 전전戰前 기간(1926년~1945년), 전후戰後 기간(1945년~1989년) 그리고 현대(1989년 이후) 일본을 떠올렸을 때 가장 먼저 떠오르는 인상에 대한 설문조사를 실시했는데, 그 결과를 보면 불안감이 만연하다는 점이 드러났다. 가장 긍정적인 인상은 전후 기간의 일본과 맞물려 있었으며 '활기 넘치고'와 '전진하는' 등의 단어가 꼽혔다. 이와 대조적으로 전전 기간의 일본은 '보수적'이고 '어두운' 것으로 인식되었다. 현대 일본에 대한 묘사는 '정체되어 있고' '어두운' 것으로 나타나 가장 많은 불안감을 주었다. 다시 말하면 "현대 일본의 삶은 파시즘과 군국주의 이데올로기로 규정되었던 전전 기간보다 더 가혹하다고 인식된다."[2] 일본은행은 2011년 1월 14일에 지난 44년 동안 실시해왔던 '일반 대중의 시각과 행동'에 대한 설문 조사 결과를 발표했는데, 마찬가지로 일본인의 우울한 정서가 드러났다.[3] 응답자 가운데 불과 3퍼센트만이 경제 상황이 개선되고 있다고 답했고, 41.5퍼센트는 정체되었다고 답했으며, 54.7퍼센트는 악화되고 있다고 답했다. 응답자의 83퍼센트 이상이 경제 상황이 좋지 않거나 약간 좋지 않다고 답했고, 15퍼센트는 좋지도 나쁘지도 않다고 했으며, 나머지 1.4퍼센트만이 좋다고 했다. 장래에 대해서도 64.3퍼센트는 경제 상황이 마찬가지일 것으로 전망했고, 30.5퍼센트는 악화될 것으로 보았다.

　3월 11일에 시작되었던 사건들의 흐름으로 말미암아 일본 국민의 심리 내면에 있었던 균열이 더 커졌다. 이들은 잇따른 실패를 성찰하면서 정부의 역량과 능력을 의심하게 되었을 뿐 아니라 일본인이라는 정체성에 대한 근본적 요소까지 도전받았다. 민주당 정부는 위기관리 능력이 없었으며, 전 국민의 협력이 절실한 순간에도 정치권은 초당적 협력을 끌어내지 못해 오점을 남겼다. 관료건 경제계건 리더십의 공백을 채울 수 없었다. 원자력 인프라의 상세한 내용이 드러나고 자세하게 조사받자 정치인, 관료, 기업인 모두에 대한 신뢰가 훼손되었다. 일본 국민은 일본 에너지 전략에서 '안전 신화'의 실상이 그저 말에 불과했다는 사실이 드러남에 따라 이들이 서로 결탁하고 있었다는 진실을 직면했다.

　심리적 충격이 상당히 깊었을 것이다. 역경 극복을 위해 어려움 속에서 국민이 일치단결하고 고통을 공유하는 나라라는 '하나의 일본'이란 관념이 사실은 허구였다는 점을 일본인은 이제 억지로 받아들여야 했다. 말로만 중시되었던 '유대감'과 '공동체'는 재난 이후 일본에 나타난 분열상과 일상생활에 널리 퍼진 고립감만 부각했다. 결국 3월 11일의 사건으로 말미암아 많은 일본인은 근대화의 도전을 직시해야만 했다. 후쿠시마원전의 실패는 21세기 일본 사회의 더 큰 실패를 상징했으며, 강대국이 되겠다는 야망 때문에 필연적으로 수반될 수밖에 없었던 소비와 지칠 줄 모르는 성장으로 상징되는 자본주의 경제모델에 휘말려 일본인의 근본적 성격과 '본질'에서부터 소원해진 게 아닌지 되물을 수밖에 없었다. 고다 요지 전 해상자위대 자위함대사령관은 "3월 11일이 일본에서 모든 것을 빼앗아갔다"라고 한탄했다.[4]

이 비극 속에서 몇몇 일본인은 일본이 충격을 받아 자만심과 불황으로부터 벗어날 수도 있다는 희망을 품었다. 이들은 1853년 흑선의 요코하마 도착이나 제2차 세계대전 이후 미 군정청의 새로운 정치질서 수립과도 유사하다고 생각했다. 이러한 전형적인 시각은 삼중재난 직후 총리 자문기관으로 설치되었던 동일본대지진재난 부흥구상회의東日本大震災 復興構想会議 부의장인 미쿠리야 다카시御厨貴의 언급에 잘 드러나 있다. "그날의 사건이 '전후 시대는 끝났고 재난 후 새 시대가 시작했다'라는 사실을 알려주는 전환점이 되었다. 즉, 이 재난은 일본인에게 근대화의 관성을 극복하고, 장기적으로는 사고와 행동 방식을 근본적으로 바꿀 기회를 제공했다."[5] 도쿄공대 교수인 와다 아키라和田章는 좀 더 직설적이었다. 그는 이 위기를 "우리의 사고방식과 문명을 바꾸는" 기회로 보았다.[6]

"일본에 가장 고되고 가장 어려운 위기"

세계 금융위기 이후 4년 만에 일본의 네 번째 충격이 2011년 3월 11일 일본 표준시 기준 오후 2시 46분에 물리적인 요동과 함께 시작되었다. 일본의 태평양 방향 약 70킬로미터, 해저 약 32킬로미터 지점에서 한 지각판이 다른 지각판으로 밀려들어 가는 지각판 섭입攝入 현상으로 규모 9.03의 지진이 발생했다. 이 지진은 일본에서 발생했던 것으로 알려진 지진 가운데 가장 큰 규모이며 1900년 이후 세계에서 관찰되었던 5대 지진 중 하나다. 지진 자체가 엄청난 피해를 주었다. 하지만 지진 이후 발생한 쓰나미로 더 많은 것이 파괴되었다. 쓰나미 물결은 40미터 높이에 달했던 것으로 측정되었으며 내륙 10킬로미터까지 진입했다. 이 거대한 물의 장벽은 태평양 연해에 있던 후쿠시마 제1원자력발전소를 덮쳤으며 1986년 체르노빌원전사고 이후 최악의 원전 사고를 초래했다. 간 나오토 총리는 잇따른 재난을 제2차 세계대전 이후 "일본에 가장 고되고 가장 어려운 위기"라고 불렀다.[7]

주된 지진은 약 6분간 지속되었으며 지표면에 $1.9 \pm 0.5 \times 10^{17}$줄 joule의 에너지를 방출했다. 이 에너지는 2004년 12월 26일에 인도양 연안 지역에서 발생하여 25만여 명이 사망했던 대규모 지진과 쓰나미의 두 배에 달하며, 1945년 히로시마에 투하되었던 원자폭탄인 리틀보이Little Boy의 약 6억 배에 달한다. 지진은 일본 혼슈섬 전역에서 느껴졌다. 이 지진은 지표면의 모습까지 바꾸었는데, 일본 북부 지역이 알래스카에 약 2.4미터 가까워졌고, 400킬로미터에 달하는 일본 해안선이 약 60센티미터 더 길어졌다. 과학자들은 진원지의 해저가 동남쪽으로 약 46미터 이동했으며 6미터 이상 융기한 것으로 계산한다. 진원지에 가장 가깝게 설치되었던 GPS 기지국은 거의 4

미터나 움직였다. 지구의 축이 10센티미터에서 25센티미터 정도 움직인 것으로 추정되며, 자전축이 가속화되어 하루가 약 1.8마이크로초(100만 분의 1.8초) 짧아졌다.[8]

비록 3월 11일 지진이 강도 규모에서 역사적이었지만, 일본은 대비가 되어 있었다. 일본 열도는 미주 대륙의 태평양 연안에서 북극까지 올라갔다가 아시아의 태평양 연안을 따라 동남아시아까지 이어지는 4만 킬로미터가량의 말발굽 모양인 이른바 '불의 고리' 위에 자리를 잡고 있다. 450개가 넘는 화산, 즉 전 세계 화산의 75퍼센트 이상이 이 고리를 따라 놓여 있다. 그리고 전 세계 활화산의 10퍼센트가 일본에 있다. 화산을 생성하는 똑같은 지질학적 힘이 지진을 발생시켜 일본은 놀라울 정도로 자주 흔들린다. 소규모 지진은 일본 어디에선가 매일 감지된다. 1년에 무려 1500회의 지진이 기록되었다.

일본의 역사에는 대규모 지진 활동이 촘촘히 찍혀 있다. 한 기록에 따르면 서기 400년부터 1866년 사이에 주요 지진이 486회 있었다. 리히터 규모 8 이상의 대형 지진은 684년, 869년, 1361년, 1489년, 1611년, 1703년, 1707년, 1854년, 1891년, 1896년, 1923년, 1933년, 1944년, 1946년, 1952년, 1968년, 2003년, 2011년에 발생했다.[9] 1923년 관동대지진은 진도 7.9였으며(일부 관측에 따르면 8.3이다), 도쿄와 요코하마 그리고 주변 지역을 유린했다. 당시 사상자 수는 약 10만 명에서 14만 2000명으로 집계되었고, 지진이 점심시간에 발생해서 많은 사람이 화재로 사망했다. 지진 후 한국인이 재난의 혼란을 틈타 약탈하고 나쁜 짓을 한다는 소문이 돌면서 잔혹한 폭력 행위가 이어졌고 한국인 수천 명이 희생되었다. 대부분의 역사책은 이 사건을 일본에서 역사 관계가 아주 불편한 소수민족 공동체를 대상으로 삼은 추악한 희생양 몰이로 다루고 있다.

1995년 1월 17일, 한신대지진이 일본 혼슈의 남부 지역을 강타했으며 고베시를 유린했다. 이 지진은 지속 시간이나 강도 면에서 1923년 지진보다 약했다. 지진 규모는 '겨우' 6.8이었으며, 사망자는 '불과' 6434명이었고, 3만여 명이 부상당했으며, 약 30만 명이 집을 잃었다. 당시 일본 GDP의 2.5퍼센트에 해당하는 약 10조 엔(약 1000억 달러)의 피해[10]를 초래한 이 지진은 일본인의 자신감에도 큰 타격을 주었다. 일본인은 그때까지 건설 분야에서 일본의 안전기준이 우월하다고 확신하고 있었다. 지진으로 생겨난 파괴는 일본인에게 자신들이 얼마나 허약한지를 상기하게 했다. 무엇보다 정부가 위험이나 불안에서 국민을 지켜주지 못한다는 점이 중요한 사실로 드러났다. 돌이켜보면 이는 일본에 대한 경고이자 경종이었다.

지진은 지구 표면 밑에 있는 지각판 이동으로 발생한다. 일본은 태평양판과 오호츠크해판이 교차하는 지점 근처에 자리 잡고 있다. 이 두 지각판이 만나면, 태평양판이 오호츠크해판 밑으로 1년에 7.9센티미터에서 8.9센티미터 정도 밀려들어 간다. 3월 11일의 지진은 태평양판이 부서지고 해저가 4.6미터에서 7.3미터가량 융기하면서 발생했고, 이로 인해 방대한 쓰나미가 도호쿠 지역 해안에 밀어닥쳤다. 이 물결로 일본 내 560여 제곱킬로미터에 달하는 지역이 침수했으며, 도시와 마을 전체가 휩쓸려갔다.[11] 측정한 해안 지역에 따라, 그리고 측정 방식에 따라 상이했지만 쓰나미는 거대했다. 일본기상청은 최대치가 3.4미터에서 7.3미터에 달했다고 보고했고, 항만공항기술연구소港湾空港技術研究所는 쓰나미의 파고가 약 4미터에서 15미터라고 측정했으며, 개별 대학 연구소들은 특정 지점에서 파도가 무려 40여 미터에 달했다는 계산 결과를 제시했다.[12]

쏟아져 내리는 원자력 재난

세 번째 재난으로서 가장 오래 지속되었던 단계는 쓰나미 물결이 후쿠시마 제1원자력발전소를 보호하는 5.8미터의 방호벽을 덮치면서 발생했다.[13] 3.5제곱킬로미터에 달하는 발전소 부지에는 4.7기가와트의 전력을 생산하는 세계 25대 원자력발전소가 있고, 여섯 개의 원자로로 구성되어 있었다. 이 시설은 노후했다. 내부 시스템이 많이 업데이트되었지만, 40년 이상 된 구조물이 많았다. 지진이 발생했던 당시에 4호기는 이미 연료가 제거되었으며, 5호기와 6호기는 정비가 예정되어 냉온 정지된 상태였다.

지진으로 원전의 비상 시스템이 가동되었으며 자동으로 작동 중이던 원자로 3기가 중단되었다.[14] 비록 원자로가 중단되었으나 발전소는 모니터링과 냉각 등 핵심 시스템을 운영하기 위한 전기가 여전히 필요했다. 이런 목적으로 현장에는 비상 발전기가 있었다. 불행히도 후쿠시마 발전소의 비상 발전기는 터빈 빌딩의 지하에 있고 수면보다 낮았기 때문에 침수에 취약했다. 이에 대비한 또 하나의 안전조치가 있었다. 디젤발전기가 작동하지 않거나 작동하지 않을 경우를 대비해 예비 배터리가 있었다. 하지만 이 예비 배터리도 약 여덟 시간밖에 지속되지 못했다.

첫 번째 쓰나미 때 적어도 두 개의 파도가 지진 발생 40분 후에 들이닥쳤고, 두 번째 쓰나미는 그로부터 8분 후에 이어서 왔다. 후쿠시마는 모든 예비전력을 상실했으며, 비상 예비 배터리만이 유일한 전력원이었다. 그나마 이후 조사에 따르면 1호기의 배터리가 손상되어 작동하지 않았다. 언제 손상되었는지는 분명하지 않다. 이 원전을 운영하는 도쿄전력은 해수가 비상 핵심 냉각 시스템 내부로 주입되었는지 확인할 수 없었기 때문에 3분 만에 '원자력 비상 상황'을 선포했다. 지진이 발생하고 약 25시간이 지난 뒤 1호기 원자로 건물에서 폭발이 발생했다. 몇몇 방사성물질이 유출되었고, 원자로 연료가 일부 녹아버리는 노심용융爐心鎔融 상황이 발생했을 수도 있다는 공포 감이 엄습했다.[15] 많은 토론 끝에 그날 저녁 해수를 유입해 원자로를 냉각하기로 했다. 도쿄전력은 이 조치로 원자로가 영구히 손상될 수도 있다는 이유로 실행을 망설였고 꺼려했다.

3호기의 비상 시스템은 이틀 동안 작동했지만, 아직도 풀리지 않은 이유로 3월 13일 중단되었다. 3월 14일 정오가 되기 직전 원자로 3호기에서 1호기에서보다 더 큰 폭발이 발생했으며, 보도에 따르면 그 폭발이 40킬로미터 밖에서도 느껴졌다. 이 폭발로 11명이 부상을 입었고, 방사능이 주변으로 유출되었다. 이어서 도쿄전력은 지진 발생 60시간 후에 3호기도 용융 현상이 발생한 것을 확인했다.

2호기의 비상 냉각 시스템은 그나마 잘 작동했으며, 거의 하루를 지나 반나절을 더 버티다가 이후 12시간 동안 중단되었다. 하지만 냉각수의 수위가 점차 내려갔으며 3월 15일 오전에는 2호기도 폭발했다. 결국 도쿄전력은 해수를 끌어와 원자로의 노형을 냉각하기로 결정했고, 이 조치가 성공을 거두기는 했지만 원자로가 손상되었다. 도쿄전력은 2호기도 지진 발생 100시간 후에 용융 현상이 발생했다고 결론 내렸다.

4호기 원자로는 중단되어 있었고 연료도 사고 전에 방출되었으나, 3월 15일 아침의 폭발은 이 원자로 건물의 4층에 손상을 입혔다. 사용된 연료들이 그곳 저장 수조에 있었다. 이후 조사 결과 이 연료봉은 거의 피해가 없었다.

일본 관리들은 처음에 이번 사고를 국제원자력사고등급상 4단계로 평가했다. 이들은 이 등급을 곧 5단계로 상향했고, 다시 최고 수준인 7단계로 올렸다. 앞에서 언급한 바와 같이 어느 기준으로 보나 후쿠시마원전사고는 1986년 우크라이나에서 있었던 체르노빌 노심용융사고 이래 최악의 원자력사고였다. 원자로 자체에 발생한 손상, 수동 혹은 폭발로 배출된 방사능 외에도 원자로 건물에 난 손상은 원자로를 냉각하기 위해 사용한 많은 양의 물이 방사능에 오염된 뒤 유출되었다는 사실을 뜻했다.

철저한 인재

3월 11일의 사건에 대한 반응은 혼돈과 혼란 그 자체였다.[16] 지진 규모와 쓰나미, 원전 사고를 고려하면 짐작할 만하다. 원전을 기획했던 사람들은 이 세 가지가 결합하여 상황이 너무나 악화되고 어려워지는 환경을 대처해야 할 날이 오리라고 예상하지 못했다. 확실히 이런 혼란 속에서 놀라울 정도의 영웅적 활동과 희생이 있었다. 현장에서 후쿠시마의 상황 악화에 맞서 싸우는 많은 사람은 자신의 목숨을 걸고 일했으며, 이후에 기술하는 분석 내용은 이들의 영웅적인 노력을 폄하할 의도가 전혀 없다는 점을 밝히고자 한다.

그럼에도 일본이 후쿠시마 재난을 해결하려 하면서 어떤 일이 발생했는지에 대한 결과 보고서를 아무 거라도 들여다본다면 끔찍할 것이다. 이 과정에서 펼쳐진 실패와 사고, 실수는 만일 상황이 그렇게 심각하지 않았고 결과도 그리 비극적이지 않았다면 우스웠을 정도다. 가령 도쿄전력의 최고위직 인사 두 명은 부재중이라 연락이 닿지 않았다. 이들은 본부로 돌아오려고 했으나 관료주의와 행정적 장애로 애를 먹었다. 중국에 있었던 회장은 중국 정부가 전용기를 제공하겠다고 했는데도 도쿄의 모든 공항이 폐쇄되어 돌아올 수 없었다. 나라奈良에서 휴가 중이었던 사장도 마찬가지로 그다음 날까지 도쿄에 돌아올 수 없었으며, 돌아와서는 도쿄의 교통정체에 막혀 몇 시간 동안 움직이지 못했다. 지진이 발생하고 나서 두 사람 중 아무도 20시간 내에 본부로 복귀하지 못했다.

일본 정부의 대응은 여러 이유로 방해를 받았는데, 특히 원전에서 무슨 일이 일어나고 있는지에 대한 정확하고도 적시에 필요한 정보를 도쿄전력에서 받지 못했다. 이 때문에 간 나오토 총리와 도쿄전력 사이에 갈등이 있었으며, 무슨 일이 왜 발생했는지에 대한 해석을 놓고 많은 추측이 분분했다. 특히 사고가 발생한 다음 날 총리가 사고 현장을 방문하기로 한 결정은 여러 논란을 낳았다. 몇몇 관찰자들은 그가 구출 작전을 방해했다고 보았다. 반면에 다른 사람들은 그가 도쿄전력이 초래한 마비를 해소했다고 주장했다. 원자력재해대책특별조치법에 따르면 이 정도 규모의 원자력사고가 발생할 경우 원자력안전위원회가 소집되어 총리에게 자문하기 위한 비상기술반을 설치하도록 되어 있었다. 하지만 불행히 이 법은 원자력사고와 동시에 도쿄에서 발생한 자연재해까지는 예측하지 못했다. 그 결과 회의에 참석하려던 40명의 위원은 도쿄의 교통정체를 극복하지 못했다. 이후에 도쿄 중심부에 자리 잡은 총리실 지하 비상본부에서는 신호가 약해 휴대전화를 받지 못했다. 지휘소를 5층으로 이전하기로 했으나, 정부 부처의 비상 전화선과 팩스선이 지하시설에 고정된 채로 연결되어 있어 통신선을 새로 연결할 수가 없었다. 메시지를 일일이 수동으로 한 층에서 다음 층으로 전달해야 했으며, 언론보도에 따르면 일부 메시지는 중간에 사라지기도 했다.

사고 현장은 훨씬 더 아수라장이었다. 후쿠시마에서는 휴대전화 중계탑이 무너져 통신 감도가 좋지 않았으며, 센서나 계기 장비는 전기가 없어 작동하지 않았다. 예비전력을 제공하려고 발전소로 급파한 비상 발전기는 전기 중계에 필요한 전기 분전반이 침수되어 별 도움이 되지 못했다. 원자로에 전기를 공급하기 위한 새로운 예비발전기는 침수되지 않도록 언덕 위 고지대에 설치했지만, 이 발전기를 작동하는 개폐소가 지하에 있었기 때문에 무용지물이 되었다. 비상 발전 트럭이 일본의 다른 지역에서 후쿠시마원전으로 출발했지만, 지진으로 도로가 파손되고 교통 상황이 악화되어 이동에 오랜 시간이 걸렸다. 도착한 트럭 역시 도움이 되지 못했는데, 전압이 맞지 않고 플러그 소켓도 호환되지 않았다. 파편이 많고 건물이 파괴되어 원자로 건물에 근접해서 작업하기가 어려웠으며, 200미터 케이블(무게가 1톤에 달한다)과 같은 추가 장비가 필요했다. 직원들은 한때 자동차 배터리를 이용해 안전밸브를 여는 데 필요한 전력을 공급했고, 간신히 소방차가 발전소에 저장된 소화분말에 접근할 수 있었다. 하지만 배터리를 찾고 연결하기까지 시간이 너무 오래 걸렸으며, 밸브를 열었을 때는 소방차의 연료가 떨어졌고 추가 공급 물자는 없었다.

비상 작업을 하는 작업자들이 원자로 내부에 쌓이고 있는 압력을 분출하려고 할 때 도쿄전력 직원은 핵심 밸브를 수동으로 개폐할 수 있는지 여부가 설계도면에 명시되어 있지 않다는 사실을 알았다. 작업자들은 위험을 무릅쓰고 방사능 피폭을 감수하면서 확인해보기 위해 어두운 조종실에 진입해야 했다. 이 모든 일이 개별 원자로가 가열되어 폭발 위험이 있는 동안에 이루어졌다. 이미 설명한 대로 일부 원자로가 결국 폭발하여 다른 원자로를 냉각시키는 데 사용되는 비상 장비가 파손되고 구조 활동을 더디게 했다.

결론적으로 후쿠시마에서 발생한 사건은 단순히 재난으로 발생한 혼란의 결과만이 아니었다. 오히려 절망적인 수준으로 훼손된 것처럼 보였던 정치와 규제 차원을 넘어, 기획조차도 불가능하게 하는 문화적 속성의 산물로서 총체적 실패였다. 시스템의 총체적 실패는 3월 11일 사건이 왜 중요한지 더욱 강조해준다. 사후 조사 결과 일본을 위대하게 만들었던 바로 그 똑같은 믿음과 똑같은 제도가 그날 있었던 사고의 근원이었다고 판명되었기 때문이다. 다시 말하면 3월 11일 발생했던 사고의 원인을 깊이 들여다볼수록 일본인에게 자신들을 성공하게 해주었던 요인이 이날의 실패를 초래했던 것이 아닌가라고 되묻게 한다.

후쿠시마원전사고로 독립 조사기관 네 곳이 다음과 같이 발족되었다. (1) 도쿄전력 후쿠시마 원자력발전소 사고조사위원회NAIIC, (2) 도쿄전력 후쿠시마 원자력발전소에서의 사고조사·검증위원회, (3) 도쿄전력 자체 내부 조사, (4) 비영리 싱크탱크인 일본재건이니셔티브재단RJIF의 독자적인 후쿠시마 원자력발전소 사고독립검증위원회.[17] 이번 위기와 관련하여 통찰력 깊은 내용이 담긴 결과 보고서가 나왔다. 이들의 조사 결과는 똑같이 인상적이며 충격적이었다.*

도쿄전력 후쿠시마 원자력발전소 사고조사위원회

일본 국회가 설립한 도쿄전력 후쿠시마 원자력발전소 사고조사위원회(이하 NAIIC)는 일본 헌법기관인 국회가 66년의 역사에서 처음으로 설립한 독립 위원회다.[18] 의사이자 전 일본학술회의 의장이었던 구로카와 기요시黑川清 박사가 이끄는 NAIIC는 후쿠시마 원자력발전소 사고 현장을 9회 방문했고, 900시간 이상의 청문회를 열었으며, 1167명을 인터뷰했다. 위원회 회의는 최초 회의만 제외하면 모두 언론에 공개되었고, 일어와 영어로 인터넷에 중계되었다. 80만 명 이상이 이 회의를 지켜보았으며, 2012년 6월 640페이지에 달하는 최종 보고서가 발표되었다.

---

* (1), (2), (4)는 국회, 정부(내각), 민간이 주도한 조사라고 해서 각각 국회사고조國會事故調, 정부(내각)사고조政府(內閣)事故調, 민간사고조民間事故調라고 부르기도 한다.

NAIIC는 후쿠시마원전사고가 어떤 특정한 개인의 능력 문제가 아니라 "잘못된 결정과 행동을 해도 되는 조직과 규제 시스템에 원인이 있었던" "'인간이 만든' 재난"이라고 결론 내렸다. 이 사고는 "정부, 규제 당국, 도쿄전력 그리고 올바른 관리의 부재"가 빚은 결과였으며 이들이 "원자력사고로부터 안전해야 할 국민의 권리"를 저버렸다고 비판했다. 또한 이 보고서는 이번 사고의 직접 원인은 사업업자와 규제 당국 그리고 원자력사업을 촉진하는 정부기관 차원에서 "예상이 가능했지만" 이들이 "모두 가장 기본적인 안전 수칙을 정확하게 개발해내지 못했다"라고 지적했다. 규제 당국은 사업업자 측에 강력한 조치를 취하라고 지시하기를 거부했으며, 새로운 규제가 필요할 때마다 도쿄전력과 항상 협의하거나 도쿄전력에 위임하는 것으로 보였다. 도쿄전력은 자신들의 존립을 위협하는 사업 관련 간섭과 소송 제기를 가장 우려했다. 그래서 새로운 규제 도입이나 규제 변경을 일관되게 반대했다. 이 보고서는 "새로운 해외 지식이나 기술"의 도입에 대한 "부정적인 태도"도 지적했으며, 도쿄전력이 "심각한 사고와 관련된 지식과 훈련, 장비 점검"이 불충분하다는 점을 비판하고 있다. 그리고 도쿄전력이 잠재적인 위험이 있는데도 이를 공중보건과 복지보다 우선시해서 이익을 보았다고 비판했다.

또한 NAIIC는 총리실과 그 밖의 유관 정부기관이 적절히 기능하지 않았으며 "이와 같은 규모의 사고에 효과적으로 비상 대응을 하려는 대비나 마음가짐"이 없었다고 결론 내렸다. 도쿄전력은 정부와 소통하기를 등한시했으며 "책임지기를 꺼리는" 태도를 비롯해 정신상태에 문제가 많다고 힐난했다. 이 보고서는 원자력 규제 당국에 대해서도 원자력 업계와 따로 독자적으로 행동할 수 있을 정도의 전문성을 보유하지 못했다고 비판하고 "규제 기관이 규제 대상에 포획"되었다면서 규제 기관의 독립성이 "엉터리"라고 비난했다. 보고서는 "규제 당국의 근본적인 혁신 없이는 일본 국민과 원자력에너지 안전은 보장될 수 없다"라고 결론을 내렸다. 또한 보고서는 규제가 "공공안전이나 보건, 복지가 아닌 원자력에너지 정책 증진 쪽으로 편향되어 있다"라고 명시했다.

NAIIC 결과 보고서에는 읽기에 강렬한 내용이 있었다. 구로카와 기요시 위원장의 메시지는 더욱 현란했다. 그는 후쿠시마 재난의 "근본적 원인은 우리의 반사적인 순종, 권위에 대해 질문하기를 망설이는 태도, 기존 프로그램에 집착하는 헌신, 집단주의 그리고 편협성 등 일본 문화의 뿌리 깊은 인습"에서 찾을 수 있기 때문이라 말하고, 이번 재난을 "메이드 인 재팬Made in Japan"이라고 불렀다. 그는 "일본의 자신감이 급상승하고 있을 때 엄청난 재정 동원력을 갖고 있으며 서로 촘촘히 연계되었던 엘리트들이 '일본에서 만들어지지 않은' 그 어떤 것에 대해서도 갈수록 관심을 두지 않았다"라고 지적했다. 관료들은 조직의 사고방식으로 한층 강화되어 "그들의 최우선 임무인 공공의 안전 보호보다 조직의 이익을 앞세웠다."

구로카와 박사의 장광설은 전 세계 주요 뉴스의 헤드라인을 장식했다. 몇몇 평론가들은 이러한 '위원장의' 메시지가 일본어판에는 없고 영어본에만 수록되어 있다는 점에 주목했다. 이들은 이 보고서가 일본인의 특성에 대한 고정관념에 영합해 작성되었다고 불만을 내비쳤다. 실제로 규제 포획이나 "일본에서 만들어지지 않은" 방식 증후군 등과 같이 그가 묘사했던 정신상태나 문제점은 다른 나라의 많은 관료사회에서도 공통적으로 나타난다. 일본 정치에 대한 미국 내 손꼽히는 전문가인 제럴드 커티스는 〈파이낸셜타임스〉 기고문에서 "문제의 책임이 문화라고 딱 집어서 말하는 것은 극단적인 변명이다. 만약 문화가 행동을 설명한다면, 누구도 책임을 질 필요가 없다"라고 반박했다.[19] 이후 구로카와는 자신의 메시지가 전 세계 독자에게 맞

춘 것이라고 시인했지만, 요점은 보고서의 다른 부분에 있다고 주장
했다. "이것은 일본의 문화와 가치관에 대한 것이다. 다른 어디를 봐
도 이런 경우는 없다."[20]

도쿄전력 후쿠시마 원자력발전소에서의 사고조사 · 검증위원회

일본 내각은 이번 사고와 피해의 원인을 조사하고 검증하며 추후 유
사 사례를 방지하고자 이 위원회를 설립했다.[21] 이 위원회가 제시한
보고서는 훨씬 더 관료적이면서 솔직히 말해 복잡하고 따분한 문서
지만, 그럼에도 결론은 혹독하다.

　예를 들어, 이 보고서는 원자력 당국에 결코 적절한 권한이 위임되
지 않았으며 지휘 체계도 분명하지 않았다고 주장한다. 또한 사고 현
장과 정부 비상지휘소 사이의 소통이 어려웠고, 다시 말해 정보가 종
종 부족하거나 부정확했다. 가령 해수를 원자로에 주입하기로 했으
나 이를 중단시킨 사례와 같이 간 총리가 현장에 있는 당국자가 내렸
어야 할 결정을 간섭했다고 비판했다.[22]

　이 위원회는 특히 노심용융 가능성 등 대중에게 공개된 정보가 상
당히 혼란스러웠다는 점을 인정했다. 통신 체계도 모호했다. 한 사례
에서 원자력안전 · 보안원原子力安全 · 保安院 당국자들은 노심용융 가능
성을 경고했던 반면, 같은 기관 소속의 다른 관계자들은 그럴 가능성
이 없다고 일축했다. 하지만 이런 판단을 내린 이유가 보고가 미덥지
못해서 그랬는지, 아니면 국민을 놀라게 하고 싶지 않아서 그랬는지,
그것도 아니면 정보가 우선 총리실의 재가를 거친 것이 아니어서 그
랬는지(그래서 발표 허가를 받지 못해서인지) 확인해주지 않았다. 모든 중
요한 결정이 우선 총리실을 거쳐야 한다는 이후 결정으로 도쿄전력
을 비롯해 많은 당사자가 나쁜 소식을 공개하지 않은 손쉬운 핑곗거
리를 댈 수 있었다. 이 위원회는 결과 보고서에서 이와 같은 중앙집

권식 운영이 "반드시 적절한 것은 아니다"라고 결론지었다.

또한 이 위원회 보고서는 "지진이나 쓰나미와 같은 외부 요인"에 대처할 수 있는 절차가 미비했다는 등 사고 관리 프로그램이 적절하지 못하다고 지적했다. 아울러 "원전 사업자들은 지진과 이에 수반되는 재난뿐 아니라 홍수, 화산활동, 화재 등 발생할 가능성이 높지 않은 외부 요소를 포함하여 자연환경의 특성을 모두 감안한 포괄적인 위험관리 분석을 실시해야 한다"라고 권고했다. 상식적인 말로 들리지만 이와 같은 권고는 이런 분석을 하지도 않았다는 사실을 암시한다. 이 위원회는 "원자력안전·보안원이 사고와 사고 대처에 대한 예방적 조치를 취해야 하는 책임이 있는 기관으로서 자신의 역할을 충분히 수행했다고 말하기는 어렵다"라고 상당히 긍정적이고 관료적인 어투로 지적했지만, 원자력안전 당국이 일을 제대로 하지 않았다는 사실도 밝혔다. 결과 보고서는 국제사회와 더 많이 교류하고, 안전 규정과 원자력안전에 대한 국제적인 추세를 더욱 고려하면서 국제적인 관행에 맞는 방식을 따라야 한다고 했다.

도쿄전력에 대해서는 관료적인 문체지만 아주 혹독하다. "도쿄전력이 사고의 배경 원인을 명확히 규명하는 데 충분한 열의를 보이지 않았다." 또한 도쿄전력이 "그러한 사고에 충분히 대비하지 않았으며" "조직 차원의 위기관리 능력이 부족했고, 위계서열이 엄격한 조직 구조가 비상 상황에 대응하는 데 문제가 되었으며, 언뜻 보기에도 심각한 사고 상황을 다루는 데 필요한 교육과 훈련이 부족했을 뿐 아니라 사고 원인을 파악하는 데도 열의를 보이지 않았다"라고 비판했다.

다시 돌아가서 이 위원회는 이번 문제가 특정 개별 기업의 문화 차원을 뛰어넘으며 아주 심각한 수준이라고 지적했다. "많은 문제가 존재하며, 기술적이고 원자력공학적인 문제를 해결하기 위해 고도로 전문화되고 광범위한 원자력 기술이 필요하다." 지방정부뿐 아니라 중앙정부도 이렇게 복잡한 재난을 다루는 데 "사전 고려가 부족했으며" 이를 통해 "일본의 위기관리 태도가 적절하지 못했다는 사실이 강조"되었다. 이러한 정책을 바꾸려면 자연 재난과 위협을 생각할 때 "겸허한" 태도가 필요하며, 위험을 감소하기 위해 근본적으로 다르게 접근하는 방식을 채택해야 하고, 원자력발전소 사업자 측만 아니라 피해자에 대한 우려에도 더 많은 관심을 기울여야 한다.

도쿄전력 자체 내부 조사

원자력발전소 사업 당사자로서 도쿄전력은 후쿠시마에서 무슨 일이 발생했는지 조사하고, 다른 조사 결과들을 검토하며, 안전 개선과 일본 대중의 신뢰를 회복하는 방안을 모색하기 위해 자신들만의 독자적인 작업반을 꾸려야 했다.[23] 이들은 초기 평가를 내릴 때 정치권이 복구 작업에 간섭했다고 비판했다. 물론 도쿄전력은 이와 같은 규모의 재난에 대비하지 못했다는 점을 시인했지만 "전례 없는 상황에서" 소속 직원들이 최선을 다한 점을 높이 평가했다.[24] 도쿄전력의 개혁안은 이번 사건이 "전통적 안전 문화와 조치에 대한 오만과 과도한 자신감" 때문에 빚어졌다고 비판했다.[25] 다른 조사 결과와 마찬가지로 일본은 국내외 전문가의 견해를 구해야 하며, "미숙한 확률설에 근거한 방법론"으로 3월 11일에 들이닥쳤던 대규모 쓰나미가 발생할 가능성을 낮춰 보았다는 점도 인정했다.

도쿄전력이 왜 대비하지 못했는가에 대해 스스로 설명한 것은 NAIIC 결과 보고서의 설명과 상당히 유사하다. 도쿄전력은 심각한 사고가 발생할 확률을 과소평가했고, 소송 제기 위협을 우려했으며, 철저하게 사고 예방 조치를 취하면 지역공동체가 놀랄 수 있다고 두려워했다. 또한 사고 관련 대응 조치를 실시하려고 원전 가동을 중단하면 경제적 손실이 발생할 수 있다고 걱정했으며, "신속한 조치의 중요성을 강조하는 제안 역량"을 억누르는 조직적인 사고방식이 있었다. 부적절하게 사건에 대응했던 이유에 대한 평가도 마찬가지로 비슷해 보인다. 다중 재난에 대한 무계획, 훈련 부족, 매뉴얼 업데이트 실패, 모호한 지휘 체계, 총리실과 규제 당국의 허술한 소통 체계 등이다. 이 보고서는 예상치 못한 일에 대해서도 대비할 필요가 있다고 강조했다.

후쿠시마 원자력발전소 사고독립검증위원회

마지막 조사는 일본재건이니셔티브재단(이하 RJIF)이 실시했다.[26] 3월 11일 사고 이후 창설된 이 위원회는 이번 사고의 원인을 조사한 뒤 '잃어버린 20년'과 관련된 위기로 돌렸다. 이 위원회는 이번 사고에서 얻은 교훈과 더불어 일본과 일본 사회의 재건에 대한 큰 틀을 보여주는 보고서를 제출했다.[27]

이번 재난에 대한 결론은 단순했다. 정부와 도쿄전력이 "지진과 쓰나미로 촉발된 복합적인 원자력 재난에 대해 놀라울 정도로 거의 모든 수준에서 대비하지 못했다"였다.[28] 비록 기술자들이 적절한 훈련이나 지시를 받지 못한 채 비상 상황에 투입되었다는 점도 지적했지만, 이 보고서는 개별 행동에 초점을 두고 비판했다. 아울러 다른 보고서에서 지적한 바와 같이 체계적인 실패도 문제 삼았다. 도쿄전력의 실패는 결국 관리구조와 문화가 문제라는 사실을 반영했다. 정부 규제 당국은 정전이 지속되었는데도 즉각 대응이 필요하다는 비상 상황을 예측하지 못했다. 또한 RJIF의 보고서는 위기대응센터인 재난대응 현장본부가 지진 피해로 접근이 어려웠던 것처럼 당초 계획이 허술했다는 점과 공기청정기 같은 기본 장비도 없었다는 점을 지적했다. 가장 큰 문제는 상상력의 부족이었을지도 모른다. "후쿠시마 제1원전 재난과 같은 일은 가능하지 않았다. 13.7미터에 달하는 쓰나미가 원자력발전소를 덮치고 비상 시스템을 마비시킬 수는 없었다. 삼중 용융이란 발생할 수가 없었다. 이와 같은 일들은 결코 발생할 수가 없었다. 마침내 발생하기 전까지는 말이다."[29]

300페이지에 달하는 RJIF의 보고서는 "원자력발전의 절대적인 안전"이라는 신화, 즉 "일본 문화는 무엇보다 안전을 가장 중시하며, 일본 원전은 어쨌든 다른 나라보다 더 안전하고, 일본 원자로 기술은 '다르다'"라는 믿음을 비판하고 있다. … "이런 관념 때문에 일본은 과학에 근거해서 토의하거나 안전 분야에 대한 철저한 개혁을 추진할 수 없었다."[30] 이런 식의 사고방식은 히로시마와 나가사키 피폭으로 형성된 강력한 반핵 정서를 극복하려고 조성한 '겐시료쿠무라げんしりょくむら, 原子力村(원자력마을)'라는 이해단체로 한층 퍼져나갔다.[31] 이들은 불안감을 조성할 수 있는 어떤 것이라도 경시하도록 당국에 압력을 넣었다. "원자력발전의 안전에 관한 어떤 의심도 하지 못하게 했고 '원자력발전은 안전하다'는 미리 결정된 극단적인 결론으로 이어지는 논리를 매정하게 주입"했다.[32]

다른 보고서들과 마찬가지로 RJIF 보고서도 일본 규제 당국이 자신들의 기준에 따라 자만하고 외부 기준을 무시했다고 비판했다. 그리고 규제 당국의 책임 부재와 "규제 당국, 전력회사, 학계, 원자력 업계의 여타 이해관계자 사이에 얽혀 있는 유착 관계와 회전문 인사 방식"도 신랄하게 비판했다.[33] 이 보고서는 원자력안전·보안원이 "자신들의 역할을 수행할 수 있는 철학도, 역량도, 인재도 갖추지 못했고 진정한 안전 규제 전문가를 육성하지도 못했다"라고 지적했다.[34] 위기가 발생해 총리실에서 호출했을 때 원자력안전·보안원의 최고위 인사는 질문에 답하지도, 문제 해결을 위한 의견을 개진하지도 못했다. RJIF에 따르면 보직을 정기적으로 순환시키고 비상시에 전문성을 보장하지 못하는 관료 문화도 일부 책임이 있었다.

마지막으로, RJIF 보고서는 총리실의 역할을 강조하면서 소통 부족을 비판했다. 또한 다른 보고서들과 마찬가지로 대중에게 실상을 알리고 싶으면서도 공황은 초래하고 싶지 않은 갈등이 있었다는 점을 지적했다. 이런 갈등은 조율하기가 어려웠으며, 실수하더라도 신중한 방향으로 가려고 결정했던 것처럼 보이고 결국 소통 부족으로 이어졌다. 이후 정부가 알고 있었던 내용과 알지 못했던 내용 그리고 대중에게 공개하기로 한 사항이 무엇인지 밝혀지고 나서는 정부의 우선순위와 역량에 대한 일본 국민의 회의감만 깊어졌다.

위의 네 보고서는 유사한 결론에 도달했다. NAIIC를 제외한 나머지 보고서는 지진이 원전 재난의 주된 원인이 아니라는 데 의견이 일치했다. 반면 국회 결과 보고서는 지진이 초래한 피해의 규모가 어느 정도인지에 대해 단지 의구심만 표명했다. 모든 보고서는 이 정도 규모의 비상 상황에 대비한 준비가 충분하지 못했다는 의견도 동일했다. 이들은 모두 정부의 위기관리 능력이 부족하다고 비판했으며, 부족한 정보와 일관성 없는 발표 그리고 상황이 전개되는 과정에서 총리실의 장악력이 떨어졌다는 인식이 널리 퍼졌기 때문에 정부에 대한 국민의 신뢰가 크게 손상되었다는 데도 동의했다.

사고 발생 6개월 후 도쿄전력의 내부 개혁 태스크포스가 이 재난을 막을 수도 있었다고 시인한 내용이 담긴 결과 보고서를 발표하자 세상은 충격에 빠졌다.[35] 도쿄전력은 RJIF의 보고서 내용이 정확하며 보고서에서 집중한 '안전 신화'도 옳았다고 하면서 "만약 도쿄전력이 사고 대응 계획을 엄격하게 이행했다면 일본 전역과 원전 인근 지역에 불안감을 조성했을 테고, 반핵운동에 힘을 실어줄 것이라는 우려가 있었다"라는 점을 시인했다.[36] 이 태스크포스는 안전 개선을 위해서는 원전 가동 중단과 비용 증가라는 위험을 부담해야 했으며, 기존 안전조치가 충분하지 못하다는 이유로 소송을 당할 가능성도 인정했다. 또한 안전 훈련도 대체로 형식적이었으며, 국제안전기준에 의존했어야 한다는 사실도 받아들였다. 이와 같은 자기반성은 대체로 환영받았지만, 냉소적인 관찰자들은 일본이 원자로를 재가동하려면 뭐라도 회개하는 모습이 필요한 게 아니겠냐는 반응을 보였다.

일본 자체의 용융

3월 11일은 그날 오후에 일어났던 일뿐 아니라 그로 인한 결과와 충격 때문에 일본 역사에서 기념비적인 날이 되었다.[37] 21세기에 발생한 최대 규모의 지진 가운데 하나였던 규모 9.03의 지진은 과학적으로도 호기심을 자아내지만, 그 충격파는 더욱 의미심장하다. 3월 11일에 사망하거나 실종된 사람의 숫자는 초기 집계 당시 3만 명에 달했다. 재난이 발생한 지 1년이 지난 뒤 발표한 보고서에 따르면 일본 정부는 여전히 실종으로 처리되어 있는 3200명을 포함하여 사망자가 1만 5800명이고 부상자가 6100명이라고 말했다. 사고가 난 지 11개월이 지났지만 34만 2000명 이상이 여전히 소개疏開 상태였다.[38]

고통이 인구 연령대의 양극단에서 유달리 심하게 느껴졌다. 도호쿠 지역은 일본에서 가장 '고령화'된 지역으로 노령 인구층이 두꺼우며, 이 점에서 이번 재난이 일본의 미래에 던지는 함의가 특별했다. 공식 집계에 따르면 이번 재난으로 인한 희생자의 56퍼센트가 65세 이상 노인이었다.[39] 가장 큰 피해를 당한 도호쿠 지역 일부에서는 노인이 전체 인구의 3분의 1을 차지하고 있었다. 또한 이런 충격적 통계는 2030년 일본에 나타날 인구구성비의 전조이다.

아이들도 3월 11일 사건의 희생자였다. 지진과 쓰나미가 오후에 밀어닥쳤을 때 많은 아이가 학교에 있었다. 일본이 재난 방지 훈련을 철저하게 하고 있어서 아이들도 재난 대비가 잘 되어 있었지만, 학교에 있을 때 재난이 발생했다는 사실은 이들이 사고 당시 가족과 떨어져 있었다는 뜻이다. 학령기 아동 약 378명이 그날 목숨을 잃었고, 230명 이상이 고아가 되었다. 그리고 1500명 이상 아동의 부모 중 한쪽 혹은 양쪽 다 사망했다. 세이브더칠드런Save the Children은 무려 10만 명의 아동이 정든 가정을 잃고 쫓겨났다고 추산했다.[40] 어린 세대 전체에 가해진 트라우마의 충격은 관찰하기조차도 고통스러울 정도다.

쓰나미가 2만 3600헥타르* 지역을 휩쓸고 침수시킴에 따라 예상했던 대로 도호쿠 지역의 해안선도 변했다. 많은 작은 마을이 평탄해지고 일부는 사라졌다. 3월 11일 가장 큰 피해를 당한 촌락들은 농업이나 어업에 의존하고 있었다. 도호쿠 지역은 일본 전체 식료품의 11퍼센트 이상을 생산하고 있었으며 일본의 농업, 산림업, 어업의 15퍼센트를 담당했다.[41] 쓰나미로 일본 어항漁港의 10퍼센트가 피해를 당했고 미야기현, 이와테현, 후쿠시마현에 있는 어선의 90퍼센트가 사용할 수 없게 되었다. 일본 어업의 총피해액은 1조 2600억 엔(약 100억 달러) 규모로 추산된다. 이 지역은 일본 쌀 생산량의 3~4퍼센트를 생산하고 있었으나 논이 침수되면서 해수의 염분 탓에 모내기가 불가능해졌고 염분 제거에 얼마나 걸릴지 아무도 모른다. 방사능 오염에 대한 공포 또한 농사 재개에 큰 걸림돌이 되고 있다. 일본 내 지진 보험이 드문 상황이라는 점을 감안하면 큰 피해가 발생했는데도 활동이 재개되지 않을 것이라는 우려가 있다. 농민의 3분의 2와 어민

---

* 236제곱킬로미터.

의 3분의 1이 65세 이상인 데다 파괴된 사업을 다시 시작하기란 매우 어려운 법이다. 2011년 7월이 되자 3월 11일의 재난으로 피해를 당한 농업 분야는 73퍼센트가 조업을 재개했으나, 어업 분야는 그 절반도 안 되는 35.5퍼센트만이 조업을 재개했다. 이런 수치는 별로 위안이 되지 못한다. 지진이 발생한 지 1년이 지난 뒤 일본인의 76퍼센트는 정부와 과학계의 보장에도 불구하고 후쿠시마산 식품을 안전하지 못하다고 믿고 있었다.[42]

　지역적인 피해도 끔찍했지만, 그렇다고 이런 피해가 일본 전체에 미친 경제적 충격의 규모를 다 담아내지는 못했다. 이번 지진은 일본 전역에서 감지되었고, 원자력 재난뿐 아니라 다른 산업계에 미친 충격으로 그 자체만의 큰 해일이 발생했다. 일본 내각부는 동일본대지진을 인류 역사상 가장 경제적 피해가 큰 재난이라고 추산한다. 직접적인 피해액을 16조 9000억 엔(2100억 달러) 또는 일본 GDP의 3.5퍼센트로 보고 있으며, 이 피해액은 원전 사고와 관련된 피해는 포함하지 않았다. 또 다른 추정에 따르면 피해 규모가 1000억 달러에서 5000억 달러에 달하며, 중간값이 2750억 달러다. 한 권위 있는 평가에 따르면 미야기현의 피해로 추산해볼 때 직접 피해액은 3350억 달러이며, 모든 영향을 합친 간접 피해액은 2600억 달러다.[43] 이 수치는 내각부의 발표치보다 훨씬 높지만, 경제분석가인 하야시 만페이林万平에 따르면 높은 수치가 좀 더 정확하다. 오사카에 있는 아시아 · 태평양연구소APIR에서 재난이 경제에 미치는 영향을 분석하는 그는 정부 발표치가 "심각하게 과소평가된 것"이라고 일축하며, 실제 피해 규모는 적어도 공식 수치의 두 배에 달할 것이라고 추산한다. 그는 재건 비용을 아끼려고 피해 규모를 낮춰 잡은 게 아니겠냐고 반문했다.[44]

　정확한 수치가 어떻게 되었건 간에 3월 11일은 기념비적이었다.

비교 차원에서 쓰나미로 피해를 당한 해안 지역의 전체 경제 규모가 2조 1000억 엔이었으며, 일본 중앙정부의 연간 예산이 90조 엔이라는 점을 고려해보라.[45] 1995년 한신대지진은 피해액이 9조 9000억 엔이었으며, 1923년 관동대지진은 물가상승을 감안했을 때 피해액이 16조 9000억 엔에서 22조 5000억 엔(2100억 달러에서 2800억 달러)이었다.[46] 일본 정부는 피해를 당한 지역에 대한 재건과 복구에 전념하고 있지만, 많은 피해가 무형적이면서 그 가치도 실제 가격의 몇 배에 달하는 데다 보험에 가입하지 못했다는 다소 한가한 우려까지 감안하면 보완할 수가 없다. 비싼 보험료 때문에 일본 주택 소유자의 14퍼센트에서 17퍼센트 정도만이 지진보험에 가입한 것으로 추산된다.[47]

눈에는 덜 띄지만 경제적 충격 분야에서 이에 못지않게 중요한 측면으로 공급사슬 교란이 있다. 도호쿠 지역은 일본 경제에서 종종 변두리 지역으로 묘사되며 일본 전체 GDP 가운데 차지하는 비중이 7퍼센트에서 9퍼센트에 불과하다. 하지만 이 지역의 일부 사업은 핵심적인 역할을 맡고 있다. 공식 통계에 따르면 도호쿠 지역은 전자부품과 전기회로망, 장비 운송의 12.3퍼센트를 차지하고 정보통신기기의 14.4퍼센트를 차지한다.[48] 경제산업성은 2011년 3월 일본 제조업 생산이 15.5퍼센트 하락했다고 발표했으며, 이는 생산지수가 고안된 이래 지난 58년 동안 가장 크게 떨어진 수치였다. 이와 대조적으로 1995년 고베지진 이후 총생산은 2.6퍼센트만 하락했으며, 2008년 세계 금융위기 이후 최악의 월간 하락 수치는 불과 8.6퍼센트였다.[49] 3월 11일 이후 기록된 하락의 절반 이상은 교통 장비 생산의 감소가 반영된 결과로, 3월에 46.7퍼센트나 하락했다.[50] 마치 이러한 파급효과가 얼마나 큰지를 보여주듯 자동차 생산은 54.2퍼센트 하락했다.[51]

도호쿠 지역의 기업들은 글로벌 차원의 생산에서도 중요한 역할을 하고 있다. 가령 기업 두 곳에서 전 세계 실리콘웨이퍼 생산의 25퍼센트를 차지하고 있었다. 또한 LCD패널 제작에 필요한 소재, 인쇄회로기판, 그 밖의 다른 집적회로 부품을 생산하는 기업들이 큰 피해를 당했다.[52] 많은 공장이 다시 온라인으로 가동되었지만, 인프라 피해로 글로벌경제 재진입이 불가능해졌다. 이바라키현 히타치항日立港의 폐쇄로 일본 덤프트럭 수출의 81.4퍼센트가, 후쿠시마현 오나하마항小名浜港의 폐쇄로 일본 비닐클로라이드 수출의 53.9퍼센트가 손실을 보았다. 또한 센다이仙台 공항의 침수로 일본 시계 무브먼트* 수출의 16.7퍼센트가 중단되었다.[53]

앞에서 언급한 바와 같이 후쿠시마원전에서 발생한 사건은 체르노빌 이후 최악의 원자력사고를 초래했다. 방사능 유출이 체르노빌의 10분의 1 수준이었고 오염 지역도 10분의 1에 불과했으나, 후쿠시마에서 사고 역사상 최대 규모의 방사능 물질이 해양으로 유출되었다.[54] 화재를 진압하려고 뿌린 물이 수증기나 물 형태로 배출되면서 요오드, 세슘, 스트론튬, 플루토늄과 같은 방사성핵종放射性核種이 지하수나 해양으로 유출되었다. 2011년 6월 발표한 도쿄전력의 잠정 보고서는 지진 발생 후 첫 100시간 동안 플루토늄(Pu-238, 239, 240, 241)이 공중으로 유출되었으며, 유출량은 1200억 베크렐, 50그램에 달한다는 사실을 시인했다. 프랑스 방사선방호·원자력안전연구소 IRSN가 2011년 10월 발표한 연구보고서는 약 2.7×10^{16}베크렐의 세슘-137(약 8.4킬로그램)이 3월 21일부터 7월 중순까지 해양으로 유출되었다고 결론을 내렸다. 하지만 유출된 방사능 물질은 수십만 톤의 물로 증류되었다. 토양오염도 대피 지역 외부까지 유출된 것으로 주

• 　배터리 시계가 아닌 자동시계 구동장치 부품.

목받았으며, 방사능은 멀리 요코하마 지역에서도 감지되었으나 전문가들은 몇몇 특정 보고서에 과민하게 반응을 보이는 것을 경계했다. 방사능 오염으로 사망한 사례는 없었지만(구조와 청소 작업 도중 노동자 여섯 명이 사망했지만 방사능과 관련된 사람은 아무도 없었다[55]), 한 연구에 따르면 후쿠시마사고의 여파로 "암 사망 130명(15~1100명), 암 관련 질병 180명(24~1800명)이 추가 사례로" 전 세계, 하지만 대부분 일본에서 발견되었다. 노동자 피폭으로는 2~12명의 암 사례가 발생한 것으로 예상된다.[56]

일본 정부는 허용치를 초과하는 방사능이 우유, 잎줄기채소, 표고버섯, 쌀, 쇠고기, 생선에서 검출된 사실을 발견했다. 원자로에서 80킬로미터 떨어진 지역에서 세슘에 오염된 건초와 짚더미가 발견되었다. 전문가들은 소에게 오염된 짚더미 사료를 먹여서 방사능 함유 수준이 상당히 높은 쇠고기가 나온 것으로 본다. 낫토를 짚더미로 포장하는 경우가 더러 있어서 시판되는 낫토에도 오염된 것이 있었다.[57] 민물 연어, 빙어, 잉어에서도 과다한 방사능이 검출되었다. 조사 결과 민물생선 23종에서도 높은 수준의 세슘이 발견되었다.[58] 방사능이 검출되었다는 말은 농부, 목장주, 어부 들이 다시 생업에 종사하더라도 농수산물을 판매할 수 없다는 뜻이다. 2011년 8월 일본 정부는 농부들의 손실을 상쇄하려고 오염된 지역에서 생산된 쇠고기를 구매하기도 했다. 2012년 8월이 되자 후생성은 오염된 지역에서 재배된 대부분의 채소에서 방사능을 감지할 수 없을 정도였다고 밝혔다. 하지만 정부에 대한 불신이 만연한 소비자에게 이런 발표는 별로 의미가 없었다.

이 지역에 대한 평판과 투자 계획도 피해를 보았다. 경제산업성 설문조사에 따르면 일본 제조업체의 83퍼센트는 기존 납품업체로 돌아갔다고 답했다. 기존 납품업체로 돌아가지 않은 제조업체 가운데

58퍼센트는 일본 내 다른 납품업체에서 물품을 구매하며, 42퍼센트는 해외 납품업체를 선호한다고 밝혔다. 일본인이 아닌 소비자들은 피해를 가장 많이 당한 지역과 관계를 회복하거나 피해 지역에서 계속 활동하는 데 그다지 열의가 없었다. 일본 기업의 33퍼센트는 지진의 영향으로 계약 종료를 요청받는 등 해외 고객과 거래가 줄어들었다고 밝혔다. 응답한 업체의 절반가량은 공급 문제가 원인이라고 지적했다. 전체 사례의 40퍼센트 이상이 원전 사고, 일본 기술과 제품 의존에 대한 의구심으로 이런 결정이 나왔다고 한다.[59] 또 다른 경제산업성 설문조사에 따르면 일본 투자를 계획하던 기업 가운데 30퍼센트가 "지진 재난으로 투자를 취소하거나 축소"하기로 했다.[60] 후지쓰총연의 선임 고문인 아베 다다히코安部忠彦는 "이러한 공급사슬에서 핵심 대들보나 다름없는 일본에 대한 신뢰가 일거에 무너졌다"라고 결론 내렸다.[61] 따라서 인구 고령화와 감소로 향후 일본 국내시장에 투자할지 여부에 대한 우려에 덧붙여 이제는 일본이 지진에 취약하면서 산업 활동이 교란될 잠재성도 있다는 국제사회의 우려마저 불식해야 한다.

"정부 역량과 능력의 한계"

3월 11일 재난의 손실을 어떤 식으로 설명하건 일본 사회 및 정체성의 핵심 요소와 제도에 끼친 계량화할 수 없는 피해도 따져봐야 한다. 일본 제도에 대한 피해부터 시작해보자. 제3장에서 설명한 바와 같이 민주당 정부는 3월 11일 재난을 잘못 다루면서 자신의 관 뚜껑에 못을 박은 셈이나 다름없게 되었다. 재난이 발생하고 한 달 뒤에 〈아사히신문〉이 실시한 설문조사 결과를 보면 응답자의 67퍼센트가 원전 사고에 대한 정부의 대응을 평가하지 않는다고 답했다. 9월이 되자 이러한 응답률이 78퍼센트까지 올라갔다.[62] 위기 기간 내내 총리실에서 근무한 정부 관계자는 이렇게 고백했다. "돌이켜보면 우리는 많은 일을 할 수 있었는데도 하지 못했다. … 총리실은 최선을 다하려 했지만, 정부의 역량과 능력이 제한되었다는 사실이 만천하에 드러났다."[63] 놀랍지도 않게 동일본대지진으로 인해 민주당은 "심각하게 신뢰를 잃었고, 국민의 지지도 상당히 깎여나갔으며, 2012년 선거 참패의 결정타를 맞았다."[64]

다양한 조사 결과에서 드러났듯이 후쿠시마원전을 운영했던 도쿄전력이 비난받아야 하는 이유는 너무나도 많다. 도쿄전력은 쓰나미의 규모를 형편없이 과소평가했는데, 이러한 패착은 역사적 기록으로 볼 때 이 정도의 파도가 도호쿠 지역의 해안을 수시로 덮쳤다는 점에서 이해하기 어렵다. 비록 역사적 기록을 보면 대형 쓰나미가 일어날 확률이 100년에 두 번 반에서 세 번 정도지만, 3월 11일의 쓰나미는 '한 세기에 한 번' 있을 법한 사건으로 여겨진다. 3월 11일 지진이 있기 불과 일주일 전에 도쿄전력과 다른 두 곳의 전력회사는 일본 정부의 지진연구위원회가 869년에 있었던 8.3 규모의 지진에 근거해 대규모 지진이 다시 발생할 위험이 있다고 경고한 연구 결과를 발표한 데 대해 이를 크게 다루지 말아 달라고 요청했다. 이들의 시도는 성공을 거두었고, 이 보고서는 추가 연구가 필요하다는 정도에서 그쳤다.[65]

도쿄전력의 아집은 2008년 내부 연구 결과 후쿠시마원전 단지가 범람할 수 있다는 경고가 있었다는 점에서 납득할 수 없거나 괘씸한 수준이다. 이 분석은 1896년에 발생했던 지진에 기반을 두었으며 7.3미터에서 9.4미터의 파도를 예측했다. 도쿄전력 관계자들은 방파제를 넘길 정도로 충분히 큰 파도가 있을 수 있다는 예측을 묵살했고, 이 보고서는 도쿄전력에서 3년 동안 회람되고 나서 원자력안전·보안원에 제출되었다. 얄궂은 운명의 장난인지 이 보고서는 재난이 발생하기 나흘 전에 원자력안전·보안원에 접수되었지만, 도쿄전력 관계자들은 이러한 추정치는 '잠정 추산치'에 불과해서 조치를 취할 계획이 없었다고 말했다.[66]

도쿄전력은 궁극적으로 "원전 사고의 원인은 위험평가에 대한 자신들의 지나치게 낙관적인 시각과 안전 및 훈련 경시, 적절한 대응책 채택 실패 때문이었다"라고 시인했다.[67] 도쿄전력은 2012년 10월 분석보고서에서 4개월 전에 작성된 보고서상의 내용보다 더 많은 문제점도 시인했다. 즉, 심각한 사고 발생 가능성에 대한 "주의 부족", 심각한 사고에 대한 조치가 필요하다고 인정할 경우 수반되는 "소송 위험"에 대한 우려, 적절한 조치 시행 시 "원전 부지 마을과 대중의 우려가 악화되고 반핵운동에 힘이 실릴 것"이라는 걱정, "엄격한 사고 대응 조치가 자리 잡을 때까지 원전 가동이 중단될 수도 있다는 두려움" 등이다.[68]

폭로된 '안전 신화'

3월 11일에 발생한 사건들은 원자력발전을 장려했던 겐시료쿠무라의 모든 요소가 연쇄적으로 실패한 결과였다. 일본은 원자력에너지 프로그램을 시작한 이래 그와 관련된 두려움을 극복하려고 사용할 수 있는 모든 수단을 동원했다. 유일한 원자폭탄 피폭국으로서 일본은 원자력을 다루면서 수반될 수 있는 위험을 너무나 잘 알고 있었다. 이러한 민감성은 1954년에 어선인 다이고후쿠류마루第五福龍丸호가 미국의 수소폭탄 실험으로 발생한 낙진에 오염되면서 더욱 높아졌다. 진단 결과 이 어선의 모든 승조원이 심각한 방사능 질병에 시달리고 있었다. 무선기사인 구보야마 아이키치久保山愛吉는 수소폭탄의 첫 번째 희생자가 되었다. 1955년이 되자 당시 전체 일본 인구의 3분의 1가량인 3000만 명이 수소폭탄 금지를 촉구하는 청원에 서명했다.

이처럼 일본 대중은 때로는 '핵 알레르기nuclear allergy'라고 비유될 정도로 민감하게 반응했지만, 일본 정책결정자들은 원자력 개발을 간절히 원했다. 부존 천연자원이 거의 없는 일본으로서는 산업화와 근대화를 거치면서 에너지를 안정적으로 공급받고 에너지 수요도 관리하고자 분투해왔다. 에너지 안보는 제2차 세계대전으로 치닫게 했던 일본 정책의 주요 동인 가운데 하나였으며 미국과 갈등을 빚었던 가장 중요한 요인의 하나이기도 했다. 제2차 세계대전 후에도 또다시 원자재의 안정적 공급과 해외 자원에 대한 의존이라는 문제에 직면해 일본의 정책결정자들은 전후 경제개발을 위한 에너지 확보의 최선책으로서 원자력발전을 바라보았다. 이들은 곧바로 국가 원자력 프로그램을 설립했으며, 이러한 논리는 오늘날에도 일본인의 사고방식을 밀어붙이고 있다.[69]

일본의 원자력에 대한 집착에는 원자력이 안전하다는 믿음이 그 중심에 있었다. 정부와 산업계 그리고 원자력에너지 규제 당국은 회의적이며, 때로는 두려움을 내비쳤던 사람들에게 사고로 인한 피해는 무시해도 될 정도이고 원자력발전은 대중의 보건과 안전에 위협이 되지 않는다면서 안심시켰다. 이러한 결론은 현혹되지 않은 외부인이 보기에는 근거가 없었다. 한 비판가는 일본이 핵연료주기*를

• 　우라늄 채광부터 정련, 핵연료 생산 및 핵무기 개발이 가능한 우라늄 농축과 플루토늄 재처리까지 걸리는 모든 핵 처리 과정을 일컫는다.

확보하기까지 공들인 노력의 역사가 "실패와 날조 그리고 왜곡된 정책"으로 점철되었다고 지적했다.[70] 3월 11일은 이러한 가정과 안심을 산산조각 냈다. 2011년 7월 간 나오토 총리는 일본의 지질과 빈번한 지진 및 쓰나미, 특히 태평양 연안에 자리 잡은 원전시설 6기 때문에 일본의 안전한 원자력발전을 믿을 수 없다고 말했다. 6개월 후에 일본 원자력규제위원회는 제3원자로 바로 밑에 활성 단층대가 자리 잡고 있다는 사실을 발견했다고 발표했다.[71] 일본의 원자력 관련 관료와 규제기관들이 느슨하다는 우려 속에 일본에 있는 원자력발전소 48곳은 모두 한층 더 높은 수준의 점검을 받게 되었다. 1년 이내에 모든 원자력발전소가 안전 점검을 이유로 가동이 중단되었고, 원자력에너지를 계속 존속시킬 것인가에 대해 전국적으로 심각한 논쟁이 벌어졌다.

비판가들은 절대로 안전하다는 신화를 만들어내려 했던 노력이 일본의 원자력발전에 부수된 위험을 오히려 증가시켰다고 공격했다. "원자력발전이 절대적으로 안전하다는 데 근거한 홍보 노력이 히로시마와 나가사키에 투하되었던 핵폭탄으로 형성된 강력한 반핵 정서를 누그러뜨리기 위해 필요하다는 판단이 있었다."[72] 이러한 캠페인을 추진한 단체들은 자신들의 대의명분을 위해 터무니없고 명백히 위험할 정도로 극단적으로 나갔다. 예를 들어 관료, 규제기관, 업계 지도자 들은 원자력사고에 대비하는 것조차도 원전 인근에 사는 주민을 불안하게 할 수 있다고 두려워했다. 결과적으로 원전 사업자가 지진으로 인한 핵 사고에 대비한 훈련을 하자고 제안하면 원자력규제 당국은 그런 시나리오가 "불필요한 우려와 오해"를 초래할 수 있다고 반박했다. 이 훈련은 결국 심각한 폭설이라는 시나리오에 따라 실시되었다. RJIF는 2014년에 발표한 후쿠시마원전사고 보고서에서 절대 안전에 대한 신화가 "심각한 사고의 방어책이 있다는 것만으로도 원자력발전의 안전에 대한 대중의 우려를 자아낼 수 있다"라는 점을 암시한다고 지적했다.[73] 마찬가지로 원전 사업자와 규제 당국은 최신 과학 연구나 혁신 결과를 수용하여 시스템을 개조하려 하지도 않았다. "만약 그렇게 바꾼다면 원자력 공동체는 기존 안전조치나 규제가 충분하지 않고 기존 원자력발전소가 '절대 안전'을 담보하지 못했다는 것을 인정하는 셈"이 되기 때문이다.[74]

3월 11일 삼중재난과 관련하여 필독 연구서를 작성한 리처드 새뮤얼스는 '소테가이そうていがい, 想定外(상상 밖의)'라는 단어가 "3·11 이후 국가 담론을 지배하게 되었다"라고 관찰했다.[75] 이 단어는 도쿄전력 당국자와 도쿄전력을 두둔하는 사람들이 노심용융을 과소평가하고 이러한 위험이 합리적 예상을 뛰어넘었기 때문에 실패한 것이 아니라고 암시하는 차원에서 처음 사용되었다. 그러나 근본적인 걸림돌은 궁극적으로 상상력이 필요하지 않다는 점이 분명해졌다. 즉 이익 추구, 관료주의적 방해, 집단사고 등이다. 도쿄전력의 기획에 대한 전제나 사업 절차가 도전받자, 도쿄전력은 그렇게 바꾸려면 발전소를 중단시켜야 하고 비용이 증가되며 기업 손익에 영향을 준다고 주장하면서 맞받아쳤다. 규제 당국은 변함없이 도쿄전력의 전문지식을 따랐다. 이런 묵인은 단순한 규제 포획을 넘어 규제 당국과 규제 대상인 정부와 기업의 견해가 폭넓게 일치한다는 점까지 보여주었으며, 이는 일본 전역에서 흔한 현상이었다. 도쿄전력 후쿠시마원전 사고 조사위원장인 구로카와 박사는 이를 전형적인 일본 스타일로 여겼다. 하지만 그런 형태의 집단사고는 어떤 역사적·문화적 뿌리와 무관하게 대부분의 국가나 관료사회에서 드러나고 있다.

이와 같은 기업의 실패는 이완된 관료와 규제 인프라 때문에 악화되었다. 이 사고에 대한 국회 공식보고서는 다음과 같이 문제점과 실패를 길게 열거하고 있다.

규제 당국은 원자력안전을 감시하고 감독하지 못했다. 전문지식의 부족으로 '규제 포획' 현상이 발생했고, 적절한 규제 조치의 이행이 지연되었다. 이들은 사업자가 자발적 근거로 규제를 적용하도록 함으로써 직접적인 책임을 회피했다. 규제 당국이 정치권과 원자력에너지를 옹호하는 정부 부처, 사업자로부터 독립적이라는 것은 보여주기에 불과했다. 이들은 무능했고 전문지식과 원자력발전의 안전을 확보하려는 의지도 없었다. 더욱이 이 기관은 투명하지조차 못했다.[76]

오사카대학 대학원 국제공공정책연구과의 외교정책연구원인 사토 하루코는 "'겐시료쿠무라'는 전후 개발 국가의 지배적인 논리를 반영한다. 전후 일본의 최우선 목표는 모든 수를 써서라도 경제적 이익을 추구하는 것이었다. 서방세계를 따라잡고 추월하려는 노력으로 국가와 사회는 하나의 거대한 기업, 이른바 '일본주식회사Japan Inc.'처럼 움직였다. 일본 정치에서 집권당인 자민당은 일본 산업정책의 일환으로서 원자력에너지를 증진하는 데 신중함보다 무사안일이 지배하도록 방치했다"라고 설명했다.[77]

3월 11일은 이런 신화를 만든 사람들을 꾸짖지 않았다. 일본이 위기 후 에너지 정책에 관해 토론할 때 언론은 전력회사, 규제 당국 그리고 그 밖의 당사자들이 국가 공청회를 조작해 원자력을 지지하는 견해를 이끌어내려는 시도를 폭로했다.[78] 〈재팬타임스〉는 사설에서 "자원에너지청과 원자력안전·보안원, 경제산업성이 홋카이도北海道, 도호쿠東北, 주부中部, 시코쿠四国, 규슈九州 등 다섯 곳의 전력회사에 직원과 다른 사람들을 동원해 회의나 심포지엄 등에서 원자력발전을 지지하는 의견을 표명해달라고 요청했다"[79]라고 지적했다.

하지만 언론도 문제를 은폐했으며 전력회사에서 재정을 지원받아 원자력발전의 긍정적 측면만 강조했다는 점에서 공범으로 고발당했다. 학계나 그 밖의 다른 사상가들도 유사한 방식으로 가담했다고 비난받았다. 3월 11일 재난의 여파로 정부, 기업 그리고 여타 엘리트들의 실패가 고구마 줄기 나오듯이 계속 폭로되면서 일본의 지도부에 대한 환멸이 만연하게 되었다. 후쿠시마사고가 건강에 미친 영향에 대한 회의에서 사사카와 요헤이笹川陽平 일본재단 회장은 정부의 "늑장 반응과 사후 보고, 무수한 은폐"를 비난했다. 그는 일본 중앙정부와 도쿄전력을 "부정직하고 자격 미달이고 불투명"하다며 규탄하고 "사람들이 아무것도 신뢰하지 못하게 된 게 놀랍지도 않다"라고 말했다.[80]

사사카와가 "아무것도 신뢰하지 못한다"라고 강조한 사실이 옳았다. 매년 세계 25개국에서 공공 신뢰에 대한 설문조사를 실시하는 권위 있는 여론조사기관 에덜먼트러스트바로미터Edelman Trust Barometer의 2012년 설문조사 결과에 따르면 일본 정부와 언론, 비정부기구에 대한 신뢰도가 설문조사 사상 처음으로 두 자릿수 퍼센트포인트나 떨어졌다. 특히 정부가 가장 큰 타격을 받았다. 정부 대변인에 대한 신뢰도는 8퍼센트였으며, 전년도에 비해 무려 55퍼센트포인트가 하락했다. 정부에 대한 신뢰도 반 토막 나서 일본 내 지식 계층은 25퍼센트, 일반 대중은 24퍼센트만이 정부가 옳은 일을 하고 있다고 답했다. 1년 전에는 정부가 하는 일이 옳다고 답한 지식 계층의 비율이 51퍼센트였다. 이 수치도 그다지 인상적이지는 않지만 그래도 사고가 난 이후 조사 결과의 두 배였다.[81] 언론(12퍼센트)과 비정부기구(21퍼센트)도 두 자릿수 퍼센트포인트 손실이 있었지만, 산업계에 대한 신뢰는 단지 6퍼센트포인트만 떨어졌다. 하지만 특정 업계는 심각하게 타격을 받았다. 에너지 업계가 최악의 타격을 받아 46퍼센트포인트가 떨어지고, 은행과 금융서비스는 각각 20퍼센트포인트와 17퍼센트포인트 떨어졌다. 통신업계도 17퍼센트포인트 떨어졌다.[82]

자위대에 대한 재평가

두 조직이 이 어려운 시기에 구원을 받았다. 자위대와 미일동맹은 위기 대응에서 압도적으로 긍정적인 평가를 받았다. 전후 일본에는 "강력한 반군국주의 정서와 평화주의 성향 그리고 자위대에 대한 일종의 알레르기 반응"이 있었다고 방위대학교防衛大学校 가미야 마타케神谷万丈 교수는 말했다.[83] 하지만 이런 정서가 변했고, 가미야는 3월 11일 덕분이라고 본다. 삼중재난에 대한 자위대의 대응은 전례가 없었고 영웅적이었으며, 자위대 역사상 가장 많은 자위대원을 동원한 사례였다. 거의 10만 7000명이 참여했으며, 여기에는 1954년 자위대를 창설한 이래 처음으로 동원한 예비군* 두 개 부대도 포함되었다. 전체적으로 자위대 인력의 45퍼센트를 이번 위기에 투입했다.[84] 추가적으로 항공기 540대와 선박 59척도 배치했다. 자위대는 수색과 구조 활동, 식량 제공, 의료 지원과 보건 서비스 등의 구호 활동 주도, 도로 보완과 장애물 제거 그리고 공항과 항만 같은 피해 시설의 잔해 제거, 구호물자 수송, 급수와 오염 제거와 원자력발전소 사고 대응 관련 감시 활동 지원 등과 같은 다양한 업무를 수행했다.[85] 전체적으로 자위대는 보급품 1만 3906톤과 물 3만 2985톤을 수송하고, 500만 끼니가 넘는 식사를 전달했으며, 100만 명 이상에게 목욕 서비스를 제공했다.[86] 방위성은 구조자 2만 7000여 명 가운데 70퍼센트인 1만 9000명을 구조했던 것으로 추정한다. 자위대원은 재난으로 사망한 사람 가운데 수습된 시신 1만 6000여 구 중 약 60퍼센트를 찾아냈다. 후쿠시마원전의 화재를 진압할 때 필요한 물을 나르는 데도

• 　예비자위관予備自衛官이라고 부른다.

자위대의 물 트럭과 헬리콥터가 핵심적인 역할을 했다. 비록 그 과정에서 자위대원이 방사선에 상당히 위험한 수준으로 노출되었지만 말이다. 자위대 고위 관계자는 조종사와 대원의 헌신과 노고에 경외심을 보였다. 전직 조종사는 이들이 마치 전쟁에 임하는 듯한 각오를 보였다고 설명했다.[87]

가미야는 자위대의 대응이 군에 대한 일본인의 사고를 바꾸었다고 믿는다. 내각부가 실시한 설문조사에 따르면 응답자의 97.7퍼센트가 재난에 대응하려 자위대를 배치한 것을 긍정적으로 평가했다. 추가적으로 응답자의 91.7퍼센트가 자위대에 대한 인상이 긍정적이라고 했는데, 이는 설문조사를 실시한 이래 가장 높은 수치였으며 그 전에 실시했던 2009년 조사 결과보다 11퍼센트포인트가 높았다.[88] 응답자의 72퍼센트 이상이 만약 가까운 지인이 자위대에 입대하겠다고 하면 괜찮게 볼 것이라고 밝힘에 따라 가미야의 주장은 한층 더 설득력이 있었다. 역사적으로 일본인으로서는 이를 받아들이기가 어려웠다. 1991년에는 불과 29퍼센트만 자신들과 가까운 지인이 자위대에 입대하는 것을 지지한다고 응답한 반면, 44퍼센트는 그런 직업 선택을 반대한다고 응답했다. 2006년이 되어서야 절반 이상의 응답자(51.8퍼센트)가 그러한 결정을 지지하겠다고 밝혔다.

자위대에 대한 긍정적인 시각은 군을 주요한 국가정책의 수단(그리고 힘의 투사 수단이 아니라 단지 재난에 대응하거나 평화를 유지하는 수단)으로 활용하는 일에 오랫동안 반대해왔던 국내의 반대 여론을 극복하는 데 도움이 되었다. 재난 직후에 분석가인 가미우라 모토아키神浦元彰는 3월 11일이 "자위대가 일본 국민에 대한 자신들의 가장 큰 기여가 긴급 구조 분야일 수도 있음을 입증할 이상적인 계기"를 마련해주었다고 주장하면서 "일본 국민이 오늘날 군에 무엇을 기대하는지를 완벽하게 보여주었다"라고 지적했다.[89]

이러한 매력은 일본 국내에만 국한되지 않는다. 일본 정치인과 군 관계자 그리고 안보 전문가들은 3월 11일의 경험을 활용해 아시아 지역 내 일본의 존재감과 역할을 확대해야 한다는 논거를 제시했다.[90] 자위대에 대한 새로운 평가는 일본 국민이 그동안 받아들이고 활용하기를 꺼렸던 국가 권력의 새로운 도구 수단에 대한 새로운 사고를 증진한다. 종종 재난으로 피해를 당한 동남아시아에서의 '인도적 지원과 재난 구호HADR'를 위한 자위대 투입 준비 태세는 지역 안보와 일본의 이미지 개선에 크게 이바지할 것이다. "인도적 지원과 재난 구호 활동은 논란을 초래하지 않으면서도 전 지구적인 공공선公共善에 이바지하는 유형적인 '지상군 파병'을 공개적으로 보여줄 파병 기회를 제공한다."[91]

3월 11일은 일본인이 세계와 어떻게 관계를 맺고 있는지 생각하는 데 또 다른 중요한 의미를 지니게 되었다. 일본 외무성은 163개 국과 지역, 43개 국제기구가 삼중재난 이후 일본에 접촉해왔다고 명단을 작성했다. 일반적인 원조 제공 제안에서부터 구호팀, 보급품, 기부금 등 모든 형태가 있었다. 이 중 어떤 항목은 놀라웠다. 동티모르는 잔해를 제거할 인력 100명을 보냈다. 캄보디아는 원조금으로 10만 달러를 송금했다. 인도네시아는 구조대와 의료 인력, 보급품을 보냈고 따로 200만 달러를 기부했다. 몽골은 구조대를 보냈으며 100만 달러를 보급품과 같이 기부했다. 심지어 일본에 대해 감정이 복잡한 한국과 중국도 이러한 우려를 불식하고 돕고자 나섰다. 중국은 연료 2만 톤과 식수 10톤 외에도 구조대를 보냈고, 거의 500만 달러어치의 인도적 구호품을 제공했다. 한국은 연인원 100명이 넘는 구조대를 보냈으며, 원자로의 방사능 문제를 해결하는 데 필요한 붕산을 비롯해 인도적 구호품을 전달했다. 대만 정부는 구조대 두 팀을 파견하고 공공과 민간 분야의 성금을 통해 2억 4300만 달러 이상을 원조했으며, 이는 다른 어느 나라나 단체보다도 큰 규모였다. 2012년 9월 30일까지 일본은 전 세계에서 88억 엔에 이르는 원조를 받았으며, 이 원조는 일본인에게 이후 이어질 고난을 극복하면서도 외부 세계와 계속 교류할 필요가 있다는 점을 상기하는 데 도움이 되었다.[92]

다음으로 중요한 결과는 미군이 현장에서 자위대와 어깨를 나란히 하며 구호 활동을 해서 미일동맹에 대한 지지가 높아졌다는 점이다. 재난이 발생한 다음 날 일본 정부의 대응을 지원하려고 주일미군의 합동 태스크포스가 설치되었다. 2만 4000명 이상의 미군 장병, 로널드레이건호 항모전단을 포함한 군함 24척 그리고 비행기 189대가 미국과 일본의 역대 최대 연합 군사작전인 도모다치작전Operation Tomodachi*을 수행했다. 인도적 지원을 제공하고 인프라 잔해를 제거하는 작업 외에도 후쿠시마에서 벌어지고 있는 위기에 대응하고자 미국의 화생방 전문가들이 일본에 파견되었다. 무인 드론과 같은 정찰 자산이 일본에 대여되어 원전 시설의 정보를 실시간으로 제공했다. 특히 중요한 점은 현장에 투입된 많은 미군 장병이 오키나와에 주둔하던 해병이었다는 사실이다. 미 해병은 미국과 일본에 많은 골칫거리를 유발했으나, 이들이 3월 11일의 재난에 대응하러 나서면서 이들에 대한 일본 대중의 이미지가 개선되었다.[93] 미군의 대응은 원전 사고 후 일본 내 많은 외국인과 일본인이 본능적으로 도호쿠 지역에서 도망치거나 때로는 일본을 떠나는 모습과 현격히 대조되었다. 자신들의 피해를 감수하고라도 미군이 일본을 도울 준비가 되어 있는 모습은 일본 안보에 대한 미국의 공약이 강하지 못하다는 인식

•   도모다치友達는 일본어로 친구를 뜻한다.

을 불식하는 데 도움이 되었다. 사토 하루코는 "3월 11일은 미일동맹에서 거대한 사건이었다. 일본 대중은 처음으로 군사동맹이 어떤 것인지 알게 되었다"라고 결론을 내렸다.[94]

일본 대중은 이 메시지를 받아들인 것처럼 보였다. 2012년 내각부가 실시한 설문조사에 따르면 응답자 가운데 79.2퍼센트는 도모다치작전이 성공적이라고 답했으며 81퍼센트는 미일 상호 협력과 안전보장조약이 일본에 도움이 된다고 생각했다. 응답자의 82퍼센트 이상이 "일본의 안전을 유지"하는 데 최선의 방법이라는 데 동의했고 3년 만에 5퍼센트포인트가 상승했다. 반면 조약을 파기하고 일본이 자위대에만 의존해야 한다는 의견은 8퍼센트 미만에 불과했다.[95]

3월 11일 재난에 대한 아시아의 대응은 많은 일본인의 두 눈을 뜨게 해주는 놀라운 계기가 되었다. 일본의 국제 활동 참여와 특히 동남아시아와의 관계에 집중해왔던 NHK 선임 평론가인 도덴 아이코 德傳愛子는 "일본은 아시아 안에 있지만, 자신들을 그 밖의 다른 아시아로부터 고립시키는 정서가 있다"라고 지적했다.[96] 일본인의 심리적 지도는 3월 11일에 내부적으로 파열했다. 도덴은 위기 이후 쇄도했던 원조와 특히 일본의 공적개발원조를 받는 나라들의 원조는 "일본에 충격적이었다"라고 말했다. "몇몇 사람들은 일본이 더 가난한 나라의 도움을 받는 데 대해 불편하게 생각했다." 이들 나라는 일본이 원조 공여국이고 자신들은 원조 수혜국이라는 전통적인 역할로 정의된 관계에서 벗어나 일본과 '좀 더 성숙하고 평등한 관계'를 맺을 준비가 되어 있었다. 이를 위해서 일본은 새로운 시각이 필요하며, 일본인은 자신을 우월하게 여기는 생각을 버려야 한다. 도덴은 아세안 사무국이 조직하고 일본재단이 후원한 아세안 국가들에서 온 청년 봉사단원의 도호쿠 지역 구호 활동을 취재했다. 이러한 노력은 일본과 이웃 국가들이 새로운 역할을 개척해나가는 데 새로운 가능성의 조짐이 되었다. 도덴은 "일본인이 동남아인에게서 도움을 받았다는 생각은 새로운 관계가 등장하고 있다는 신호이기도 하다"라고 설명했다.

전직 외교관인 아카시 야스시明石康도 일본 국민은 "아시아 국가들이 보여준 깊은 우려에 상당히 크게 감동받았다"라고 지적하면서 동의했다.[97] 아카시는 일본 국민이 과거에 도움을 주었던 국가들로부터 원조를 받게 되자 잠깐 멈춰 서서 이 지역에서의 관계를 다시 고려하게 되었다고 언급했다. "우리는 우리 자신과 우리가 갖고 있는 것 가운데 상당히 많은 부분을 비일본적인 유산에 신세지고 있다." 하지만 그는 일본의 문화유산을 거론하면서 "일본인이 이러한 문화 유입의 근원이 어디였는지를 망각하는 경향이 있다"라고 고백했다. 일본이 20세기에 엄청난 성공을 거두면서 "일본인은 눈이 멀었고" 이러한 흐름이 "섬나라 근성으로 생긴 오만"으로 한층 더 심해졌다. 이제 아카시는 일본인이 자신들이 얼마나 중국과 한국에 빚을 지고 있는지 평가하기 시작했다고 본다. "일본인의 문화와 지적 뿌리에 대한 재발견이 이루어지고 있다."

항상 낙관적인 아카시는 3월 11일의 사건들이 동아시아를 재형성하는 데도 도움이 되리라고 희망한다. 그는 규모 8.5의 지진으로 쓰나미와 화재를 일으켰고 사망자가 1만 명에서 10만 명 사이로 추산된 1755년의 리스본대지진에서 영감을 얻었다. 지진으로 정치적·경제적·사회적 혼란이 발생함에 따라 포르투갈의 식민주의 야망이 종식되었다는 것이다. 대지진이 포르투갈을 제국의 꿈에서 깨어나게 했지만, 동시에 유럽 전역에 지적인 혁명을 촉발해 볼테르, 장 자크 루소, 이마누엘 칸트와 같은 사고를 유발했다.[98] 아카시는 대대적 파괴의 여파로 유럽 사상가들이 유럽을 민족국가가 아니라 공통의 단위로 생각하는 경향이 좀 더 생겼다고 주장했다. 3월 11일의 재난도 마찬가지로 중요한 시기가 될 수 있으며, "동아시아에서 서로 다투는 국가들이 아시아인이라는 새로운 관념에 참여하게 될 것이다." 이는 야심 찬 생각일 수도 있다. 적어도 후쿠오카에서 근무하는 한 일본 중앙정부 소속 관료는 일본이 "아시아 국가들에 무엇인가 돌려주어야 한다는 점을 받아들여야 하며, 우리는 그들을 돕고 그들과 함께 평화롭게 공존해야 한다"라고 보았다.[99]

"자연재해가 우리를 발가벗겼다"

3월 11일의 사건은 일본인의 심리에 큰 상처를 주었다.[100] 가장 크게 상처받은 이들은 모든 걸 잃어버린 도호쿠 주민이었다. 자존심과 자립심이 강하고 전통적으로 도쿄를 미더워하지 않았던 이 지역 주민에게는 쓰나미가 자신들의 재산을 박탈했을 뿐 아니라 생계와 역사 그리고 땅과 공동체에 대한 유대 관계까지 가져가 버렸던 것이다. 3월 11일은 그들한테서 일상적인 삶의 요소들을 빼앗아갔으며, 기념물과 그들의 역사를 떠올려주는 것들까지 지워버리면서 과거마저 강탈해갔다. 이러한 피해에 덧붙여 이 재난으로 말미암아 지역공동체는 중앙정부에 자신들의 미래를 의존할 수밖에 없게 되었다. 그날은 주민의 삶을 산산조각 냈으며, 그들의 세계에 물리적·문학적·심리적 구멍을 내버렸다. 쓰나미는 마을 전체와 마을이 담고 있던 모든 것을 휩쓸고 새 출발을 하도록 했다.

그리 놀랄 일도 아니지만 정신건강 전문가들은 생존자들에 대해 크게 우려했다. 불확실성, 고립, 방사능에 대한 두려움이 일상적인 걱정이 되었다. 어느 정신의학 유행병역학 전문가는 "사람들이 극도로 두려워하면서 깊이 화가 나 있다"라고 설명했다.[101]

그러나 심리적 충격은 도호쿠 지역 너머까지 확장되었다. 3월 11일의 재난으로 모든 일본인은 자신들과 일본 사회에 관한, 그들이 누구인지와 그들이 만든 나라에 관한 근본적인 믿음을 응시하도록 강요받았다. 어떤 경우에는 3월 11일의 재난이 확인과 긍정을 제시해주었지만 어떤 경우에는 그다지 인상적이지 않았다. 오사카대학 명예교수이며 아시아·태평양연구소 고문이자 연구원인 하야시 도시히코林敏彦는 이렇게 설명한다. "자연재해는 우리 자신과 숨겨왔던 어젠다, 사회의 회복 능력을 드러내준다. 큰일이 발생하면 균열이 벌어지고, 우리는 사회와 일상의 삶을 깊숙이 들여다보게 된다."[102] 3월 11일 직후 하야시는 자원봉사와 열정 그리고 일본인 사이의 강력한 연대감을 보았다. "지옥과 같은 시기에 좋은 것들이 샘솟아 오른다."

몇몇 일본인은 새로운 목적의식을 느꼈다. 교토대학 법학부 국제문제 교수인 나카니시 히로시는 3월 11일은 "어찌 되었건 우리에게 일본 사회의 강점을 재발견하게 해주었다"라고 설명했다. "우리는 정치적·경제적으로 잃어버린 20년을 이야기한다. 우리는 쇠퇴하고 있으며 갈수록 현재와 미래가 어렵다고 느낀다. … 그러나 일본인은 재난을 성숙한 시민의식으로 받아들였으며, 그로 말미암아 자부심을 얻었다. 일본인은 자신에 대한 믿음을 되찾고 있다."[103]

특히 젊은 일본인은 공동체의식과 공동의 목적의식을 발견했다. 게이오대학慶應大学 법학전문대학원 학생인 야마자키 요리코는 "3월 11일 이전에 사람들은 일본인의 정체성을 모호하게 느끼고 있었다. 이제 사람들은 일본에 이바지하고 세계에서 해야 할 일본인의 역할에 대한 사명감이 생겼다. 일본인이라는 게 무엇을 의미하는지에 대한 생각을 강화시켰다"라고 말했다.[104] 그녀의 친구이자 게이오대학에서 박사과정을 밟고 있는 이가타 아키라도 공감했다. "3월 11일 이전에는 공동체의식이나 일본인답다는 생각이 없었다. 이제는 우리 모두가 같은 배에 타고 있으며 미래에 관해 생각해야 한다는 느낌이 든다."[105]

전직 변호사이자 외교관이었던 아가와 나오유키阿川尚之 게이오대학 부총장은 이러한 현상을 좀 더 폭넓게 바라보았다. "최근의 일본 역사에서 처음으로 끔찍한 사건이 발생했으며, 특히 젊은이들은 일본인이 무엇을 의미하는지 자각하게 되었다. 처음으로 그들은 자신들이 도움이 될 수 있다고 보았다." 아가와는 이 세대가 "열심히 일하고 단결해야 한다"라는 새로운 목적의식이 생겼다고 믿는다.[106] 또한 3월 11일의 뜨거운 충격이 가실 수도 있지만, 정신만큼은 남아 있을 것이며 필요하면 다시 강하게 발현될 준비가 되어 있다고 믿는다.

쓰나미로 가장 큰 피해를 당한 마을 중 하나인 오후나토시大船渡市에서 성장한 전직 TV 프로듀서 이시나베 히로코石鍋博子가 보는 3월 11일은 일본인에게 "그들이 어때야 하는지"를 재발견하는 데 도움이 되었다. 일부 관찰자는 일본인이 재난에 직면해서도 침착하게 회복력을 보이는 모습에 감명받았지만, 이시나베는 그러한 찬사를 일축한다. "아마도 서방세계는 폭력과 소요 행위가 없었던 점이 대단하다고 생각했을 수도 있다. 하지만 일본인의 시각에서 그건 논쟁거리조차 못 되었다."[107] 모든 것이 파괴되었는데도 이시나베는 3월 11일의 재난으로 잠재적인 이익을 얻을 수도 있다고 보았다. 이 재난은 "일본인은 어떻다가 아니라 어떻게 되어야 하는지를 불러일으켰다." 좀 더 설명해달라고 요구하자 이시나베는 하나씩 열거했다. "자연과 조화를 이루는 삶의 방식, 다른 사람보다 자신을 내세우지 않는 가치관" 등이다. 몇몇 사람들은 이러한 결과가 '진정한' 일본인지, 아니면 이상화된 일본인지에 대해 이견이 있다. 정확성 여부는 차치하더라도 많은 일본인은 이러한 가치관을 신봉한다. 전통적인 일본 가치에 대한 재주장은 3월 11일에 발생한 사건에 맞서 나온 강력한 반응이다.

그러한 공동체의식은 일본인을 결집시키는 포인트가 되었다. 간 나오토 총리는 '유대'나 '인연'을 뜻하는 단어인 기즈나きずな, 絆 개념을 대중화했다.[108] 이 단어는 재난이 발생한 지 한 달 후 전 세계에 보낸 감사 서한의 헤드라인을 차지했으며, 〈인민일보〉에 게재되었던 중국에 보내는 감사 서한에서도 마찬가지로 명시되어 있었다.*[109] 이 단어는 3월 11일 이후 일본에서 그리고 일본과의 유대를 강화하려는 노력을 담아내는 전형적이고 다목적인 어휘가 되면서 어디에서나 볼 수 있었다. 공식 성명이나 교환 프로그램에서도 이 단어를 사용했다. 교토에 있는 사찰인 기요미즈데라清水寺의 주지승은 이 단어를 2011년을 대표하는 연례 한자로 선정했고, 일본한자능력검정협회도 2011년을 대표하는 한자로 꼽았으며, 출판사인 지유고쿠민샤自由国民社가 선정한 2011년에 가장 많이 사용한 연례 10대 유행어에도 뽑혔다.[110] 심지어 몇몇 전직 민주당원들은 2012년 1월 중도좌파 성향의 기즈나당絆黨을 창당하기도 했다.

기즈나는 자신들이 혈연과 전통으로 단결된 단일 공동체라는 일본인의 오래된 믿음을 끌어낸다. 이러한 생각이 타당한지에 대한 학계의 논란은 광범위하다. 한 논문이 주장하는 바와 같이 "일본의 이미지를 인종과 영혼, 문화라는 기본적인 주제로 단결된 공동체로 구체화하려는 시도가 있었다. 이러한 해석은 모두 집단과 집단의 노력 그리고 일본 사회의 윤리적·문화적·계층적 동질성을 강조한다."[111] 진보 성향의 간 총리가 의도적으로 보수적인 밈meme을 퍼뜨렸을 가능성은 낮다. 하지만 그는 일본인 모두가 한 나라의 구성원으로서 서

---

* 기즈나는 한국의 정情과 가까운 정서이며, 실제로 주한일본대사관은 2011년 4월 11일 홈페이지에 동일본대지진 이후 한국이 보내준 원조에 대해 총리대신 명의로 감사 메시지를 게재하면서 기즈나를 '정'으로 번역했다.

로 연계되어 있고 3월 11일의 사건이 모두에게 연관이 있다는 메시지를 주었으며, 이는 일본인 사이에서 반향이 깊었다. 그리고 과연 2012년 내각부가 실시한 설문조사에 따르면 응답자 6059명 가운데 80퍼센트가 2011년의 재난이 자신들에게 이전보다 더 큰 수준으로 사회와의 연계성이 중요하다는 것을 느끼게 해주었다고 답했다.[112] 이들에게 기즈나라는 단어는 의미가 있었고, 그 자체가 목적이자 무엇인가 한다는 것을 정당화하는 수단이었다. 기즈나라는 개념을 창조하는 것 자체가 바람직한 목표였다.

"재난이 우리를 갈라놓았다"

그러나 기즈나에 주어진 관심은(실제로 기즈나를 적극적으로 홍보해야 할 필요성도 있었지만) 기즈나의 가장 근본적인 전제가 허위라는 사실도 부각했다.[113] 일본인은 서로 연계되어 있다는 느낌이 별로 없었다. 도호쿠에서 멀어질수록 재난이 덜 중요하게 보였다. 일본 대학생과 가진 간담회에서 그들이 도호쿠 지역의 희생자들과 실제로 연대감을 느끼지 못한다는 게 주된 인식으로 드러났다. 그들에게는 기즈나를 언급하는 것이 딴청을 피우거나 콧방귀만 뀌게 하는 일이었다. 교토의 도시샤대학同志社大学 정치학과 3학년인 오하라 아카네는 간단명료하게 말했다. "3월 11일은 먼 곳에서 발생한 뉴스였습니다. 실제로 우리에게 여파가 미치지는 않았어요. 슬프기는 했지만, 실제로 우리 삶에서 바뀐 건 아무것도 없었습니다."[114] 이는 냉담하고 이기적인 학생의 시각이 아니었다. 오히려 이들은 피해자와 동질감을 느끼지 않았으며, 다른 재난 피해자에게 동질감을 느끼지 않았던 것처럼 이번 쓰나미의 피해자에게도 연계감이 들지 않았다는 걸 솔직하게 고백했을 뿐이다. 이런 부류의 사람들에게는 기즈나를 강조한다는 게 오히려 유대감이 얼마나 약한지를 강조하는 효과를 낳았다. 모든 일본인이 서로 연계되어 있다는 아이디어는 근대 일본에서 강력한 비유로 홍보되고 강조되었지만, 많은 일본인이 도호쿠 지역의 희생자를 떠올리도록 애써 강조했는데도 실패하면서 오히려 허구로 드러났다.

소수지만 목소리는 큰 세 번째 그룹도 있다. 이들은 기즈나라는 정서를 활용하는 건 사람들을 현혹하려는 냉소적인 시도라고 여긴다. 이들은 기즈나를 지지하는 세력이 영구히 사기를 치려 하고 있으며, 3월 11일 재난 이후 잇따른 위기를 악용해 쉽게 속고 남의 이야기를 잘 받아들이는 국민에게 일본에 대한 허상을 주입하려 한다고 지적했다. 이들은 기즈나를 간 총리가 의도한 바와 같이 충격에 대한 완충장치로 보지 않고, 국민의 기대 수준을 낮추고 새로운 의무를 부과하며 공동체에 대한 통제를 다시 주장하는 수단으로 여긴다. 명문 사립대인 도쿄의 아오야마가쿠인대학青山学院大学에 다니는 학생들은 3월 11일 이후 동일본대지진 희생자에게 경솔하거나 무례하게 보일 수 있는 모든 행사를 전국에서 중단했던 애도 기간에 대해 회의적인 시각을 드러냈다. 하지만 '도덕적 소비주의'가 팽배했다. 축제가 취소되었고, 매년 봄에 해왔던 벚꽃놀이가 중단되었으며, 소비자들은 외식을 하거나 쇼핑에 몰두하기보다 집에 머물렀다. 감정적으로는 사람들이 도호쿠 지역 주민의 고통에 공감해야 한다는 사실을 받아들였으며 이에 순응했다. 반면 이성적으로는 이것이 인위적이고 형식적이며, 도호쿠 지역 주민에게 별다른 영향을 주지 않을 뿐 아니라 심지어는 그들조차도 거의 관심이 없을 것이라고 보았다.[115]

평론가인 다마모토 마사루玉本偉는 이런 사고가 변화를 거부하려는 '무라샤카이むらしゃかい, 村社会' 의식이라고 일축하면서 이를 뼈아프게 지적했다. 일본을 하나의 거대한 촌락으로 보는 사고관은 따뜻

하거나 아늑한 주제를 담고 있지 않고 오히려 "병적이고 마비된 상태"를 의미한다는 것이다. 그는 "촌락의 규율이 너무나 뿌리 깊고 공고하게 얽혀 있어 구성원을 무력하게 하는 허상을 분쇄하기 위한 비판적 사고를 할 여지가 거의 없다. … 전후 일본은 복종하고 수동적인 농노들의 마을로 남아 있었고, 숨 막힐 정도로 사회적인 결속을 주입받았으며, 개별 부분이 다른 부분과 엮여 있어 혁신 가능성을 가로막았다"라고 비판했다.[116]

문화평론가인 아즈마 히로키東浩紀는 한 걸음 더 나아가 3월 11일의 재난이 기즈나의 허상을 폭로했을 뿐 아니라 기즈나라는 관념 그 자체를 훼손시켰다고 주장했다. 재난이 발생한 지 며칠 뒤 게재한 강한 어조의 기고문에서 아즈마는 도호쿠 지역 주민이 "정말로 고독한 결정에 직면했다. … 지역적 상황에 따라 시급성도 서로 일치하지 않았으며, 가족구조와 소득은 굳이 언급할 필요도 없이 더욱 부조화를 악화시켰다. … 후쿠시마원전사고는 사람들의 마음을 하나로 단결시키지 못했다. 오히려 산산조각을 냈다"라고 주장했다.[117] 겉으로 보기에는 무작위로 희생자와 생존자를 갈라놓았던 상황으로 말미암아 삶이란 "확률적이며 … 이러한 선택의 이면에는 절대적으로 아무런 의미도 없었다. 재난이 우리를 분열시켰다. 우리는 의미를 박탈당했고, 내러티브도 박탈당했으며, 확률적인 존재가 되었다." 하지만 아즈마의 지적은 여기에서 그치지 않았다. 그는 자신의 논리를 발전시키면서 3월 11일의 사건이 일본의 좀 더 근본적인 진실을 폭로했다고 결론을 내렸다. "모든 일본인이 중산층이라는 환상은 이미 오래전에 사라졌다. 그리고 전후 일본은 평등을 넘어서는 어떤 원칙도 만들어내지 못했다. 일본인은 '모든 사람이 똑같지 않으면' 서로 뭉칠 수 없었다. … 똑같은 재난에 직면해 개별 일본인의 상황에 따라 피해의 심각성과 대응 능력의 차이가 났고, … 우리는 '모든 사람이 똑같지 않다'는 점을 깨달았다."

미국 오클라호마대학교의 일본학 조교수인 기모토 다케시도 이에 동의하면서 전반적인 원자력발전 프로젝트는 일본에서 원자력발전과 관련된 위험을 떠맡는 사람들과 그 밖의 다른 사람들이라는 양분화에 의존하고 있었다고 지적했다. "후쿠시마는 대도시에 사는 사람들을 위해 원자력발전을 했고 그 사고의 결과로 고통받고 있다."[118] 그리고 이런 '희생 논리'와 같은 불의는 피난민들이 방사능에 오염되었을 수도 있다는 두려움으로 차별받는 사례가 나오면서 더욱 악화되고 있다고 덧붙였다.[119]

기모토의 주장에서 논리를 확대하면 일본의 소비문화를 겨냥하게 되며, 많은 논평가는 이 둘을 곧바로 연계했다. 사회학자인 요시미 슌야吉見俊哉는 원전 사고가 "인재人災로 전후 일본의 경제성장이 만들어낸 상황의 산물"이라고 주장했다. 그는 이 위기의 근원이 제2차 세계대전 이후 내린 결정에 있다고 본다. 일본이 산업화를 촉진하기 위해 원자력발전을 추구하고 미국의 핵우산 밑에 들어가기로 한 결정 때문이라는 것이다. 사람들은 3월 11일의 사건으로 이러한 선택이 현명했는지 의구심을 표명했고, 과학기술에 대한 대중의 강한 불신을 드러냈으며, '풍요로운 전후' 시기의 종언을 고했다.[120]

소비주의의 공허함과 개인 간 유대의 해체, 기즈나 붐을 촉발했던 공동체의식의 쇠퇴 등이 3월 11일을 이해하려 했던 많은 예술가의 사고에 잇닿았다. 소설가들은 이러한 아노미 현상과 상실감에 주의를 기울였다. 3월 11일로부터 한 달이 지난 뒤, '일본 내 새로운 글쓰기를 선도하는 잡지'인 〈멍키비즈니스〉의 편집자들은 소설가와 예술가 17명에게 "오늘날 일본이 어떻게 되면 좋겠는가"에 대한 생각을 표현해달라고 요청했다. 소설가인 시바사키 도모카柴崎友香는 사람들이 "반드시 이야기를 나누거나 가까운 친구가 되지는 않더라도(물론 그렇게 된다면 당연히 좋겠지만)" 같이 시간을 보낼 수 있는 동네 단위의 구내식당이 생기기를 원했다. "그들과 이야기를 나누건 그러지 않건 간에 그냥 서로 주기적으로 마주치면 낯선 사람이 낯익은 얼굴 정도의 수준일지언정 지인이 된다"라는 것이다.[121] 비평가인 우치다 다쓰루內田樹는 일본에 새로운 절 두 곳을 짓고 싶다고 했다. 그는 오사카 철도역 근처의 공터에 "오사카의 물질주의적 소음과 격동 속에서 평정심을 주는 오아시스로서" 대형 부처상을 세우고 싶고, 또한 도쿄에서 "영혼을 재생하고 분노한 신들을 달랠 목적으로" 원자력발전소를 신사로 개조하고 싶다고 했다. 이와 같은 신에 대한 두 건의 거대한 봉헌에는 방향감을 상실하고 에너지를 엉뚱한 곳에 쏟아붓은 일본 사회에 만연해 있는 불안감을 해소하려는 의도가 숨어 있다. 우치다는 요시미 슌야의 주장에 동조하며 "일본 열도 전체가 (정신없이 질주하는) 현대 시기를 중단하고 잠시 중독에서 벗어나야 한다"라고 제시했다.[122]

가쿠타 미쓰요角田光代는 소비주의의 공허함을 〈피스ピース, Pieces〉라는 소설에서 들여다보았다.* 이 소설은 3월 11일 정전이 되었을 때 남편이 다른 여자와 같이 있었다는 사실을 알게 되면서 자기 자신을 돌아보게 된 중년 여성에 관한 이야기다. 그녀는 성공의 덫에 빠져 즐기고 있을 때 남편의 불륜을 발견하면서 "재물을 얻는다고 행복해지지 않는다"라는 것을 깨닫는다. 이와 같이 단순한 현실을 뒤집어보아도 마찬가지로 진실이 나온다. "상실은 불행의 근원이 아니다." 이는 "행복이 재물 확보로 환원될 수 없듯, 불행도 상실로 환원될 수 없다"라는 것처럼 현대사회에서 소비주의 충동이 중요해졌다는 사

---

* 여러 작가의 단편 모음집인《그래도 3월은 또한それでも三月はまた》에 실려 있다.

실, 그리고 인생에는 밝음과 어둠, 선과 악, 소유와 상실이 냉혹하게 섞인 불교적인 진실이 있다는 교훈을 준다. 둘 중에 어느 하나만 알아서는 다른 하나는 알 수 없는 법이다.[123]

연고가 상실되었다는 점은 이케자와 나쓰키池澤夏樹가 쓴 〈아름다운 할머니의 성서美しい祖母の聖書〉의 핵심 주제다.* 이 소설은 미국 애리조나주로 이민 가기로 했던 결정을 취소하고 고향으로 돌아가는 기무라의 이야기다. 기무라는 죄책감과 상실감으로 이와 같은 행동을 한다. 그는 할머니의 성경책이 담긴 소포를 동생 집에 보내면서 3월 11일 오후 두 시에서 네 시 사이에 동생이 집에 있을 때 받아보도록 했는데 하필 그때 쓰나미가 덮쳤다. 죄책감을 느낀 기무라는 고향에 돌아와 가족의 뿌리를 되찾으려 하고, 바다 밑바닥에 가라앉은 할머니의 성경책이 계속 등장하면서 상실감을 보여준다. 그의 인생에서 이처럼 뻥 뚫린 구멍은 이주하는 과정에서 겪는 일상생활 속의 관료적 절차 때문에 밋밋해진다. 그는 자신의 주소지를 동생의 옛집으로 옮기고 싶어 하지만, "주민등록지를 존재하지 않는 주소로 바꿀 수 있는지" 반문한다.[124]

"우리가 품고 있던 환상에 대한 종지부"

한 고위 정부 관계자는 3월 11일 재난의 여파를 평가하면서 다음과 같은 정서를 포착했다. "3월 11일 재난은 우리가 품고 있던 환상에 종지부를 찍었다. 우리는 우리 경제가 영원히 성장하고, 국가 부채가

---

* 이 소설도 〈피스〉가 수록된《그래도 3월은 또한》에 실려 있다.

미래 세대에게 전가되며, 미국이 우리를 보호하리라고 생각해왔다. 이제 그런 행복감은 끝났다."[125] 그날의 사건은 일본인의 삶을 지배해 왔던 안락함과 확실성을 빼앗아갔으며, 일본인에게 고통스러운 현실을 받아들이게끔 강요했다.

일본이 방향성을 상실했으며 일본의 전망에 대해 불만이 증대되고 있다는 인식이 널리 퍼짐에 따라 일본인은 3월 11일 때문에 생긴 기회를 잡아야만 하는 이유가 한층 더 확실해졌다. 그동안 지독하게도 잡을 수 없었던 변화를 받아들일 기회가 왔기 때문이다. 재난 직후 퓨리서치센터가 실시한 설문조사에서 일본인의 58퍼센트는 일본이 재난으로 더욱 강해질 것으로 본다고 밝혔다. 32퍼센트는 일본이 취약해질 것으로 보았다.[126]

사진작가인 요네다 도모코米田知子는 3월 11일의 사건들이 어떻게 1989년 베를린장벽이 붕괴되던 순간을 연상시켰는지를 설명하면서 이러한 성향에 대해 자신의 견해를 밝혔다. "마치 패러다임의 변화를 목격하는 것 같았다. … 우리 눈앞에 있었기에 우리가 믿어왔던 것들이 반드시 영원히 지속되지는 않을 것이며, 붕괴할 가능성이 있거나 혹은 전혀 다른 게 될 수도 있다는 점을 이해했다. … 일본도 3월 11일 이후 비슷한 패러다임 변화를 겪고 있는 듯하다."[127]

하지만 현상 유지로의 복원력이 아주 강하다는 사실도 확인되었다. 리처드 새뮤얼스는 3월 11일 재난을 평가하면서 "이 위기가 점진적인 변화를 유발했을 수도 있다"라고 결론지었지만, "어떤 변화도 아직 진행 단계에 접어들지 않았다"라고 보았다.[128] 일본 대중도 이에 동의했다. 사고가 발생한 지 1년 후에 퓨리서치센터가 실시한 설문조사에 따르면 불과 39퍼센트만이 일본이 위기로 더 강해졌다고 생각해 1년 전보다 19퍼센트포인트가 하락했다. 반면 47퍼센트는 일본이 계속 미끄러지고 있다고 두려워했다. 응답자의 4분의 3가량인

78퍼센트는 일본이 나아가고 있는 방향에 만족스럽지 못하다고 했다.[129] 대규모의 물리적·경제적 충격이 일본인의 정체성에 대한 근본적인 관념을 뒤흔들었지만, 이 또한 일본의 방향을 바꾸기에는 미흡했던 것으로 판명되었다.

제6장

아베 신조의
의기양양한 복귀

PEAK JAPAN
The End of Great Ambitions

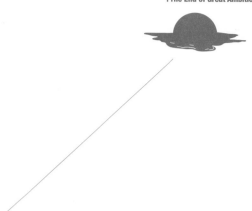

2012년 12월이 되자 일본은 다시 원점으로 돌아왔다. 2008년의 리먼 쇼크는 회복 초기 단계에 접어들었던 일본의 경제 상황을 되돌려놓았고, 2009년 선거에서 수십 년간 집권해왔던 자민당을 몰아내고 민주당이 집권할 수 있는 길을 터주었다. 하지만 민주당의 집권이라는 실험은 대실패로 판명되었으며, 2010년 센카쿠 쇼크와 2011년 도호쿠 지역의 삼중재난으로 민주당의 무능이 두드러졌다. 일본은 안정적이면서 경륜 있는 정부가 필요하다는 사실이 부각되었다. 정치적 공세에 떠밀려 민주당은 2012년 12월 선거를 실시했고, 아베 신조 전 총리가 이끄는 자민당은 포효하듯이 복귀했으며, 2009년의 선거 결과를 뒤집고 일본을 다시 이끌 수 있는 국민의 지지를 받아냈다.

이 장은 제2기 아베 정부를 경제, 정치, 외교·안보 정책, 국가정체성이라는 네 가지 렌즈를 통해 분석하고, 평가가 엇갈리는 아베 정부의 성과 그리고 성공을 거두었던 일부 정책이 나중에 어떻게 실패로 이어졌는지 등을 짚어보고자 한다.

구원에 나선 아베노믹스

아베의 야심은 분명했다. 권력을 되찾은 아베는 줄곧 일본이 끝났다는 언론보도가 잘못되었고, 일본은 계속 일류 선진국으로 남을 것이며, 자신의 덩치와 세계적인 지도 국가가 되겠다는 야심에 걸맞게 역할을 계속해나갈 것이라고 주장했다. 총리에 취임하고 나서 몇 주 만에 아베는 미국을 방문하여 자기 자신과 일본의 역할 및 목표에 관한 어떤 의구심도 모두 잠재우려고 했다. "일본은 이류 국가가 아니며 앞으로도 아닐 것이다. … 내가 돌아왔다, 그리고 일본도 돌아올 것이다."[1] 일본이 돌아오려면 네 가지 전제 조건이 있었다. 안정적인 리더십, 활력을 되찾은 경제, 적극적인 외교 그리고 안보정책에 대한 새로운 접근이 그것이다. 아베는 이 네 가지를 모두 제공하기로 작정했다.

아베는 제1기 자신의 총리 시절(2006~2007년) 실수로부터 많은 것을 배웠다고 주장했으며, 유권자에게(그리고 전 세계에) 자신은 레이저처럼 경제에 초점을 두겠다고 약속했다. 적어도 3년간의 야당 시절을 거치며 자민당 전략가들은 정부를 이끄는 데 경제성장을 최우선 과제로 두어야 한다는 점을 배웠다. 아베 자신을 비롯해 그와 뜻을 같이하는 보수파들이 마음에 품고 있는 '아름다운' 일본이라는 비전과 관련해 사회 이슈가 아무리 중요하다고 할지언정 일단 유권자 대부분의 먹고사는 문제에 복속되어야 했다. 경제가 회복되어야 국민이 자신감을 되찾을 터이며, 도쿄의 안정적인 리더십도 보장될 테고, 활기찬 모습으로 국제사회에서 활동할 수단을 제시할 것이다. 아베와 자민당은 일본 경제가 정체되거나 축소된다면 일본이 진지하게 대접받지 못한다는 점을 인식했다. 경제가 역동적이지 못하면 일본은 국제 무대에서 무시당할 테고, 국내문제에만 몰두하려는 일본인의 성향이 더욱 강해질 것이다. 이 두 가지 다 일류 국가가 되기를 요구받는 상황에서 국제적인 활동에 도움이 되지 않는다.

경기회복을 위한 아베의 청사진은 자신의 이름을 딴 아베노믹스 Abenomics다. 취임한 지 6개월이 지나자 아베 신조 총리의 경제정책은 주요 언론, 인터넷 공간 그리고 인터넷에 천착하는 경제학자들의 주목을 끌면서 '전 세계 경제학에서 가장 흥미로운 이야기'로 화제가 되었다.[2] 아베 총리는 슈퍼맨 복장을 입고 도쿄의 빌딩 숲 위를 날아다니는 모습으로 〈이코노미스트〉 표지에 등장했다(단, 가슴에는 S자가 아닌 엔화 마크가 찍혀 있었다). 2년 후에 아베 정부는 아베노믹스가 진전이 있다고 확신했지만, 좀 더 객관적으로 보면 평가가 엇갈렸다.

경기에 활력을 불어넣기 위해 새로운 정부는 아베노믹스와 '세 개의 화살'을 홍보했다. 첫 번째 화살은 연간 2퍼센트의 인플레이션을 목표로 하는(그리고 15년간 지속된 디플레이션을 끝내는) 통화정책이다. 이는 소비자에게 돈을 쓰도록 해서 국내 수요의 시동을 걸고, 기업이 더 많이 생산하고 고용하도록 하여 수요를 '견인하려는' 시도였다. 이 정책이 성공하려면 물가가 상승하리라는 기대감이 들어야 하며 실제로 물가를 인상하는 통화 공급의 증가가 필요했다. 일본은행은 아베 총리가 취임한 지 한 달도 안 된 2013년 1월에 1퍼센트의 인플레이션이라는 목표를 2퍼센트로 조정하면서 첫 목표를 잡았다. 비판가들은 일본은행이 상대적으로 신중한 1퍼센트 목표조차 달성하지 못한 상황에서 말만 앞서서는 효과가 없다고 주장했다. 두 달 뒤 아베는 말을 행동으로 뒷받침하기 위해 일본은행 총재인 시라카와 마사아키白川方明를 2주일 일찍 퇴임시키고, '비둘기파'이자 완화된 통화정책에 우호적인 구로다 하루히코黒田東彦를 임명했다.

구로다 총재와 일본은행은 2퍼센트에 더욱 힘을 실어주려 통화 공급을 매월 5조 엔에서 7조 엔(490억 달러에서 690억 달러)가량 증가시키기 위해 제약 없이 자산을 매입하겠다고 약속했다. 자산 매입이 2년간 이어지면서 2014년 말에는 270조 엔에 달하게 되었다.[3] 일본 은행이 보유한 자산가치는 2014년에 GDP의 57퍼센트에 달했고, 이는 미국 GDP의 25퍼센트를 보유한 연방준비제도이사회FRB와 유럽 GDP의 20퍼센트 미만을 보유한 유럽중앙은행ECB과 비교하면 두 배 이상이었다.[4] 총리의 측근이자 자민당 정치인인 시오자키 야스히사塩崎恭久는 이를 "대담한 양적 완화"라고 지칭했다.[5] 좀 더 화려하게 표현하면 "충격과 공포shock and awe"[6]• 통화정책이었다.

아베노믹스의 두 번째 화살은 재정정책으로, 이는 국내 경기를 자극하는 공공사업 지출로서 자민당의 전통적인 수단이었다. 2013년에 자민당이 주도하는 새 국회는 일자리 60만 개를 창출할 것으로 예상되는 10조 3000억 엔(1400억 달러)의 추가 예산을 신속하게 편성해 통과시켰다.[7] 아베는 2014년 4월에 5조 5000억 엔 규모의 2차 재정 패키지를, 2014년 12월에 3조 5000억 엔 규모의 3차 재정 패키지를 추가했다.[8] 지진 복구 관련 지출을 합치면 2015년 회계연도 총지출은 이전에 예상했던 19조 엔(약 2000억 달러)에서 25조 엔(약 2600억 달러)으로 증가했다.[9]

세 번째 화살은 성장에 구조적으로 걸림돌이 되는 문제를 극복하는 경제구조 개혁이다. 아베노믹스에 대한 모든 평가가 이 세 번째 화살을 가장 중요한 요소로 본다. 개혁 없는 재정 및 통화 조치는 임시적인 경기부양책에 불과하며 탈냉전기 내내 성장을 저해했던 비효율성 때문에 잠식될 것이다. 시오자키가 설명한 바와 같이 이 화살은 "일본 경제를 수십 년간 병들게 했던 핵심 이슈를 파고든다." 이들은

•   2003년 이라크전쟁 때 미군이 사용한 작전 개념.

"경쟁력과 혁신을 가로막았던 요소를 제거함으로써 … 기업의 이윤을 강화하려고" 한다. 가장 두드러진 사례로 수요가 변화할 때 기업이 불필요한 노동력을 해고할 수 있도록 해주는 노동 규제 유연성 강화 촉구가 있다. 만일 기업이 해고를 못 한다면, 고용도 안 할 것이다.[10]

얼핏 보기에 일본 정부는 실제 행동으로 보여주었다. 내각부는 일본경제재생본부를 설치했으며, 정부가 지원하는 산업경쟁력회의(총리 주재)와 종합규제개혁협의회는 규제개혁부터 혁신과 정보통신정책에 이르는 개혁안에 대해 작업했다.

취임 첫 6개월이 지나자 아베노믹스는 엄청난 성공을 거두었다. 엔화가 미 달러화에 비해 23퍼센트 평가절하 되어 1달러에 100엔을 넘어서면서 4년 반 이래 최저치를 기록했다. 닛케이 225 지수는 무려 74퍼센트나 성장했다. 일본의 GDP는 2013년 일사분기에 4.2퍼센트 성장하여 다른 선진국을 뛰어넘었다. 경제성장률은 해당 연도 기준으로 3.5퍼센트대에 안착했다.[11] 그 후 6개월이 지나자 성장세가 다소 진정되었지만, OECD의 1년 차 아베노믹스에 대한 평가는 눈부셨다.

이 구상은 2008년 위기 이래 기업신뢰지수를 최고치로 끌어올렸으며, 닛케이 주가는 2013년에 57퍼센트 상승하여 1972년 이래 최고 상승률을 기록했다. 경제성장도 2013년 하반기에 둔화되긴 했지만 상반기에만 연간 성장률 3퍼센트를 넘어서며 가속화되었다. 새로운 통화정책의 틀은 인플레이션 기대감을 자극했으며, 2013년 후반이 되자 근원인플레이션*이 플러스대로 돌아섰다. … 실업률도 점차 낮아져

---

* 예상치 못한 외부 충격으로 인한 물가변동분을 제외한 기조적인 장기 물가상승률을 의미한다.

2014년 초에는 3.7퍼센트에 달했다.[12]

소비세 인상으로 경기회복이 3개월간 중단되었던 기간까지 포함한 이후 18개월 동안 명목 GDP 성장률은 연간 기준으로 2.3퍼센트를 기록했으며, 이는 2008년 세계 금융위기 회복 기간을 제외하고 지난 15년간 수치와 비교하면 양호한 성적이었다. 근원인플레이션도 같은 시기에 가장 높은 수준으로 끌어올렸다.[13]

하지만 4년이 지난 현재는 평가가 엇갈린다. 아베 정부(내각)는 "전진하는 아베노믹스前進するアベノミクス"라고 제목을 업데이트하여 아베노믹스의 성공을 계속 홍보하고 있다.[14] 2017년 1월에 발표한 좋은 뉴스에는 2012년과 2015년 회계연도 사이에 국내총생산이 520조 엔을 돌파했다는 내용이 있었다. 같은 기간 기업들의 연간 이익이 20조 엔 증가했으며, 실업률은 4.3퍼센트에서 3.4퍼센트로 하락했고, 정부 채권 의존도가 12퍼센트 내려갔다.[15] 1년 전에 일본 정부는 지난 15년간의 '디플레이션 상황'이 역전되었다고 발표했다. "물가의 기본 방향이 플러스로 돌아섰으며, 명목 GDP와 실질 GDP가 둘 다 증가했다." 파산율은 25년 만에 최저치를 기록했으며, 평균임금 인상률은 전년도보다 높았고 17년 만에 최고치를 기록했다.[16]

반면 아베노믹스는 '종이호랑이'였다는 별도의 평가가 나오는 등 모든 이들이 그렇게 낙관적이지만은 않았다.[17] 세계 금융위기로부터 일본의 경기회복은 유로존보다 더 양호하지 않았으며, 소비자지출이 계속 하락하고 정부지출은 2년간 대체로 같은 수준을 유지했다.[18] IMF는 2012년부터 2015년까지 1인당 GDP가 2.8퍼센트 성장했다고 보고했지만, 이는 그 전 3년 동안 6.4퍼센트 증가했던 것과 비교하면 훨씬 낮은 수치다.[19] 후생노동성에 따르면 보너스와 초과근무수당을 포함한 임금은 물가상승률을 감안하여 2015년에 4년 연속 하락했다.[20] 구로다 일본은행 총재가 발표했던 2퍼센트 인플레이션 목표는 거의 3년간 전례가 없을 정도로 시행된 제로금리(이후에는 마이너스금리)를 비롯한 통화부양책에도 끈질기게 손에 쥐기 어려웠으며, 구로다 총재의 임기 중에 달성하지 못했다. 둔화된 성장, 증가하는 채무, 통화정책의 한계(마이너스금리정책으로 제공된)에 대한 두려움이 '아베갯돈Abegeddon'을 만들어낼 수도 있었다.

과녁을 벗어난 세 번째 화살

구조개혁이라는 세 번째 화살이 좌절의 원인이 되고 있다. 구조개혁의 실패는 결정적인데, 대부분의 경제학자와 관찰자가 구조조정이야말로 아베노믹스의 궁극적 성공을 위한 열쇠로 봤기 때문이다. 여기에서 세 개의 화살이라는 비유를 다시 짚어볼 가치가 있다. 16세기 다이묘大名(지방 영주)였던(다양한 이야기에서 조금씩 차이가 있기는 하지만) 모리 모토나리毛利元就는 세 아들의 다툼이 심해 물려주려는 자신의 영지를 잃어버리지 않을까 우려했다. 모리는 세 아들을 불러놓고 각자 화살을 한 대씩 준 다음 꺾어보라고 했다. 아들들이 쉽게 부러뜨리자 이번에는 화살을 세 대씩 준 뒤 한데 모아서 꺾어보라고 했다. 세 아들이 꺾지 못한 것이 바로 모리의 가르침이었다. 개인은 취약하지만 뭉치면 강하다. 아베노믹스에 관한 거의 모든 설명에서 통화정책과 재정정책은 어려운 구조개혁을 위해 시간을 벌어주는 임시적인 부양책이라고 본다. 이 분야에서 실질적인 진전을 이루지 못하면 지속적인 경기회복에 대한 희망이 꺾일 것이다. 아베의 막역한 친구 가운데 하나인 시오자키 야스히사는 "세 번째 화살이 과녁에서 빗나간다면 '잃어버린 10년'이나 '잃어버린 20년'이 아니라 '잃어버린 30

년'을 되풀이할 수도 있어 두렵다"라고 실토했다.[21]

아베 정부가 2013년 6월 초 세 번째 화살을 공개했을 때 거의 일괄적으로 실망스러운 반응을 보였다. 〈이코노미스트〉는 "개혁하겠다는 소심한 시도"를 반영한 "불발탄"이라고 불렀다.[22] 아베 총리는 일련의 야심 찬 목표를 제시했다. 소득을 연간 3퍼센트 증가시켜 10년간 평균 국민소득을 150만 엔(1만 4970달러) 이상 늘리고, 전력 생산 관련 투자를 한 배 반 증가시켜 향후 10년간 30조 엔으로 만들며, 해외직접투자를 2020년까지 두 배 증가시켜 35조 엔에 달하게 하고, 농업 수출을 2020년까지 두 배로 만들며, 고속열차나 원자력발전소 등 인프라 수출을 세 배 증가시켜 30조 엔까지 늘리겠다는 것 등이다. 덧붙여서 일본 정부는 영어 교육을 개선하고 노동시장을 마비시켰던 규제를 완화하려 했다.[23] 일주일 후에 내각이 특별경제구역과 같은 개혁안과 특정 약품의 인터넷 판매 허가 등과 같은 온건한 규제완화정책안을 승인했지만, 막상 이런 목표를 달성하기 위한 구체적인 조치는 눈에 띄지 않았다. 정부 지지자들은 정부가 2013년 7월 선거 전에 강력한 선거구 주민을 적으로 돌리고 싶지 않기 때문이라고 주장하면서 구체적 내용이 없는 이유를 해명했다.[24] 정부가 문제를 뒤로 미루자 지지자들은 선거 후에 내각 개편이 있을 것이라고 시장을 안심시켰다. 그러면 개혁가들이 요직에 중용될 테고 가을에 공개 발표 예정인 또 다른 개혁 패키지에서 진정한 변화가 확실히 드러날 것이라고 했다. 회의론자들은 납득할 수 없었다. 이 책에서 상세하게 설명했듯이 역사를 통해 볼 때 이렇게 회의적으로 바라볼 이유는 충분했다.

2015년에 IMF는 아베노믹스를 평가하면서 "성장을 제고하기 위해 추가적인 고강도의 구조조정이 필요"하다고 결론을 내렸다.[25] "많은 분야에서 일부 진전이 있었다"라는 점을 인정하면서도 "개혁의 영향이 아직 실질적으로 실현되지 않았으며 잠재성장률이 '경제 재생' 시나리오를 실현하기 위해 필요한 수준을 하회하고 있다"라고 지적했다.[26] 또한 IMF 팀은 "노동 공급을 늘리고 국내시장의 규제를 완화하려는 단호한 조치가 … 성장 제고와 재정 건전화 촉진, 화폐정책 부담 경감을 위해 필수적이다"라고 기술했다.[27]

아베노믹스 2.0

아베 정부는 아베노믹스를 '재장전'하라는 IMF의 권고를 받아들였으며, 2015년 9월 24일 새로운 세 개의 화살을 발사한다고 발표했다. 정부는 "일본 경제가 과거의 활기를 되찾고 있고" "경기 선순환에 안정적으로 접어들었다"라고 선언하면서 아베노믹스 2.0을 제시했다. 이 새로운 프로그램은 "아베노믹스가 디플레이션을 극복하려고 수요 부족을 해결하는 데 초점을 두던 1단계에서 새로운 '2단계'로 넘어갔다. … 인구 감소로 인한 공급 제약의 굴레를 극복하려 한다"라는 믿음에 기반을 두고 있었다.[28] 첫 번째 새로운 화살은 "희망을 주는 원기 왕성한 경제"를 창조하겠다는 약속이었다. 구체적으로 이는 연간 실질 2퍼센트, 명목 3퍼센트의 성장을 통해 2020년까지 명목 GDP를 600조 엔으로 증가시키겠다는 것이다.[29] 두 번째 화살은 아동이 있는 가족을 지원하여 일본의 출산율을 1.8까지 끌어올리고 감소하는 인구를 1억 명 선(현재는 1억 2700만 명)에서 지탱하겠다는 데 초점을 두었다. 세 번째 화살은 노부모를 부양하려고 일자리를 떠날 필요가 없도록 안심할 수 있는 사회보장 프로그램을 만들어주겠다는 약속이다.[30] 아베노믹스 2.0에 대한 반응은 대체로 부정적이었다. 어떤 사람들은 정부가 골대를 움직이고 있다며 비판했고, 다른 사람들은 첫 번째 화살의 목표를 명중시키기 위해 필요한 경제성장이 지난 수십 년간 일본이 달성했던 성과를 훨씬 뛰어넘는 수준이라고 지적했다.

2년이 지난 뒤에 아베 정부는 다음과 같이 주장했다.

4년 반 동안의 아베노믹스 덕분에 명목 GDP와 기업의 이익이 역대 최고치를 기록했다. … 취업자가 185만 명 증가했다. 2년 전부터 8년 만에 처음으로 증가하기 시작한 정규직은 지난 2년 사이에 79만 명이 증가했으며, 비정규직보다 더 많이 늘어났다. 일자리 대비 구직자 비율이 47개 현에서 모두 1이 넘었으며 이는 역사상 최초이고, 실업률도 22년간 최저치인 2.8퍼센트였다. 임금은 지난 3년간 상승세를 유지했으며, 많은 기업이 올해 봄 노사 임금협상에서 기본급을 4년째 연속으로 인상했다.[31]

2017년 여름이 되자, 일본 경제는 전후 두 번째로 긴 경기 확장 기간에 들어서면서 4.0퍼센트 성장을 찍고 G7 국가 가운데 최고의 성장률을 누렸다.[32] 이러한 배경에서 일본 정부는 인적자원 투자를 통해 생산성을 향상시킨다는 '소사이어티 5.0의 실현을 향한 개혁'을 지향하는 '미래투자전략 2017'을 채택했다.[33]

하지만 그해 여름이 끝나갈 무렵 다시 회의론이 커지고 있었다. 〈파이낸셜타임스〉는 "'아베노믹스'라는 용어는 얼마 안 가서 '쿨브리타니아', '역사의 종말the end of history', '브릭스BRICS(브라질, 러시아, 인도, 중국, 남아프리카공화국)'와 같이 한때는 짜릿하고 시대정신을 반영하듯 멋졌지만 대중이 논의하기에 진부해진 아이디어처럼 버림받은 단어가 될 것"이라고 결론지었다.[34] IMF의 2017년 일본 관련 보고서는 좀 더 차분했지만 마찬가지로 비판적이었다. "아베노믹스가 4년 이상

시행된 이래 여전히 인플레이션이 목표치에 미치지 못하며, 높은 공공부채가 우려스럽고, 구조적인 병목현상이 남아 있다."[35]

혁명적인 말과 단조로운 현실

아베노믹스는 경제정책에 대한 혁명적 접근이라고 적극 홍보되었다. 아베노믹스를 옹호하려는 일본 정부는 일본인의 사고가 바뀌어야 한다는 점을 강조했다. 이 전략을 수립한 사람들은 잃어버린 20년을 되돌아보면서 "개인뿐 아니라 기업인의 자신감과 미래에 대한 희망을 상실했다는 점이 경제적 손실보다 더 심각하다"라고 보았다.[36] 일본의 인구문제를 다루면서 부흥 전략을 입안한 사람들은 2년 후에 일본이 "위기의식이 심각하고" "인구 감소 문제를 극복하기 위해 더는 지체할 수 없다"라고 지적했다.[37] 아베 정부는 "일본재흥전략개정 日本再興戰略改訂 기본 개념"에서 "완전히 새롭고 인습에 얽매이지 않은 아이디어"를 활용해 "과거의 성공과 단절하고 미지의 세계를 향해 새로운 걸음을 내디뎌야 한다"라고 주장했다.[38] 또한 이 점을 강조하면서 "과거에 했거나 남들에게 의존하는 방식으로는 답을 찾을 수 없다"라고 단언했다. 시급성이 필요하다. "일본은 시간이 별로 없다."[39]

그런데도 아베노믹스는 완전히 똑같지는 않지만 전통적인 경제정책과 여러 면에서 유사하다. 첫 번째 화살인 통화 확장은 일본으로서는 기존 방식과 근본적으로 다른 변화다. 시장에 무제한으로 유동성을 공급하겠다는 공약에 맞춰 일본은행은 2015년 말까지 80조 엔(6600억 달러)의 자산을 매년 매입했으며, 2014년 말부터 매년 외환거래 펀드를 3조 엔씩 구매해온 데 덧붙여 JPX 닛케이JPX-Nikkei 인덱스 400과 연계된 외환거래 펀드를 3000억 엔씩 매입하기 시작했다.[40] 이러한 조치는 통화 안정성을 중시하고, 인플레이션으로 초래될 수 있는 불안정과 심지어 인플레이션 그 자체의 위험조차도 꺼리는 국가로서는 역사적인 정책 변화였다.

두 번째 화살인 재정부양책은 자민당의 주된 정책이었다. 1999년부터 2013년까지 정부는 14회에 걸친 긴급 재정 혹은 추가 재정으로 75조 엔을 투입했으며, 주로 대규모 인프라 사업에 지출했다.[41] 이런 재정 투입은 일반적으로 경제를 단기간 부양하는 효과가 있었지만 오래가지 않았다. 더 나쁜 점은 이런 조치로 이미 일본 GDP의 두 배가 넘는 정부 총부채가 늘어나며, 벌써 일본의 부채 규모는 선진국 가운데 최악이라는 사실이다. 경기회복이 없다면 '후지산'처럼 높고 계속 증가하는 빚더미의 이자를 처리하기가 더 어려울 테고, 허우적거리고 있는 경제를 더욱 끌어내릴 것이다.[42] 일본은행은 인플레이션을 좀 더 수용하려는 의향이 있어 보이며, 주기적으로 발표하는 지표를 보면 2020년까지 재정수지를 개선해 흑자로 돌리겠다는 정부 공약을 성실히 이행하겠다는 조건에 맞춰 양적완화가 진행되고 있다.[43] 하지만 2015년 이후에는 아베 정부가 이러한 목표를 달성하려는 의지가 크지 않았고 일본은행도 별로 반대하지 않는 것처럼 보였다.

세 번째 화살인 구조개혁에 대해서는 아직 최종 판결이 나지 않았다. 몇 년 동안 많은 제안이 떠돌았고, 정부가 필요하지만 어려운 선택을 할지는 여전히 결정되지 않았다. 경제학자인 호시 다케오星岳雄는 2017년 계획을 보고 다음과 같이 말했다. "보고서에서 남발된, 어디선가 빌려왔거나 이미 만들어져 있는 듯한 유행어 너머로 들여다보면 최근 계획에 새로운 내용이 거의 없다는 사실을 알 수 있다. … 다양한 이름으로 똑같은 성장 아이디어가 매년 등장하는데, 이는 결국 근본적으로 진전이 없다는 사실을 암시한다."[44] 그는 아베의 많은 개혁 구상의 기원이 고이즈미 내각 시절까지 거슬러 올라간다고 추적하며 "일본 정부가 똑같은 규제완화 구상을 계속 반복해서 선전하는 이유는 아직 성공적으로 시행하지 못했기 때문"이라고 지적한다.[45] 좀 더 설명해달라고 요구하자 호시는 아베가 "예상보다는 많이 했지만, 많은 것을 기대하지 않았다"라고 밝혔다.[46] 특히 냉소적인 관찰자들은 경기부양책이 자민당을 선거에서 승리하게 하려는 임시방편이며, 정부의 진정한 목표는 국회 양원에서 절대 과반수를 장악하여 자신들의 최우선 순위인 개헌을 추진하는 것이라고 믿는다.[47]

몇몇 경제학자는 아베의 제안이 개혁 조치가 전혀 아니며 그의 전임자들이 추진했던 자유화 어젠다에 역행하는 것이라고 주장한다. 사와 다카미쓰佐和隆光 시가대학滋賀大學 총장은 노동시장에 대한 정부의 적극적인 개입, 가령 기업들이 대체로 거부했지만 임금을 인상하라고 밀어붙이는 행태와 기업의 투자액 목표치 설정, 대학 내 외국인 강사 수 제한 등이 "국가자본주의를 건설하려는 시도"라고 주장했다.[48] 아베노믹스의 로드맵 초안을 보면 다른 많은 부분에서도 정부가 경제 운영에 적극적이고 개입주의적인 접근을 취하도록 장려된다. 지배적인 사고관은 아주 분명하다. "기업의 해외 활동과 관련하여 정부는 기업활동을 전적으로 민간 분야가 알아서 하도록 해야 한다는 기존 사고와 극적으로 다른 태도를 취할 것이다. 공공과 민간 분야가 시장 점유를 확대하기 위해 전략적으로 공동의 노력을 전개할 것이다."[49] 사와는 다음과 같이 결론지었다.

아베는 전직 총리였던 나카소네 야스히로와 고이즈미 준이치로가 추구했던 작은정부 구상을 완전히 뒤집었다. 작은정부 속에서는 자유롭고 경쟁력 있는 시장에서 경제적 성과가 결정되도록 되어 있었다. … 그리고 자민당을 영국의 보수당이나 미국의 공화당을 본보기로 하는 보수당으로 바꾸려고 했던 나카소네와 고이즈미의 시도도 뒤집었다.

다시 말하면 아베는 마치 관료에 장악되었던 정부와 구식 자민당을 되살린 것처럼 보이는데, 둘 다 고이즈미가 부수려 했고 행동에 나섰던 것들이다.[50]

사와 총장만 이런 결론을 내린 것이 아니었다. 일본 경제 상황을 조사했던 2016년 평가보고서는 경제산업성이 경제 관리자로서 과거의 중심적인 역할을 되찾으려고 적극적으로 노력한다고 주장했다. "아베노믹스의 고안자들은 … 이러한 역할이 부활하는 것을 지지했다. … 몇몇 사람들은 2015년에 있었던 국내 합병의 급증과 10조 엔에 달하는 기록적인 해외 거래 성사를 보면서 경제산업성이 과거의 마법을 되찾았다고 확신한다."[51] 호시 다케오는 "의료서비스나 '쿨재팬', 농업, 인공지능AI, 로봇 등 세 번째 화살의 상당 부분 내지 절반이 구식 산업정책이다"라고 말했다.[52] 평론가인 윌리엄 페섹도 같은 의견이며 정책의 실제 흐름에 주목하고 있다. 아베노믹스는 "아베가 2006년부터 2007년까지 잠깐 총리직을 맡기도 전에 이미 사망선고를 받은 산업 시스템을 되살리려고 노력한다. … 양적완화, 엔화 평가절하, 기업 복지 확대 그리고 1985년에 존재했던 경제체제를 소생시키려는 헛된 구상 말고 아베노믹스가 도대체 무엇인가?"[53] 2017년 여름에 있었던 일본 경제의 미래에 대한 기업인 간담회에서 민간과 공공 분야의 참석자들은 혁신을 촉진하는 개혁을 하려면 장기적 안목으로 바라봐야 하며, 정부가 R&D에 더 많이 투자해야 하고, '단지' 주주들에 불과한 이해관계자에게 관심을 덜 기울여야 한다는 데 동의했다. 바로 이런 것들이 전통적인 일본 기업의 정책 결정 특징이며 과거에 개혁의 걸림돌로 여겨졌다는 지적이 있자, 토론자들은 다소 겸연쩍어했지만 그래도 자신들의 권고 사항을 바꾸지 않았다.

전문가들만 회의적인 시각으로 바라보는 것이 아니다. 2016년 여름이 되자, 아베노믹스에 대한 반대 의견이 〈요미우리신문〉과 NHK가 실시한 설문조사에서 각각 45퍼센트와 47퍼센트에 달했다. 〈아사히신문〉 설문조사에 따르면 응답자의 69퍼센트가 아베노믹스 효과가 거의 없거나(50퍼센트), 취업이나 임금을 인상하는 데 진전이 아예 없었다(19퍼센트)고 답했다.[54] 일본은행이 2017년 여름에 실시한 분기별 설문조사에 따르면 불과 7.6퍼센트만이 경제 상황이 지난해보다 좋아졌다고 답했고, 71퍼센트는 그대로라고 밝혔다. 더 적은 수의 사람이 내년에 좋아질 것이라고 응답한 반면(7.5퍼센트), 3분의 2(66.4퍼센트)는 상황이 똑같을 것이라고 보았다. 불길하게도 25퍼센트는 경제 상황이 나빠질 것으로 생각했다. 마지막으로 불과 7.3퍼센트만 그들의 가계 상황이 개선되었다고 밝혔다. 39.2퍼센트는 개인적으로 여건이 나빠졌다고 믿었으며, 과반수(53퍼센트)가 "말하기 어렵다"라고 밝혔다.[55] 일본의 일부 사람들은 아베노믹스로 이익을 누리고 있었지만, 평범한 시민은 의심을 품었다.

무자비한 기회주의자인 아베 신조

아베의 지도로 자민당은 2012년 12월 이래 연속으로 선거에서 인상적으로 승리해왔다. 2012년 12월 선거부터 2017년 10월 총선에 이르기까지 자민당은 다섯 번의 전국 선거에서 승리했고, 국회 양원의 다수를 장악했으며, 중의원(하원)에서 압도적 다수의 의석을 확보했다. 이러한 성과를 보상하듯이 자민당은 당칙黨則을 개정하여 아베에게 총재직을 전례 없이 세 번 연임할 수 있도록 해주었고, 그가 총재직을 완료하면 일본 전후 시기에서 최장수 총리가 된다. 아베가 이끈 승리는 다음과 같다.

- 2012년 12월 중의원(하원) 선거: 자민당이 지난번 선거와 비교하여 176석이 증가한 294석을 획득하여 권력을 되찾았다. 연정 파트너인 공명당은 31석을 획득하여 의석수가 10석 증가했다. 민주당은 이 선거에서 자폭하여 173석을 잃었고, 신생당인 일본유신회에 간신히 앞서 제1야당의 지위를 유지했다. 자민당-공명당 연정은 중의원의 3분의 2 이상을 차지하여 상원(참의원)의 결정을 뒤집을 수 있게 되어 비틀린 국회를 사실상 종식했다.

- 2013년 7월 참의원(상원) 선거: 자민당이 참의원 242석 중 115석을 획득하여 31석이 증가했다. 공명당 의석수도 20석까지 증가했으며 민주당은 27석을 잃었다. 자민당과 공명당의 연정으로 국회 양원에서 안정적인 과반수 확보가 가능해졌다.

- 2014년 총선: 자민당이 세 석을 잃었지만 공명당이 네 석을 추가해 보완되었다. 민주당은 기존의 패배를 일부 추슬렀으며, 일본유신회는 내부적으로 파열했다. 가장 큰 승리자는 공산당으로 국회 내 의석수를 두 배 이상(21석까지) 늘렸다.[56]

- 2016년 7월 참의원(상원) 선거: 자민당과 공명당이 각각 여섯 석과 다섯 석을 추가로 얻으면서 정부가 다수당 지위를 유지했다. 민주당은 11석을 잃으며 출혈이 계속되었다.

- 2017년 10월 총선: 자민당이 표를 잃었지만 야당의 분열로 반사이익을 보았다. 민주당이 사라졌고, 당원들은 도쿄 도지사인 고이케 유리코가 이끄는 보수 성향인 희망의당과 진보적인 입헌민주당立憲民主党으로 쪼개졌다. 정부가 절대 과반수를 유지했다는 점이 중요하다.[57]

자민당은 회개하지 않은 채 권력을 되찾았다. 선거 결과를 분석한 권위 있는 평가보고서는 "1955년 창당한 이래 2009년까지 줄곧 집권했던 자민당은 2012년 선거에서 자기혁신을 통해 대승을 거둔 것이 아니었다. … 자민당은 거의 바뀌지 않았고 이러한 변화가 역사적인 승리와 별로 관련이 없어 보인다"라고 결론지었다.[58] 실제로 정부가 추진하는 어젠다가 때로는 대중을 적대시하려는 의도가 있는지 의심스러울 때도 있다. 아베 정부는 2013년 12월에 '특정 비밀의 보호에 관한 법률'이라는 비밀 누설을 범죄화하는 국가비밀법을 통과시켰다.[59] 미국과의 협력을 증진하려는 목적으로 제정된 이 법에 대해 일본 국민의 80퍼센트가 정부 반대 세력을 억압하는 데 사용할 것이라며 반대했지만, 결국 법안이 통과되었다.[60] 미국은 일본에 민감한 정보를 공유하기 전에 정보 통제를 더욱 엄격하게 해달라고 오랫동안 요구해왔다. 그 결과로 아베는 타격을 입었고, 내각 지지율이 10퍼센트포인트 하락해 50퍼센트로 내려갔다.

이 법은 이후 2014년 7월 1일 집단자위권 행사의 제한을 재해석하고, 동맹이 공격받을 경우 자위대의 무력 사용을 승인하는 방안에 대한 내각의 결정으로 이어졌다. 이 결정은 지난 60년간 무력 사용을 엄격하게 금지해왔던 헌법 해석을 뒤집었다.[61] 내각의 결정에 대해 국회 양원에서 격렬한 논쟁이 있었고, 1년 후에 법이 통과되어 새로운 해석이 발효되었다. 일본인의 80퍼센트 이상은 이런 조치에 대한 정부 설명이 미흡하다고 보았고, 거의 70퍼센트에 달하는 일본인이 새로운 법 때문에 일본이 분쟁에 휘말릴 것이라고 두려워했다. 새로운 법이 제정된 2015년에는 대규모 시위가 이어졌다.[62] 법안 통과 후 실시한 설문조사에서도 내각에 대한 지지여론이 반대 여론보다 낮았다.

또한 아베 정부는 환태평양경제동반자협정TPP 참여를 결정하는 과정에서도 여론을 무시했다. 12개국이 참여하는 이 협정은 통상 협정에서 새로운 '모범적 표준 기준gold standard'이 되도록 높은 수준의 개방을 추진하고 있다. 일본 정부가 TPP를 지지하는 이유는 여러 가지였다. 즉 TPP를 통해 통상을 촉진하고, 아시아에 대한 미국의 연계를 더욱 강화하며, 중국 등 다른 국가가 주도하게 놔두지 않고 일본과 그 밖의 다른 TPP 회원국이 지역통합 규범을 발전시키도록 하겠다는 것이다. 더욱 논란이 되는 사항은 TPP가 농업처럼 일본이 가장 애지중지하는 분야에서 변화를 꾀하여 개혁을 촉진하고 효율성을 향상시킬 수 있다는 점이다. 하지만 이 법안에 대한 일본인의 태도는 양면적이었으며, 많은 사람이 반대하거나 확실하지 않은 의견을 보였다.[63]

아베는 집단자위권에 대한 해석을 밀어붙이고 TPP에 참여한 데 대해 평가를 받지만, 민주당 총리였던 노다 요시히코와 민주당 지도부도 이 두 가지 구상을 지지했다. 아베와 노다는 각각의 정책에 대해 설득력이 강한 이유를 내세웠으며, 비록 인기는 없지만 국익을 증진하는 조치를 지지하는 것이 진정한 리더십을 상징한다고 보았다. 하지만 "정부가 추진하는 모든 주요 정책에 대한 설문조사 결과를 보면 반대 여론이 높은데도 아베가 계속 안정적으로 국민의 지지를 받고 있다는 것은 제2기 아베 총리 기간의 큰 수수께끼다."[64] 먹고사는 문제가 대부분의 유권자에게 중요한 이슈라는 점을 감안할 때, 정부의 경제 성과가 그다지 고르지 못한데도 선거에서 승리한다는 점도 더욱 이해하기 어렵다.

이런 공로는 아베에게 돌아가야 한다. 제2기 아베 총리 임기 첫 5년은 자신에 대한 첫인상이 잘못되었으며 일본 정치에는 제2막이 있다는 점을 보여주었다. 아베는 진정으로 정치를 학습했으며 영악하고 실용적인 정치인이라는 것이 입증되었다. 그는 길게 내다보면서 강력한 민족주의적 성향을 드러내고 싶은 자신의 욕망을 잠깐 옆으로 밀어두었다. 가령 한국과 중국 정부를 화나게 하는(미국 정부까지 신경을 곤두서게 하는) 야스쿠니신사 참배나 제2차 세계대전 당시 위안부로 알려진 성노예 여성을 동원하는 데 일본 정부가 관여했다는 점을 시인하는 1993년의 고노 담화를 파기하지는 않았다. 제2차 세계대전 종전 70주년 기념 연설에서도 아베는 국내 민족주의 성향의 지지자뿐 아니라 과거의 적과 일본 침략의 희생자까지 그럭저럭 만족시켰다.

하지만 아베는 자신의 보수주의적 목표를 포기하지 않았다. 그는 지역과 세계 안보에서 더욱 두드러지고 적극적인 일본의 안보 활동에 대한 대중의 강력한 반발을 극복했으며, 자위대의 작전 활동에 대한 제한을 완화했고, 개헌에 관해 좀 더 진지한 토론이 진행되도록 일본 내 분위기를 이끌었다. 아베는 보수주의적인 민족주의 목표(주로 국가안보)와 일반 국민의 경기부양 조치에 대한 선호 사이에서 입장을 붙들고 추진해나갔다. 첫 번째 정책들을 다 소진했을 때는 선거를 실시해 국민의 지지를 다시 받아냈다. 한편 북한의 위협이 고조되고, 중국이 부상하면서 자신감을 얻고 공격적으로 나오자 국가안보 정책을 개정하겠다는 아베의 목표도 한층 타당성을 얻었다.

만약 야당이 지리멸렬하거나 의기소침하지 않았더라면 이런 정치적 책략은 더 어려웠을 것이다. 민주당은 2012년 권좌에서 물러난 뒤 계속 분투하고 있었다. 2014년 선거에서 잠깐 반등했지만, 2017년에는 사실상 해체되었다. 원초적 혼란 상태에 빠진 야권에서 다른 정당들이 잠시 세를 늘리기도 했지만, 2017년 10월 선거에서 입헌민주당이 등장할 때까지 어떤 정당도 회복세를 보이거나 폭넓은 지지를 받지 못했다. 입헌민주당은 보수적인 색채로 자민당과 거의 구분하기 어려운 고이케 유리코의 희망의당과 달리, 진보정당이라는 정체성 덕분에 더욱 신뢰할 수 있고 오래 버틸 수 있을 거라는 희망이 있다. 하지만 기민한 아베는 야권의 분열을 이용하기 위해 언제든 선거를 실시하려는 무자비한 기회주의적 속성이 있기 때문에 입헌민주당은 어려운 임무를 맡아야 할 것이다.

아베가 성공한 또 다른 요인으로 행운을 들 수 있다. 다른 거의 모든 일본 내각과 달리, 아베 내각은 스캔들이 없었다. 고작 1년 지속했던 제1기 아베 총리 시절에는 각료 네 명이 사임했다. 다섯 번째로 사임해야 했던 각료는 자살까지 했다. 하지만 제2기 총리 시절에는 각료들이 사소한 수준에서 무분별하게 행동했을 뿐이다. 아베 제2기 내각(2012~2014년)은 스캔들이 없었으며 일본 전후 역사상 가장 안정적이었다. 2014년 10월 장관 두 명이 선거자금 위반으로 사임했다. 제3기 내각(2014~2017년)에서는 장관 두 명이 재정법 위반으로 사임했고, 다른 장관 한 명은 부적절한 발언으로 사임했다. 일본의 기준에서 볼 때 아베 내각의 성적은 인상적이었다.

하지만 2018년이 되자 아베의 운이 바뀐 것처럼 보였다. 2017년에 총리와 연관된 두 건의 스캔들이 불거졌다. 둘 다 얼핏 보면 그의 몰락을 불러올 정도로 심각해 보이지는 않았지만 2018년 봄이 되자 양상이 달라졌다. 첫 번째 스캔들은 모리토모학원森友学園과 관련되었다. 이 유치원은 메이지 시대에 국가의 자부심과 정신을 고취하고자 제정된 교육칙어教育勅語를 학생들에게 매일 암송하게 하는 것으로 유명하다. 이 유치원의 민족주의적 성향이 아베와 그의 부인인 아키에의 호감을 샀으며, 아키에는 이 학원에서 연설도 하고 명예원장에도 임명되었다.

2017년 2월 모리토모학원이 오사카에 있는 정부 소유 부지를 쓰레기에 오염되었다는 이유로 실감정가의 14퍼센트에 해당하는 헐값으로 매입했으며, 그 매매 과정에서 저명한 후원인이 압력을 행사했다는 소문이 돌았다는 보도가 나왔다.[65] 그리고 정부가 토지 정화 비용인 1억 2000만 엔을 변제해주었다는 보도도 나왔다. 모리토모학원 원장은 총리와 부인이 학원에 100만 엔을 기부했다고 국회에서 증언했다. 아베는 기부 사실을 부인했다.[66] 국회 토론 과정에서 재무성은 처음에 계약서를 뺀 나머지 모든 거래 기록이 기록물 보관 규정에 따라 파기되었다고 주장했다. 하지만 야당의 집요한 질의와 일부 기밀 유출로 실종된 문서가 나중에 발견되자 처음에 한 발언을 철회했다. 그러고 나서 국회의원들에게 제출한 문서가 조작되었다는 사실이 드러났다. '내각 경력이 있는 일부 인사'를 포함한 저명한 정치인들의 이름과 아키에 여사의 이름이 삭제되었던 것이다. 아베 총리는 부지 거래와 이후 문서 조작에 대해 아는 바도 없고 어떤 개입도 한 적이 없다고 부인했다. 이 폭로 사건으로 재무성 관리가 사임하고, 거래 업무를 담당한 공무원이 자살했다.[67]

두 번째 스캔들은 총리의 친구에게 50년 만에 처음으로 2017년 에히메현愛媛県 국가전략특구에 수의학부 신설을 허가해준 결정과 관련되었다. 또다시 정부는 이 거래와 관련된 문서가 없다고 부인했으나 거짓으로 드러났다. 이후 이 수의학부와 관련해 도쿄에서 열렸던 회의의 참석자 이름이 삭제되는 등 문서가 위조된 것으로 보였다. 하지만 총리실에서 누가 수의학부 신설을 허락하도록 압력을 가했는지는 분명하지 않다.[68]

스캔들이 터지기 전까지는 자민당 내에서도 아베의 강력한 업무 추진력에 맞설 도전자가 나타나지 않았으며, 이런 사실은 아베가 총리직을 오랫동안 유지하는 데 결정적 요인이 되기도 했다. 자민당 역사를 통틀어볼 때 자민당은 각료 지위를 놓고 치열하게 경쟁하는 파벌들의 집합체였다. 총리의 임기나 각료 교체는 종종 외부 요소보다 당 내부의 필요에 따라 결정되었다. 하지만 아베가 선거에서 야당을 억누르는 이상 자민당 내 반대파의 목소리도 잦아들었다. 혹은 일부 연구 결과가 제시하듯이 당 총재 선출 과정이 이제는 자원 배분을 둘러싼 내부 투쟁이 아니라 누가 당에 가장 도움이 될 것으로 보이는지에 대한 결정이 반영된 결과일 수도 있다.[69] 2017년 말 당시에는 아베가 그런 사람이었지만 스캔들로 타격을 입었다. 닛케이 설문조사 결과 아베 정부에 대한 지지가 한 달 사이에 14퍼센트포인트가 빠져 42퍼센트로 하락했다. 지지하지 않는다는 의견은 49퍼센트로, 13퍼센트포인트 증가했다. 전체적인 수치와 최근의 변화와 관련된 숫자는 그 밖의 다른 설문조사에서도 일관되었다.[70] 2018년 가을에 예정된 자민당 총재 선거에서 아베의 전망에 대한 억측을 자아내고 더 나아가 아베가 계속 직을 유지할 수 있을지 의구심을 표명하는 사람들이 나타나면서 상황이 우려스럽게 전개되었다.[71]

"일본은 이류 국가가 아니며 앞으로도 결코 그렇게 되지 않을 것이다"

자연과 정치는 진공을 싫어하며, 민주당이 리더십을 발휘하지 못하자 아베와 자민당이 궁극적으로 다시 권좌로 빨려들어 갔다. 민주당은 통치 역량이 없다고 판명되었으며, 실질적인 위협(3월 11일의 재난)과 잠재적인 위협(험악한 이웃 국가들)으로 말미암아 역량 부족의 대가가 크다는 사실도 부각되었다. 2012년 선거 후 한 평론가는 "만약 일본이 목적의식이 있는 지도자를 발견한다면 중국에 감사해야 할 것"이라고 언급했다.[72]

아베는 취임하면서 자신의 야심과 목적을 분명히 밝혔다. 아베는 총리 관저로 복귀한 지 불과 몇 주일 만에 워싱턴에 있는 CSIS에서 연설을 했으며, 일본의 가장 좋은 시절이 지나갔다는 주장을 분명하게 반박했다.[73] 경제문제 해결에 골몰하는 상황에서 일본 자신에 대해서만 집중할 수도 없었다. 오히려 아베는 "세계가 일본을 기다리고 있다"라고 주장하며 이러한 기대감으로 일본과 일본 정부에 세 가지 임무가 부과되었다고 했다.

첫 번째로 아시아·태평양 혹은 인도·태평양 지역이 더욱 번영하면서 일본은 규칙을 주도적으로 옹호promote하는 국가로 남아야 한다. 내가 말하는 규칙은 통상, 투자, 지적재산권, 노동, 환경 등과 같은 분야의 규칙을 뜻한다.

두 번째로 일본은 모두에게 혜택이 충분히 돌아갈 수 있는 해양 공공재와 같은 세계 공공재의 수호자 역할을 계속해야 한다.

일본의 포부가 이와 같으므로 세 번째로 일본은 미국, 한국, 호주 및 이 지역 내 뜻을 같이하는 그 밖의 민주국가들과 더욱 긴밀하게 협력해야 한다.

규칙 옹호자이고, 공공재 수호자이며, 미국과 여타 민주주의국가의 실질적인 동맹이자 동반자, 이 모든 역할을 일본이 반드시 수행해야 한다.[74]

이러한 짧은 청사진은 아베의 외교정책에 대한 매우 정확한 지침이 되었다. 일본이 더욱 활기차게 세계에서 긴밀히 활동하겠다는 아베 정부의 구상은 단순히 기존 제도나 질서의 조건을 따르기만 하지 않고 직접 만들어가는, '규칙 수용자가 아닌 규칙 제정자'가 되려는 일본의 오랜 열망이기도 했다. 이러한 논리가 아베 외교의 중심에 자리 잡아 왔으며, 상당한 국내 저항과 트럼프 대통령의 반대에도 아랑곳없이 TPP(이후 포괄적·점진적 환태평양경제동반자협정CPTPP으로 개명되

었다)를 밀어붙이고 일본·EU 전략파트너십과 일본·EU 경제동반자 협정을 추진했다.[75]

2013년 국가안전보장회의가 설립된 이래 계속 근무해왔던 외무성 출신 관료인 가네하라 노부카쓰兼原信克는 일본의 견해에 대해 다음과 같이 설명했다.* "21세기 일본은 보편적 가치관을 신봉하며 권력만 내세우지 않고 국제사회의 정의를 주장하는 국가가 되어야 한다. 그리고 국제사회의 윤리적 성숙을 촉진하는 규칙 제정자가 되어야 한다. 오늘날 일본은 국제사회에서 양심에 근거한 전 지구적인 차원의 정의를 규정짓고 구현하는 데 리더십을 발휘하고 무거운 책임감을 떠안겠다는 결기를 가져야 한다."[76] 그리하여 일본의 외교적 관여라는 언어는 최근 들어 '설계자architect'가 되고 싶은 일본 정부의 열망뿐 아니라 홉스주의적 무정부주의를 거부한다는 점도 강조하고 있다. 국제 시스템의 규칙을 제정해야 한다는 주장은 국제질서가 실제로는 질서 정연하며, 가장 강력한 행위자의 자의적 또는 강제적 조치의 산물이 아니라는 점을 전제로 한다. 이는 가치관에 기반을 둔 일본의 외교를 강조하겠다는 점을 내포하고 있다. 하지만 규칙이 단순히 이해관계를 중재하는 구조화된 산물로서 바람직한 결과물인 것은 아니다. 규칙에는 가치관이 반영되어 있으며 규칙 자체가 또한 가치관인 것이다(그래서 이익이 되기도 한다).

규칙의 역할에 대한 이런 양면적인 이해로 말미암아 일본 정부는 뜻을 같이하는 동반자 국가들에 접촉해 규칙에 근거한 질서를 창조하고 강화하는 데 도움을 요청했다. 일본 정부는 제1기 아베 총리 (2006~2007년) 이래 일본이 추구해온 '가치관외교value-based diplomacy'

• 가네하라 노부카쓰는 국가안전보장회의 사무국인 국가안전보장국이 발족된 2014년 1월부터 차장을 역임하다가 2019년 10월 퇴임했다.

에 대해 분명히 밝혔다.[77] 가치관외교는 미국, 동남아시아, 호주, 인도와 같은 일부 아시아·태평양 국가들과 협력할 수 있도록 마련된 기반을 제공한다. 이 같은 시도는 일본을 중국과 차별화하며, 중국 정부가 적어도 민주주의나 규칙에 기반을 둔 분쟁 해결을 지지하지 않는 한 이런 가치관을 공유하지 않기 때문에 중국이 규칙 제정자가 될 기회를 박탈한다.

이런 시도를 하는 데 미국은 일본이 선호하는 동반자다. 일본과 미국 사이의 파트너십은 제2차 세계대전 종료 후부터 일본의 외교·안보 정책의 초석이 되었다. 일본 헌법 9조에 부과된 제약은 미국이 일본을 보호하는 부담을 짊어질 준비가 되어 있는 한 견딜 만했다. 미일동맹은 양국 국가안보전략의 핵심이 되었다.[78] 두 나라 정부 사이의 모든 외교 혹은 안보정책회의에서 나온 성명서는 양자동맹이 지역 평화와 안보의 초석cornerstone이라고 지적했다.[79] 2017년 〈방위백서〉는 다음과 같이 명확하게 기술했다. "일본의 평화와 안보는 독자적 방어 역량과 미일 안보조약을 연계하여 한 치의 오차도 없는 방어 태세를 발전시킴으로써 확보할 수 있다."[80] 트럼프 대통령에 대한 아베의 접근 방식은 성공적이었다. 미국 대통령의 대일본 시각이 통상 마찰로 점철되었던 시기인 1980년대에 고정되었다는 우려에도 트럼프에 대한 아베의 구애는 성과를 거두었다. 트럼프는 2017년 11월 일본을 방문했을 때 양국 관계에 대해 "매우 특별하며 … 지금만큼 일본과 가까운 적이 없다고 생각한다"라고 말했다.[81]

아베와 보수주의 성향 동료 정치인에게 일본과 미국의 파트너십은 군사 분야에 대한 제약을 완화하여 자위대가 좀 더 완전하게 아시아 지역이나 전 세계 안보 사안에 참여하도록 한다는 두 번째 목표 달성을 촉진한다. 다시 말하건대 2013년 2월 CSIS에서 했던 아베의 연설은 노골적이었다. "미국의 오래된 동맹이자 동반자로서 일본은 아시아·태평양에서 반세기 이상의 평화와 번영으로부터 이익을 누리고 기여도 했다. … 아시아의 재부활이라는 이 시기는 일본이 우리가 공유하는 규칙과 가치관을 증진하고, 우리의 공공재를 보호하며, 이 지역 내 우등 국가들과 나란히 성장해가야 하는 책임을 더 많이 짊어져야 할 때다."[82] 일본이 더 좋은 파트너가 되겠다는 아베의 주장은 아베 정부 기간 내내 일관되며, 단순한 수사적 표현이라고 치부해서는 안 된다. 일본인의 마음속 세계관에서 일본이 취약하다는 관념이 깊숙이 지속적으로 자리 잡고 있다는 점을 떠올려보라. 적극적인 일본의 방위 태세는 일본의 무임승차 또는 저임승차에 대한 불만을 잠재우고, 미국이 이 지역에서 지속적으로 개입할 수 있도록 하는 데 도움이 된다.

제2기 아베 정부는 변화하는 안보 환경과 안보 능력의 확산, 미국 안보정책의 제약 증대(전쟁 지속에 따른 피로, 재정적 제약, 당파성)로 생겨난 기회를 활용해 국가안보 어젠다를 열광적으로 밀어붙였다. 아베는 취임하고 나서 최초로 작성한 국가안보전략(국가안전보장전략)에 명시된 국가안전보장회의를 설립했으며, 안보협력을 촉진하기 위해 국가비밀법을 통과시켰고, 자위대의 구조와 태세를 포함한 일본의 방위전략과 이행정책을 제시한 방위계획대강防衛計画の大綱을 개정했으며, 중기방위력정비계획中期防衛力整備計画*을 발표했다. 또한 무기 수출에 대한 원칙을 개정했으며, 일본의 원조를 더 전략적으로 사용할 수 있도록 공적개발원조 규정을 개정했고, 집단자위권 발동에 대한 헌법 조항을 재해석했으며, 이러한 재해석을 실행할 수 있는 법안을 통과시켰다. 이와 같이 인상적인 성과들은 추진 과정에서 반발을

---

* 5년 주기로 개정하는 중기 방위전략.

극복해야 했다는 점을 볼 때 더욱 두드러졌다.

그렇다고 해서 일본의 정책이 근본적으로 변경되었기 때문에 이런 정책이 반영되어 나왔다고 주장하는 것은 옳지 않다. 이러한 발전은 냉전 종식 이전까지 거슬러 올라가는 일본의 장기적 안보정책이 진화한 모습의 한 단면이다. 영국의 권위 있는 일본 전문가인 크리스토퍼 휴스는 이 같은 현상을 "정상 상태 추구quest for normalcy"라고 상세히 설명했다.[83] 국회는 1990년대 초반에 평화유지군 파병을 허용하는 법안을 통과시킨 데 덧붙여 위기 상황에서 정부가 더 효율적으로 활동할 수 있게 했고, 일본이 '항구적 자유 작전(2001년 9월 11일 테러공격 이후 미국 중심의 연합군이 실시한 아프가니스탄 침공전쟁)'에 참여할 수 있게 승인했으며, 그 외에도 안보와 방위 작전을 수월하게 할 수 있는 법안을 통과시켰다. 2007년 1기 아베 정부는 일본 방위청*의 지위를 성省**으로 승격했다. 노다 정부부터 시작해 제2기 아베 정부에 들어서면서 일본은 안보 분야에서 한층 더 세간의 이목을 끄는 역할을 맡을 수 있는 법적·제도적 장치를 서둘러 마련해왔다. 2011년부터 무기 수출에 대한 제한을 완화하고, 우주 활동을 발전시켰으며, 공적개발원조에 대한 제한을 풀어 원조 자금을 역내 군사 역량을 강화하는 데 사용할 수 있게 하는 한편, 미국 미사일 방어 시스템에 동참하고 집단자위권 행사에 관한 중요한 토론을 진전시켰다.[84] 대부분 이런 조치는 외부 사건이나 외부 행위자로 말미암아 추진되었지만, 국내 지지자도 마찬가지로 눈에 띄는 안보 역할을 맡는 데 호의적이다. 물론 착각해서는 안 된다. 일본의 진화는 점진적이다. 변화는 조금씩 일어나고 있으며 급격한 변화를 반대하는 국내 세력은 여전히

●　　차관급.
●●　　장관급.

견고하다.[85]

미국 안보정책의 주요 이슈로 미국이 아시아 지역 동맹 네트워크에서 '바큇살spokes'을 더 견고하게 하려는 열망을 아베는 교묘히 활용했다.* 미국은 냉전 시기에 아시아 동맹국들과의 양자관계를 선호했으나[86] 아시아·태평양 지역의 안보 환경 변화로 미국 정부도 생각을 달리해야 했고, 미국과 동맹국들도 역내 위협과 도전을 해결할 새로운 방식을 모색해야 했다. 일본으로서는 안보 파트너를 늘리고 선택 가능성도 늘리는 일이 외교정책 수단 측면에서 갈수록 중요해지고 있다. 모든 국가의 자산이 너무 많이 동원되어 부족해지는 상황에서 파트너들 사이의 조율을 촉진할 수 있기 때문이다. 즉, 더 적은 부담으로 더 많은 것을 할 수 있게 된다. "외교정책 파트너의 다양화는 … 일본의 아시아 지역 내 외교적 고립을 줄이고 외교정책의 활동성을 늘려준다."[87] 제3국을 통해 외교정책에 대한 신뢰도를 제고하면서 일본 정부의 적극적인 안보 활동에 대한 반발을 누그러뜨리는 데도 도움이 된다. 더 나아가 미국의 변덕에서 일본을 보호해주며 미국의 급격한 외교정책 변화에도 대비할 수 있다.[88]

이러한 협력의 '모범적 표준 기준'은 미국·일본·호주 삼각 전략 대화로 "미국이 아시아·태평양 지역에서 맺고 있는 협력관계 가운데 가장 발전되었으며, 다른 어떤 삼각 협력관계보다 협의 의제가 폭넓고 견고하다."[89] 일본과 호주는 튼튼한 안보 관계를 구축하려 했고 이러한 협의체가 두 나라의 노력을 촉진시켰다. 호주 외교장관은 일본과의 관계를 "아시아에서 가장 가깝고 성숙했으며, 호주와 일본 관

• 유럽이 NATO라는 집단방위 체제로 유지되는 반면, 미국의 동아시아 안보전략은 미국을 중심에 놓고 동아시아 지역 개별 국가들과 양자동맹을 체결하는 방식이다. 미국이 중심이고 동맹국들이 바큇살에 해당하는 구조를 '허브앤스포크hub-and-spokes'라고 부른다.

계는 양국의 전략적·경제적 이익에서 근본적으로 중요하다"라고 설명했다.[90] 일본 방위 분야 분석가는 이러한 평가에 답례하듯이 "호주와의 관계가 아시아·태평양 지역에서 가장 중요하다고 보기는 어렵겠지만 호주는 두 번째로 중요한 안보 파트너다. … 미일동맹을 제외하고 다른 어떤 양자관계도 깊이 측면에서 그리고 안보 및 국방 분야 상호 협력 측면에서 일본과 호주 관계에 필적하지 못한다"라면서 주목했다.[91]

아베 총리의 또 다른 중요한 외교 파트너는 인도다. 아베는 총리로서 처음으로 인도를 방문했을 때 미국, 호주와 더불어 가치관을 공유하는 파트너로서 인도를 대했다. 몇 번의 예비 접촉이 있은 뒤 호주와 인도는 이처럼 긴밀히 협력하게 되면 마치 중국을 포위하려는 것처럼 보여 중국의 반발을 초래할 수도 있다며 뒷걸음쳤다. 그런데도 아베는 태평양과 인도양을 포괄하는 아시아 개념을 고수했고 인도·태평양이라는 용어를 처음 공식적으로 언급한 인사로 종종 평가받고 있다.[92] 인도의 핵무기 프로그램에 대한 일본의 반대 등 일부 이슈로 좌절을 겪을 때도 있었지만 두 나라는 친밀한 관계를 추구해왔다. 아베는 다시 권좌에 복귀하자마자 이 비전을 재추진했으며, 마침 오바마 행정부의 지정학적 시각도 이와 유사해서 도움을 받았다. 그 결과로 일본과 인도 양자관계가 "급격하게 향상되는 장면이 목도"되었으며, "나렌드라 모디가 인도 총리로 선출되면서 더욱 순풍을 받았다."[93] 일본을 경외하는 모디는 2014년 총리로서 처음 남아시아를 제외한 해외 순방 지역 가운데 일본을 첫 방문지로 택했다.

몇 가지 공유되는 신념과 이해관계가 일본과 인도 양자관계를 지탱해주고 있다. 양국은 민주주의, 법의 지배, 인간의 존엄성 존중과 같은 가치관을 공유한다. 양국 다 정부와 기업이 좀 더 긴밀하게 경제협력을 하면 상호 간에 계기가 마련될 것이라고 믿는다.[94] 아베와 모디는 각자 자신의 나라가 국제 시스템에서 저평가되고 있다고 주장한다. 브릭스 그룹의 일원이라는 지위는 모디의 열망을 발현하는 데 중요한 기제가 되고 있다. 아베도 도쿄 전범재판에 대한 재평가를 희망하며 유엔헌장의 적국 조항*을 삭제하고 싶어 한다. 아베와 모디 둘 다 자국을 유엔안보리 상임이사국으로 만들고 싶어 한다. 마지막으로 양국 지도자 모두 중국의 부상과 새로운 외교정책 및 군사적 적극주의를 우려하고 있어 지정학적 고려가 서로 비슷하다.[95] 2017년에는 아베의 결단에 힘입어 일본, 미국, 호주, 인도의 파트너십 협의체 '쿼드Quad'가 부활했으며, 4개국 정부의 협조에 힘입어 이러한 협력 구상이 현실화되었다.[96]

아세안 또한 아베의 구상에서 차지하는 비중이 크다. 일본인에게 동남아시아는 인구가 6억 2000만 명이 넘고, 노동 연령대와 중산층이 증가하고 있으며, 총 GDP가 2조 3000억 달러(2012년 아시아 전체의 12.5퍼센트 차지)인 지역으로 보인다. 일본은 아세안의 제2위 교역 대상국이자 제2위 해외직접투자국이다. 2015년 아세안과 일본의 양자 교역 규모는 2394억 달러로 아세안 전체 교역의 10.5퍼센트에 달했다. 아세안에 대한 일본의 해외직접투자도 174억 달러로, 아세안에 유입된 전체 투자의 14.5퍼센트를 차지했다.[97] 또한 이 지역은 해상 교통로와 관문 역할을 하는 지정학적 요충지다. 약 5조 3000억 달러의 물류가 매년 이 지역을 거쳐 간다. 한 관찰자는 "동남아시아가 적극적으로 개방되지 않으면 아시아·태평양 혹은 인도·태평양이 잘 연결될 수 없다"라고 지적했다.[98] 이러한 논리에 자극받아 미국과 일본은 각각 그리고 미일동맹으로서 동남아시아와 협력을 심화

• 　유엔헌장은 제2차 세계대전 종전 이전인 1945년 6월 26일 샌프란시스코에서 체결되어 추축국을 적국으로 규정하고 있으며 관련 규정이 53조에 명시되어 있다.

하고 있다.[99]

취임한 지 6개월이 되자 아베는 "우리와 아세안의 관계에 특별한 의미를 부여하겠다"라고 선언하고 적극적으로 이행에 나섰다.[100] 취임한 지 1년 만에 아세안 회원국 10개국을 모두 방문했고(일본 총리로서는 최초), 고위 관리들도 이 지역을 여러 차례 방문했다. 또한 아베는 아세안·일본 특별정상회의를 개최하여 양자관계 40주년을 기념했다. 이 회의에서 일본과 아세안의 우정과 협력 이슈 그리고 이행 계획이 담긴 비전 성명인 '손을 잡고 지역과 세계의 과제에 도전한다手を携え、地域と世界の課題に挑む'를 공동으로 발표했다. 그 이후에도 계속해서 신속하게 협력을 진행했다. 2016년 9월에 있었던 일본·아세안 정상회담 공동선언은 통화스와프 합의부터 인프라 투자, 지속가능한 개발 프로젝트 등 다양한 구상의 밑그림을 그려놓았다.[101] 아세안지역안보포럼ARF이나 아세안 국방장관 회의 등 아세안의 안보 체제를 통한 참여도 이에 못지않게 중요하다. 아울러 일본은 필리핀이나 베트남과 같은 이 지역 내 군대의 역량 개발을 위한 양자 접촉, 해상자위대 군함의 동남아 지역 순방, 역내 관찰자들이 입회 가능한 군사훈련 등을 추진했다.[102]

대부분은 아니더라도 많은 동남아시아 국가의 정부가 갈수록 중국의 공세적인 태도에 불편함을 느끼고 있으며, 중국을 상대하는 데 선택지나 활동 여지를 좀 더 늘릴 수 있는 외교·안보 파트너를 애타게 찾고 있다는 점이 아베의 머릿속 계산의 중심에 자리 잡고 있었다. 이런 동남아시아 정부들은 일본의 접촉을 미국과 호주, 인도와 더불어 환영했지만, 중국과 이들 국가 사이에서 선택해야 하는 처지에 놓이기를 원하지 않았다. 아베는 그들의 희망을 재빨리 인식하고 일본과 중국의 차이점을 강조했다. 가령 "만약 우리가 협력을 지속하며 자유, 민주주의, 인권, 법의 지배와 같은 공동의 가치관을 공고히 떠

받든다면 향후 50년간의 일본·아세안 관계는 더욱 밝아질 것이다"라고 언급했다.[103] 중국으로서는 이처럼 빈정거리는 말을 놓치기 어려웠을 것이다.

아베가 총리로 있는 동안 중국과의 관계는 이해할 수 있듯이 불안정했다. 아베 정부 이전부터 있었던 긴장의 근원도 줄어들지 않았다. 예를 들어, 중국은 계속해서 분쟁지역인 센카쿠 열도에 대한 영유권을 주장하면서 압박을 가하고 있다. 2013년 1월에는 중국 군함이 동중국해에서 항해 중인 해상자위대 구축함에 사격통제 레이더를 가동했으며, 해상자위대에 탑재된 헬리콥터를 겨냥해 레이더를 조사한 것으로 의심받고 있다. 그해 말에는 중국이 센카쿠 열도 상공을 포함하는 동중국해 방공식별구역을 선포했다. 2017년이 되자 〈닛케이아시안리뷰〉는 "중국의 센카쿠 열도 침범이 이제 뉴노멀new normal이 되었다"라고 주장했다.[104] 2017년 일본 〈방위백서〉는 일련의 공세적 활동 사례를 합계한 다음에 "일본은 이러한 조치를 심각하게 우려하고 있다. 이는 동아시아의 현상 유지를 일방적으로 변화시키고, 긴장을 고조하며, 동아시아에서 의도하지 않았던 결과를 초래할 수도 있는 근본적으로 위험한 행동이다"라고 기술했다.[105]

분쟁으로 말미암아 중국에서 반일 시위가 발생했으며, 설문조사에서 상대방에 대한 호감도가 최저점을 찍었다. 겐론 NPO가 실시한 제12차 일본인과 중국인에 대한 설문조사에 따르면 일본인의 71.9퍼센트가 양국 관계가 나쁘다고 보았으며 중국인의 78.2퍼센트가 비슷한 감정을 느끼고 있었다. 이는 이전 설문조사보다 11퍼센트포인트가 올라간 수치였다. 설문조사 당시 양국 관계가 조금 호전되었는데도 일본인의 44.8퍼센트와 중국인의 66.8퍼센트가 전년도에 관계가 악화되었다고 믿으며, 일본인의 34.3퍼센트와 중국인의 50.4퍼센트가 더 악화될 것으로 보았다.[106] 일본 내각부의 설문조사 결과는 일본인의 80.5퍼센트가 중국에 호감을 느끼지 않으며(10개월 전보다 2.7퍼센트포인트 나아지기는 했지만), 83퍼센트가 중국과의 관계가 좋지 않다(마찬가지로 지난번 조사보다 2.7퍼센트포인트가 개선된 수치다)고 나오는 등 더욱 암담했다.[107]

하지만 양국 간 경제 관계는 견고했다. 중국은 일본의 가장 큰 교역 대상국이었으며, 일본은 중국의 2대 교역국이었다. 베이징에 있는 중국국제문제연구원 선임 연구원인 장위에춘姜跃春은 "중국과 일본은 경제적으로 서로 필요하다"라고 설명했다.[108]

2년이 지나 아베 총리와 시진핑 중국 주석은 2014년 APEC 정상회의(시 주석이 주최)에서 정상회담을 했다.[109] 관계는 여전히 소원하고 형식적이었으나 2017년이 되자 해빙 조짐이 보였다. 5월에는 북한과 같은 지역 내 우려 사항이나 아시아, 중동, 아프리카, 유럽에서의 중국의 대규모 인프라 투자 계획인 일대일로一帶一路 구상 등과 관련한 양자 협력 방안과 협의에 걸림돌이 되는 사항을 논의하려고 일본과 중국의 고위급 셔틀외교가 개시되었다. 아베는 일대일로 구상을 포함해 중국의 노력을 치하하는 발언을 (경고와 함께) 내놓았다.[110] 37년 만에 처음으로 종전기념일인 8월 15일에 일본 각료 중 아무도 야스쿠니신사를 참배하지 않았다. 한 달 후에 아베는 주일본 중국대사관을 깜짝 방문하여 중국 국경일과 일중 관계 수립 45주년 기념행사에 참석했다. 일본 총리가 이런 행사에 참석한 것은 15년 만에 처음이었다. 그리고 10년 만에 처음으로 아베와 리커창李克强 중국 총리가 기념일 축하 메시지를 교환했다.

따뜻한 관계가 2018년에도 이어졌다. 5월 9일에 한국, 일본, 중국이 제7차 삼국 정상회의를 3년 만에 처음으로 개최할 때까지도 좋은 관계가 지속되었다. 그 이후에 아베는 리커창 총리를 초대한 자리에서 "일중 평화우호조약 체결 40주년을 일중 관계 원년으로 만들고 싶다"라는 의사를 표현했다.[111] 이러한 마음은 진심이었지만 또 다른 요소가 있었다. 바로 변덕스럽고 예측 불가능한 미국 대통령이었다. 전후 질서에 대한 도널드 트럼프의 경시, 특히 국제 통상의 규칙이나 제도에 대한 그의 경멸 때문에 일본과 중국이 협력할 이유가 이론상으로는 아주 많았다.

하지만 현실적으로 일중 관계는 위험했다. 양국 정부는 협력관계가 필요하다고 이해하고 있었지만, 둘 다 자신들이 원하는 조건을 상대방에게 강요하려고 했다. 궁극적으로 아베와 시진핑 둘 다 강력하고 민족주의적인 지도자였으며, 서로 상충하는 전략적 이해관계가 있었다. 두 사람과 양국 정부 모두 이 지역에서 자신의 영향력을 확대하기를 원했고, 영향력을 확대하는 데 상대방을 가장 큰 방해 요인으로 보았다. 아베 정부는 중국을 지정학적 야심 측면에서 라이벌이자 위협으로 여겼으며, 중국은 일본이 중국의 부상을 제한하고 봉쇄하기로 마음먹었다고 믿었다. 중국은 자신들의 부활이 정상적이며, 자신들의 정책이 자신들의 지위와 권력에 부합하고 역사적 과오를 시정한다고 여긴다. 일본 정부는 자신들이 지정학적 현상 유지와 기존의 규칙에 근거한 질서를 수호하고 있다고 주장한다. 이러한 시각의 차이는 센카쿠 열도 분쟁에서 가장 두드러진다. 일본은 자위대를 강화하여 기존 영토 체제를 보호하려 한다고 주장하는 반면, 중국은 일본에게 도둑맞은 재산을 되찾으려 한다고 주장한다. 일본은 남중국해에서의 자유항행과 국제법에 근거한 분쟁 해결 제도를 수호하기 위해 중국에 맞서는 국가들을 지지하고 있다. 중국은 일본이 아무런 이해관계도 없는 이 지역 내 분쟁에 끼어들고 있으며, 중국을 좌절시키려고 경쟁국들을 지지하고 있다고 반박한다. 트럼프 대통령이 세계무역 체제를 뒤흔들고 있어서 서로 협력할 유인이 있는데도 경제 분야의 규칙 제정과 같은 난해하고 추상적인 영역조차도 분쟁 요인이 되고 있다. 일본은 지역 무역 관계의 '모범적 표준 기준'을 마련하는 동시에 중국이 지지하는 역내포괄적경제동반자협정RCEP을 약화시키려고 TPP(이제는 CPTPP)를 지지했다. 중국은 TPP가 규칙 제정자로서 중국을 배제하려는 의도가 있다고 정확하게 주장한다.

양국 사이의 이견을 조장하는 마지막 요인은 북한이며, 네 가지 중요한 차이점이 극명하게 드러난다. 첫 번째로 비록 일본과 중국 정부는 북한이 핵무기를 포기해야 한다는 데 동의하지만, 아베 정부는 북한을 협상 테이블로 끌어내려고 강경 노선을 선호한다. 중국은 북한에 대한 압박을 꺼리는데, 북한이 불안정해지면 중국에 가장 큰 피해를 주기 때문이다. 두 번째로 일본은 자신들이 북한 핵무기의 공격 대상이 될 것으로 확신하기 때문에 북핵 문제가 시급하다고 보지만 중국은 이에 동의하지 않는다. 세 번째로 아베는 납치자 문제를 적극 제기하면서 이 문제를 북한과의 관계에서 우선순위로 꼽고 있지만 중국은 무관심하다. 마지막으로 중국은 북한이 남한과 통일되기를 원하지 않는다. 일본 정부로서는 남한 주도의 통일을 환영한다는 것이 공식적인 입장이다.

일본의 대아시아 외교정책 모자이크의 마지막 조각은 한국이다. 아베는 문제가 이미 많았던 한일 관계를 물려받았고 상황을 더욱 악화시켰다. 북한이 갈수록 호전적이고 공격적이며 도발적으로 됨에 따라 최우선적으로 양자 협력을 해야 했지만, 한국과 일본의 관계는 오히려 최저점을 향해 가라앉고 있었다. 2012년 여름에는 국회의 압박을 받은 한국 정부가 예정되었던 한일 군사정보보호협정GSOMIA 서명을 마지막 순간에 취소했다. 중요하기는 하지만 내용이 온건한 문서조차도 서명하는 데 어려움을 겪으면서 양국 관계는 노골적인 적대 관계까지는 아니더라도 표류하고 있다는 인상을 주었다. 얼마 지나지 않아 이명박 한국 대통령은 일본이 보기에는 분쟁지역인 독도를 방문했으며, 그러고 나서 일본 천황이 한국을 방문하기 위해 필요한 조건이 무엇인지 이야기하면서 폄하하는 발언을 했다.

아베의 보수주의는 한국 정부의 신경을 곤두서게 했으며, 그와 각료들이 2012년 12월 야스쿠니신사를 참배함으로써 한국 내 회의론자들이 가장 두려워했던 일을 현실로 확인해주었다. 이후 아베가 1993년 고노 담화를 재검토하고 번복하려 한다는 보도가 나오자 일본 정부가 과거로 회귀하려는 성향이 있다는 최종 증거가 나왔다고 여겼다. 아베는 역사를 다시 쓸 의도가 없다고 부인했으나, 역사와 안보는 분리해야 한다고 주장했다. 북한의 위협이 커지고 이에 대응하기 위한 한국과 일본의 안보협력이나 한국과 일본, 미국의 삼국 협력과 같은 실용적인 조치를 취하는 데 과거사 평가가 걸림돌이 되어서는 안 된다는 주장이다.

이러한 생각에 대해 한국은 긍정적인 반응을 보이지 않았다. 2013년 박근혜 후보가 이명박 대통령을 이어 대통령에 취임한 뒤에도 마찬가지였다. 박 대통령은 관계 개선을 위해 일본이 약속을 이행하는 차원에서 더 많은 것을 해주기를 바랐다. 박 대통령이 기다리는 쪽을 선택함에 따라 양국 관계는 얼어붙은 채로 남아 있었다. 한국과 일본의 지도자는 실질적으로 거의 조우하지 않았으며 이러한 회동조차도 서로 간의 싸늘한 분위기가 두드러졌다. 이는 우호적이지는 않아도 따뜻해 보였던 박근혜 대통령과 중국 시진핑 주석의 관계와 더욱 대조되었다.

박 대통령의 요청은 대체로 무시되었다. 하지만 2015년이 되자 북한이 제3차 핵실험을 단행하면서 상황이 변했고, 미국 정부가 촉구하고 막후에서 두드러지게 노력함에 따라 2015년 12월 한국과 일본은 '위안부 피해자 합의'에 도달했다.[112] 양국이 타결한 합의는 이 사안의 '최종적이고 불가역적인 해결'을 목표로 삼고 있다.[113] 이 합의는 양국에서 박수와 야유를 동시에 받았으며, 양국 정부가 위안부 피해자 문제를 최종적이고 불가역적으로 해결하겠다고 약속하고 이행할지 여부는 전혀 확실하지 않았다. 2017년 진보 성향의 문재인 후보가 박근혜 대통령이 탄핵된 이후 대통령에 취임하자 일본(과 한국 내 보수주의자들 그리고 미국)에서 한일 양국과 한미일 삼국 협력이 다시 한국 국내정치의 포로가 될 것이라는 두려움이 일었다. 문 대통령은 2015년 합의를 재검토할 것을 촉구하면서 이런 두려움에 불을 지폈다. 하지만 궁극적으로 문재인 정부는 비록 일본에 역사적 과오를 바로잡기 위해 더 많은 것을 해주기를 촉구했지만, 위안부 합의는 존중되어야 한다고 결론을 내렸다.[114] 또한 북한 지도자는 문재인 정부를 햇볕정책의 완화된 노선, 즉 햇볕정책 2.0 혹은 아마도 더 적절하게 표현하자면 '달빛정책'을 시험해보지 못하고 꼼짝 못 하게 옭아매었다.

2018년에는 북한의 외교 공세가 한일 관계를 더욱더 긴장시켰다. 북한 김정은 위원장에게 접촉하려는 문재인 대통령의 의지로 한국과 일본 사이에는 입이 벌어질 정도로 큰 시각차가 드러났다. 한국은 북한과 대화와 화해를 원했으며, 일본은 북한에 대한 강경노선을 주장했다. 일본 국민은 북한과 우호적인 관계를 구축하려는 한국의 열의가 북한의 비핵화를 강요하기 위해 필수적이라고 느꼈던 압박 정책에 치명적인 손상을 줄 것이라고 두려워했다. 여기에서 다시 트럼프가 중요한 요인이 되었다. 오랫동안 지속되었던 동북아시아에서의 동맹관계에 대해 미국 대통령이 겉으로 보기에 무관심하자, 한국과 일본의 정책결정자들은 한일 양자관계의 중요성을 절실히 느끼게 되었다. 미국의 정책이 바뀌고, 그 때문에 한일 양국의 안보가 피해를 당할 경우 한일 양국은 상호 이견이 있더라도 서로 긴밀하게 협력할 채비를 갖추었다.[115]

취임 5년을 맞으면서 아베 신조는 자신의 외교·안보 정책 분야의
업적에 대해 당연히 자신감과 자부심이 생겼다. 그는 국내 국가안보
어젠다에서 교묘하게 많은 진전을 이뤄냈다. 미국과의 동맹을 공고
히 하고 더욱 강화했으며, 중국 정부의 외교적·군사적 도전에 아랑
곳없이 중국에 맞서 물러서지 않으며 관계를 개선했고, 북한의 위협
에 대응하려 한국과 안보협력을 재구축했다. 또한 안보 분야에서 더
많이 이바지할 것이라는 약속을 지켰으며, 중요한 외교 행위자로서
일본의 역할을 거듭 주장했다.

"개혁에는 일본식 전통 가치관이라는 또 다른 얼굴이 있다"

아베의 승리에는 대가가 따랐다. 경제 분야에서 아베의 약속과 아베
정부의 실제 정책의 차이, 무자비한 선거 전술 그리고 여론을 따르기
보다는 주도하려는 태도 탓에 제도에 대한 일본인의 신뢰가 많이 무
너졌다. 야당에 대한 불신과 야당의 무기력성이 폭로되면서 유권자
의 투표율이 사상 최저치를 기록했다. 2017년 10월 선거에서는 불
과 53.69퍼센트의 유권자만 투표했으며, 이는 사상 최저 투표율을
기록했던 2014년 중의원 선거 당시 52.66퍼센트의 투표율에서 조
금 반등한 수준이었다.[116]

하지만 상처 입고 축소된 야당은 어디까지나 문제의 일부에 불과
했다. 이슈가 TPP건, 국가안보·방위 정책이건 혹은 지속적인 원자
력에너지 의존이건 간에 아베가 리더십이라고 불렀던 사안은 많은
대중의 반감을 샀다. 2017년에는 단지 50퍼센트의 일본인만이 일본
에서 민주주의가 작용하는 방식에 만족감을 표명한 반면, 47퍼센트

는 불만을 표했다.[117] 같은 조사에서 57퍼센트의 일본인은 정부가 일본을 위해 옳은 일을 하고 있다고 믿지만, 단지 6퍼센트만이 일본의 지도자를 강하게 신뢰한다고 답했다. 원하는 방식으로 밀어붙이려는 정부의 태도로 많은 대중이 소원해졌다. 내각부의 설문조사에서 34.6퍼센트의 응답자는 자신들의 견해가 정책에 반영된다고 생각한 반면, 62.1퍼센트의 응답자는 자신들의 견해가 무시되고 있다고 보았다.[118] 매년 전 세계의 신뢰도를 측정하는 권위 있는 기관인 에델먼 트러스트바로미터는 조사 대상 국가 가운데 일본의 순위가 가장 낮았다고 평가했다. 지식 계층과 일반 계층의 국가기관(정부, 기업, 언론, 비정부기구 등)에 대한 신뢰도가 각각 49퍼센트와 34퍼센트에 불과했다. 일본 대중의 37퍼센트가 정부를 신뢰했고(2016년 대비 2퍼센트포인트 하락), 42퍼센트는 시스템이 실패하고 있다(45퍼센트는 확실치 않다)고 보았다. 에델먼이 조사했던 모든 국가 중 일본이 미래에 대해 가장 비관적이라는 분석도 이런 결과와 궤를 같이한다.[119] 일본이 갖고 있는 문제의 많은 부분이 일본 국민의 자신감 부족 때문이라고 믿는 지도자에게 이러한 비관주의가 지속된다는 사실은 가장 씁쓸하게 실패한 부분으로 볼 수도 있다.[120]

자신감을 고취하려면 일본 국민에게 자부심을 불어넣는 것이 가장 중요하다. 한창 잘나가던 1970년대와 1980년대 일본의 성공과 겉으로 보기에 멈출 수 없었던 일본의 부상이 일본인의 사고를 옥죄었다. 잃어버린 10년이 반복되면서 일본인은 행복감과 목표의식을 상실하고 제2장에서 제5장까지 설명했던 충격, 특히 3월 11일의 사건으로 삶의 균형이 깨지고 불안해했다. 몇몇 사람들에게는 이러한 공허함을 메우려면 극단적 조치와 미지의 미래에 대한 담대한 접근이 필요했다. 이 같은 시도에는 '일본재생전략'이나 '일본판 뉴딜 추진 촉구' 등의 이름이 있다.

하지만 몇몇 다른 사람은 과거에서 해답을 찾으려 한다. 전 자민당 정치인은 다음과 같이 말했다. "개혁에는 일본식 전통 가치관이라는 또 다른 얼굴이 있다."[121] 이런 사고방식은 좌우 이념 진영을 막론하고 지지받으며, 이들은 과거의 가치관으로부터 구원까지는 아니더라도 희망을 찾는다.

이러한 형태의 사고관은 쉽게 희화화되거나 오해되곤 한다. 민족주의와 애국주의는 정치권에서 자주 쓰는 용어다. 일본인이건 그렇지 않건 많은 사람이 민족주의 대의명분을 지지하는 사람들에 대해 반동주의자, 반자유주의적인 권위주의자라며 본능적으로 반발한다. 일부 지지자들은 이런 식으로 비난받는 게 당연할 수도 있지만 압도적인 대다수를 꼭 그렇게 봐야 할 것은 아니다. 많은 일본 민족주의자는 일본 정부에 씌워진 비현실적인 굴레를 벗어던지고 국제사회에서 더욱 적극적이고 더 나은 활동을 할 수 있는, 좀 더 자신감 있는 나라를 만들고 싶어 한다.

어떻게 일본이 길을 잃게 되었는가? 이에 대해서는 두 그룹의 학파가 있다. 한 그룹은 제2차 세계대전 이후 미 점령군이 일본에 부과했던 헌법에 문제가 있다고 주장한다. 즉, 일본 헌법이 일본의 핵심 가치관을 반영하지 않았으며 헌법이 제정된 이후로 일본 국민과 그들이 이상적으로 여기는 공동체 사이의 단절을 초래했다고 본다. 또는 하시모토 아키코橋本明子가 설명하듯이 "손상된 평판을 바로잡겠다는 열망"이 긍정적인 국가정체성을 창조하겠다는 보수주의자들의 노력에 활기를 불어넣어 준다. 그래서 개헌이 일본이 앓고 있는 많은 병을 치유할 수 있다는 것이다.[122]

일본회의日本会議가 이러한 투쟁을 이끌고 있다. 1997년에 설립된 이 단체는 많은 보수단체를 통솔하는 상부 기구로서 개헌을 궁극적 목표로 삼는다. 언론보도에 따르면 회원 3만 8000명 가운데 국회 양원 소속 의원 280명과 2015년 10월 출범한 내각 각료 20명 중 12명이 있었다. 여기에 '최고위 자문관'인 총리대신, 내각관방장관, 재무대신, 외무대신, 총무대신 등이 포함되었다. 일본회의 홈페이지는 자신들의 목표가 천황과 천황 가문 숭배, 개헌, 이른바 자학적 역사관의 변화와 애국 교육 추진, 국방력 강화 그리고 부부가 다른 성을 갖도록 허용하는* 것과 같은 '가족 해체'를 초래하는 제도의 반대 등이라고 밝혔다.[123] 또한 이 단체는 "국가 이익, 평판, 주권, 야스쿠니신사에서의 전몰자 추모, … 청년층에 대한 애국주의 고취, 국가國歌와 국기 및 역사 존중, 전형적인 일본인다움 중시" 등이 중요하다고 강조하는 정치를 복원하려고 한다.[124]

2007년 제1기 총리 시절에 아베는 국회 정책 연설에서 "공공서비스, 자기 수양, 도덕 그리고 우리가 태어나고 자라난 공동체와 국가에 대한 애착과 애정 같은 가치관"을 언급했다.[125] 이런 식으로 말하면 이러한 신념 체계를 반대하기가 어렵다. 다른 사람들은 과거 일본 제국 시절을 부활시키려는 어두운 동기가 있다고 보면서 여러 사항을 그 증거로 제시한다. 야스쿠니신사 참배, 제2차 세계대전 당시 위안부 피해자에 대한 일본의 책임을 인정하는 1993년 고노 담화의 적절성 의문시,[126] 제2차 세계대전 당시 일본의 행동을 사죄했던 무라야마 도미이치 총리의 1995년 담화의 정당성 문제 제기,[127] 전후 도쿄 전범재판 판결을 "승자의 정의"라며 무시하는 태도 등이 그것이다. 비판가들은 이 같은 행동이 "역사수정주의를 지지하며, 일본의 전쟁범죄와 잔혹성을 물타기 하고 있고, … 새로운 일본 제국을 지지하겠다고 약속"하는 것으로 본다.[128]

• 일본은 서구처럼 결혼하면 아내가 남편의 성을 따르도록 되어 있다.

두 번째 그룹은 일본이 정체성을 잃은 이유가 다른 무엇보다 소비주의를 중시하는 자본주의경제의 결과라고 주장한다. 이러한 모델은 재물 획득을 강조함으로써 공동체를 파편화하고, 차이점을 강조하고, 소비를 부추기고, 일본의 전통적인 자연과의 관계를 약화시킨다. 이런 신념은 신토주의神道主義를 지속해주었으나, 오늘날 신토주의의 형태는 사실상 거의 종교에서 분리되어 있다. 소비주의의 거부는 곤궁한 경제적 상황 또는 그런 상황에 맞춘 결과일 수도 있지만, 자연과 동일시한다는 관념이 널리 퍼져 있으며, 많은 사람은 이러한 신념이 보수주의적 성향으로 치부되는 것을 거부한다. 도쿄재단정책연구소의 가타야마 쇼이치片山正一 연구원은 일본에서 "전통적 가치관과 연관될 수 있는 대안적 가치관을 모색하는 움직임이 있다. 우리는 미래를 볼 수 없고 돈이 모든 것을 살 수 없는 새로운 시대에 진입하고 있다"라고 지적하면서 이와 같은 견해를 피력했다.[129] 이러한 비판은 자본주의에 대해, 특히 미국식 자본주의에 대해 의심이 깊은 좌파로부터 주로 나오지만 보수주의자들도 "공동체에 대한 믿음과 애정"이 사라졌다고 한탄하는 등(앞의 단락에서 아베가 한 말을 인용했다) 정치적 스펙트럼상 반대 진영에서도 이런 신념을 찾아보기가 어렵지 않다. 이 같은 공동체의식과 집단 정체성은 보수주의 이념의 핵심이며, 많은 보수주의 담론에 생기를 불어넣어 준다. 정치적 이념의 양극단이 한 곳으로 수렴하는 현상만이 독특한 것은 아니다. 정치 스펙트럼의 양극단에 있는 사람들은 미일동맹에 대한 반감도 공유한다. 좌파는 미국의 군사주의를 경멸하며 미국이 과도하게 나갈 경우 분쟁에 연루될 가능성을 두려워하기 때문이고, 우파는 국력을 투사하는 활동에서 더 많은 자유를 원하기 때문이다.

"일본은 … 자신만의 중심을 찾아야 한다"

이러한 향수가 좌파나 우파에 생기를 불어넣는다는 점을 인식하는 것이 현대 일본에 남아 있는 과거의 권력을 이해하는 데 매우 중요하다. "아베와 같은 보수주의자들은 일본이 국가와 사회를 연결하는 중요한 연계망을 재건하는 데, 그리고 경제 재건과 다양한 사회문제 해결, 외부 위협에 대한 방어와 같이 다양하고 시급한 과제에 대응하는 데도 필요한 에너지를 동원하려면 일본의 역사에 대한 긍정적인 시각이 요구된다고 본다."[130] 아베의 진정 어린 호소인 '아름다운 나라로'는 일본이 유구한 역사를 거치며 발전시켜 온 독특한 전통을 보호하고 존중하는 방식으로 국가의 자부심을 회복하자고 촉구한다. 그에게 국민이란 자신들이 소속된 국가로부터 자부심과 정체성을 끌어내야 하며, 애국심이란 자신들이 소속된 터전에 대한 사랑鄕土愛을 연장하는 것이다.[131] 민족주의를 연구하는 케빈 도크는 이런 광범위한 개념을 "시민 민족주의"라고 부르면서 근대적 전통과 성취를 존중하는 가운데 "건전한 애국심"과 자신이 소속된 국가에 대한 자부심을 고취한다고 본다.[132]

개헌이 "아베의 가장 간절한 꿈"이자 "역사적 사명"이지만,[133] 아베는 국제적으로 승인된 군사 활동에 대해 일본이 참여하지 못하고 동맹국에 대한 지원도 제약받는 상황을 겨냥해 변화를 추구하고 있다. 아베가 과거에 패망했던 제국의 부활을 원하는 것은 아니다.[134] 2013년 가을, 아베는 허드슨연구소에서 했던 연설에서 곧이곧대로 말했다.

일본은 미국이 주도적 역할을 맡고 있는 지역과 전 세계 안보 프레임에서 취약한 고리가 되어서는 안 된다. 일본은 세계에서 가장 성숙한 민주주의 국가 중 하나다. 따라서 우리는 세계의 안녕과 안보를 제공하는 데 순기여국이 되어야만 한다. 그리고 우리는 그렇게 될 것이다. 일본은 지역과 세계의 평화와 안정에 예전보다 훨씬 더 적극적으로, 더 많이 이바지할 것이다. 신사 숙녀 여러분, 나는 내가 사랑하는 나의 나라를 "적극적인 평화의 기여자"로 만들기로 마음먹었다.[135]

그러고 나서 그는 자신을 비판하는 사람들에게 "그래서 원한다면 나를 우익 군국주의자라고 부르라"라고 자극적으로 말했다.

심지어 간 나오토 전 총리와 같은 진보주의자도 변화에 따른 압박감을 경감하고자 전통적인 일본의 가치관을 상기했다. 2011년 1월 스위스 다보스의 세계경제포럼에서 간은 "일본을 재개항"할 것이며, 이 과정에서 겪을 수 있는 고통을 덜기 위해 기즈나를 사용하겠다고 선언했다. 그는 연설에서 20년간 일본이 시달려온 마비 상태를 떨쳐내고 현대 일본을 특징지어 온 평등과 질서를 유지하기 위해 어떻게 할 것인지를 설명하려고 했다. 일본이 개항하고 새로운 사회적·경제적 시스템을 도입하면 "그런 변화의 흐름 속에서 뒤처지는 사람이 항상 있기 때문에" 불평등이 발생한다는 사실에도 주목했다. 번영과 자유, 개혁, 성장의 동력이 또한 불평등을 낳고 사람들을 고립시키기 때문에 간 총리는 "그러한 상황을 피하기 위해 새로운 기즈나 혹은 인간 사이 유대"를 만들자고 촉구했다.[136] 자기 자신을 진보주의자라고 공언하는 간 총리에게 기즈나는 가족이나 지리적 유대로 묶여 단합되었고 차이가 없으며 모든 구성원이 평등하고 아무도 사고로 혹은 의도적으로 배제되지 않았던 일본을 떠올리게 한다.[137]

이처럼 이상화된 일본의 역사관이 정치인이나 관료 사이에서만 인기가 있는 게 아니다. 2007년 봄에 퓨리서치센터가 실시한 설문조사에 따르면 일본인 응답자의 74퍼센트가 "우리의 전통적 삶의 방식

이 사라져서" 애석하다고 밝혔다.[138] 이러한 상실감은 3월 11일의 삼중재난 이후 한층 새롭게 시급해지고 타당해졌다. 후쿠시마원전사고 이후 지역공동체 의식을 고취시키려고 마쓰리祭り(일본 전통 축제) 재개에 앞장섰던 이시나베 히로코는 일본이 내부를 향해 에너지를 집중해야 하며 "영속적이고 자립할 수 있는 사회를 재건해야 한다"라면서 "재건할 시간이 필요하고 … 일본이 현재의 표류 상태를 바로잡고 자신의 중심을 잡아야 한다"라고 주장했다.[139] 미디어스트인 쓰다 다이스케津田大介는 이시나베의 의견에 동조하면서, 피해를 당한 지역에서 실시하는 지역축제가 아픔을 덜어주는 동시에 회복을 진척시키고 있다고 주목했다. 3월 11일의 재난은 사회의 회복성이 무엇이고, 무엇이 공동체를 구성하는지, 그리고 존중받고 이어가야 할 전통에 대해 평가하면서 전통이 주민에게 목적과 목표를 어떻게 제공하는지 등에 관심을 집중하게 해주었다.[140]

몇몇 일본인은 특정 집단이 전통과 문화를 제멋대로 동원해 자신들의 어젠다로 활용하려 한다는 사실에도 눈을 떴다. 섬유 사업을 주도하는 누노NUNO사의 스도 레이코須藤玲子는 "3월 11일 이후 우리는 우리나라에 대해 심각하게 생각하기 시작했다. 우리는 우리 자신을 직시해야 하고 일본인이라고 느껴야 하며 우리나라에 대해 생각해야 하지만, 민족주의는 없고 우익만 있다. 우익이 국기와 국가를 독점하고 있다. 우리는 민족주의에 대해 긍정적인 방향으로 염려하기 시작했다. 길거리에서 고함지르는 우익만 있는 것이 아니다"라고 설명했다.[141]

여론 분석 결과도 이런 생각이 일부 사람에게만 한정된 정서가 아니라는 점을 보여준다. 내각부가 실시한 설문조사에 따르면 거의 절반에 해당하는 일본인(47.3퍼센트)이 시민으로서 국가와 사회에 더 많은 관심을 기울여야 한다고 믿으며, 이와 대조적으로 40.5퍼센트는 개인의 삶을 윤택하게 하는 데 초점을 두는 것을 선호한다.[142] 응답자의 거의 50퍼센트가 국익이 개인의 이익보다 우선되어야 한다고 말했다(32.7퍼센트는 반대로 말했다). 일본인의 거의 3분의 2(65퍼센트)는 자신들이 일반적으로 '사회에 봉사'하는 방법에 대해 생각한다고 말했다. 이들은 더 큰 공동체와 사회결속을 중시한다고 밝혔다. 일본 대중의 거의 절반은 사회 내부 결속을 강화하기 위해 더 많은 조치가 필요하다고 믿는데, 이는 충분히 이해가 가는 정서다. 그리고 응답자의 41퍼센트는 모든 주민이 어려울 때 서로 돕는 게 바람직하다고 밝혔다(2011년 1월 이래 거의 변화하지 않은 수치다). 마지막 통계치는 제5장에서 기즈나와 3월 11일 사건 이후 단결하자는 요구에 냉소적인 반응을 보였던 일본 젊은이들이 실제로 많은 사람의 의견을 반영하고 있다는 사실을 보여준다. 모든 일본인 사이의 단결을 강조하는 것이 이러한 연계가 흐트러지고 있다는 사실을 역설적으로 드러낸다.

'편협한 민족주의'의 위험

2017년 10월 선거에서 승리하고 나서 아베는 "우리가 3분의 2라는 절대 다수 블록을 획득했다. … 이제 국민의 이해를 얻어 (개헌을 위한) 국민투표에서 과반수를 획득하려고 한다"라고 말했다.[143] 아베는 선거에서 대승을 거두면서 대담해졌지만, 여전히 신중해야만 한다. 아베가 일본 국민의 민족주의, 헌법, 역내 일본의 위상 등에 관한 생각을 개조하려고 한다면 두 종류의 청중을 직면해야 한다. 하나는 국내 여론이고 다른 하나는 외국이다. 둘 다 아베의 계획에 회의적이다.

국가비밀법과 안보법제가 통과된 직후 있었던 대규모 시위는 반대

여론의 빙산의 일각이다. 내각부가 실시한 설문조사 결과 아베의 개혁이 추진되고 4년이 지난 뒤 외부 위협이 급증한 상황에서 일본의 방위정책이 올바른 방향으로 가고 있다고 생각하는 일본인은 6퍼센트에 불과했다. 이런 응답자의 네 배에 달하는 28.2퍼센트는 잘못된 방향으로 가고 있다고 보았다. 일본 국민에게 방위정책보다 더 우려스러운 정책은 정부 재정지출과 지역 간 불균형밖에 없었다.[144]

아시아 지역 내의 청중들 또한 일본이 다른 국가들과 더불어 아시아 지역에 적극 참여하기를 간절히 바라고 있으며 자신들에게 다른 선택지가 있다는 점을 확인하려 한다. 하지만 일본이 그간 쌓아올린 선의와 소프트파워는 전후 일본의 일부 특정 정책이 결합되어 빚어진 결과다. 일본은 제2차 세계대전 이후 평화와 법의 지배를 증진하는 과정에서 모범생 같은 기록을 쌓아올린 선량한 국제 시민이었다. 아베의 적극주의는 이러한 과거가 앞으로도 선례로서 지속될지에 대한 의구심을 유발한다. 일류 국가 지위를 되찾겠다는 아베의 목표는 지역 내 우월한 위치를 주장하겠다는 노골적인 목표를 차치하고라도 아시아의 다른 국가들이 추구하는 방향과 상치될 수 있다. 이론상으로는 일류 국가와 동등한 파트너라는 두 가지 입장이 양립할 수 있지만, 실제로 일류 국가는 다른 국가들보다 우월한 지위와 권력을 보유하고 행동으로 나설 수 있는 자유가 있다. 진정한 파트너십은 그 밖의 다른 일류 국가들 사이에서만 가능해진다. 다른 국가들, 특히 아시아 국가들에는 멘토이자 지도자였던 과거 일본의 모습으로 고정해버리는 이전 관계로 되돌아갈 가능성이 크다.

또한 냉철하고 진정한 민족주의가 오히려 아베의 야망을 꺾어버릴 위험도 도사리고 있다. 일본 정부의 최우선 과제는 정치적 안정과 경제적 활력 회복이며, 이 둘은 일본이 다시 정상 궤도로 돌아오고 국제사회에서 더 큰 역할을 맡기 위해 필수 불가결한 요소다. 하지만 일본인이 아닌 이들은 '아시아 컨센서스' 또는 '아시아인으로서 공유하는 관념'을 구축하기 위해 또 다른 전제 요소로서 과거사를 평가해달라고 요구한다. 지위와 위상은 결국 다른 국가들이 부여해주는 것이기 때문에 과거사에 대해 공통된 이해, 적어도 허용 가능한 발언이나 행동 범위라도 도출해내지 못하면 어떤 일본 지도자건 간에 국제적 야심을 추구한다고 하더라도 어려움을 겪을 것이다.

아시아 지역의 여론을 조사한 결과 〈마이니치신문〉은 '편협한 민족주의'의 부활에 대해 우려를 표명했다. 〈마이니치신문〉은 "편협한 민족주의의 부활이 국제 협력을 막을 수 있다. 애국심이 중요하지만, 배타적 민족주의는 마찰과 갈등만 불러일으킨다. 만약 일본이 이러한 민족주의를 추구한다면 국제 협력을 통해서만 얻을 수 있는 이익을 잃어버릴 테고, 일본과 전 세계가 어려움을 겪을 것이다"라고 경고했다.[145]

일본의 정책결정자들은 아시아와 새로운 파트너십을 구축하려 한다면 이런 걸림돌을 인식하고 해결해나가야 한다. 야스쿠니신사에 대해 불만을 제기하자 아소 다로 재무상이 국회에서 "어떤 나라도 나라를 위해 고귀한 목숨을 희생한 사람들에게 정부가 경의를 표하지 못하게 하지 않는다. 이는 국민으로서 당연한 의무다"라고 발언했던 경우와 같이 마치 걸림돌이 존재하지 않는 것처럼 행동해서는 안 된다. 마찬가지로 정책결정자들은 아베 총리가 국회 위원회에서 "정부가 일본 전통에 대한 존중 표명을 중단해버리면 외교관계가 좋아질 거라는 생각은 틀렸다"라고 말한 것처럼 이런 걸림돌을 단순히 의지만으로 해소해버릴 수도 없다.[146]

아베와 그의 지지자들이 자신들만 민족주의자라고 콕 집어 지적당한다고 불평하는 게 물론 옳을 수도 있으며, 실제로 한국이나 중국의 민족주의자들이 훨씬 더 격렬하기도 하다. 하지만 이들은 일본

지도자들이 의도적으로 이웃 국가들과 잠재적인 파트너국들의 반감을 사도록 행동한다면 아시아 지역에서 더 큰 역할을 하려는 일본의 야망을 실현할 수 없다는 사실도 깨달아야 한다. 아베가 2014년 가을에 중국과 체결한 합의는 중국과의 관계를 개선했고, 제2차 세계대전 종전 70주년 기념 연설[147]과 위안부 피해자 문제를 종식하고 한일 양국이 미래에 초점을 두기로 한 2015년 12월 한국과의 합의 등은 모두 아베가 이러한 이해관계를 이해하고 있다는 사실을 보여주었다.[148]

전직 연세대학교 국제대학원 학장이자 한국의 보수정권 시절 외교정책 자문을 제공했던 이정민 교수는 극단적인 현상 유지 정책을 떨쳐버리고 20세기에 이룩한 성공을 가능하게 해주었던 가치관이나 원칙을 지지한다고 좀 더 공개적으로 말하고 행동에 나서달라고 일본에 촉구했다. 이 교수는 2011년에 미 국무부가 후원하는 일본 방문 행사에서 일본 정부가 더욱 적극적으로 활동해달라고 촉구하면서 일본 청중을 놀라게 했다. 하지만 이 교수는 동시에 일본의 전략적 적절성이 성공하려면 궁극적으로 일본의 안보정책과 전략이 우경화할 수 있다는 우려를 근절하거나 최소화할 수 있어야 한다는 사실도 일본인에게 상기했다. 그는 일본 지도자들에게 "새로운 아시아 컨센서스를 형성하겠다고 약속해달라"면서도 "제2차 세계대전의 흔적을 대담하고 최종적으로 절연"하는 컨센서스가 되어야 한다고 강조했다.[149] 또한 이렇게 하면 일본은 아시아인의 마음을 얻고 존경받을 뿐 아니라 다른 아시아 국가들도 일본을 "경제·정치·안보 영역에서 핵심 파트너로서" 받아들일 수밖에 없을 것이라고 말했다.[150]

제7장

일본의 정점

PEAK JAPAN
The End of Great Ambitions

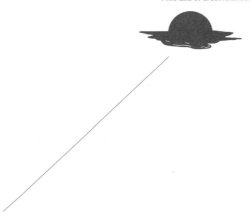

일본의 잃어버린 10년(들)이 끝났다. 아베 신조가 2012년 말 권좌로 복귀한 이후 일본은 정치적 안정과 경제회복 그리고 국제사회에서의 부활을 누렸다. 하지만 일본이 예전에도 잠깐 비슷하게 행복한 시기를 경험했기 때문에 축하하는 분위기는 없었다. 5년 반 전, 고이즈미 준이치로가 총리였던 시절(2001~2006년)에도 일본은 마찬가지로 안정과 성장, 국제적 위상 등을 누렸다. 불행히도 그 5년 동안의 성공은 일시적이었던 것으로 판명되었다. 하지만 고이즈미가 정치 무대에서 떠나자 일본은 다시 과거의 나쁜 습관으로 돌아갔고, 그 이후 발생한 일련의 충격은 일본이 견딜 수 있거나 일본의 방향을 바꾸기 위해 활용할 수 있는 수준을 넘어서는 것들이었다.

아베 정부의 성공도 마찬가지로 덧없을 수 있다. 일본이 마침내 코너를 돌았다고 주장할 수도 있지만, 제2장에서 설명했듯이 더 깊게 들여다보면 그 반대다. 일본은 지도층과 대중이 그간 극복할 수 없었던 구조적 문제에 직면하고 있다. 이러한 걸림돌은 일본이 변화하는 환경에 맞춰 적응할 수 있게 해주는 역량을 억제하는 여러 태도와 신넘으로 더욱더 견고해진다. 이 장에서는 거품이 꺼진 이후 25년이라는 기간을 통해 얻을 수 있는 교훈을 평가하고, 일본에 대한 함의와 일본이 자신의 위상을 최대화하고 아시아 지역과 세계에서 위치를 유지할 수 있는 최선책이 무엇인지 짚어보고자 한다.

새로운 여명?

아베 신조는 세계 속에서 일본이 있어야 할 적절한 위치에 관해 아주 솔직했다. 아베는 2015년 신년 연설에서 직설적으로 말했다. "우리 조상들은 급속한 경제성장을 성취했고 일본을 세계열강 가운데 하나로 만들었다. … 새해를 맞이하는 이때, 나는 일본 국민과 더불어 다시 한번 일본을 세계 무대의 중심에서 빛나는 나라로 만들겠다는 결심을 재확인했다."[1] 그의 전략은 양면적이었다. "일본 경제를 역동적으로 만들고, 그러고 나서 일본을 세계를 위해 활동하는 믿음직한 선의의 '힘'으로 만들겠다."[2] 아베는 이것이 "일본을 밝히는 새로운 여명의 도래를 알린다"라고 설명했다.[3]

이러한 목표를 실현하고자 총리와 각료가 채택한 야망이나 수단은 새로운 것이 아니다. 국제적 위상의 부흥과 회복이라는 목표는 제2차 세계대전에서 패전한 이래 일본 정부에 생기를 불어넣었다. 정치인들은 이 같은 역할을 되찾기 위한 일정표와 가장 적절한 방법에 관해 토론해왔지만 최종 지향점에 대해서는 거의 이견이 없었다. 아베 정부가 생각하는 논리보다 앞서 이미 냉전 시절에 경제적으로 성공해야 국가를 부활시키는 토대를 마련할 수 있다는 데 의견이 일치되었다.

이러한 계획은 적어도 1991년까지는 유효했다. 냉전이 끝나자 거품이 붕괴했고, 이후 일본 정부는 경제적 역동성과 정치적 안정을 회복하려고 분투했다. 어떻게 보더라도 이 둘은 상호 연계되어 있고 어느 한쪽에서 목표를 달성하지 못하면 다른 한쪽의 목표도 달성할 수 없게 된다. 일본이 과거에 성공을 거두었고 경제문제를 해결하기 위해 그동안 기울였던 관심이 크며 문제가 시급하다는 점을 감안할 때 경제를 회복시키지 못하고 있다는 점이 우려스럽다. 일본 경제를 다시 정상 궤도에 올리기 위해 무엇을 해야 할지에 대해서는 앞에서 길게 설명한 바 있다. 일본의 정책구상자들은 이미 1984년에 인구구성의 변화 추세와 그런 추세가 경제에 미칠 영향을 경고했다.[4] 출산율을 높이도록 하는 다양한 프로그램(그중 핵심 구상은 이름에서 쉽게 드러나듯이 에인절 플랜Angel Plan이었다)이 시행되었지만, 여성의 생각을 바꾸지는 못했다. 8년 동안 정체를 겪고 나서 2000년이 되자, 가와이 위원회로 잘 알려진 21세기 일본의 구상에 관한 총리위원회는 새로운 일본이라는 비전의 밑그림을 그렸다. 이 보고서는 우선 각국에서 작용하고 있는 새로운 힘을 이해하려 했고, 정부와 시민이 새로운 사회계약을 체결하여 일본 대중의 잠재적 창의력을 발현해야 한다고 주장했다.[5] 6년이 지난 뒤 제1기 아베 정부는 "일본이 경제성장을 안정적으로 지속하고 전 세계에 매력적인 '장소'가 되기 위해 세계의 성장, 특히 아시아의 성장과 활력을 통합·활용해야 한다"라는 전제에 기반을 두고 아시아 게이트웨이 구상이라는 개혁 패키지를 발표했다.[6] 심지어 '경기가 상당히 회복되고 있던' 시기에도 정책구상자들은 일본의 인구문제를 고민했다. 또한 세계 속에서 일본의 매력과 적실성이 지속되어야 한다며 우려하고, 일본의 성장을 촉진하기 위해 외부 에너지, 특히 아시아의 에너지를 끌어다 쓰려고 했다.[7] 이들은 "21세기는 아시아의 세기"이고 일본이 아시아에서 자신의 위치를 찾아야 한다고 인식했다.[8]

이러한 구상은 침체에 빠진 경제를 한탄하면서 "전후 시기의 성장에 기반을 둔 성공 신화"에서 벗어날 것을 촉구하는 경단련과 경제산업성의 (제2장에서 설명한 사항인) '비전' 제시로 이어졌다. 두 기관은 일본이 아시아에 더욱 가까워져야 하며 에너지와 환경 문제, 일본의 인구문제에 대응할 수 있는 서비스산업에 집중할 것을 촉구했다.[9] 간 나오토 내각은 2010년 6월 18일 경제산업성의 비전을 채택했고 이를 '신성장전략'의 토대로 삼았다. 이 전략은 이후 노다 행정부에서 '일본재생전략'으로 발전해 계승되었고, 자민당이 2012년 말 집권하자마자 아베노믹스가 이를 대체했다.

　분명히 적어도 엘리트들 사이에서는 무엇을 해야 할지에 대해 의견이 일치했고, 그런 의견 일치는 양대 정당이 교대로 집권하는 동안에도 일본 정부에서 계보가 끊어지지 않았다. 잃어버린 10년에 관한 어떤 연구결과는 "비록 성장전략이 경제에 어떤 영향을 주었는지 파악하려면 애를 먹을 수도 있겠지만, 일본에 이런 전략이 없었기 때문에 지난 15년간 어려움을 겪은 게 아니다"라고 지적했다.[10] 또 다른 분석은 21세기가 시작된 이래 일곱 개의 중장기 성장전략이 있었다고 집계했는데, 모든 전략이 똑같은 성장률(실질성장률 2퍼센트, 명목성장률 3퍼센트)을 목표로 잡았다고 지적했다.[11] 경제학자인 호시 다케오가 제6장에서 지적한 바와 같이 "다양한 이름으로 똑같은 성장 아이디어가 매년 등장하는데, 이는 결국 근본적으로 진전이 없다는 사실을 암시한다."[12] 심지어 제2기 아베 정부를 특징지었던 근본적 개혁 프로그램인 아베노믹스조차도 "아베의 전임자들이 시도했던 개혁과 특별히 차별화되지 않는다."[13]

　이런 분석은 경제에 집중하고 있었지만, 경제 이슈가 외교 및 다른 국가와의 관계에도 긴밀하게 연계되어 있기 때문에 일본 외교정책에 대해서도 놀랄 만한 평가를 내렸다. 비판가들은 일본이 국내외의 변화하는 환경에 기민하게 맞춰 경제성장이나 외교 분야에서 역할 제고를 촉진할 수 있게 적응하지 못했다고 지적했다. 세계평화연구소의 보고서(제1장에서 설명)나 일본국제문제연구소의 2011년 보고서(제4장에서 설명) 등은 외교정책에만 초점을 두었으며, 외교와 국제관계 분야에서 비전과 자원이 부재하다는 사실을 똑같이 비판했다.

이러한 평가에서 경고가 상수처럼 등장한다. 가와이위원회는 일본이 "역사적인 전환점"에 들어섰다고 주목하면서 "현재 상황이 지속된다면 일본은 쇠퇴할 것 같아 두렵다. … 1980년대 말 일본의 거품경제와 1990년대 초 거품경제의 붕괴가 경제뿐 아니라 정치 질서와 사회, 심지어 일본 국민의 근본 핵심인 가치관 체제와 윤리 규범까지 손상시켰다"라고 덧붙였다.[14] 세계평화연구소도 마찬가지로 "새로운 시대의 여명"과 "시대에 뒤떨어진 기존 질서와의 단절"에 직면하고 있다고 결론지었다.[15] 아시아 게이트웨이 구상을 고안했던 사람들은 "일본이 다른 어떤 아시아 국가들보다도 뒤처질 가능성이 크다. … 일본의 경쟁력은 세계화에 대응하는 조치가 늦춰지면서 약화되고 있다"라고 경고했다.[16] 2011년 일본 최고경영자협회인 게이자이도유카이経済同友会(경제동우회)의 사쿠라이 마사미쓰桜井正光는 "오늘날의 일본은 길을 잃었고 방향감각 없이 미래로 나아가고 있다"라고 한탄했다.[17] 1년 후에 그의 후임인 하세가와 야스치카長谷川閑史는 일본이 이제 "진실의 순간"과 "위기 직전"에 놓여 있다고 주장했다.[18]

그사이에 몇 년 동안 아베가 정권에 없던 기간에도 변화의 토대를 다져놓기는 했지만, 여전히 변화는 피상적인 수준에서 머무르고 국가의 방향성도 별로 바뀌지 않았다. 아베 총리가 2015년에 "제2차 세계대전 이후 가장 극적인 개혁"을 촉구한 데는 이런 암묵적인 메시지가 있다.[19] 아베가 메이지 시대 개혁가인 이와쿠라 도모미岩倉具視, 오카쿠라 덴신岡倉天心, 요시다 쇼인吉田松陰을 인용하는 것도 자신의 야심이 이들 못지않게 철저하고 시급하다는 점을 보여준다. 저런 어젠다를 갖고 "밀어붙이자"라는 그의 주장은 그간의 노력이 효과가 없었다는 점을 방증한다.

행동에 나서야 한다는 믿음직하고 갈수록 매서워지는 목소리에도 아랑곳없이 진전이 없다는 사실이 현대 일본의 가장 큰 수수께끼다. 국가적 목표를 실현하기 위해 대중을 엄청나게 동원했고 크게 성공을 거둔 전력이 있는 나라가 도대체 왜 외부의 위협이 증가하고 있는데도 국내적 침체를 해소하지 못하는가? 이런 무기력은 정책결정자들이 문제를 해결하기 위해 대중을 동원할 수 있었던 최근에 발생한 일련의 대내외적 충격을 감안하면 납득이 가지 않는다.

"국민이 우리에게 질리고 있다"

일본이 행동에 나서지 못하고 있는 이유를 간단히 설명하는 것은 불가능하다. 관성과 무기력을 초래한 걸림돌을 열거하자니 걸림돌이 되는 명단이 아주 길다. 첫 번째로 그리고 가장 눈에 띄는 어려움은 경제개혁에 대한 구조적 장애다. 제1장에서 우울한 인구구조와 쌓여만 가는 부채 등 일부 경제문제를 짚어본 바가 있으며, 제2장에서 강조했던 기득권은 또 다른 제약이 되고 있다. 고령화하는 인구는 연금제도를 쥐어짜고 생산성을 떨어뜨리고 혁신과 에너지의 고갈을 불러오는 한편, 정부의 재정수입을 축소시켜 유권자 사이의 갈등을 심화시킨다. 정부가 제공하는 서비스를 둘러싸고 세대 간 투쟁이 발생할 가능성이 더 커진다. 총과 버터 혹은 좀 더 정확하게 말하면 총과 휠체어의 싸움이 될 수 있다.

의미 있는 개혁은 권력구조에 위협이 되게 마련이며, 권력을 쥔 그

누구도 기꺼이 그것을 포기하려 하지 않을 것이다. 경제학자인 시바타 사오리柴田さおり 같은 몇몇 사람들은 아베노믹스라는 이름으로 채택된 개혁이 불확실성을 증폭하게 해서 장기적 안정에 대한 전망을 더욱 약화시킨다고 주장한다. 그녀는 아베노믹스가 다음과 같은 이유로 "일본의 미래 경제성장을 위험하게 하고 있다"라고 본다.

> 노동시장 개혁은 '전통적' 일본 모델의 핵심이었던 연공서열제와 고용 안정 같은 노동 관행을 약화시켰으며, 성과에 기반하고 좀 더 경쟁력 있는 고용 관행으로 변질되었다. … 또한 아베노믹스의 자유화 요소는 일본 노동자들의 고용 불안정을 초래하는 반면, 소득 불안정성이 더욱 높아진 바로 그 노동자들의 소비가 증가할 것이라는 기대에 의존하고 있다.[20]

또한 구조적 장애도 정치적 불안정에 기여하는 측면이 있다.[21] 유권자와 정치인(돈과 이념) 사이의 전통적인 유대가 정치개혁으로 약화되었으며, 그에 따라 2009년과 2012년 선거 결과에서처럼 유권자의 변덕이 드러났다. 최근 몇 년간 선거에서 서로 대립하는 정당 연합체들이 상하원을 각각 장악하는 '비틀린 국회'가 등장했다. 2007년부터 2009년까지는 민주당이 참의원(상원)을 장악하여 중의원(하원) 다수당인 자민당을 좌절하게 했다. 민주당이 정권을 장악한 2009년 선거 이후에는 자민당이 2010년부터 2012년까지 똑같은 방식으로 갚아주었다. 표심 변화는 일본 참의원의 제도적 권력을 고려할 때 의미가 특별하다. 일본 참의원은 세계에서 가장 강력한 '제2의' 의회이고 여러 상황에서 중의원과 정부의 구상을 차단할 수 있기 때문이다.

정치지도자들은 소속 정당에 질서를 강요하는 데 갈수록 어려움을 겪고 있다. 새로운 선출 방식 탓에 원로 자민당 의원들이 신진 정치인을 통제할 권한이 약화되었다. 관직에서도 총리가 법안을 제시하고 국회 질서를 유지하는 데 많은 제약이 생겼다. 이러한 권한은 국회 위원회의 몫이 되었다. 그 결과로 "정치제도가 추가적으로 변화하지 못한다면 강력한 제도로 말미암아 총리가 지속 가능하고 효과적으로 정치적 리더십을 발휘하는 데 어려움을 겪을 것"이라고 날카롭게 지적한 연구 결과도 있다.[22]

일당 지배는 그 자체로는 구조적이지 않지만 이와 연관된 다른 이슈를 불러왔다. 즉, 자민당의 부패와 오만이다. 제6장에서 설명한 바와 같이 아베가 재집권하고 나서 처음 몇 년 동안은 일본 정치에 오점을 남겼던 스캔들이 거의 없었다. 2017년에 있었던 학교와 관련된 두 건의 스캔들, 즉 모리토모학원 오사카유치원 부동산 담합거래와 가케加計학원 수의학부 개설을 승인해준 불가사의한 결정은 오래된 습관이 다시 고개를 들고 있다는 점을 보여준다. 두 스캔들의 세부 내용을 보면 견고한 정치 계급과 '손타쿠村度'로 알려진 일본 내 현상이 재발해 자라고 있다는 사실을 알 수 있다. 손타쿠의 원래 의미는 '추측하다, 헤아리다, 짐작하다'였다.[23] 하지만 오늘날 정치적 맥락에서 손타쿠란 관료나 공직자가 정치권 고위 인사들의 희망을 미리 알아채고 직접 지시받거나 증거가 되는 문서를 남기지 않고 일을 처리하는 방식을 뜻한다. 오사카유치원 관리인은 어떤 영향력 행사나 개입도 없었다고 부인했지만, 손타쿠가 있었을 수도 있다고 시인했다.[24]

이런 관행이 재발함에 따라 많은 유권자가 계속해서 자민당을 찍기는 하겠지만, 일당 지배가 다시 시작되면서 느꼈던 불안감이 더욱 심해질 것이다. 유권자들은 민주당 정부를 겪으면서 상처를 입었고 그 이후 다른 정당에 권력을 넘겨주는 일을 기피하게 되었다. 아베 총리는 무자비한 선거 책략가이며, 민주당에 대한 대중의 불신을 교묘히 활용해 더 큰 정치적 세력을 형성해냈다. 하지만 그의 행동은 유권자뿐 아니라 더 나쁘게는 자민당 내부에까지 냉소주의와 무관심을 초래하는 위험을 낳았다. 아베 정부의 최상층까지 연루된 것으로 보이는 스캔들로 분노와 불신이 더욱더 심해졌다. 자민당의 떠오르는 스타인 고이즈미 신지로는 2017년 자민당의 선거 승리 이후 경고했다. "우리 당이 단순히 교만하고 자만해진 것이 아니다. 국민이 갈수록 우리에게 질리고 있다."[25]

구조적 요소로 말미암아 일본의 외교정책도 마찬가지로 어려움을 겪고 있다. 정치적 불안정과 경제적 침체에 따른 제약이 가장 분명하다. 리더십이 안정적이지 못하면 외국 지도자들은 일본의 지도자를 진지하게 대하지 않을 것이다. 만약 일본의 총리나 외무대신, 방위대신이 자신들의 직위를 오래 유지하지 못한다면 굳이 무엇 때문에 외교정책에서 그렇게 중요한 관계를 구축하려고 신경을 쓰겠는가? 경제가 침체되면 일본이 외교정책을 수행하는 데 필요한 자원도 없어질 뿐 아니라(특히 일본은 영향력을 행사하려고 원조와 투자에 많이 의존해왔다) 다른 나라들에 모범이 되었고 그에 따른 소프트파워의 상당한 근원이 되었던 일본의 이미지조차도 퇴색한다.

일본 외교정책에서 두 번째 요소이자 좀 더 미묘한 구조적 문제는 일본 정부가 의존하는 제도적 플랫폼의 중요도가 갈수록 약화되고 있다는 점이다. 예를 들어 미국과의 동맹을 고려해보라. 미국 국가정보위원회NIC는 신흥 강대국들과 비교했을 때 미국의 상대적 쇠퇴가 불가피하다고 본다. 물론 미국이 앞으로 10~20년간은 "그 밖의 강대국들 사이에서는 '동급 중 최고first among equals'로 남아 있을 가능성이 크지만" "'일극주의의 시대'는 끝났으며 1945년부터 시작해 국제정치에서 주도권을 쥔 시기인 팍스아메리카나도 급속히 저물고 있다."[26] 이러한 결론은 지정학적 추세를 반영하지만, 2010년대 들어 워싱턴에서 불거진 치열한 당파주의와 정치적 교착 상태 그리고 트럼프 행정부의 미국 외교정책을 둘러싼 불확실성 탓에 한층 심해지고 있다. 이 같은 평가는 일본 정부에 주는 함의가 큰데, 다른 어떤 나라도 자신의 미래를 미국의 미래와 이처럼 긴밀하게 엮어놓지 않았기 때문이다. 미국과의 동맹 체제는 일본이 제2차 세계대전의 폐허에서 일어설 수 있는 기반을 제공했다.[27] 미국은 뜻을 같이하고 이해관계가 비슷한 외교 파트너라고 여기기 때문에 일본과 강력하게 제휴했으며, 지역과 국제 포럼에서 일본을 지지하고 뒷받침해주었다. 따라서 미국의 권력과 영향이 축소된다면 일본도 반드시 그렇게 될 것이다.

비슷한 과정이 G8에서 일어나고 있다. 주요 선진국 모임인 G7은 1970년대에 국제사회의 논의 의제를 설정하고 세계경제를 관리하는 가장 중요한 포럼으로 등장했다. 일본 정부는 이런 배타적인 클럽에서 유일한 아시아 정부였으며, "이와 같은 현대 강대국의 비공식 정상회담에 우선적으로 포함되었다는 사실은 일본의 위상과 인식을 제고하게 했다."[28] 이 그룹은 냉전이 종식된 뒤 정통성을 유지하고 적응하기 위해 러시아를 초대했다. 하지만 10년이 지나자 G8의 한계가 분명해졌다. 2007년 세계 금융위기가 닥치자 G8은 글로벌 시스템에서 신흥국가들의 중요성이 대두되고 있다는 점을 인식했고, 그 전까지 국제금융 이슈를 다루는 기술적 포럼이었던 G20를 정상급 회의체로 격상해 전 지구적인 지침을 제공하려 했다. G20의 존재 자체가 G7의 중요성을 손상시켰을 뿐 아니라(러시아는 2014년 크림반도를 침공하면서 퇴출되었다) G20는 "글로벌거버넌스의 메커니즘에서 아시아를 대표한다는 정체성으로 규정되었던 일본의 위상을 위협했다. ⋯ G20는 이제 중국, 인도, 인도네시아, 한국 그리고 심지어 호주까지 아시아 회원국으로 포함하고 있기 때문이다."[29] 글로벌

거버넌스가 일본에 불리한 방향으로 전개되고 있다는 또 다른 사례로 2016년에 창설한 아시아인프라투자은행AIIB을 들 수 있다. 중국이 제안하고 현재 주도하는 이 은행은 일본이 압도적으로 영향력을 행사하는 아시아개발은행ADB과 경쟁하고 있다. 각 사례에서 일본의 지위와 영향력은 한때 세계적 혹은 지역적 질서의 최정점에 있다고 여기던 많은 제도가 약화되고 새로운 거버넌스 제도가 부상하는 과정에서 줄어들었다.

이렇게 변화하는 환경에 적응하다 보면 아시아에서 일본의 위상은 더 훼손될 위험이 있다. 싱가포르의 분석가 시셍탄은 아베 정부가 지역 안보에서 더 적극적인 역할을 맡으려고 "순전히 중국에 맞서기 위해 필요하다는 시각만으로 향후에 아시아 지역의 다자주의에 참여한다면 … 일본은 지역 내 지도국의 평판에 손상을 입을 수 있다"라고 지적했다.[30] 중국을 파트너보다는 위협으로 여기는 미국 정부의 편에 서거나 미국과 좀 더 긴밀히 노선을 맞추려는 일본 정부의 목표 때문에, 또는 공세적으로 나오는 중국을 견제해야 한다는 순전히 국내 정치적 계산 때문에 일본이 이처럼 충동적으로 나올 수 있다. 이런 불행한 계산의 결과로 지난 반세기 동안 아시아 지역 외교정책에서 일본이 기본 틀로 삼아왔던 다자주의를 배격해야 한다는 말은 아니다. 하지만 "다자주의에서 자신에게 필요한 것만 취사선택하는 식의 태도를 취하기만 해도 … 중국뿐 아니라 아시아 지역 내 다른 국가들을 소원하게 만들어버릴 위험이 도사리고 있다. … 일본이 자신에게 필요한 다자주의체에 어떤 식으로 기여하든 간에 이렇게 나온다면, 중국에 대항하는 강한 균형전략을 취함으로써 그런 기여가 퇴색할 뿐 아니라 아시아 지역의 안보정책에서 하나의 대안이 되기를 원하는 리더십 자체도 위태로워질 수 있다."[31]

"일본에서 꿈이 오그라들고 있다"

이런 구조적 장애가 매우 실망스럽기는 하지만 일본의 태도적 측면은 더욱 치명적이다. 일본인은 개혁이 시급하다는 말을 들으면서도 자신들의 신념 체계 때문에 골치 아픈 현상 유지에 집착하면서 변화를 거부한다.[32] 이러한 신념은 일본인이 갖고 있는 한 쌍의 정체성 때문이다. 하나는 독특한 정치·경제 모델로 드러나며, 다른 하나는 좀 더 포괄적이고 일반적인 문화 관념과 적절한 행동양식으로 드러난다.

지난 반세기 이상 삶의 질을 꾸준히 향상시켰던 경제모델을 기꺼이 고수하겠다는 태도는 이해가 갈 만하다. 독특한 방식으로 변형된 자본주의 덕분에 일본은 상상할 수도 없었던 수준으로 발전하고 냉전에서 '승리'했다. 이처럼 검증된 성공모델을 버리고 소규모 지역 차원에서라도 시험조차 못 해봤고 해외에서 놀라운 결과를 낳았던 아이디어로 바꾸도록 설득하기는 매우 어렵다. 국가개입을 줄이고 자산에 대한 가격 설정을 자유롭게 시장에 맡긴다는 방식 등 파악되고 발표된 대부분의 개혁안은 신자유주의 성격을 띠고 있다. 성장과 생산성보다 경제적 안정과 안전을 우선시하는 오래된 정책을 뒤집어야 한다. 재무성 관료인 사카키바라 에이스케榊原英輔는 1990년대 말에 '시장근본주의'를 비난하면서 일본 주류사회의 입장을 대변했다.[33] 개혁적 성향의 고이즈미 총리 시절에도 한 분석가는 "일본 내 어떤 정당도 경제 자유화를 선호한다고 솔직하게 밝힌 적이 없으며, 어떤 정당도 가까운 미래에 그럴 것 같지는 않다"라고 지적했다.[34] 5년 후에는 "시장근본주의에 대한 거부감으로 하토야마 유키오 민주당 총리의 '우애'라는 철학이 등장했다." 하토야마는 시장근본주의가 "인간을 목적이 아닌 수단으로 여기는 결과를 초래한다"라고 믿으며,

우애는 "우리 전통을 통해 간직된 지역적 경제 관행을 수용하려 한다"라고 본다.[35] 이러한 접근 방식은 그의 후계자인 간 나오토가 추진한 신성장전략에도 영향을 주었다. 민주당 정부의 막후에서 자문에 응했던 한 지식인은 민주당 정부가 창당될 때 신자유주의에 반대한다는 원칙이 있었다고 주장한다.[36] 아베노믹스의 세 번째 화살이 즉흥적이고 우발적으로 시행되고 있다는 사실은 이러한 개혁에 대해 적대적 반감까지는 아니더라도 상반되는 감정이 규범으로서 여전히 남아 있다는 현실을 보여준다.

일본인의 51퍼센트가 자유주의 시장경제에서 더 많은 사람이 경제 형편이 좋아진다는 명제에 동의하지 않는다는 점에서 볼 때 이러한 저항은 당연하다고 볼 수 있다.[37] "국가의 간섭 없이 개인들이 자유롭게 살아가는 게 중요한가, 아니면 아무도 궁핍하지 않도록 국가가 사회에서 적극적인 역할을 맡는 게 중요한가"라는 질문을 받자 많은 일본인은 적극적인 국가를 선호했다. 2002년에는 응답자의 50퍼센트가 이렇게 답했으며 이 수치는 9년 후에 55퍼센트까지 증가했다.[38] 정치학자인 야마구치 지로山口二郎는 "일본인은 복지국가를 원한다. 정부의 설문조사를 보면 국민은 사회보장제도가 보장만 된다면 더 많은 세금을 내겠다고 한다. 3분의 2가 이런 노선에 동의한다"라고 주장했다.[39] 퓨리서치센터의 설문조사 결과도 그의 주장을 뒷받침해준다. 일본인 응답자의 46퍼센트는 높은 세율이 빈부격차를 줄일 것이라고 믿는다(43퍼센트는 낮은 세율이 그렇게 해줄 거라고 본다).[40] 다시 말하면 '궁핍한 시민'이 줄어들 수만 있다면 상당수의 일본인이 시장에서 국가의 역할이 더 커지기를 원하며, 이런 생각을 하는 일본인이 증가하고 있다. 경제성장보다 고용을 우선시하는 것이다.

일본 내, 특히 청년층에서 상대적으로 기업가 활동이 부족하다는 점에서 이런 정서가 드러나기도 한다. 일본은 전통적으로 글로벌한 기업활동 순위에서 등수가 높지 않았다. 글로벌기업가정신및개발 연구소GEDI에 따르면 일본은 세계에서 28위이고 아시아에서는 6위다.[41] 일본생산성본부가 실시한 설문조사에서는 "젊은 노동자가 자발적으로 파업하려는 성향이 지난 10여 년 만에 가장 낮아졌다."[42] 이런 현상에 대한 설명은 많지만 그중에서도 위험을 기피하는 경향과 국가가 돌봐줄 것이므로 스스로 챙길 필요도 없고 챙기지도 않는다는 두 가지 지적이 타당하다. 전자는 경기침체만 겪어본 세대의 자연스러운 반응이다. 37세의 한 젊은이는 "오늘날의 청년세대는 성장이 무엇인지 모른다. 그들은 다운사이징과 불황만 경험해봤을 뿐이다. … 그래서 일본에서 꿈이 오그라들고 있는 것이다"라고 설명했다.[43] 그 결과 "대기업이나 정부에서 근무하는 데 집착한다"라고 OECD의 한국·일본 담당 과장인 랜들 존스는 지적했다.[44] 불평등을 감소시키는 국가 적극주의라는 가치관을 신봉함에 따라 자연스럽게 스스로 파업할 의지도 약해진다. 국가가 모든 국민을 보호하거나 위험을 감수했던 사람들의 성공을 깎아내릴 텐데 뭐하러 굳이 그러겠는가?

비슷한 정서가 기업계에도 만연하다. R. 태거트 머피가 지적한 바와 같이 "일본 기업의 임원이 비효율적인 관행을 합리화해야 한다는 점을 이해하지 못하는 게 아니다. 그들은 내켜 하지 않는다."[45] 어떤 대가를 치르더라도 이윤을 추구하는 것을 꺼리는 태도가 이들의 정서에 자리 잡고 있다. "'알아서들 살라'는 식으로 미국에서 진행되는 대량 해고 풍조는 현재까지 일본에서 전혀 고려되지 않는다. 일본에는 유럽 복지국가와 같은 든든한 사회안전망도 없다. 일본의 사회복지는 오랫동안 암묵적으로 기업이 책임지는 것으로 여겼으며, 공식적·비공식적인 제재로 이러한 책임이 뒷받침되었다."[46] 이 같은 사고가 2009년에 경단련이 발표했던 '일본판 뉴딜 추진 요구(제2장에서 설명)'의 배경에 있다. 경단련은 이 발표에서 일본이 개혁하더라도 완전고용을 유지해야 한다고 주장했다. 일본 기업이 단순히 주주뿐 아니라 다양한 이해관계자를 위해서도 일한다는 관념이 이사회와 임원을 지배했고 개혁 구상을 약화시켰다. 이런 식의 접근은 아베 정부가 출범한 지 5년이 되었지만 일본 기업이 엄청난 이익을 누리면서도 기업지배구조가 거의 바뀌지 않은 이유를 잘 설명해준다. 식품 기업인 칼비Calbee의 전 회장이었던 마쓰모토 아키라松本晃의 인식은 전형적인 임원의 사고를 대변한다. 그에게 기업 경영의 우선순위는 소비자가 1등, 그다음이 직원, 그리고 공동체이며, 주주는 4위다. 다른 기업가들도 이와 다를 바 없다.[47] 메이지 시대 기업가로서 '일본 자본주의의 아버지'라고 불리며 일본의 현대적 기업문화의 토대를 마련했다는 평가를 받는 시부사와 에이치渋沢栄一의 이해관계가 다시 유행한다는 사실은 이 같은 사고가 지속된다는 점을 반영하고 있다. 시부사와는 공공의 이익이 단순한 금전적 이익보다 앞서야 한다고 믿었기 때문에 도덕과 경제적 조화를 강조하는 기업모델을 발전시켰다.[48]

일본 자본주의의 독특함은 일본의 특징과 정체성을 폭넓게 이해하는 데 일부에 불과하다. 모든 성명과 비전, 구상, 계획에는 일본의 문화나 역사를 인식하는 내용이 있으며, 이에 기반을 두고 국가정체성과 신념이라는 큰 틀에서 거대한 개혁 패키지가 제시된다. 가령 일본의 독특한 역사와 문화 전통을 활용해 세계가 일본의 가치를 더 잘 이해할 수 있도록(그래서 일본이 돈을 벌 수 있도록)하자고 촉구한 아시아 게이트웨이 구상을 떠올려보자. 또한 이 구상은 시종일관 일본이 "일본만의 특징을 유지하면서 개방된 사회를 창조해야 한다"라고 주장한다.[49] 자민당이 2012년 작성한 헌법 초안은 "일본은 역사가 오래되고 독특한 문화가 있는 나라다"라며 역사를 인지하고 있다.[50]

이러한 정서는 보수적인 〈산케이신문〉이 2017년에 제시한 헌법 초안에도 반영되어 있다. "해양 국가인 일본은 일본만의 독특한 문명을 발전시켰고, 독특한 전통문화가 있으며 … 진취적 기상을 통해 다른 문화들과 조화를 추구한다."[51] 심지어 일본의 '국가안전보장전략' 조차도 이러한 문화적 토양에 뿌리를 두고 있다. 제2장 "우리나라가 내세우는 이념我が国が掲げる理念"의 첫 문단은 "우리나라는 풍부한 문화와 전통을 갖고我が国は豊かな文化と伝統を有し"라고 시작한다.[52] 이런 표현에 나쁜 내용은 전혀 없다. 일본 문화와 전통에 대한 거의 모든 언급에서 다양성과 관용이 매우 중요하다는 점을 강조하고 있기는 하다. 하지만 일본인이 개혁에 관해 토론하는 과정에서 과거 그 자체와 과거라는 틀이 형성하는 관념이 그들의 사고관에 미치는 영향력이 아주 강력하다는 점을 인식해야 한다.

또한 일본의 역사와 문화 그리고 전통도 추가적으로 일본을 바꾸는 데 강력한 걸림돌이 된다. 예를 들어, 이시나베 히로코가 제5장에서 자신의 생각을 명확히 밝힌 바와 같이 일본인은 어려움을 겪을 때 인내하거나 혹은 침묵하면서 괴로워하도록 기대된다. 한 일본 기업인은 이러한 특성을 "일관되게 예의 바르고 공동체의식이 강한 것이 일본 사회의 강점이다"라고 지적했다.[53] 하지만 도호쿠 지역 주민이 자신들에게 강요된 고난을 받아들이고 있을 때 정치인들의 결단이나 노력이 그에 미치지 못하는 모습을 보면서 그는 "간바루頑張る (힘내다, 버티다)가 개혁의 걸림돌이 되고 있다는 생각을 떨칠 수 없었다. 우리가 더욱 분개하고 화를 냈더라면 3월 11일의 재난이 변화를 위한 동력이 될 수 있었을 것이다"라고 결론지었다. 이런 현상을 방위성 산하 방위연구소의 한 연구원이 언급한 대로 "일본인의 정상화 편견normalization bias"이라고 부르든지, 아니면 그의 동료가 지적한 대로 "정치적 무관심과 작은 행복의 선순환"이라고 부르든지[54] 결과는

똑같다. 일본인은 불편을 감수하면서 살아갈 각오가 되어 있다. 이런 불편이 더 큰 문제가 발생할 징조인데도 말이다. 자민당 정치인인 고노 다로는 이를 간결하게 설명했다. "일본을 작동하게 하는 사회적 회복성이 변화를 막는 절대적인 브레이크가 되고 있다."[55]

인내하겠다는 마음가짐은 개인의 이익이 집단 이익에 종속된다는 문화적 성향의 일부다. 내각부의 설문조사는 이런 사고방식을 확인해준다. 2017년 설문조사 결과, 많은 일본인이 '개인의 삶을 부유하게 하는 것'보다 국가와 사회를 돕는 데 더 관심을 두어야 한다고 믿고(47.3퍼센트 대 40.5퍼센트였으며 그 격차가 계속 벌어지고 있다), 상당히 많은 사람이 국가 이익이 개인의 이익보다 앞서야 한다고 믿는다(49.3퍼센트 대 32.7퍼센트).[56] 이처럼 단체를 강조하는 사고방식은 개인이 처한 상황에 대한 인식을 둔감하게 하고 더 큰 사회적 맥락에서 바라보도록 해서 불행이나 좋지 않은 결과를 수용하는 성향을 강화한다. 개인의 경험이 폄하된다면 변화를 촉구하거나 개혁을 추진하기가 더욱 어려워진다. 국가의 통제 완화와 개인의 자율권 부여에 기반을 둔 자유화는 이런 시각에서 볼 때 극도로 이질적이다.

'와ゎ, 和(타인과의 조화)'를 요구하는 문화는 전체적으로 사회에 집중하는 풍조를 한층 심화시킨다. 이 개념이 일본 사회와 문화에 끼치는 영향을 희화화하기는 쉽지만, 그냥 별것 아니라고 무시해서는 안 된다. 냉전 시기 일본에서 가장 탁월한 국제문제 전문가 중 하나였던 고사카 마사타카高坂正堯는 "진정한 일본 헌법의 제1조는 '와를 존중해야 한다'가 되어야 한다"라고 말했다. 학자이자 아베의 자문관인 기타오카 신이치北岡伸一도 "합의에 이르고 그 합의로부터 가능한 한 거의 마찰이나 분쟁 없이 무난하게 일을 처리하는 게 일본의 근본 원칙이며, … 일본 정체성의 중요한 요소다"라고 덧붙였다.[57]

이런 성향은 좌파와 우파 양쪽에서 다 찾아볼 수 있다. 통상적인 보수적 사고관은 전후 일본이 과도한 개인주의 탓에 길을 잃었으며, 개인과 사회 간 우선순위의 균형을 모색하는 것이 적절하다고 본다. 하지만 민주당의 '재생전략' 또한 공동체 지향적이라고 해석되면서도 일본 사회의 전통적 정서를 갖고 있다는, 모호한 형태의 '참여하고 상호 지원하는 사회'라는 맥락에서 경제회복의 틀을 잡고 있다. 간 총리가 우선 일본 전체를 동원하여 개혁의 고통을 덜고 나서 3월 11일의 트라우마를 극복하려고 기즈나 개념을 포용했던 사례를 떠올려보면 된다. 진보주의자인 간조차도 일본인은 모두가 한 나라의 시민이자 서로 친인척처럼 연계되어 있다는 뿌리 깊은 믿음을 전파하고 있었다.

일본의 우파는 선택을 하자니 고민스러운 딜레마에 봉착하게 된다. 더 강력하고 영향력이 큰 일본이라는 꿈을 실현하기 위해 개혁을 추진할수록 이러한 개혁이 오랫동안 소중히 여겨왔던 사회적 규범과 이상화된 사회구조에 미칠 수 있는 충격도 따져봐야 한다. 가장 분명한 사례가 여성에 대한 태도다. 보수적인 사회관에 따르면 여성은 가사에 전념해야 하며 3대代를 돌보고 뒷바라지해야 한다. 그러나 택할 수 있는 거의 모든 선택지를 따져봐도 일본이 지속 가능한 방식으로 생산성을 향상하려면 여성이 노동에 투입되어야 한다는 결론이 나온다. 2014년 골드만삭스의 〈위미노믹스Womenomics〉라는 분석보고서는 일본의 여성 취업률이 남성 취업률 수준만큼 된다면 노동력 규모가 710만 명 증가할 것이며, GDP는 13퍼센트나 성장할 수 있다고 지적했다.[58] IMF의 경제학자들도 만약 일본이 여성의 노동 참여율을 G7(또 다른 열외로 볼 수 있는 이탈리아를 제외하고) 수준으로 끌어올린다면 일본의 GDP는 항구적으로 4퍼센트가 더 높아질 것이라는 비슷한 결론을 내렸다.[59] 아베 총리도 일본의 활기를 회복하려면 여성이 핵심이라는 점을 깨닫고 있다. 2014년 다보스에서 개최된 연례 세계경제포럼에서 아베는 "일본의 여성 노동력이 가장 덜 활용되고 있는 자원"이라고 고백했으며, 2015년 도쿄에서 열린 국제여성회의waw에서는 "아베노믹스는 위미노믹스다"라고 선포했다.[60] 그 이후 아베는 위미노믹스를 아베 정부 성장전략의 한 기둥으로 삼았다.[61]

이 프로그램은 성공을 거두었다. 1990년대 중반 일본 여성의 노동 참여율은 불과 56퍼센트였으나 2015년에는 65퍼센트에 달했다. 물론 일본 여성이 종사하는 대다수 일자리가 파트타임이었다.[62] 후생노동성은 지자체 정부가 겪고 있는 어린이집 부족 문제를 해결하려고 5500억 엔의 특별자금을 조성했다.[63] 2015년 8월 제정된 '여성의 직업 생활에서 활약의 추진에 관련한 법률(약칭 여성활약추진법)'은 2016년 4월부터 300명 이상 고용한 대기업과 공기업들이 성별 다양성 목표와 특정한 행동계획을 공개하도록 의무화하고 있다. 하지만 여성은 파트타임 일자리에 더 많이 종사하며(남성이 10퍼센트인 반면 여성은 35퍼센트), 수입도 남성의 71퍼센트에 머무른다.[64] 또한 일본 여성은 정계건, 관계건, 기업계건 간에 리더십 지위에서 차지하는 비중이 낮다. 2020년까지 모든 관리자급 직위에서 여성의 비중을 30퍼센트까지 늘리겠다는 정부 목표가 2021년까지 7퍼센트로 낮춰졌다는 점은 시사하는 바가 크다.[65]

골드만삭스의 수석 일본 전략가이자 위미노믹스를 적극적으로 옹호하는 캐시 마쓰이는 "단순히 인프라와 하드웨어가 아니라 일본인의 정신상태, 사기, 전통, 문화가 문제다. 교사가 교육에 대해 어떻게 생각하는가, 부모가 성별 역할에 대해 어떻게 생각하는가가 문제인 것이다"라고 지적했다.[66] 이러한 사고방식은 2007년 당시 후생노동상이었던 야나기사와 하쿠오柳澤伯夫가 여성을 "애 낳는 기계"라고 지칭했던 점에서 잘 드러난다.[67] 2012년 말 내각부가 실시한 설문조사에서 응답자의 51.6퍼센트가 "남편은 일을 해야 하고 여성은 가정을 돌봐야 한다"라는 데 동의했는데, 이는 2009년 설문조사 결과보다 10.3퍼센트포인트가 증가한 결과였다.[68] 양성평등을 주장하는 사람에게 아마도 가장 충격적인 사실은 20대 일본인 사이에서 노동 분업을 지지하는 여론이 높아지고 있다는 것이다. 2012년 설문조사에서는 55.7퍼센트의 남자가 이렇게 생각했으며, 이는 2009년 당시보다 21.4퍼센트포인트나 증가한 결과이고, 심지어 이렇게 생각하는 여성도 15.9퍼센트포인트 증가하여 43.7퍼센트에 달했다.

간사이대학関西大学에 재직 중인 젊은 부교수 스기모토 마이杉本舞는 자기 또래의 많은 여성이 어떻게 느끼는지 잘 설명해주었다. "자민당은 정말로 전통적인 가족제도를 선호한다. 그들은 일하는 여성을 좋아하지 않는다. 정치인들은 여성이 집에서 가족을 돌봐야 한다고 말한다. 나에게는 정말로 좌절감을 안겨다 주는 이슈지만, … 나도 내가 한 선택을 좋아하지 않는다. 경력을 포기해야 할 것 같다는 생각이 들어 나도 아직 결혼하지 않았다."[69]

이러한 갈등 때문에 마지못해 변화가 생겼지만, 인구학적 추세에서 봤을 때 너무나 늦었다. 여성이 전통적인 역할을 택하지 않아 일본의 인구가 감소하고 있을 뿐 아니라 이들의 취향이 완전히 바뀌어 어떤 유인책을 제공하더라도 인구를 유지하거나 증가시킬 수 있는 출산율을 유지하기가 불가능해졌다.[70]

보수주의자들은 농업 분야 개혁을 검토하면서 비슷한 골칫거리에 직면하고, TPP(이제는 CPTPP) 통상협정을 체결하면서 농업 분야 개혁에 관한 토론 방향에 영향을 주고 있다. 아베 총리는 TPP 이후 이어질 경제 개방과 개혁이 일본의 경제적 역동성을 회복하는 데 매우 중요할 것이며, 또한 국제사회에서 일본이 활기를 되찾는 기반을 마련해줄 것이라고 반복해서 강조했다. 하지만 많은 보수주의자는 일본의 문화적 전통이 농업에 뿌리를 두고 있으며, 이는 독특하고 소중하며 반드시 보호해야 하는 것이라고 믿는다. 일본은 뼛속까지 농업사회이며 모든 참여자가 파종과 수확에 참여했다는 관념은 호소력이 강하다. 이러한 시각은 틀림없이 일본의 이상적인 모습이며 대체로 가공된 측면이 있으나 그럼에도 효과가 크다. 이런 관념은 일본에서 집단을 강조하는 정서나 일본인이 더 큰 단체의 일부가 되어야 한다는 생각의 근거가 된다. 이 같은 신념은 TPP를 반대하는 두 가지 흐름을 낳았다. 첫 번째로 아이치현愛知県의 농업협동조합 대표인 이토 히사하루 같은 사람을 들 수 있으며, 다소 전통적이지만 여전히 모두가 평등하다고 진정으로 믿는 국민에게 설득력이 있는 부류다. 그는 "TPP는 우리가 일본이 어떤 국가가 되기를 바라는가를 놓고 벌이는 전투다. 우리는 승자와 패자가 있는 냉혹한 사회를 원하는가, 아니면 이익을 공유하는 따뜻한 사회로 남기를 원하는가?"라고 비난했다.[71] 이러한 생각은 농민에게만 국한되어 있지 않다. 한 의료 로비 단체도 "만약 일본이 TPP에 참여한다면 국민건강보험이 유지는 되겠지만 이름뿐일 것이다. 평등하고 공평한 의료서비스 접근이라는 의료보험의 핵심 기능이 사라진다. … 전국보험의단체연합회全国保険医団体連合会(약칭 호단렌保団連)는 의료·치과 종사자 10만 4000명을 대표하여 일본의 TPP 가입을 강력히 반대한다"라고 주장했다.[72]

두 번째 반대 세력은 더욱 강력하며, 일본인이 환경과 특별한 유대가 있고 농민, 특히 쌀농사를 짓는 이들이 일본 문화의 정체성을 독특하게 표상한다고 믿는 정서에 뿌리를 두고 있다. 농부이자 시인인 호시 간지星寛治는 이런 정서를 다음과 같이 표현했다.

나는 농업을 숭상하고 TPP라는 흑선에 맞서 야만인을 원래 근거지로 축출하는 철학을 원한다. 우리는 생명을 위한 음식을 생산해내는 농업을 가장 우선시해야 하며 농업이 환경을 보호하는 기능이 있다는 사실도 평가해야 한다. "오랑캐를 배척攘夷한다"라는 말은 우리의 일회용 소비문화를 없애자는 것이다. 우리는 성숙한 사회에서 영적으로는 풍족하되 소박한 삶을 사는 데 필요한 가치관을 함양해야 한다.[73]

이러한 신념 체계는 강력하며 널리 퍼져 있다. 농민과 전국농업협동조합회(JA-全中)는 일본의 TPP 참여 반대 청원 서명을 1170만 명에게서 받아냈다. 이 숫자는 일본 인구의 10퍼센트에 육박하며, 일본의 농민이 260만 명에 불과하다는 측면에서 의미심장하다.[74]

하지만 이런 반대에도 아랑곳없이 일본은 TPP(CPTPP)에 참여했고, 일본의 참여는 트럼프의 대통령 취임 후 취했던 첫 번째 조치 가운데 하나로 미국이 TPP를 탈퇴했는데도 TPP가 존속하는 데 큰 도움이 되었다. 아베 총리는 TPP가 존속할 수 있었던 데 대해 크게 평가받을 자격이 있으며, 이 통상협정에 보이는 일본의 강한 의지는 일본의 개혁을 비판하는 나의 주장에 대한 강력한 반박 증거로 여겨질 수도 있다. 그러나 CPTPP는 일본에 중요하면서도 긍정적인 조치이기는 하지만, 일본이 이 협정을 수용했다는 의의가 겉보기만큼 대단하지는 않다. 오히려 국제사회에서 일본이 더욱 적극적으로 나서도록 촉진하겠다는 의지에 대한 신뢰성을 제고하는 차원에서 아베 정부가 TPP(혹은 어떤 형태의 협정이건 간에)를 밀어붙여야만 했다고 보는 것이 더 정확하다. 아베는 일본이 규칙 수용자가 아닌 규칙 제정자가 되어야 한다고 여러 차례 강조했으며, 그에 따라 다른 나라들이 보기에 지역 경제질서를 변화시켰다고 할 정도로 일본의 활동과 개입 수준을 높였다. 어차피 미국이 탈퇴했기 때문에 다른 나라가 리더십 공백을 메워야 했다. 일본에 대해 중국이 전략적으로 도전하고, 일본과 중국 사이의 경쟁자 관계가 심화되고 있으며, 아시아인프라투자은행과 역내포괄적경제동반자협정RCEP(TPP의 직접적인 경쟁자)과 같이 중국 정부가 지역 경제기구 대안을 제시하려는 상황 등을 감안할 때 일본이 이러한 리더십 역할을 맡기로 한 것은 사실상 이미 정해진 일이었다. 만약 일본이 TPP를 받아들이지 않았다면 일류 국가가 되겠다는 열망은 망상으로 드러났을 것이다.

TPP는 좌파와 우파를 수렴하는 의미 있는 현상을 만들어냈는데, 이는 개혁에 관한 논쟁을 망치지는 않더라도 더욱 복잡하게 했다. 일본 국민은 제2차 세계대전 종전 이후부터 일본을 지도해왔고 근대적 국가정체성의 핵심을 마련해준 원칙을 붙들고 고민하고 있었다. 역사와 안보 정책 분야에서 가장 권위 있는 학자 가운데 하나인 기타오카 신이치가 설명한 바와 같이 아시아와 서구를 놓고 무엇을 택해야 할지에 대한 국가적 논쟁, 즉 메이지 시대에 시작해 1885년 '탈아론脫亞論'이라는 신문 사설로 정리된 논쟁이 제2차 세계대전 후 다시 부각되었다. 1960년대의 급속한 경제성장 덕분에 일본의 궤적이 다시금 아시아 지역의 궤적과 다르게 그려지면서 이런 논쟁은 잦아들었다. "1960년대 후반부터 일본의 근본적인 특징에 대한 질문에 대해서는 … 일본이 경제대국이 되었다는 대답이 있었다. 일본의 경제력이 일본 정체성의 핵심 요소로 자주 인용되었다."[75] 유엔 국제사법재판소ICJ에서 근무한 전직 외교관 오와다 히사시小和田恒*도 "물질적 번영이 전쟁 후의 폐허에서 새롭게 일어난 일본에 너무나 중요했기 때문에 이러한 방향성이 어찌 되었건 간에 기대되었다. … 패전으로 환멸을 겪은 일본인 전체의 정서에서 볼 때 유일하게 믿을 수 있었던 것은 허무주의적 속성이 있을지라도 물질적 부였다"라고 지적했다.[76]

최근 몇 년 동안에는 일본인 사이에서도 이런 방향성이 과도했으

---

* 나루히토 천황의 황비인 오와다 마사코의 아버지이기도 하다.

며 자신들이 가진 진정한 정체성의 핵심 요소와 유리되었다는 인식이 커지고 있다. 이러한 우려는 "하지만 일본인이 경제적 성장을 통한 발전에만 외골수로 집중하면서 일본인의 정체성 가운데 많은 요소가 버려졌다"라는 가와이위원회의 보고서에서 잘 드러난다.[77] 이런 상실감은 환경에 대한 일본인의 태도에서 가장 뼈아프게 드러난다. 일본인은 자신들이 자연과의 관계가 특별하다고 믿으며, 자연을 통해 환경에 대한 독특한 민감성을 갖게 되고 환경보호가 필요하다는 의식이 싹튼다고 본다. 오랫동안 자연과 동일시해왔던 정서는 3월 11일의 재난 이후 더욱 새로워졌다. 도쿄재단정책연구소의 후쿠시마 아키코福島安紀子는 "일본인은 자연과 경제의 균형을 다시 들여다보고 있다"라고 주장했다. "일본은 자연과 조화롭게 살아가는 법을 배웠다. 너무 교만해져서는 안 된다. 우리는 조상들이 준 교훈을 무시했고 그 대가를 치렀다."[78] 후쿠시마는 맹목적인 환경주의자가 아니고 일본 주류 연구소 대부분에 자문을 제공했으며 방위성 자문관도 역임하고 있다. 그녀가 새로운 방향성을 평가하고 있다는 점은 이런 시각이 소수의 견해가 아니며 일본 정치의 중심에 자리 잡았다는 사실을 보여준다.

개인의 공동체에 대한 유대가 강화되고 소비주의적 충동이 누그러진, 좀 더 단출하고 공동체 지향적인 윤리에 대한 향수는 이러한 사고관의 또 다른 부분이다. 미친 듯이 소비하기보다 인간 사이의 접촉을 강조하는, 다소 덜 어수선한 삶의 형식에 대한 갈망도 있다. 이런 세상에서는 삶이 느려지고 대규모 집단주의 단체로부터 영향을 덜 받는다. 3월 11일 재난의 여파 속에서 타인 및 자연과 다시 연계하자는 기즈나의 주문은 이러한 세계관이 좀 더 공식화된 형태다. 이런 관점에서는 좌파와 우파의 의견이 다시 일치한다. 이는 일본에만 한정된 현상은 아니며, 보수와 진보 세력 둘 다 세계화의 확산과 국가

문화의 변질을 비난한다. 야마구치 지로는 일본 '보수 정치세력의 분열상'을 설명했다. "출세한 정치인들은 세계화와 더욱 역동적인 일본을 강조했지만, 일반인은 그런 세계화된 문화를 받아들이는 데 관심이 없다." 그 결과 "진보주의 정치 어젠다가 낡은 보수주의 국가 어젠다와 똑같아진다."[79] 그렇다고 해서 이 같은 흐름이 그동안 자주 우려되었던 민족주의가 부활하고 있다는 주장을 타당하게 해주는 것은 아니다. 두 정파가 소박함을 갈망한다는 공통점이 있지만, 어떤 결과물을 원하는가에 대한 합의를 도출하는 과정에서 이런 공통점은 금방 사라진다. 어떤 사안에 대해 똑같이 반대하는 입장이라고 해서 목표가 같을 수는 없는 법이다.

단순하게 말하면, 경제개혁에 대한 논쟁은 국가정체성이라는 더 큰 현상의 일부에 지나지 않는다. 국가정체성은 무정형이고, 쉽게 규정하기 어려우며, 어떤 의미를 담아내기에는 너무나 탄력적이라 왜곡되거나 폄하되는 성향이 있다. 그런데도 "경제적 위기는 일본의 국가정체성이란 무엇이며 그것이 경제에 어떤 결과를 수반하는지에 대한 이해와 관련된 위기와 긴밀히 엮여 있다."[80] 아베 정권이 TPP를 수용하고 엄청난 노력을 기울인 끝에 일본 정부가 채택하도록 했다는 점은 이러한 장애물이 절대적으로 변화의 걸림돌이 되지 않으며 개혁이 가능하다는 점을 시사한다. 하지만 일본인의 관념과 전통, 문화 그리고 여기에서 파생되는 정체성은 변화에 강하게 저항하는 태도를 점진적으로 만들어냈다.

외교 적자

일본의 외교적 노력에서도 마찬가지로 이와 같은 태도가 강하게 영향을 끼친다. 일본 지도자들은 아시아와 세계에서 좀 더 적극적으로 활동하기를 원하지만 대부분의 일본 국민은 이런 역할에 대한 관심이 점점 줄어들고 있다. 일본 국민은 힘의 투사나 해외 이슈 관리보다는 국내 상황 개선처럼 국내문제를 우선시하고 집중하기를 선호한다. 이러한 사고관은 국가정책의 우선순위가 무엇인지에 대해 질문했던 2007년 설문조사에서 잘 드러난다. '국제사회에서의 리더십 발휘'는 아홉 개의 선택지 가운데 6위를 차지했다. 이러한 결과는 2008년 설문조사에서 응답자의 불과 8.2퍼센트만이 일본이 '국제사회에 이바지하기'를 원한다고 밝힌 결과와 일치했다. 다른 모든 선택지는 국내 관심사에 초점을 두고 있었다.[81]

2017년 내각부가 실시한 연례 외교 관련 설문조사 가운데 국제공동체에서 일본이 어떤 역할을 해야 하는가 하는 질문에 대해 가장 인기 있었던 응답(응답자의 59.6퍼센트가 동의했다)은 "인적자원의 기여 등을 포함해 지역을 안정시키고 분쟁을 평화적으로 해결하려 노력하여 세계평화에 이바지해야 한다"였다. 비록 이바지하는 자원의 성격이 구체적으로 무엇인지는 명확하게 밝히지 않았지만 말이다. 다른 대답으로는 환경문제와 기후변화 대응을 위한 협조(53.9퍼센트이며, 환경문제에 우선순위를 두고 있다는 또 다른 방증이다), 군비축소와 비확산 노력(46.6퍼센트로 전년도 설문조사보다 5퍼센트포인트 상승했다), 개도국과의 협력과 원조(37.2퍼센트로 전년도 설문조사보다 3.2퍼센트포인트 하락했다는 점에 주목하라) 그리고 세계경제의 안정성 유지(31.1퍼센트) 등이 있었다.[82] 절반을 살짝 넘지만 약간 줄어든 응답자(50.1퍼센트)는 개발 협력이 현재 수준을 유지해야 하며 그래야만 일본에 대한 국제사회의 신뢰가 생기기 때문에 중요하다고 밝혔다. 원조 수준을 유지하자는 응답자의 숫자가 줄어든 반면, 원조 확대를 원하는 사람이 30.2퍼센트에서 32.4퍼센트로 증가했고 원조를 줄이거나 중단하자고 한 응답자는 줄었다. 절반을 넘는 일본인(58퍼센트)은 일본이 유엔평화유지활동에서 현재 수준을 유지하기를 원하고 있으며, 더 많은 활동을 원한다는 응답자의 비율은 2016년 11월 19.8퍼센트에서 2017년 10월 22.1퍼센트로 늘어났다. 절대적인 다수(77.4퍼센트)는 일본의 안보리 상임이사국 진출을 지지했으며 국익을 위한 세계평화 기여, 평화주의와 비핵보유국 지위를 통한 군비통제와 비확산 촉진, 유엔에 대한 상당한 재정 기여 인식 등 그 이유도 적절했다.

그 밖의 다른 설문조사도 일본 외교관과 외교정책 입안자들을 주저하게 했다. 아베 정부는 미국과의 동맹 복원에 우선순위를 두고 있었으며, 대중은 동맹국인 미국에 높은 수준의 호감을 지속적으로 보여주고(78.4퍼센트) 양자관계도 긍정적으로 평가한다(84.4퍼센트).[83] 하지만 2017년 겐론 NPO가 설문조사를 실시하면서 국제사회에서 바람직한 일본의 활동과 역할을 물어봤을 때 가장 인기 있는 응답(38.1퍼센트)은 일본이 미국과의 동맹에 지나치게 의존하지 말아야 하며, 그 대신 중국을 비롯한 다양한 주요국과 관계를 정상화하고 협력해야 한다는 것이었다. 일본이 규범과 국제 협력을 증진해야 한다는 응답은 두 번째로 높았고(17퍼센트), 미국과 협력을 강화해야 한다가 세 번째였다(12.3퍼센트).[84] "미국과 중국의 국력 격차가 줄어들면 어떤 선택을 하는 게 최선이라고 생각하는가?"라는 질문에 대해 일본인의 응답은 (1) "핵무장을 하고 중립" (2) "미일 안보동맹을 근간으로 하며 중국과의 우호 관계 관리" (3) "현 상태의 군비를 유지하며 중립" (4) "비핵화를 하되 재래식 군비 강화 후 중립"이라는 네 가지 선택지로 골고루 분산되었다.[85] 이러한 결과는 동맹에 대한 신뢰와 외교정책의 근간으로서 동맹에 대한 신임투표라고 보기 어렵다.

아베 정부는 국가안보의 중요성을 재강조하고 축소된 방위예산을 되돌린다는 데 우선순위를 두어왔다. 그 결과 국가안전보장회의를 설립했고, 집단자위권을 행사할 수 있도록 헌법을 재해석했으며(이론상으로 일본 자위대 병력의 해외파병을 허용했다), 방위예산을 꾸준히 늘려 2017년 회계연도에는 사상 최대 규모인 5조 1000억 엔(450억 달러)에 달했다.[86] 하지만 이런 정책이 대단치 않게 보일 수도 있다. 많은 소동에도 아랑곳없이 일본의 방위정책 변화는 혁명적이지 않고 점진적이다. 방위비 지출은 여전히 무기력하다. 스톡홀름국제평화연구소SIPRI에 따르면 일본의 2000년부터 2016년 사이의 실질 방위예산은 줄어들었다.[87]

다시금 지적하건대 태도가 한층 더 걱정스럽다. 내각부에서 실시한 다른 설문조사에 따르면 일본인의 6퍼센트만이 방위정책이 아베 정부가 출범한 뒤 4년간 긍정적인 방향으로 가고 있다고 보았다. 잘못된 방향으로 가고 있는 정책을 지적해보라는 질문에 28.2퍼센트가 방위정책을 지적했으며, 전체 답변 가운데 3위를 기록했다.[88] 일본 인구가 고령화되고 국내적인 예산 우선순위에 대해 시급한 수요가 많아질수록 계속 증가하고 있는 방위예산에 대한 의구심이 커질 것이다. 더 나아가 고령층 유권자의 투표율이 다른 연령대보다 높다는 점에도 주목해야 한다. 3월 11일의 삼중재난 이후 자위대가 보여주었던 영웅적인 기여는 일본 국민에게 군대가 지역과 국민을 안전하게 지켜준다는 새로운 가능성을 깨닫게 해주었지만, 이들은 일본의 방어 외에 다른 측면의 군의 가치에 대해서는 회의적 태도를 견지한다. 일본 청년층이 줄어들면서 갈수록 소중해지는 젊은이들을 전쟁터로 보내기 어려워지기 때문에 일본 국민의 불신은 더욱더 심해질 것이다.

---

* 일본의 2020년 방위예산은 5조 3100억 엔(약 61조 39억 원)이며, 한국 국방예산은 50조 1527억 원이다.

안락함의 유혹

일본의 미래를 더 잘 이해하려면 일본 청년들의 시각을 생각해볼 필요가 있는데, 이를 들여다보면 기존의 선호가 더욱 강해지고 있다는 점을 알 수 있다. 우선 일본 청년들이 일반적으로 행복해하고 있다는 점은 이론의 여지가 없다. 사회학자이자 《절망의 나라의 행복한 젊은이들》의 저자인 후루이치 노리토시古市憲寿는 오늘날 일본의 젊은이들이 "전례 없는 수준으로 행복해하며 삶에 만족하고 있다"라고 지적한다. 후루이치는 일본 정부의 '국민의 삶에 관한 여론조사'(내각부의 또 다른 설문조사) 결과를 지적하면서 20대 응답자의 79.1퍼센트가 자신들의 삶에 만족하고 있다는 점을 강조했다. 이런 조사 결과는 "1967년에 설문조사가 시작된 이래 그 연령대에서 가장 높은 수준의 만족도이며, 경제가 급격하게 성장하던 1960년대나 1970년대의 수준보다 훨씬 높다." 이런 추세는 10대에서 심지어 더 높다. NHK가 2012년 실시한 설문조사에서 90퍼센트 이상이 스스로 행복하다고 답했다.[89] 교토대학의 한 학생은 "우리는 시급하다거나 고통스럽다고 느끼지 않는다. … 우리는 뭔가 새로운 것을 해야 할 정도로 절박하지도 않다. … 우리는 행복하고 편안하다. … 지하철에서 잠을 잘 수도 있다. 아무도 우리 돈을 훔치지 않는다. 심야에 밖에 나가도 된다. 새벽 세 시에 집에 걸어와도 된다"라고 설명했다.[90] 젊은이들은 자신의 삶을 부모의 삶과 빠르게 대조한다. 게이오대학의 한 대학원생은 이른바 '행복의 역설'을 강조했다. 그의 부모는 "열심히 일하고 큰 경제적 성장을 이룩했지만, 별로 행복하지 않았다."[91] 도쿄대학 정책비전센터 연구원인 미우라 루리三浦瑠麗는 이런 경험에 대해 씁쓸하면서도 달콤하게 해설했다. 미우라는 "나는 잃어버린 10년만 알고 있다"라고 말하곤 곧바로 그럼에도 "일본은 여전히 편안하고 풍요로우

며 아름답다"라며 한숨을 내쉬었다.[92]

편안함은 현실 안주로 이어진다. 나카니시 히로시中西寬 교토대학 교수는 "명문대 재학생들은 명석하고 진지하지만, 마치 누에고치처럼 보호막에 너무 둘러싸여 있다. … 그들의 삶은 상당히 안락하며 외국으로 나갈 동기가 없다. 그들은 바깥세상이 위험하고 엉망이라고 생각하며, 우리에게 필요한 중요한 정보를 모두 집에서 얻을 수 있다"라고 본다.[93] 통계수치가 이런 분석을 사실로 확인해준다. 외국 대학교에서 유학하는 학생의 수는 최전성기였던 2004년의 8만 2945명에서 2014년에는 5만 3197명으로 36퍼센트나 줄어들었다. 더불어 해외 유학 중인 고등학생의 숫자도 2013년에서 2015년 사이에 15퍼센트 감소했다.[94] 업무상 전 세계를 돌아다녔던 〈아사히신문〉 논설위원 미즈노 다카아키水野孝昭는 "일본 젊은이들이 다른 아시아인과 비교해서 패기가 없다. 이들은 만족하면서 안락하게 지내고 있다"라고 결론을 내렸다.[95]

19세부터 29세 사이의 젊은 일본인은 개혁을 촉구하는 목소리를 누그러뜨리는 문화적 특성을 받아들인다. 이들은 국가 이익이 개인의 이익보다 우선시되어야 하고 개인보다 국가에 더 많은 관심을 두어야 한다는 데 가장 열렬히 지지하는 계층의 하나다.[96] 국가에 대한 자부심의 원천이 무엇인지 물어보면 젊은이들은 최우선으로 '공공안전'을 꼽기는 하지만, 문화와 예술과 더불어 역사적·문화적 유산을 강조한다.[97] 동시에 대다수는 경제적 성장을 희생하는 한이 있더라도 개인 사이의 격차가 작은 사회를 선호한다.[98]

몇몇 사람들은 젊은이들 사이에 퍼진 민족주의를 우려스러운 눈길로 바라볼 수도 있다. 하지만 두려워할 필요는 없다. 〈아사히신문〉의 설문조사에 따르면 20대의 13퍼센트와 30대의 12퍼센트만이 일본이 외국으로부터 공격받으면 싸우겠다고 답했다.[99] 74퍼센트는 자신을 "애국자"라고 밝혔지만, 이들의 애국심에 대한 이미지는 글자 그대로 '자신들이 살고 있는 땅에 대한 사랑'과 연계되어 있다. 이러한 애국심은 일본의 물리적 영토와 연계된 일종의 환경주의다.

세계에 대한 이들의 관심은 줄어들고 있다. 아마도 국제사회에서 일본의 존재감이 마찬가지로 줄어들고 있어서 그럴 것이며, "오늘날 일본인 사이에서는(특히 청년층에서 널리 퍼졌다는 게 걱정스럽다) 이러한 쇠퇴를 불가피한 사실로 받아들이려는 경향이 있다."[100] 일본 청년층의 24.3퍼센트만이 자신들과 또래 사람들이 지구 공동체의 일원으로서 역할을 수행할 준비를 갖췄다고 보며, 불과 14.5퍼센트만이 정부가 국민에게 이런 역할을 할 수 있는 수단을 마련해주는 정책을 펼치고 있다고 믿는다.

선거마다 투표율이 매번 최저치를 갱신하고 있다. 설문조사 결과를 보면 정치·사회 활동에 참여할 의향이 있다는 사람이 점점 줄어들고 있으며 이런 성향은 특히 청년층에서 두드러진다.[101] 설문조사 결과를 분석한 사람들은 젊은 사람들이 참여해도 아무것도 변하지 않을 테고, 경제가 비록 침체에 빠져 있지만 안정적이어서 견딜 만하며, 변화보다 익숙함을 선호한다고 믿기 때문이라고 본다. 이 모든 것을 합쳐본다면 일본 청년층은 일본이 세계에서 뭔가 더 해야 한다거나 바뀌어야 한다고 믿지 않으며, 자신들이 일본을 뭔가 의미 있게 바꿀 준비도 되어 있지 않다고 생각하는 것처럼 보인다.

모조 대 무조*

개혁을 촉구하는 목소리와 친숙한 것에 대한 이끌림 사이의 갈등은 때로는 경제원칙과 이상화된 사회 사이의 논쟁이라는 틀로 치환되기도 한다. 하지만 이러한 경쟁을 다른 시각에서 바라보는 경우도 있다. 국가권력이라는 전통적 아이디어와 21세기 일본에 더욱 적합한 권력 및 영향에 대한 새로운 개념 사이의 투쟁으로 바라보라.

아베의 사고방식은 전통적이다. 보수적이건 진보적이건 국가권력이나 책임 면에서 최고위직에 있는 대부분의 정치인처럼 아베는 강력한 국가를 신봉하며, 안정적이고 확대되는 국가권력이 글로벌 시스템에서 일본의 위상을 쌓는 기반이 된다고 믿는다. 궁극적으로 이러한 권력은 강력한 경제에서 나온다. 그래서 일본은 국제 무대에서 적절한 위상을 되찾고, 전 세계 회의체에서 자신의 이익을 주장하고 보호하기에 가장 유리한 상태에 있고자 경제적 역동성인 일본의 모조mojo를 되찾아야 한다는 것이다. 이와 같은 국가 행동에 대한 전통적인 관념이 도쿄에만 국한되지 않고 일본의 다른 지역에서도 외교정책 결정과 분석을 지배하고 있다. 이런 관념은 인구, 경제, 군사 규모 등과 같은 전통적이고 구체적인 국력 지표에 의존하고 있으며 일본의 이상적인 힘, 일본의 가치관이 가진 매력, 외교관의 효율성과 같은 무형의 요소는 눈에 덜 띄고 효과도 덜 분명하기 때문에 별로 관심을 기울이지 않는다. 아베는 무뚝뚝한 말투에 상체가 탄탄한 고다 요지 전 해상자위대 자위함대사령관이 주장했던 것처럼 "일본이 쇠퇴하고 있으며, 앞으로 20년이 지나면 일본 국민이 안보와 경제

---

* 영어로 '모조Mojo'는 정력을 뜻하고 일본어로 '무조むじょう'는 무상無常을 뜻한다. 저자는 이런 발음에 착안해 'Mojo vs. Mujo'라고 소제목을 달았다.

분야에서 호사를 누리지 못할 것이다"[102]라는 생각에 공감한다.

일본의 덩치가 줄어들고 있다는 현상은 쉽게 감지된다. 일본이 1990년과 2000년에 세계경제에서 차지하는 비중은 각각 14퍼센트와 14.6퍼센트였으나 2010년에는 8.7퍼센트로 떨어졌고 2016년에는 6.1퍼센트까지 내려갔다. 중국, 홍콩, 대만, 한국 그리고 아세안 5개국(인도네시아·말레이시아·필리핀·싱가포르·태국)과 베트남, 인도 등 동아시아 국가들의 경제를 합친 규모는 1990년에는 일본의 50퍼센트였고 2000년에는 70퍼센트에 이르렀다. 2010년이 되자 중국의 GDP만으로도 이미 일본의 GDP를 추월했고(108퍼센트), 동아시아 경제를 다 합치면 일본의 거의 두 배가 되었다.[103] 하지만 이런 통계치를 깊이 파고들어 가서 불안해야 할 이유를 굳이 찾아낼 필요는 없다. 일본의 인구는 감소하고 있다. 일본의 경제 순위도 내려가고 있다. 자신감도 떨어지고 있다. 일본의 국제적 위상도 낮아지고 있다. 불안정은 커지고 있다. 다마대학多摩大学의 룰형성전략연구소CRS 객원교수인 이가타 아키라井形彬는 부상하는 중국 그리고 급속히 성장하는 신흥대국과 같은 외부적 요소와 에너지 부족, 고령화 사회 등 일련의 국내 제약 요인을 체크했다. 또한 그는 "우리는 세계적인 대국이지만 강대국은 아니다"라고 말했다.[104]

상당히 많은 일본인이 이제 강대국에 대한 야망을 버렸다. 이들이 갖고 있는 혐오감 가운데 일부는 과거에 대한 우려와 더불어 일본에서 민주주의가 충분히 뿌리내리지 못해 강대국을 지향하는 유혹으로 과거 제국 시절의 실수를 반복할 수도 있다는 두려움 때문이다. 많은 일본인에게 일본이 국제사회에 기여할 수 있는 최선의 방식은 자신들의 선한 행동을 수출하고 국내문제를 해결하기 위해 고안해 낸 해결책을 세계에 제공하는 것이다. 전직 외무성 관료였고 현재 국제컨설팅그룹에서 근무하는 미우라 기요시三浦清志는 다음과 같이 설명했다. "우리는 특혜를 누리고 있는 국가이자 국민이며, 공정한 몫을 이바지해야 한다." 그는 "우리나라에 대한 나의 소망은 분수 이상으로 행동하지 말고 분수에 맞게 행동해야 한다는 것인데, 우리는 그에 걸맞게 행동하지 않는다"라고 말했다. 지역 갈등 중재에서부터 정직한 기업문화에 이르기까지 일본이 잠재적으로 이바지할 수 있는 다양한 부문을 짚은 다음에 미우라는 이렇게 결론지었다. "우리가 할 수 있는 가장 큰 일은 국내적으로 다 같이 행동하며, 자부심과 자신감을 갖고 더 효율적이 되는 것이다."[105]

일본인의 시야가 좁아졌다면 다른 무엇보다도 더 많은 일본인이 성장과 발전에 대한 기본적인 가정을 다시 생각해볼 준비가 되어 있기 때문이다. 이와 같이 새롭고 발전적인 사고방식은 일본인의 정체성에 대한 실용적이면서 철학적인 고려, 일본의 미래와 잠재 능력에 대한 긍정적·부정적 평가, 새롭고 큰 것이 반드시 항상 더 좋은 건 아니라는 일본인의 근대화에 대한 생각의 변화 등을 내포하고 있다. 갈수록 많은 일본인, 특히 젊은 사람들이 자국과 자국이 택할 수 있는 옵션을 이런 관점에서 보고 있다. 와세다대학早稲田大学의 문학평론가인 가토 노리히로加藤典洋는 소비주의에 좀 더 신중하게 접근하는 일본 청년층의 태도를 높이 평가했다. "사람들이 '일본은 소국이다'라고 말하며, '소국이어도 우리는 괜찮다'라고 한다. 아마도 일종의 성숙함일 수도 있다. 우리는 우리가 가진 자원의 한계를 보게 된다. … 일본이 세계에서 2위일 필요도 없고, 5위나 15위일 필요도 없다. 더욱 중요한 것들을 되돌아보고, 환경과 우리 자신보다 불운한 사람들을 생각할 때가 되었다."[106]

소설가이자 평론가인 이쓰키 히로유키五木寛之는 《하산의 사상下山の思想》에서 "일본은 이제 새로운 다운사이징 운동의 선봉에 선 것처럼 보인다. … 갈수록 한계가 분명해 보이는 세계에서 나이를 넘어선

일본과 일본의 젊은이들은 성장에서 탈피하는 것이 어떤 건지 보여주는 게 당연할 수도 있다"라고 주장했다.[107] 그의 메시지는 3월 11일의 재난 이후 유행했으며, 책도 20만 권 이상 팔렸다. 홋카이도대학 北海道大学 정치학자이자 민주당 자문위원인 야마구치 지로에게 이런 현상은 일본 사회계약의 성격을 성찰해보고, 좀 더 포괄적인 국가를 받아들이며, 북유럽 스타일의 사회주의 시장경제를 수용하자는 촉구로 여겨진다. 그는 "안정된 사회는 이제 성장을 기대할 수 없다. 우리는 환경을 파괴하고 더 많은 에너지를 만들지 못한다. 이러한 논쟁은 더는 안정된 사회를 대변하지 않는다. 많은 사람이 세계화로 빚어진 팽창과 성장, 수많은 스트레스를 주는 요구사항에 질려버렸다"라고 말했다.[108]

이런 사고방식이 순진하다고 말하기는 어렵지만, 환경주의적이거나 아니면 냉전이 끝나고 사회주의가 퇴조했는데도 살아남은 좌파주의 성향의 잔재와 같은 한때의 유행이라고 한가롭게 치부되기도 한다. 비판가들은 20년간의 경기침체로 좌절감이 생기고 관여하지 않으려는 태도가 자연스러울 수 있다고 보면서도 시야를 좁히고 야망을 낮추는 것은 패배주의라고 지적한다(가장 자극적인 용어를 사용했다). 그들에게 이러한 신념 체계는 국가가 어떻게 행동해야 하는지, 일본이 100년 전에 근대화를 시작한 이래 어떻게 행동해왔는지, 그리고 상식에 대한 기본 원리를 무시하는 것처럼 보인다. 제1장에서 후나바시 요이치가 했던 경고를 떠올려보라. "일본은 더 이상 '우아한 쇠퇴'나 작지만 아름다운 섬나라와 같은 허상을 생각할 여유가 없다. 우리에게 주어진 선택은 재탄생 아니면 파멸 가운데 하나일 뿐이다."[109]

하지만 이런 새로운 사고 체계는 사회주의의 재탕이나 만연되어 있는 체념을 넘어선다. '새롭고 다른 일본'에 대한 선호는 일본의 방향 전환과 국가 우선순위의 점진적 변화를 반영한 것이다. 탈성장기 정서는 정체성 이슈와 문화적·철학적 방향 그리고 일본의 특수한 상황에 대한 적용 등이 포함된 복합적인 대응 양식이다.

전직 미쓰비시종합연구소三菱総合研究所의 정책·경제연구센터 수석首席연구원이었고, 교토에 있는 도시샤대학同志社大学 대학원 비즈니스연구과 교수인 하마 노리코浜矩子는 경제적 성공과 20년간의 저성장 또는 경기침체로 일본이 지불한 비용을 산정했다. 그녀는 "성숙한 일본에 더는 경제성장이 필요하지 않다"라고 결론지었다.[110] 하마는 일본의 "성장에 대한 집착이 경제를 교착 상태에 빠뜨리기 때문에 우리에게 가장 큰 문제가 되었다. 성장은 신생국에나 필요한 것이다. 우리 경제는 세련되었고 정신적인 부분을 제외하고는 성장단계를 넘어섰다"라고 믿는다.[111]

하마의 생각은 대부분의 경제학자에게는 거의 이단으로 여겨지지만, 야심이 절제되고 좋은 삶이란 무엇인가에 대해 셈법이 바뀐 나라에는 지지가 커지고 있다. 일본에서 '저속 성장'이란 일본 경제가 팽창보다는 안전과 안정 또는 생산성보다는 일자리라는 혜택을 누리고 있다는 사실을 다르게 표현한 것이다. '빈곤에 시달리는 국민이 줄어들 수 있다면' 좀 더 적극적인 국가의 활동을 대다수가 선호한다는 설문조사를 떠올려보라. 경기확장보다는 고용이 우선시된다. 야심을 조절하려는 충동은 제1장에서 언급한 교토에서 사업을 하는 무라타 다이스케村田大介나 일본국제협력기구 선임 자문관인 이와세 사치코가 밝힌 바와 같이 갈수록 흔해지고 있다. 이러한 생각이 일본 청년들의 에너지를 결집하고자 3월 11일 이후 결성된 봉사단체인 유스포3.11 Youth for 3.11에서 활동했던 다케우치 히카루竹内ひかる와 같은 일본 청년층에 퍼지고 있다는 사실은 전통주의자들에게 더 큰 충격으로 다가올 것이다. 적극적으로 활동에 참여하는 시민으로서 그

는 "일본이 예전처럼 큰 나라가 될 필요가 없다. … 일본은 밖으로 나가 세계에 우리 경험을 이야기해주어야 한다. 하지만 국민으로서 우리가 해결해야 할 문제가 너무 많다. 우리는 일본의 문제에 집중해야 한다"라는 일본 기성세대의 주장을 그대로 따라 했다.[112]

일본인의 사고에서는 취약성이 아주 중요하다. 몇몇 사람들에게 이는 '시마구니곤조島国根性(섬나라 정서)'의 산물이며, 인적자원을 제외하면 일본에 자원이 없다는 사실을 지속적으로 상기하면서 이런 생각이 더 강화된다. 소설가인 무라카미 하루키村上春樹는 2011년 카탈루냐 국제상 수상식 소감에서 모든 것은 단명하며 변하지 않거나 영원한 것은 없다는 불교 관념인 무조むじょう, 無常를 언급하면서 이러한 생각의 요체를 떠올렸다. 무라카미는 이런 사고방식이 종교와는 맥락이 조금 다르다면서 "일본인의 정신세계에 강하게 각인되어 민족적인 정서로서 예전부터 변함없이 이어져 내려왔다"라고 언급했다. 그에게는 삶과 아름다움의 일시적 속성을 받아들이는 것이 일본식 미학의 본질적 부분이다. 우리에게 이는 일본인의 정신세계에서 취약성이라는 관념의 역할이 더욱 커졌다는 사실을 나타내는 또 다른 표현이다.[113]

무라카미와 같은 작가들을 폄하하고 자기 탐닉적인 감성주의라고 비난하기는 쉽지만, 일본에서 그의 인기가 아주 높다는 사실은 틀림없다. 무라카미의 글은 심금을 울린다. 미즈노 다카아키水野孝昭는 지진과 쓰나미에 대한 그의 반응에서 두 가지 개념을 연계했다. "우리는 (대자연의) 힘 앞에서 속수무책이며, 자연이 우리를 갖고 논다. 우리는 그 앞에서 무기력하다."[114] 게이오대학의 소에야 요시히데添谷芳秀 교수는 일본인이 자연에 불가피하게 '패배'하는 것을 자연스럽게 받아들이는 모습을 설명하면서 "운명감 내지 숙명감"이라고 말했다. "우리는 그런 패배를 준비하고 받아들여야 한다."[115] 3월 11일의 사건을 검토하기 위해 설립된 일본 내각의 후쿠시마 원자력발전소 사고조사·검증위원회는 조사 결과 보고서에서 이런 태도를 반영하고 있다. "자연 위협의 속성과 지각 변동 그리고 다른 자연재해를 겸허히 받아들여야 한다."[116]

나카니시 히로시는 "무상이 일본인의 정체성의 핵심이다"라고 시인했다. 나카니시는 무라카미를 추종할 의향은 없지만 그가 "일본의 잠재적 성향을 묘사했다. 이러한 요소가 어떻게 작용할지는 운에 맡겨져 있지만, 그렇다고 해서 미래가 이미 정해진 것은 아니다"라고 인정했다.[117]

나카니시는 일본이 다시 역동성, 일본의 모조를 되찾게 하겠다고 마음먹은 아베 총리와 같은 전통주의자들이 젊은 계층을 비롯하여 기대감과 존재감이 떨어진다는 사실을 받아들일 의향이 있는 일본 곳곳의 많은 사람과 충돌할 수 있다는 점을 내비친다. 다양한 경험과 기대를 통해 무상감이 잘 조율된다면 이런 감정이 사회 전반을 지배할 수도 있다. 일본인은 새로운 가치관과 한계를 수용하고 그런 한계 속에서 일하면서 얻을 수 있는 혜택을 이해하려는 성향이 있다. 이런 성향은 새로운 힘의 근원이 되거나, 만약 정제되고 정교해지면서 제대로 추구할 수만 있다면 오히려 하나의 모델이 되기도 한다.

이렇게 한계를 받아들이겠다는 마음가짐은 거의 체념하는 듯한 위험한 정서이며 21세기 일본의 기반 가운데 하나로 자리 잡고 있다. 이런 정서는 일본에 널리 만연한 것처럼 보이는 불만과 그럼에도 현상 유지를 지속하겠다는 정서를 조화시킨다. 일본의 미래가 과거만큼 밝진 않지만 그래도 현재 상황이 그다지 나쁘지는 않다. 일본인은 잃을 것이 너무 많으며, 자신들이 서서히 침식되고 있다는 생각에 점차 물들어가면서도 큰 변화에서 오는 불확실성보다는 오늘날 누리고 있는 안락함을 선호한다.

정점을 찍은 일본

이러한 해석이 옳다면 일본이 정점을 찍은 시기가 바로 지금이다. 아베 정부 시기는 일종의 막간에 해당하며, 국위를 선양하고 아시아 지역과 전 세계 무대에서 주도적인 역할을 확보하려 하는 전통적인 강대국주의자가 마지막으로 애를 쓰는 순간이다. 이들은 일본이 구조적 제약과 태도적 장벽이 결합해 자신들이 바라는 역할을 하지 못하게 되고 그렇게 하려는 의지마저 꺾여버린 현실 앞에서 좌절할 것이다. 몇몇 사람들은 일본의 지평이 줄어든다는 사실에 움찔하겠지만, 이런 변화가 반드시 나쁜 것만은 아니다.[118] 일본은 엄청난 자산을 보유하고 있으며, 그중에서도 인적자산이 가장 탁월하다. 일본은 21세기에 겪게 될 심각한 문제들에 이미 맞서 싸우고 있고, 다른 국가들이 조만간 겪게 될 도전에 대한 해결책을 마련했다. 일본의 대對동남아시아 관계에 초점을 두고 연구하는 사토 하루코 교수는 법적 제약의 틀 속에서 국제 안보 분야에 참여해달라는 요구를 조화시키려는 일본의 모습이 일종의 모범이 될 수 있고, 국제문제 개입에 관한 지역적 논쟁에서 나름의 맥락을 제시할 수 있다고 본다.[119] 국제 시스템에서 상당한 영향력과 정통성 그리고 소프트파워의 잠재적 원천이 될 수도 있다. 동맹국과 우방국의 일본에 대한 기대감과 일본 자체의 역량과 의도를 조화시키는 게 중심 과제가 될 것이다. 위기 상황에서 일본이 무엇을 할 수 있고 무엇을 할지에 대한 비현실적인 기대를 하는 것이 일본에 가장 큰 위험이 된다. 만약 이 둘을 조율하지 못하면 미국과의 동맹에서 파열음이 나거나 외교적 고립으로 이어질 수도 있다.[120]

새로운 일본의 구체적인 비전에서 가장 중요한 부분은 일본의 대對아시아 관계다. 일본의 군사정책과 일본 정부가 지역 내 안보 역할을 얼마나 확대해나갈지에 관심이 크지만, 이는 어디까지나 아시아와의 더 포괄적인 관계 측면에서 일부에 불과하다. 복잡하고 다차원적인 주제가 종종 과거사 및 기억에 대한 연구, 지역 내 영향권을 둘러싼 일본과 중국의 경쟁, 일본의 아시아와 미국에 대한 공약 사이에서 벌어지는 제로섬 균형 정도로 환원된다. 민주당은 이러한 담론을 새로운 틀에서 논의하려 했지만 실패했다. 아베 정부는 아시아와의 관계에 우선순위를 두었지만 일본의 정책이 강대국 지위와 중국과의 경쟁이라는 렌즈를 통해 굴절되었다. 간단히 말하면, 안보정책이 바뀌고 나서 일본은 자신이 활용할 수 있는 다양한 수단이 있는데도 대아시아 관여에서 여전히 전통적인 시각을 벗어나지 못하고 있다.

도쿄를 벗어나거나 아니면 도쿄에 머물면서 외교정책 전문가가 아닌 기업가와 이야기를 나눠보면 아시아에 대한 시각이 분명히 바뀌고 있다는 사실을 확인할 수 있다. 이 지역 내 생산 네트워크와 공급사슬의 확장으로 일본 기업은 자신들의 지역 전략을 재평가할 수밖에 없게 되었다. 3월 11일 이후 이어진 혼란은 일본 기업에 그들의 미래가 주변 지역과 긴밀히 연동되어 있다는 사실을 떠올리게 해주었다. 공세적인 에너지 부문 기업가들은 동북아시아 지역의 경제를 위협해왔던 자원 부족 현상을 극복하고자 이 지역과의 긴밀한 통합을 머릿속에 그리고 있다. 한때는 저렴한 노동력만 제공하는 나라로 여겨졌던 국가들의 기술력이 신장하면서 재평가를 해야 할 뿐 아니라, 중산층이 등장하고 증가함에 따라 이제는 시장이자 수요의 원천으로서 갈수록 주목받고 있다. 이러한 발전은 일본 소비자층이 고령화되고 내수시장 규모가 축소되면서 그 중요성이 더욱 커지고 있다.

아시아가 더 부유해지고 발전할수록 일본은 아시아와의 관계를 다시 생각하도록 압박받는다. 전통적인 위계질서 모델은 더는 적용이 안 된다. 이제는 일본이 아시아 국가들과 진정한 파트너십을 구축해야 하며, 일본 기업들이 그동안 갖고 있었던 근본 전제를 전면적으로 재검토하고 경영 관행과 절차를 개편하는 과정이 필요하다. 가령 오다키 가즈히코小滝一彦 니혼대학日本大學 교수는 선두 기러기(언제나 일본)가 앞장서고 다른 기러기들이 뒤따르는 기러기 떼 비행과 같은 '안행형태' 이론 등 그간 일본이 소중히 여겨왔던, 일본을 특별한 지위에 두는 지역개발 이론을 버려야 한다고 주장한다. 오다키는 "일본인이 안행형태 이론에 기반을 둔 선입견 때문에 한국, 대만, 중국이 많은 산업 분야에서 일본을 이미 앞질렀다는 사실을 보지 못한다. 안행형태와 같은 시각은 일본의 미래 발전을 어떤 식으로 준비해야 하는가를 고려하는 데 걸림돌이 된다"라고 말한다.[121] 갈수록 더 많은 전문 기업가나 경제정책 입안자 그리고 몇몇 정치인은 이와 같은 새로운 현실을 받아들이고 대응하고 있다.

현재 일본 지도자들이 보이는 보수주의는 불신받고 있는 과거사에 대한 향수를 자극하고 정당성을 부여하거나 되살리려는 시도로 비칠 가능성이 있기 때문에 일본이 위험해질 수도 있다. 아베 총리가 안보정책 개혁을 추진하면서 보여주었던 실용주의와 신중한 태도는 그도 이런 위험을 인식하고 있다는 사실을 시사하며, 일본 국민과 아시아 지역에 있는 불안감을 해소하려 노력할 것이다. 그는 현재까지 대체로 성공을 거두었다. 아베가 과거사를 잘 활용한다면 일본을 아시아에 다시 통합시키려는 노력에 도움이 될 것이다. 일본 문화와 전통이 아시아에 뿌리를 두고 있다고 좀 더 예리하게 이해하고 평가한다면 '아시아로의 복귀入亞'를 촉진할 것이다.

그래서 일본은 '탈아' 하기로 결정했던 메이지 시대의 결정적 요소를 다시 검토해야 한다. 이 선택은 당시에는 타당했지만, 그 이후에는 일본의 선택을 가로막았다. 일본은 아시아의 일부가 되지 않으면 더는 아시아에 남아 있을 형편이 못 된다. 어떤 새로운 관계라도 궁극적으로는 일본의 새로운 사고방식에 달려 있다. 아시아 지역은 이제 단순히 일본의 관심 대상으로만 남거나 일본이 이끌어가야 하는 국가들의 집합체로만 여길 수 없다. 일본은 덜 계층적이고 더욱 평등한 질서를 추구하며, 진정한 파트너십을 맺어야 한다. 이런 노력이 성공하려면 무엇보다 한국 및 중국과 새로운 관계를 구축해야 한다. 세 나라 모두가 이런 비전을 실현하려 협력해야 한다.

좀 더 적극적으로 이 지역에 관여하는 방법으로 일본에 다른 대안도 있다. 바로 이시바시 단잔石橋湛山의 비전과 '소일본론'이다.[122] 이시바시는 언론인이자 정치인이었으며, 1920년대에 경제성장과 발전을 확보하고자 아시아를 침략하자는 '대일본론大日本論'에 반대했다. 그는 아시아 본토로 진출하려는 일본의 모험으로 일본이 제국주의 성향을 띨 수밖에 없으며, 국내에서 군국주의와 민족주의 그리고 독재 성향이 부추겨질 것이라고 두려워했다. 이시바시는 국제 협력, 특히 미국과의 파트너십을 지지했으며 이를 통해 세계에서 일본의 위상을 높이고 국내에서 민주주의와 개인의 권리를 보호할 수 있기를 원했다. 그는 해외 식민지 보유를 반대했으며, 일본이 식민지를 거부한다면 다른 식민지들도 지배국을 향해 똑같은 요구를 할 테고 그에 따라 일본이 국제사회의 유행 선도자, 사실상 아시아의 지도국이 될 것이라고 주장했다. 그는 아시아 및 세계와의 새로운 관계를 통해 일본의 소프트파워를 증진하려고 했다. 더 나아가 '무상'이라는 개념이 일본의 정책결정자들에게 절차와 원칙 면에서 지침을 제공할 수 있다고 보았다. 무상이라는 틀로 보면 절차 면에서는 궁극적으로 모든 것이 변화하며 권력이 영구하지 않다는 점을 인정하게 되므로 일본의 대외정책에서 균형을 더 잡아줄 수 있고, 원칙 면에서는 소비를 덜 강조하고 환경에 대한 일본의 충격을 경감해주기 때문이다.

하지만 일본과 일본인이 현상 유지에 더욱 집착하는 한편 갈수록 두드러지는 일본을 배제하는 상황을 받아들일 수도 있다. 전직 〈아사히신문〉 논설위원이었던 미즈노는 일본의 야망이 줄어드는 상황을 개인적으로 경험한 적이 있다. "나는 도쿄를 새로운 뉴욕으로 여기고 싶다." 하지만 테러와의 전쟁, 중국의 부상, 갈수록 격화되는 일본과 중국의 마찰, 야당 출신 정부의 실험 실패 등으로 점철된 10년의 혼란 속에서 그는 환멸감을 느꼈다. 일본은 "자신만의 독특함을 유지할 것이다. 우리는 단지 우리 사회를 지금 이대로의 상태로 원할 뿐이다." 하지만 이런 이상에 집착하면 그 대가가 클 것이다. "일본은 줄어들고 있지만 괜찮다. 쇠락하고 있지만 괜찮다. 일본인은 안락한 작은 마을 심리를 원한다. 가상의 공동체 정서 말이다. 내가 생각하는 일본은 1970년대 유럽, 즉 경제적으로는 축소되고 있지만 세련된 문화 같다. 우리는 이제 부유해지지 않지만, 그게 나쁘지는 않다. 일본은 조용한 사회다. 이는 일본에 대한 이미지 가운데 하나이며, 현재의 추세가 지속된다면 이 이미지가 팽배해질 것이다."[123] NHK 평론가인 도덴 아이코는 이를 더 간결하게 표현했다. "우리는 우리의 예전 목표가 달성 불가능하다는 것을 이제 깨달았다."[124]

2020년 올림픽: 전환점인가, 임시방편인가?*

앞으로 역사학자들이 아베 정부 시기를 평가한다면, 2020년 도쿄 올

---

* 공교롭게도 2020년 코로나19의 확산으로 올림픽이 1년 연기되었으며, 2020년 5월 1일 현재 일각에서는 백신이 보급되지 않으면 1년 연기된 올림픽 개최가 아예 불가능할 것이라는 전망도 나온다. 방문 관광객의 대부분인 한국인과 중국인의 일본 여행이 당분간 제한되어 관광업도 타격받고 있다. 아베 정부가 올림픽 개최를 추진하고자 초기에 바이러스 감염을 은폐했다는 의혹도 제기되며, 비판 여론도 고조되고 있다.

림픽과 패럴림픽을 기준점으로 삼을 것이다. 그들은 아베의 외조부인 기시 노부스케가 1964년 올림픽경기를 유치하려고 적극적으로 앞장섰다는 사실에 주목할 것이다. 또한 1964년 올림픽 주경기장을 새롭고도 미래적인 모습으로의 경기장을 위한 출발점으로 사용하고 기존 시설을 개보수해 두 올림픽경기의 연속성을 보여주려고 한 결정에도 주목할 것이다. 하지만 만약 일본에 대한 아베의 비전이 실현된다면 미래의 역사학자들은 1964년 올림픽경기가 제2차 세계대전의 패배로부터 경제적·정치적 재등장을 공개적으로 보여주었듯이 2020년 올림픽경기도 20년간의 경기침체로부터 비슷하게 재등장했다는 사실에 유의할 것이다. 이 점이 가장 중요하다.

아베가 제2기 총리를 역임하면서 어떤 단일 사건도 2020년 올림픽경기만큼 무게감이 있거나 더 화려하게 빛을 발하지 않았다. 국제올림픽위원회가 2013년 9월에 도쿄를 올림픽 개최지로 결정한 것은 개최지 공식 확인이자 아베의 화살통에 있었던 '네 번째 화살'이었다. 도쿄가 개최지로 결정된 뒤 아베는 "나는 올림픽경기를 15년간의 디플레이션과 경기 하락을 일소하는 계기로 삼겠다"라고 선언했다.[125] 4년이 지나서 그는 많은 다른 사람과 마찬가지로 이 경기를 "일본의 의미 있는 재탄생을 축하하는" 계기로 기대를 걸었다.[126]

이전 올림픽경기 개최국들처럼 일본은 올림픽을 통한 경기부양을 기대하고 있다. 일본은행은 올림픽경기 준비로 2015년부터 2018년까지 실질 GDP 성장률이 0.2에서 0.3퍼센트포인트 증가하여 일본의 2018년 실질 GDP가 올림픽경기를 개최하지 않았을 경우와 비교해 약 1퍼센트(5조 엔에서 6조 엔) 증가할 것이라고 추정했다. 하지만 이러한 성장의 상당 부분은 건설로 생긴 결과이며 곧 사그라질 것이다.[127] 건설 경기 붐이 잦아들면서 관광이 이러한 상실을 부분적으로 보완해줄 것이다. 관광은 2020년까지 GDP를 600조 엔(현재의 500

조 엔 수준으로부터)으로 늘리겠다는 정부 계획의 핵심 요소로 자리 잡고 있으며,[128] 많은 진전이 이루어졌다. 약 2870만 명의 외국인 관광객이 2017년에 일본을 방문했으며, 이는 전년도와 대비해 거의 20퍼센트, 과거 5년과 대비해 세 배가 증가한 숫자다.[129] 이와 같은 외국인 관광객의 급증으로 일본국제관광진흥기구 JNTO는 입국 관광에 대한 기존 계획을 수정했다. 원래 일본국제관광진흥기구는 2020년까지 관광객 2000만 명 유치를 목표로 삼았으나 2016년에 목표를 두 배로 늘려 2020년까지 4000만 명을 유치하겠다고 발표했다.[130] 이런 목표가 야심 차게 들릴 수 있지만 달성이 가능하며, 하계올림픽을 보려고 방문할 것으로 예상되는 850만 명의 관광객은 이 같은 노력에 방점을 찍어줄 것이다.[131]

그리하여 올림픽경기는 일본 정부의 계획 구상에서 그 역할이 커졌다. 2014년 일본재흥전략 개정판에 따르면 2020년 올림픽을 개혁을 가속화하는 두 가지 초점 중 하나로 파악했다. 올림픽경기 준비를 "도쿄에 국한되지 않고 일본 전체에 활력을 불어넣겠다는 목표로, … 개혁을 가속화할 수 있는 호기"로 삼았다.[132] 정부 부처와 기관들은 인프라부터 로봇, 건강관리 등 다양한 사례를 강조하면서 올림픽경기를 활용한 성장 계획과 전략을 제시했다.[133] 한 보고서는 "우리는 2020년에 과학기술 역량을 활용하여 문제를 해결할 수 있는 사회를 과시하고, 일본의 미래 비전을 세계에 보여줄 큰 기회를 맞게 될 것이다. … 올림픽경기는 일본 산업이 세계 속에서 발전할 수 있게 북돋아주며 또한 해외 기업들이 일본에 투자할 수 있도록 권장해줄 것이다"라고 적시했다.[134]

1964년 올림픽경기도 목표가 비슷했다. 이 올림픽은 아시아에서 최초로 개최되었으며(실은 1940년에도 도쿄가 올림픽경기 개최지로 선정되었지만 전 세계가 전쟁에 휘말리면서 취소된 적이 있다), 당시 일본 정부는 전 세계에 일본이 어떤 나라가 되었고 무엇을 할 수 있는지를 보여주고자 거의 1년 치 국가 예산에 해당하는 재정을 쏟아부었다.[135] 올림픽 성화가 개회식에서 점화되기 며칠 전에 도쿄와 오사카를 연결하는 고속열차인 신칸센新幹線이 개통되었다. 하네다 공항은 개조되어 도심지까지 연결하는 모노레일이 건설되었다. 고가도로, 고속도로, 지하철 노선과 더불어 국립경기장, 닛폰부도칸日本武道館, 국립요요기代々木경기장, 고마자와駒沢올림픽공원 등 새로운 시설이 추가되면서 도시 경관도 변했다.[136] 도시 미관을 위해 심은 나무들은 당시 올림픽경기가 끝나고도 지속적인 유산으로 자리 잡았다. 첨단기술도 도입되었다. 1964년 올림픽은 경기 중계를 위해 최초로 상업위성을 이용했으며, 통계 집계를 위해 처음으로 컴퓨터를 사용했다. 일본의 올림픽 열기는 늘어나는 중산층을 위한 TV와 그 밖의 소비재 판매의 붐을 낳았다.[137] 누구에게 이야기를 듣더라도 일본의 패전 후 국제사회 데뷔 파티는 극적인 대성공이었다.

오늘날 기대감도 마찬가지로 크다. 2020년 올림픽경기는 일본의 기술적 기량과 친절, 문화를 선보이며 이 모든 것을 통해 국가적 자신감과 국내 경기를 띄우는 동시에 일본의 최첨단 기업들을 강조할 것이다. 일본은 세계가 2020년 여름 도쿄에 방문해 미래를 보기를 원한다. 흥분한 언론들은 준비 상황을 상세히 보도하고 있다.[138] 올림픽을 보러 일본을 방문하는 관광객 850만 명 가운데 일부는 미세조류를 연료로 사용하는 제트기를 이용할 것이다. 이 연료는 단위면적당 생산 연료가 옥수수에 비해 60배나 높으면서도 화석연료와 비교하면 탄소가스 배출은 70퍼센트가 적다. 경기에 소모되는 에너지의 많은 부분은 일본이 개발에 역점을 두고 있는 에너지인 수소로 공급될 것이다. 일본 정부는 일본을 '수소 사회'로 만들겠다는 목표로 400억 엔(약 3억 3000만 달러)을 투입해 수소에너지를 경제와 통합하려는 계획을 세웠다. 올림픽선수촌 단지는 수소로 전력을 공급할 예정이고, 단지 내에 프레스센터와 선수 숙소를 설치하며, 수소전지로 가동되는 버스를 최소 100대 공급하고, 수소전지를 장착한 차량들이 도로를 누비게 된다.

방문객은 휴대전화나 컴퓨터에 설치하는 실시간 통역 앱으로 언어장벽을 극복할 것이다. 이 앱은 관광객이 집중적으로 몰리는 구역에서도 사용할 수 있다. 또한 일본어 표기를 스캔하면 즉시 번역되는 다른 앱도 이용하게 된다. 세계에서 가장 자동화된 국가라는 일본의 평판을 기반으로 하여 올림픽선수촌은 '로봇 마을'이 되며, 자동화된 로봇 도우미들이 수하물 수송부터 호텔 체크인과 정보 제공, 심지어 특정 구간 운전 등 다양한 업무를 하며 선수와 방문객을 도울 것이다. 기업들은 도시 곳곳을 누빌 무인택시를 배치하겠다는 계획을 발표했다.

경기장에 오지 못하는 사람들은 현재 4K 화질의 16배에 달하는 방송 기준인 8K(또는 거의 8000개 픽셀) 고화질 스크린으로 경기를 시청할 것이다. 모든 것이 계획대로 된다면 도쿄 전체가 5G '스마트 시티'가 되어 도시 전역에서 비디오 스트림이 가능해질 테고, 이동하는 차량에서도 4K 비디오를 시청할 수 있으며, '도시 구석구석의 안면 인식'을 활용해 경기장 입장, 보안, 사람과 차량의 교통 관리를 할 수 있다.[139] 관중들은 인상적이었던 2008년 베이징 올림픽경기 개막식에 필적하기 위해 고안한 특별 쇼인 인공유성(별똥별) 샤워를 보게 될 것이다. 일본 외무성 대변인이 설명한 바와 같이 "도쿄 올림픽경기는 일본 경제에 자극을 줄 수 있는 일본의 문화, 기술, 제품, 서비스 수준을 보여줄 좋은 계기가 될 것이다. … 정확히 말해 이는 경제적 충격을 만들어내는 소프트파워다."[140]

물론 올림픽경기 전 단계에서도 극적인 요소가 부족하지는 않았다. 몇몇 사람들은 일본 유치 위원회나 대표단이 개최지 선정 과정에서 금품으로 유치를 했다고 주장했다. 하지만 일본 쪽이 조사한 결과, 불법 요소는 없었다고 결론을 내렸다.[141] 올림픽경기에 사용할 최초의 로고 디자인도 표절 혐의로 대체되었다.[142] 언론보도에 따르면 개막식이 열리는 경기장의 재디자인 사업 입찰을 따낸 건축가 자하 하디드는 과도한 비용을 놓고 경기 조직위와 다투기도 했다. 이와 관련해 일부에서는 이 업무가 일본인 건축가에게 갔어야 한다고 주장했으며, 결국 일본인이 맡게 되었다.[143] 거의 모든 다른 올림픽경기에서 그랬듯이 비용 초과도 발생했으며, 일본 정부는 회계 부분이 여전히 불투명한데도 예산을 14억 달러 삭감했다.[144] 올림픽경기를 위한 시설을 건설해야 해서 세계적으로 유명한 쓰키지 수산시장을 이전하려는 계획은 새로운 이전 부지가 오염된 것으로 확인되어 연기되었다.[145] 철인삼종경기와 해양수영경기가 개최될 예정인 오다이바만お台場湾도 마찬가지로 E. 콜리 박테리아 수준이 허용치의 20배를 넘는 수준으로 오염된 것으로 파악되었다. 조직위 측은 과도한 폭우로 이런 결과가 나왔다면서 개선이 가능하다고 설명했다. 비슷한 문제가 2016년 리우데자네이루 올림픽 때도 있었다. 마지막으로 몇몇 사람들은 모든 것이 정상으로 돌아왔다는 걸 암시하기 위해 "후쿠시마 지역의 재난 재건이 끝났다"라고 선언하는 데 올림픽경기가 쓰일 거라며 두려워한다.[146] 나라여자대학奈良女子大学에서 강의하는 이시자카 유지石坂友司와 같은 사람은 이 사업 전체를 의혹의 눈초리로 바라본다. "일본 정부는 도시개발 외에는 올림픽경기를 개최하려는 명확한 목적이 부족하며, 그래서 많은 사람이 오늘날도 여전히 당혹스러워하고 있다."[147]

그런데도 조직위 측은 준비가 계획대로 진행되고 있다고 발표했다. 지지자들도 이 올림픽경기가 일본에 전환점이 됨과 동시에 잃어버린 수십 년간의 침체 끝에 다시 등장하는 상징이 될 것이라는 기대를 걸고 있다. 이시자카가 이런 모든 재정지출의 의도를 의문스러워하는 반면, 다른 사람들은 도쿄에 집중하는 것 자체가 목표를 정확하게 잡았다고 본다. 그들에게는 도쿄를 고치는 게 일본을 고치는 것이다. 노무라종합연구소野村總合研究所 보고서는 이렇게 설명한다. "도쿄 광역 지역의 인구는 3670만 명으로 세계에서 가장 큰 거대도시권이며, … 캐나다 전체 인구(3410만 명)보다 많고, … 도쿄는 일본 경제를 이끄는 엔진이며, 도쿄 재건은 일본 재건으로 이어질 것이다."[148]

하지만 회의론도 타당하다. 2020년 올림픽경기는 많은 사람의 예상대로 일본이 탈바꿈하는 이벤트가 되기보다는 이전의 올림픽처럼될 것으로 보인다. 경제를 살리려고 대규모 경기부양책에 의존하는행태는 오랜 세월에 걸쳐 보증된 일본식 재정정책이다. 올림픽을 예견하고 발생한 건설 경기 붐은 어떤 돈이 투입되었는지, 어디에 투입되었는지만 봐도 전통적인 일본의 개발 관행과 비슷하다. 도쿄는 이득을 보겠지만, 일본 내 다른 지역까지의 파급효과는 한정적이다. 사사키 노부오佐々木信夫 주오대학中央大學 경제학 교수는 이런 접근 방식이 전형적이라고 주장했다. 그는 "일본의 지역개발 정책이 통근시간 단축과 지방분권이라는 깃발 아래 각종 하드 인프라(물적 요소) 개발에 우선순위를 두는 반면, 근본적인 소프트 인프라(제도적 요소)는 낡은 중앙집중적 상태로 방치하고 있다. … 정치, 행정, 경제, 정보, 교육, 문화 등 사회의 모든 중심적이고 고차원적인 기능이 도쿄에 집중되어 있는 한 이와 같은 정책이 지역산업을 부흥시키고, 일자리를 만들며, 청년들을 붙잡아두는 환경을 조성할 가능성은 작다"라고 기술했다.[149]

경제 전략가들은 건설 경기 붐이 잦아들면 관광이 대신하여 경기를 부양할 테고, 관광객이 도쿄 외의 다른 지역도 방문할 것이라고 희망한다. 많은 사람은 관광산업을 증진하려는 일본의 노력을 성원하지만, 이러한 노력의 성공 여부는 낮은 엔화 가치에 달려 있다고 걱정한다.[150] 더욱이 지정학적 불확실성이 관광객의 유입을 막을 수도 있다. 관광객의 대다수가 한국인과 중국인이며, 이들의 일본 방문 의향은 한국과 중국 정부의 일본 정부와의 관계에 달려 있다. 관광객이 일본에 도착하면 호텔 객실 공급, 많이 방문하는 지역의 혼잡, 일본어를 못하는 관광객이 대도시를 떠나 덜 알려진 지역을 방문했을 때 일어날 수 있는 의사소통 문제 등에 대한 우려도 있다.

이런 이슈들이 중요하기는 하나 결정적인 것은 아니다. 2020년 하계올림픽으로 촉발된 어떤 변화도 일본의 개혁과 쇄신에 가장 큰 걸림돌이 되고 있는 구조적·태도적 제약을 다루지 못했다. 일본은 도쿄 올림픽경기를 통해 손님들에게 일본의 문을 열어주며 기술적 기량을 뽐내겠지만, 진정한 활기를 회복하려면 진정으로 다문화적이고 국제화된 사회가 필요하고 우선순위를 변경해야 한다. 도쿄 올림픽경기는 아베노믹스의 성공을 입증하고 경기침체에서 벗어난 일본을 축하하려는 의도가 있지만, 필요한 변화를 이끌어내는 촉매가 되지는 못할 것이다. 솔직히 말하면 아무리 성대하더라도 일개 체육행사가 그런 촉매가 되리라고 보기는 어렵다. 만약 모든 것이 잘된다면 그리고 만약 올림픽경기 이전에 놀랄 만한 큰 사건이 발생하지 않는다면 2020년 도쿄올림픽은 일본을 축하하는 순간이 될 것이다. 하지만 일본의 재부활을 기념하는 행사가 아니라 오히려 '정점을 찍은 일본Peak Japan'에 대한 작별을 고하는 계기가 될 것이다.

감사의 말

이 책이 만들어지기까지 오랜 시간이 걸렸다. 이 책은 지난 27년간 (그리고 현재도 진행 중이다) 일본에서 살아온 경험과 일본 관련 업무를 해오면서 축적된 결실이라 볼 수 있다. 이 책이 세상의 빛을 보고 책에 담겨진 분석이 나오기까지 많은 분의 기여가 있었다. 아래에서 말씀드리는 분들은 명단의 일부에 불과하며, 만약 누락된 분이 있다면 사과를 드리고자 한다.

우선 나를 찾아와서 2011년 3월 11일 발생한 일본의 '삼중재난'의 충격에 대해 연구해보는 게 어떻겠냐고 한 스미스리처드슨재단의 앨런 송에게 감사 말씀을 드리려고 한다. 늘 그렇듯이 앨런은 당시 발생했던 심각한 상황이 일본뿐 아니라 더 나아가 미국에도 미칠 수 있는 파장을 미리 내다보고 민감하게 반응했다. 나는 이 작업이 완성되기까지 그의 성원과 비전 그리고 인내심에 늘 감사하게 생각한다. 마찬가지로 이 책의 출판을 허락해주고 내 머릿속에 있던 구상을 시장에서 팔릴 수 있도록 해준 조지타운대학교 출판사의 돈 제이컵스에게도 감사드린다. 또한 출판사에서는 글렌 솔츠먼이 제작 과정의 길잡이가 되어주었고, 내털리 맥가틀런드는 이 책이 세상의 주목을 받게끔 애썼다. 비키 챔리는 원고를 좀 더 매끄럽게 다듬어주었다. 〈정점을 찍은 일본〉이라는 특별 보고서를 2016년 3월에 발표하면서 처음으로 핵심 내용을 발표할 수 있게 해준 호주전략정책연구소에도 사의를 표한다.

일본과 일본의 미래 그리고 세계 속에서 일본의 역할에 대해 기꺼이 시간을 내어 의견을 개진해준 분들의 명단이 너무나도 길다. 여기에는 학생, 기업계 종사자, 학계 인사, 분석가, 정치인, 정부 관계자 등이 있다. 대부분은 이 책에 명시되어 있지만, 마지막 항목인 정부 관계자의 경우 상당수는 납득할 만한 이유로 실명을 밝히지 않았다. 나에게 전달된 의견의 많은 부분이 이 원고의 최종판에는 반영되지 못했지만, 나와 이야기를 나누었던 모든 사람의 뛰어난 통찰력과 사고가 내 분석의 틀을 형성하는 데 도움이 되었다.

이에 덧붙여 몇몇 분이 내가 일본과 세계 속에서의 일본의 위상에 대해 생각하는 과정에서 큰 역할을 해주었다. 이들 가운데 스콧 스나이더, 고든 플레이크, 빅터 차, 사토 하루코, 마이클 우레나, 가이하라 켄, 리처드 제럼, 로버트 매드슨, 크리스토퍼 시거 등을 우선 손꼽아보고 싶다. 이들은 깊은 통찰력뿐 아니라 조언과 우정도 아끼지 않았다.

이 책을 저술하면서 대부분의 시간을 보내온 퍼시픽포럼에 대해서는 사실상 모든 분에게 감사드리고 싶다. 포럼 회장이자 멘토이자 친구인 랠프 코사는 2001년 나에게 퍼시픽포럼에서 일할 기회를 주고 이 조직을 변화하고 발전시키는 데 모든 것을 가능하게 해주었다. 조젯 알메이다와 브룩 미즈노는 나의 저작들을 외부에 내놓기 적절하게 다듬어주었다. 퍼시픽포럼 영리더스 프로그램의 일본인 회원과 퍼시픽포럼에 몸담았던 일본 객원 연구원도 차세대 일본인에 대한 사고에서 소중한 평을 개진해주었다. 특히 지사토 요몬, 다카시 요시다, 크리스 오타, 에릭 제이컵슨, 제이컵 머클 등 인턴과 연구원에게도 많은 도움을 받았다. 마지막으로 자문과 조언을 주면서 한 번도 나를 실망시키지 않았던 절친 칼 베이커가 있다. 칼은 항상 나에게 더 분명하게 생각하고, 내 분석을 더욱 정밀하게 구축하도록 했으며, 기존의 사회적 통념에 도전하도록 했다. 때로는 나를 좌절하게 하거나 밀어붙이기도 했지만 칼은 거의 항상 변함없이 결국 옳았다. 그의 지혜와 인내가 있었기에 이 책의 수준이 한결 더 높아졌다.

다마대학에서도 내가 특별히 감사의 빚을 진 사람이 이가타 아키라다. CSIS 퍼시픽포럼 객원 연구원이던 시절과 영 리더였던 시절 아키라는 나로 인한 온갖 불편을 참고 견뎌냈다. 또한 일본에 대한 심도 있는 통찰을 제시했고 이 책이 완성되기까지 상당히 많은 도움을 주었다. 그리고 룰형성전략연구소 소장인 고쿠분 도시후미國分俊史에게도 나를 믿고 동참할 기회를 준 데 감사드린다.

마지막으로, 내 아내인 팬 리에게도 특별히 고마움을 표하고 싶다. 아내야말로 우리 가족 가운데 진짜 일본 전문가라고 해도 과언이 아니다. 나에게 일본 사회가 돌아가는 방식이나 일본인의 사고방식에 대한 소중한 아이디어를 주어 내가 가장 편안히 여기는 정치나 정책 분야를 넘어 폭넓은 시각으로 바라볼 수 있도록 해주었다. 또 일본을 전체적인 시각에서 조망할 수 있게 도와주고 내가 눈앞에서 놓치고 있었던 것을 주목하고 이해하는 데 도움을 주었다. 그리고 예상보다 훨씬 시일이 소요된 책이 만들어지기까지 잘 참고 견뎌주었다.

해제

브래드 글로서먼의 《피크 재팬, 마지막 정점을 찍은 일본》은 현재 일
본이 마주하고 있는 딜레마에 대해 높은 수준의 통찰력을 보여주고
있다. 제목을 접했을 때, 장기불황과 저성장, 인구감소와 고령화, 중
국의 부상과 연계된 국제적 영향력 저하 등 일본의 대내외적 구조 환
경 변동 소개에 방점을 둔 많은 일본 비평서와 대동소이한 내용을 담
고 있지 않을까 하는 우려를 할 수 있다. 하지만, 이 책에서 저자가
초점을 두는 것은 일본의 대외내적 구조 환경 변동 요인 자체가 아니
다. 저자는 구조 변화에 효과적으로 대응하는 방법론에 대한 정책커
뮤니티 내에 폭넓은 공감대가 존재하고 있다고 주장한다. 이 책의 핵
심적 분석 대상은 그 해법이 정책 변화에 속도감 있게 반영되지 않는
지체 현상이다.

　저자는 경제·정치·외교·사회 각 영역에서 일본이 위기 속에서
도 변하는 것이 크지 않다는 점을 최근 10여 년 동안의 사례를 중심
으로 설명하고 있다. 글로벌 금융위기(리먼 쇼크), 2006년 고이즈미
의 총리 퇴임 이후 2012년 아베의 재집권까지의 정치적 혼란(정치 쇼
크), 센카쿠 영유권 분쟁을 중심으로 하는 중일 관계 악화(센카쿠 쇼

크), 동일본대지진은 일본이 더는 기존의 전후시스템으로 대내외 구조 환경 변화에 대응할 수 없다는 것을 보여준다. 하지만 일본의 위기에 대한 대응은 느리고, 관찰자에 따라서는 없는 것으로 보이기도 한다.

글로벌 금융위기에서 일본이 경험한 경기 침체는 전세계적 경기 하향 국면에 동조화된 현상만으로 볼 수 없다. 저자는 글로벌 금융위기 이전에 일본이 성장 동력을 상실하고 장기불황에 빠져 있던 상황에서 이에 대한 정치경제적 개혁을 추진하지 않거나 못하고 있는 것을 근본적 문제점으로 논한다. 이 책의 일본 경제 분석은 구조개혁을 주장하는 관점에서 새롭지 않다. '일본의 문제가 경기순환적인 것도 아니고 일본이 휘말려버린 전 세계 규모의 위기 탓도 아니라'는 논리는 일본 경제의 문제가 기존 정치경제 시스템 자체에 있다는 주장이다. 이에 대한 대응책으로 자원 배분의 효율성을 증진하고 새로운 산업기술 경쟁력을 강화하기 위한 개혁이 필요하며, 이는 기업지배구조, 고용제도, 재정정책 등에서의 과감한 제도개혁을 의미한다. 그리고 저자가 잘 정리해주고 있듯이 일본의 정부와 민간에서 유사한 성격을 지니는 개혁 구상은 반복적으로 제기되어 왔다.

이러한 개혁 구상이 쉽게 받아들여지지 않는 이유에 대한 저자의 설명은 조심스레 읽을 필요가 있다. 저자는 고정된 사고관, 기득권의 영향력, 정치적 난국, 일본적 자본주의 모델에 대한 자부심, 기존 시스템 유지에 대한 선호 등을 변화 지체의 원인으로 제시하고 있다. 하지만, 일본적 자본주의 모델의 핵심 기제인 경영자 중심의 기업지배구조와 종신고용제도, 개혁저항 세력인 기득권을 창출하는 것으로 간주되는 재분배 지향적 재정정책은 일본 생활보장체계의 기축이었다는 점을 간과해서는 안 된다. 이 책은 일본 경제 개혁의 딜레마를 잘 보여주고 있지만, 그 딜레마의 성격이 정치사회적으로 보다 복잡하게 연결되어 있다는 점에 주의하며 읽어야 한다. 이 점에 의거해서 6장에 기술된 제2기 아베 정권의 구조개혁에 대한 비적극적 태도를 이해할 수 있다. 제2기 아베 정권은 아베노믹스라는 슬로건 속에서 적극적인 구조개혁도 함께 실시할 것처럼 표명하였지만, 실제 기존 일본 정치경제 시스템의 개혁에 적극적이지 않다고 관찰된다. 이는 달리 말하자면 제2기 아베 정권은 구조개혁이 야기할 생활보장체계에 대한 부정적 영향이 정권의 안정성에 해칠 수 있다는 점을 핵심적으로 고려하고 있음을 의미한다.

더불어 1장의 고이즈미 정권기 구조개혁과 당시 일본의 경제적 성과에 대한 기술에 대해서도 조심스런 이해가 필요하다. 고이즈미 정권은 신자유주의의 경제개혁을 추진하였고, 고이즈미 정권기 동안 경기순환 관점에서 호황 국면(이자나미 경기)이 유지되었다. 고이즈미 정권기의 신자유주의적 구조개혁과 이자나미 경기가 연이어 기술되어 있을 때, 양자의 인과관계를 유추하기 쉽다. 하지만 2000년대 초중반은 전세계적 경기 호황 국면이었고, 일본의 당시 호황 국면이 외수 부분의 성장에 기대는 측면이 컸다.

정치 분야에서 저자는 민주당 정권의 실패를 비중있게 다루고 있다. 일본 내의 정치개혁 담론은 전후 장기 유지되었던 자민당 일당지배체제를 비판하면서 정치개혁(핵심적으로 선거제도와 정치자금제도)을 통해 정권 교체가 가능한 보수 양당 경쟁체제로 일본의 정치질서를 전환하는 것이 필요하다고 주장해왔다. 1990년대 후반 제1야당의 위치를 차지한 후 차츰 세력을 확대하여 2009년 결국 집권에 성공한 민주당은 일본 정치질서의 변화를 상징했다. 이 맥락에서 2012년 중의원 선거에서 민주당의 궤멸적 패배와 그 이후의 지리멸렬한 상태는 일본 정치개혁의 실패를 의미한다. 저자는 민주당의 실패를 민주당 정치인들의 역량 부족만으로 돌리지 않고, 정책 과정에서 정치인에 대한 관료의 주도적 위상과 정책대립축이 부족한 정당경쟁체제, 양원제의 부정적 영향(중의원과 참의원의 다수세력이 다른 '뒤틀림 국회') 등의 요인을 통해 일본 정치제도의 문제점을 잘 보여주고 있다. 다만, 저자는 정치 분야 분석에서 자민당의 당내 메커니즘과 자민당-공명당 연립의 의미에 대해서 거의 다루어지지 않고 있다. 이는 이 책 전반적인 핵심적 분석 시기가 민주당 집권기와 중첩되어 있기 때문인데, 현재의 일본 정치를 이해하는 데 자민당의 내부와 자공연립의 메커니즘에 대한 이해가 보다 긴요하다.

한편, 저자는 불만은 크나 정치 참여에 관심이 부족한 유권자의 문제점에 대해서도 지적하고 있다. 문제해결형 영웅적 리더십을 바라면서 정치 참여에 소극적인 유권자는 어떤 리더십을 만나게 될 것인가. 하시모토 도루, 고이케 유리코 등에 대한 일본 사회의 높은 관심과 기대는 그들이 기존 질서에 대한 반대의 목소리를 내는 것에서 오는 카타르시스에서 기인하는가. 아니면 그들이 제시하고 있는 국가비전과 연결되어 있는가. 기존 질서 비판에서 오는 카타르시스가 미래 국가 비전보다 중요한 요인으로 보인다. 이와 연결되어 이해될 수 있는 것이 제2기 아베 정권에 대한 꽤 오랫동안의 높은 지지도이다. 제2기 아베 정권에 대한 높은 지지는 아베의 국가 비전에 대한 지지라기보다는 '결정하는 정치'를 내세운 그의 정치 스타일에 대한 지지의 성격이 크다. 이러한 현상은 일본적 현상이라고 단언하기 어렵고, 포퓰리즘의 대두라는 최근의 세계적 추세와 일치하는 경향이 있다.

이 책을 꼼꼼하게 읽은 한국의 독자는 3장이 고이즈미 신지로에 대한 긍정적 기술로 마무리되고 있는 것에 대해서 위화감을 느낄 것이다. 2019년 환경대신에 취임한 후 그가 구사하고 있는 순환논법과 형용사로 핵심 내용을 모호하게 덮어버리는 어법에 대한 부정적 관심이 한국에서도 크다. 사실 고이즈미 신지로에 대한 의구심은 2009

년에 정계에 입문하였을 때부터 컸다. 그에 대한 일본 내의 대중적 인기가 커가는 만큼 그에 대등하게 그의 정치적 능력에 대한 정책커뮤니티 내에서의 의구심은 강력했다. 하지만 이 책이 쓰인 시점에서 보자면, 고이즈미 신지로는 자민당 내의 여러 포스트에서 경제사회정책(지방정책, 농업정책, 사회보장정책 등)에 관여하면서, 당내 조정 능력에 대한 긍정적 평가를 획득했었다. 특히 농업개혁 과정에서 자민당 정조회 농림부회의 회장으로서 농업 이익을 대표하는 고령의 의원들과 총리 관저 사이에서 효과적으로 중재를 이끌던 모습은 고이즈미 신지로에 대한 정책커뮤니티의 긍정적 평가로의 전환에 있어 중요한 기점일 것이다. 환경대신 고이즈미 신지로의 최근 언행이 반영되었다면, 저자의 평가는 달라졌을지 모른다. 다만 이 책에서 저자가 보여준 고이즈미 신지로에 대한 평가의 맥락이 집필 당시에는 생뚱맞지 않다는 점을 지적하고 싶다.

경제 분야와 정치 분야와는 달리 외교 분야에서 일본의 대응이 지체되고 있다고 보긴 어렵다. 저자는 4장과 6장에서 중국의 부상이 가져온 일본의 외교적 과제와 이에 대한 일본의 대응을 잘 보여주고 있다. 중국의 부상은 중일 양국 관계에서 경제적 상호의존 심화 속에서도 정치 갈등의 심화를 야기했고, 정치 갈등은 2010년과 2012년에 센카쿠 영유권 분쟁으로 폭발하였다. 경제적 상호의존 심화가 장기적으로 갈등 현안의 개선을 가져올 수 있다는 장밋빛 기대는 일본 내에서도 애시당초에 그렇게 크지 않았지만, 2010년과 2012년의 센카쿠 영유권 분쟁은 대중 정책에 대한 일본 내부 논의를 경직시켰다. 관념적 차원에서 머물던 중국 위협이 안보정책 차원에서 현실감을 가지게 되었고, 이에 대한 일본의 대응책이 제2기 아베 정권 들어 미일 안보동맹 강화와 집단적 자위권 행사에 대한 헌법 해석 변경이다. 제2기 아베 정권의 안보정책의 방향성에 대해 일본의 정책커뮤니티 내에 폭넓은 공감대가 있었고, 민주당 정권(간 정권과 노다 정권)의 정책 지향성도 그 방향에서 크게 다르지 않았다. 저자가 여러 차례 인용하고 있는 크리스토퍼 휴스는 '아베독트린'이라는 표현을 쓰면서, 일본이 전후 시대의 요시다독트린에서 이탈하였다고 말한다. 연구 차원에서 변화의 스케일과 성격에 대한 논의가 있지만, 제2기 아베 정권기에 일본은 안보정책상 기존 체제에서 변화하였음은 분명하다.

하지만, 미일 안보동맹 강화가 글로벌 차원의 미중경쟁 시대에 일본이 미국에 전적으로 '올인'하였다는 이해는 온당치 못하다. 제2기 아베 정권은 2017년 이후 중국에 대한 유화정책을 지속해왔고, 중일관계는 여전히 위험성을 내포하고 있지만 현재는 관리되고 있다. 2017년 이후 아베의 대중 접근은 일본 외교가 앞으로도 유연성 있는 전략적 선택을 할 가능성이 크다는 것을 보여준다. 이런 차원에서 아베 정권이 강조해왔던 '가치관외교'에 대한 이해도 주의를 필요로 한다. 저자는 '가치관외교' 지침에 대한 설명 후에 미국, 호주, 인도, 아세안 등에 대한 외교 정책을 논하는 순으로 제2기 아베 정권의 외교를 기술하고 있다. 하지만 '가치관외교'는 당초부터 중국에 대한 봉쇄적 정책에 대한 담론적 구성이라는 성격이 크다. 근현대 일본의 외교사에서 '무사상의 외교' 또는 실용주의적 외교의 전통이 깊다. '무사상의 외교'에서 벗어났을 때 일본은 비합리적 침략과 전쟁의 확대를 추구하였다. 요시다노선은 기본적으로 '무사상의 외교'로서의 실용주의적 외교의 성격을 지닌다. 제2기 아베 정권의 '가치관외교' 강조는, 그렇다면 '무사상의 외교'에서 벗어난 진정한 가치 중심적 외교인가. 2017년 중일관계 개선은 제2기 아베 정권이 실용주의적 외교 전통에서 크게 벗어나지 않고 있다는 추측도 가능케 한다.

저자는 일본에서 발견되는 과제 해결 지체의 원인으로 일본 사회가 선호하는 국가 비전이 정치와 경제 분야에서 논의되는 개혁론과 상이하다는 점을 지적하고 있다. 이 지점에서 저자는 개혁론에 대한 비판적인 '일본적' 국가 비전을 두 개로 나누어 설명하고 있다. 일본적 가치를 강조한다는 측면에서 동일하지만 일본회의로 대표되는 복고주의적 관점과 미국식 자본주의를 비판하는 공동체 강조 관점을 구별하는 주장은 의미심장하다. 복고주의적 관점은 저자도 우려하고 있는 일본 내 '편협한 민족주의'를 말한다. 이는 일본이 주변국과의 역사인식 문제에서 갈등을 유발하는 사회적 기반이다. 공동체 강조 관점은 '편협한 민족주의'와 유기적으로 직결되지 않는다. 공동체 강조 관점은 현재의 삶의 안정성을 저해하는 변화에 대한 거부의 내향적 생활보수주의 성향이다. 생활보수주의적 성향은 기본적으로 안정 추구적이라는 측면에서 '편협한 민족주의'가 야기할 수 있는 외교적 소란을 반기지 않는다. 하지만, 생활보수주의의 내향적 자기보호 성향은 거시적 정치 이슈에 대해 적극적으로 관심을 기울이지 않는다. 대신 자신의 생활 안정성을 확보해주겠다고 목소리를 내는 리더십에 대해 막연한 기대를 가지기 쉽다. 생활보수주의의 내향성이 강화될수록, 정치권이 '편협한 민족주의'로 향할 때 이를 제어하는 사회적 힘은 왜소화된다.

저자는 일본이 변화 지체 현상을 벗어나지 못한다면, 일본 내 개혁론자들이 주장하는 미래는 찾아오지 않을 것이고, 그런 의미에서 지금 이 시점이 일본의 정점일 것이라고 전망한다. 정점에서 내려오는 일본은 한국 내에서도 많이 인식되고 있는 바이기도 하다. 하지만 저자가 누누이 강조하듯이 정점에서 내려오는 것이 몰락을 의미하지 않는다. 일본이 정점에서 내려온다고 해서 향후 한국의 대전략에서 일본은 배제해도 된다고 생각하기 어렵다. 일본은 앞으로도 글로벌 차원에서 여전히 상당한 경제력과 기술력을 유지하고 있는 한국

의 이웃 국가일 가능성이 높다. 장기적으로 일본과의 향후 관계 설정
은 양자 현안보다 글로벌 차원의 전략 구상 속에서 가늠될 텐데, 한
국 또는 한반도의 미래 구상 속에 일본의 의미를 차분하게 고민해야
한다. 그를 위해서는 한일 관계 현안에 집중되어 있는 한국의 일본에
대한 관심을 일본의 내부적 현상에 대한 세심한 관찰로 확대해야 할
것이다. 한편, 일본에서 관찰되는 변화 지체 현상은 한국 내에서 찾
아보기 어렵다. 오히려 과도한 변화와 이에 수반한 격심한 경쟁이 더
큰 고민이다. 다만 한국이 미래에 경험하게 될 인구 감소와 고령화의
구조변동을 일본이 시간적으로 먼저 경험하고 있다는 점이 의미하
는 바가 크다. 인구구조 변동 속에서도 경제적 활력, 정치행정의 진
지한 책임성, 유권자의 적극적 정치 참여 등을 지속적으로 발전시켜
야 하는 한국에게 일본의 최근 내부 변화는 롤모델이자 반면교사일
것이다. 이러한 의미에서 《피크 재팬, 마지막 정점을 찍은 일본》은 최
근 일본 내부의 변화를 이해하는 데 좋은 출발점이다.

이정환 (서울대학교 정치외교학부 교수)

| 이정환 |

서울대학교 외교학과를 졸업하고 동 대학원 외교학과에서 정치학 석사학위를 받은 뒤
캘리포니아 주립대학교에서 정치학 박사학위를 받았다. 국민대학교 국제학부 교수 등
을 거쳐 현재 서울대학교 정치외교학부 교수로 재직 중이다. 일본지역 및 정치경제 분
야를 연구하고 있으며, 《현대 일본의 분권개혁과 민관 협동》, 《전후 일본 패러다임의 연
속과 단절》(공저) 등의 저서가 있다.

옮긴이의 글

1980년대와 1990년대에 학창시절을 보낸 사람이라면 아마 한 번쯤
은 일본 대중문화를 접한 적이 있었을 것이다. 일본 만화나 음악, 패
션이 세련되어 보인다며 동경했던 이들도 제법 있었을 것이다. 경제
적으로 우리보다 앞서 있었던 일본은 여러 문물과 제도 면에서 우리
에게 많은 영향을 주었다. 심지어 우리가 세상을 바라보는 기준인 서
양권 문물조차도 일본을 통해 "일본화"되어 들어온 경우도 더러 있었
다. 20세기 초 식민지배와 이후 분단에 이르기까지 많은 고통을 안
겨줬던 일본은 우리에게 질시의 대상이자 경쟁의 대상이었다. 한편
으로는 세련된 문화를 본받고 싶어 하는 이들에게는 선망의 대상이
기도 했다.

그로부터 근 30년이 지나면서 한국은 개혁과 세계화, 정보통신화
등 많은 격변을 거쳐 일본이 갔던 길이 아니라 다른 길을 걸었고 상
당 부분 따라잡았다. 1990년대 말 동아시아 금융위기는 한국을 세계
화와 신자유주의에 눈뜨게 함과 동시에 일본식 모델의 답습에서 벗
어나는 계기가 되었다. 한국은 그 이후 개도국 선두주자에서 선진국
말석에 속하게 되었다. 2000년대 말 세계 금융위기를 통해 한국은

G20체제에 들어가고 다시 도약함으로써 어느덧 G7 바로 턱밑의 선진국이 되었다. 다시 10년이 지나 코로나19가 전세계를 유린하는 상황에서 한국은 현재까지 성공적인 방역으로 세계의 주목을 받고 있고 주요 선진국으로 발돋움할 기회를 맞게 되었다. 반면, 우리 사회의 역동적인 모습에 비해 일본은 오랜 경제 침체로 인해 정체되어 보이기 시작했다.

물론 일본은 세계 3위의 경제대국이며 지난 100년 이상의 강대국이라는 내력이 증명하듯이 여전히 견고한 것도 사실이다. 중국의 부상에 그늘이 지기는 했지만 이웃 국가로서 존재감 역시 여전하다. 특히, 동아시아 문명권에서 최초로 서구식 근대화를 추진했기 때문에 근대적 개념의 한자 어휘는 대부분이 일본식 조어일 정도로 우리의 근대적 담론을 부지불식간에 지배하고 있다(심지어 한자를 만들어낸 중국의 국명인 중화인민공화국 7자 중에 중국식 어휘는 중화 두 글자이고, 인민공화국 다섯 글자는 일본 어휘라는 지적이 있을 정도다). 인구는 두 배 반, 영토는 한반도 기준 두 배(남한만 따지면 네 배), 경제 규모는 세 배인 일본은 어찌 되었건 무시할 수 없는 존재다. 지난 수십 년간 정치·경제·사회적으로 많이 성숙해진 입장에서 이제는 좀 더 객관적으로 이웃 국가인 일본을 바라봐야 할 때가 되었다는 목소리가 있다. 일본은 모든 분야에서 완벽하고 한국은 무조건 열등하니 배워야 한다는 과도한 일본 찬양식 태도나 일본은 이제 한물 간 국가여서 더 이상 배울 것이 없고 무시해도 된다는 식의 폄하하는 태도 등 우리 각자의 렌즈를 통해 굴절된 일본을 보기보다 중요한 이웃 국가로서 객관적으로 바라보자는 것이다.

그런 면에서 《피크 재팬, 마지막 정점을 찍은 일본》은 선입견에서 상대적으로 자유로운 미국인이 분석했다는 점에서 우리에게 도움이 된다고 생각한다. 이 책에는 지난 수십 년간 일본이 정체를 겪으면서

일본이 어느 방향으로 나아갈지에 대한 조심스러운 전망이 잘 담겨 있다. 일본의 보수주의 지도자들이 그리는 국가의 모습과 일본 대중들이 상상하는 일본의 미래상은 마치 《언덕 위의 구름坂の上の雲》(메이지 시대 국가 발전을 그린 시바 료타로의 소설)과 《하산의 사상下山の思想》(성장중심주의를 지양하자는 이쓰키 히로유키의 수필집)만큼이나 차이가 난다. 일본은 1980년대까지의 성공에 너무 도취되어서 변화를 거부하며 서서히 동력을 잃고 사그라지는 모습을 보이고 있다. 하지만 일본은 덩치가 있다. 당장 인구만 해도 프랑스와 영국을 합친 규모다. 그리고 일본은 가장 먼저 아시아식 근대화를 주도한 국가라는 상징성이 있다. 즉, 아시아식 근대화의 '원형'인 셈인데, 이를 토대로 수많은 '변형된' 아시아식 근대화가 이뤄져 왔다. 앞으로도 일본의 중요성이 유효하다고 여겨지는 이유다. 저자는 수십 년간 일본에서 생활하고 다양한 일본인들과 부대끼면서 정치, 경제, 사회 등 여러 분야를 총망라하면서 일본의 속내를 조목조목 짚었고 문제점과 전망을 제시했다. 맹목적 숭배의 대상도, 감정적 증오의 대상도 아닌 일본 그 자체를 바라보고 일본의 방향성을 예의주시함으로써 우리의 미래에 주는 함의도 찾을 수 있다. 그 점에서 이 책이 도움을 줄 것이라고 믿는다.

주말과 퇴근 후에 유튜브 등을 통해 음악을 들으면서 이 책을 번역했다. 여러 음악을 듣던 중 옛날 생각이 나서 1980년대 말 일본의 코카콜라 광고와 JR(일본 철도)이 매년 선보이는 크리스마스 특집 광고인 'Xmas Express'의 배경음악인 〈Christmas Eve – Yamashita Tatsuro〉라는 노래가 나오는 1980년대 말 1990년대 초 배경의 영상을 찾아봤다. 30여 년이 지난 지금 봐도 세련된 음악과 영상, 풍요로워 보이는 분위기, 무엇보다 가식 없이 행복해 보이는 광고모델의 모습이 인상적이었다. 물론 디지털 시대에 아날로그적인 복고풍 이미지가 있지만 이게 소위 '쇼와시대 말기 헤이세이시대 초기'의 '일본의 정점Peak Japan'을 상징적으로 보여주는 모습이 아닐까 생각이 들었다. 나에게 이런 책을 소개해준 김영사에 감사드리며, 주말과 밤에 노트북을 붙잡고 있어서 가족에게도 미안하다는 말을 하고 싶다. 이 책을 통해서 나 또한 많은 것을 배웠다.

김성훈

미주

서론

1 Hahm Chaibong, "Preface," in *Japan in Crisis: What Will It Take for Japan to Rise Again?*, ed. Bong Youngshik and T. J. Pempel(Seoul: The Asan Institute of Policy Studies, 2012), 8.
2 위의 책.
3 이 책을 작성할 무렵인 2018년 봄에는 미중 관계를 지배했던 통상마찰로 일본인의 두려움이 어느 정도 해소되었지만, 일본의 정책결정자들은 여전히 트럼프 행정부에 대해 경계하고 있으며 백악관의 협상가가 시진핑 중국 주석과의 개인적인 관계를 계속해서 자랑하고 있어 일본의 국가 이익을 위태롭게 하는 공동의 합의점에 도달할 수도 있다고 우려한다.

제1장

1 Roundtable Discussion: "Looking back at the 20th Century: The Cycles of Modern Japan's Rise and Fall," *Gaiko Forum*, Summer 2000, 21.
2 위의 책, 23.
3 다른 나라들이 일본을 개항하려 했던 시도는 E. H. Norman, *Japan's Emergence as a Modern State*, 60th anniv. ed.(Vancouver: University of British Columbia Press, 2000), 35－40에 상세히 기술되어 있다.
4 Warren I. Cohen, *East Asia at the Center: Four Thousand Years of Engagement with the World*(New York: Columbia University Press, 2000), 263.
5 역사학자인 나지타 데쓰오奈地田哲夫는 '유신維新'으로 단순하게 명명됨에 따라 일본이 겪었던 변혁이 과소평가되고 있다고 주장했다. "유신 다음 세대의 당시 역사학자와 논평가들은 '유신'이라는 용어를 사용하지 않았다. 자유주의 성향의 역사학자인 다케코시 요사부로竹越與三郎는 … 유신을 '혁명'이자 '무정부 혁명'으로 특징지었다. 우리는 유신을 진정한 단절이라고 가르쳐야지 글자 그대로 회복으로 보면 안 된다." Najita Tetsuo, "Japan's Industrial Revolution in Historical Perspective," in *Japan in the World*, ed. Masao Miyoshi and H. D. Harootunian(Durham, NC: Duke University Press, 1993), 20－22.
6 Norman, *Japan's Emergence*, 198.
7 Takeda Yoko, "Will the Sun Also Rise? Five Growth Strategies for Japan," *Strategic Japan Working Papers 2015*, Center for Strategic and International Studies(CSIS) Japan Chair(Washington, DC: CSIS, 2015), https://www.csis.org/programs/japan-chair/strategic-japan-working-papers.

8 Cohen, *East Asia*, 273.

9 위의 책, 302.

10 Wakamiya Yoshibumi, *The Postwar Conservative View of Asia*, selection no. 8(Tokyo: LTCB International Library Foundation, 1998), 271.

11 Yulanda Lawson, *The Impact of World War II*, rev. ed.(New York: Research World, 2016), http://ebooks.wtbooks.com/static/wtbooks/ebooks/9781283496124/9781283496124.pdf.

12 John Dower, "The Myth of Change-Resistant Japan," in *Reimagining Japan: The Quest for a Future That Works*, ed. Clay Chandler, Heang Chhor, and Brian Salsberg(San Francisco: VIZ Media, 2011), 64.

13 "Japan: Percent of World GDP," TheGlobalEconomy.com, 2018년 8월 6일 열람, https://www.theglobaleconomy.com/Japan/gdp_share/.

14 Shahin Kamalodin, "Asset Bubbles, Financial Crises and the Role of Human Behavior," *Rabobank Economic Research Department*(Utrecht), January 2011, 11–12, https://economics.rabobank.com/Documents/2011/Januari/Asset_bubbles_financial_crises_and_the_role_of_human_behaviour.pdf.

15 Godo Yoshihisa and Hayami Yujiro, "The Human Capital Basis of the Japanese Miracle: A Historical Perspective," Paper presented at Workshop on State, Community, and Market in Development, National Graduate Institute for Policy Studies, Tokyo, February 27, 2009, 2, http://www3.grips.ac.jp/~otsuka/Workshop2009/paper/S5%20Godo.pdf.

16 Susan Pharr, "Officials' Misconduct and Public Distrust: Japan and the Trilateral Countries," in *Disaffected Democracies: What's Troubling the Trilateral Countries?*, ed. Susan Pharr and Robert Putnam(Princeton, NJ: Princeton University Press, 2000), 178.

17 Ishihara Shintaro, *The Japan That Can Say No: Why Japan Will Be First among Equals*(New York: Simon & Shuster, 1991); 盛田昭夫, 石原真太郎, 「NOノ-」と言える日本: 新日米関係の方策(東京: 光文社, 1989). 기고문이 책으로 발간되었을 때 모리타는 이 프로젝트에서 거리를 두었다.

18 Hugh Patrick and Henry Rosovsky, eds., *Asia's New Giant: How the Japanese Economy Works*(Washington, DC: Brookings Institution Press, 1976).

19 Ezra Vogel, *Japan as Number One: Lessons for America*(New York: HarperCollins, 1979), viii–ix.

20 Clyde Prestowitz, *Trading Places: How We Are Giving Our Future to Japan and How to Reclaim It*(New York: Basic Books, 1988), 72.

21 John Shanahan, "Trump: US Should Stop Paying to Defend Countries That Can Protect Selves," Associated Press(AP) News Archive, September 1, 1987, http://

www.apnewsarchive.com/1987/Trump-U-S-Should-Stop-Paying-To-Defend-Countries-that-Can-Protect-Selves/id-05133dbe63ace98766527ec7d16ede08.

22 여러 곳에서 인용되었으나 그중 하나를 들자면 Yamaguchi Mari, "Cabinet Spokesman Retaliates for French Premier's Remarks," AP News Archive, July 18, 1991, http://www.apnewsarchive.com/1991/Cabinet-Spokesman-Retaliates-For-French-Premier-s-Remarks/id-236b5ee30b7631c806e6300fb41c792c를 참조하라.

23 George Friedman and Meredith Lebard, *The Coming War with Japan*(New York: St. Martin's Press, 1991).

24 이 언급은 그의 저서인 *Japan: Who Governs? The Rise of the Developmental State*(New York: W. W. Norton, 1995, 9)에 출처를 둔 것으로 알려져 있지만, 차머스 존슨은 1991년부터 이런 언급을 해왔다. 가령 "Losing the War with Japan," *Frontline*, Public Broadcasting Service, season 9, episode 20, November 19, 1991에 출연하여 언급한 사항을 참조하라. 녹취록은 http://ftp.monash.edu.au/pub/nihongo/losewar.pbs.에서 확인할 수 있다.

25 David Sanger, "After the Cold War—Views from Japan: Tokyo in the New Epoch, Heady Future, with Fear," *New York Times*, May 5, 1992, http://www.nytimes.com/1992/05/05/world/after-cold-war-views-japan-tokyo-new-epoch-heady-future-with-fear.html?pagewanted=all.

26 Art Swift, "Fewer in U.S. See Japan as an Economic Threat," Gallup, December 7, 2016, http://www.gallup.com/poll/199115/fewer-japan-economic-threat.aspx. 하지만 1992년에도 응답자의 47퍼센트가 일본에 대해 '중립적'인 감정을 느끼고 있었으며 이는 일본에 대해 '우호적'인 감정을 느끼는 43퍼센트보다 더 높았다. 호감도는 그해부터 꾸준히 상승하여 이듬해에는 중립적 감정을 능가했으며, 2016년에는 64퍼센트에 달했다. '비호감'을 표명한 응답자는 9퍼센트를 넘긴 적이 없으며, 지속적으로 하락하여 2016년에는 2퍼센트에 머물렀다.

27 James Fallows, "Containing Japan," *The Atlantic* 263, no. 5(May 1989): 41.

28 위의 책, 53.

29 Jinushi Toshiki, Kuroki Yoshihiro, and Miyao Ryuzo, "Monetary Policy in Japan since the Late 1980s: Delayed Policy Actions and Some Explanations," in *Japan's Financial Crisis and Its Parallels to U.S. Experience*, ed. Ryoichi Mikitani and Adam S. Posen(Washington, DC: Institute for International Economics, September 2000), 124.

30 가령 Okina Kunio, Shirakawa Masaaki, and Shiratsuka Shigenori, "The Asset Price Bubble and Monetary Policy: Japan's Experience in the Late 1980s and the Lessons," Discussion Paper No. 2000-E-12(Tokyo: Institute for Monetary and Economic Studies, Bank of Japan, February 2001), https://www.imes.boj.or.jp/

research/papers/english/me19-s1-14.pdf를 참조하라.

31 Kamalodin, "Asset Bubbles," 11.

32 Kunio, Masaaki, and Shigenori, "Asset Price Bubble," 4.

33 Kenneth Kuttner, Iwaisako Tokuo, and Adam Posen, "Monetary and Fiscal Policies during the Lost Decades," in *Examining Japan's Lost Decades*, ed. Funabashi Yoichi and Barak Kushner(London: Routledge, 2015), 19.

34 이와 관련하여 부정부패가 중요하다. 1990년대 내내 금융기관과 관련된 부정부패 사건이 흥미롭고 놀라울 정도로 많았다. 부정행위 규모나 연루자들 수준(최고위급 정치인과 관료들을 포함해 국가 최고 정책결정자들도 오점을 남겼다)을 보면 부정부패 해소에 상당한 시간이 걸릴 것으로 예상되었고, 그래서 혼란이 지속되고 경기회복이 지연되었다. 제이크 에이델스타인은 이 이야기의 일부를 *Tokyo Vice: An American Reporter on the Police Beat in Japan*(New York: Pantheon Books, 2009)에서 설명하고 있다. 나는 일본에 있을 때 그의 이야기 중 일부를 들은 적이 있으며, 다른 사건에 관한 소문은 훨씬 더 안 좋았다.

35 Hyeog Ug Kwon, Narita Futoshi, and Narita Machiko, "Resource Reallocation and Zombie Lending in Japan in the '90s," Discussion Paper Series 09-E-052(Tokyo: Research Institute of Economy, Trade, and Industry, 2009), https://www.rieti. go.jp/jp/publications/dp/09e052.pdf. 더 관심이 있다면 Alan Ahearne and Shinada Naoki, "Zombie Firms and Economic Stagnation in Japan," *International Economics and Economic Policy* 2, no. 4(December 2005): 363-81, doi.org/10.1007/s10368-005-0041-1을 참조하라.

36 Ito Takatoshi, "Japan and the Asian Economies: A 'Miracle' in Transition," *Brookings Papers in Economic Activity* 2(1996): 209, www.brookings.edu/~/media/files/programs/es/bpea/1996_2_bpea_papers/1996b_bpea_ito_weinstein.pdf.

37 Tim Callen and Jonathan Ostry, eds., *Japan's Lost Decade: Policies for Economic Revival*(Washington, DC: International Monetary Fund, 2003), 1.

38 Lydia Smith, "Kobe Earthquake 20th Anniversary: Facts about the Devastating 1995 Great Hanshin Earthquake," *International Business Times*, January 16, 2015, https://www.ibtimes.co.uk/kobe-earthquake-20th-anniversary-facts-about-devastating-1995-great-hanshin-earthquake-1483786.

39 글렌 후쿠시마는 "The Great Hanshin Earthquake," Japan Policy Research Institute(JPRI) Occasional Paper No. 2(Cardiff, CA: JPRI, March 1995)에서 상세히 비판했다. http://www.jpri.org/publications/occasionalpapers/op2.html.

40 가령 Robert Orr, "The Relief Effort Seen by a Participant," JPRI Occasional Paper No. 2(Cardiff, CA: JPRI, March 1995)를 참조하라.

41 Tim Kelly and Kubo Nobuhiro, "Gulf War Trauma Began Japan's Retreat from Pacifism," Reuters, December 20, 2015, https://www.reuters.com/article/us-japan-

military-history-insight/gulf-war-trauma-began-japans-retreat-from-pacifism-idUSKBN0U300D20151220.

42 Michishita Narushige, "Security Arrangements after Peace in Korea," in *The Japan-U.S. Alliance: New Challenges for the 21st Century*, ed. Nishihara Masashi(Tokyo: Japan Center for International Exchange, 2000), 50–51.

43 Christopher W. Hughes, *Japan's Economic Power and Security: Japan and North Korea*(New York: Routledge, 1999), 88–89. 일본 방위정책의 틀을 제시하는 〈국방대장〉 1997년판은 '한반도의 지속되는 긴장 고조'를 강조했다. Ministry of Foreign Affairs of Japan, "National Defense Program Outline in and after FY 1996," 2014, http://www.mofa.go.jp/region/n-america/us/q&a/ref/6a.html.

44 마이크 맨스필드 대사의 언급은 이후 어떤 미국 관리들도 인용하는, 틀에 박힌 표현이 되었고 대사들에게 하나의 관습적 표현이 되었다. Mike Mansfield, "The Indispensable Relationship: Southeast U.S./Japan Association," September 17, 1982, Mike Mansfield Papers, 1902–1990, Mss 065, series 32: Ambassador: Speeches, 1976–1988, Montana Memory Project, Helena, http://mtmemory.org/cdm/ref/collection/p16013coll41/id/1549 등을 참조하라.

45 Ministry of Foreign Affairs, "Japan-U.S. Joint Declaration on Security Alliance for the 21st Century," April 17, 1996, http://www.mofa.go.jp/region/n-america/us/security/security.html.

46 Cabinet Office, Government of Japan, "Survey," December 1999.

47 "Carrying Out Reform Is Only the Beginning for Politicians," *Japan Times*, January 1, 2001, https://www.japantimes.co.jp/news/2001/01/01/national/carrying-out-reform-is-only-the-beginning-for-politicians/#.Um3hVZGorwI.

48 이 발언과 이후 많은 인용은 21세기 일본의 구상에 관한 총리위원회에서 발표된 사항들이다. The Prime Minister's Commission on Japan's Goals in the 21st Century, *The Frontier Within: Individual Empowerment and Better Governance in the New Millennium*, January 2000, http://www.kantei.go.jp/jp/21century/report/pdfs.

49 Brad Glosserman, "US-Japan Relations: Making History the Hard Way," *Comparative Connections* 3, no. 1(2001).

50 Ulrike Schaede, *Choose and Focus: Japanese Business Strategies for the 21st Century*(Ithaca, NY: Cornell University Press, 2008), 144.

51 위의 책.

52 위의 책, 22.

53 David Arase, "Japan in 2008: A Prelude to Change?," *Asian Survey* 49, no. 1(January/February 2009): 116.

54 위의 책.

55 Michael Green, "US-Japan Relations: Small but Important Steps," *Comparative Connections* 2, no. 3(October 2000).

56 Ilene Prusher, "Koizumi's Popularity Rubs Off," *Christian Science Monitor*, June 26, 2001, https://www.csmonitor.com/2001/0626/p6s1.html; and Bill Clifford, "Japan's Man with a Mandate," *Market Watch*, July 31, 2001, https://www.marketwatch.com/story/comment-koizumi-must-show-the-beef-in-no-sacred-cows.

57 Brad Glosserman, "US-Japan Relations: Dream of a Quarter," *Comparative Connections* 8, no. 3(July 2006)에서 인용.

58 Jonathan Beale, "Koizumi in US for Sayonara Summit," BBC News, June 29, 2006, http://news.bbc.co.uk/1/hi/world/asia-pacific/5127360.stm.

59 일본 정치인 가운데 특별히 아베 신조는 납치자 문제를 자신의 정치 경력에서 중요한 이슈로 잡았다. 이후 이 문제에 대한 북한 정부의 비타협적인 태도로 중요한 안보 이익을 보호할 수 있는 지도자라는 아베의 이미지가 손상된다.

60 Brad Glosserman, "US-Japan Relations: How High Is Up?," *Comparative Connections* 5, no. 1(April 2003).

61 일본의 핵 외교는 상당히 복잡하다. 일본은 핵군축을 적극 옹호하고 있지만, 이런 입장은 일본의 안보를 위해 미국의 핵우산에 의존하면서 수위가 낮춰진다. 버락 오바마 대통령의 핵무기 없는 세상 주장만큼 일본 전략가들을 걱정하게 한 것이 없었다. 진지한 일본 전략가들은 사토 에이사쿠佐藤榮作가 주창하여 노벨평화상을 탔던 비핵화 3원칙과 같은 고결한 외교도 실은 미국의 핵우산에 의존하고 있다는 점을 인정한다. Ralph Cossa and Brad Glosserman, "Extended Deterrence and Disarmament: Japan and the New US Nuclear Posture Review," *Nonproliferation Review* 18, no. 1(March 2011): 125-45를 참조하라.

62 Ministry of Defense, *Defense of Japan 2006*(Tokyo: Japan Ministry of Defense, 2006), 29, http://www.mod.go.jp/e/publ/w_paper/2006.html.

63 Gene Park and Steven Vogel, "Japan in 2006: A Political Transition," *Asian Survey* 47, no. 1: 26.

64 Schaede, *Choose and Focus*, 2.

65 위의 책, 179.

66 Park and Vogel, "Japan in 2006," 23.

67 Aurelia George Mulgan, "Agriculture and Political Reform in Japan: The Koizumi Legacy," Pacific Economic Paper No. 360(Canberra: Australia-Japan Research Centre, 2006), 2.

68 Gregory W. Noble, "Koizumi and Neo-liberal Economic Reform," *Social Science Japan* 34(March 2006): 9, http://newslet.iss.u-tokyo.ac.jp/ssj34/ssj34.pdf.

69 Takao Komine, "How Did Koizumi Cabinet Change Japan?," *Japan Spotlight*(May/

June 2007), 7, https://www.jef.or.jp/journal/pdf/153cover%20story01.pdf.

70 Pew Research Center, "Global Indicators Database: Satisfaction with Country's Direction, Japan, 2002 – 14," *Global Attitudes and Trends*, http://www.pewglobal.org/database/indicator/3/country/109/.

71 Pew Research Center, "Global Indicators Database: Country's Economic Situation, Japan, 2002 – 17," *Global Attitudes and Trends*, http://www.pewglobal.org/database/indicator/5/country/109/.

72 Prime Minister Shinzo Abe, Ministry of Foreign Affairs of Japan, "Speech at the North Atlantic Council: 'Japan and NATO: Toward Further Collaboration,'" January 12, 2007, http://www.mofa.go.jp/region/europe/pmv0701/nato.html.

73 아베의 진심 어린 호소는《아름다운 나라로美しい国へ》(東京: 文芸春秋, 2006)라는 제목으로 출간되었다.

74 Arase, "Japan in 2008," 109.

75 Kristi Govella and Steven Vogel, "Japan in 2007: A Prelude to Change?," *Asian Survey* 48, no. 1 (January/February 2008): 103 – 4.

76 Arase, "Japan in 2008," 109.

77 Schaede, *Choose and Focus*, 179.

78 Park and Vogel, "Japan in 2006," 24. Arase, "Japan in 2008," 116도 참조하라.

79 Pew Research Center, "Country's Economic Situation, Japan."

80 Public Relations Department, Bank of Japan, "Results of the 34th Opinion Survey on the General Public's Views and Behavior," August 4, 2008, questions 1, 3, and 4, https://www.boj.or.jp/en/research/o_survey/ishiki0808.pdf.

81 위의 보고서, question 6.

82 Ministry of Foreign Affairs, *Japan Diplomatic Blue Book 2007: "Arc of Freedom and Prosperity: Japan's Expanding Diplomatic Horizons"*(Tokyo: Ministry of Foreign Affairs, March 2007), http://www.mofa.go.jp/policy/other/bluebook/2007/html/index.html.

83 Ministry of Defense, "Part I: Security Environment Surrounding Japan," *Defense of Japan 2007*(Tokyo: Japan Ministry of Defense, 2007), 3, http://www.mod.go.jp/e/publ/w_paper/pdf/2007/06Part1_overview.pdf.

84 Pew Research Center, "Satisfaction with Country's Direction."

85 Institute for International Policy Studies, "A Vision of Japan in the 21st Century," September 5, 2006, http://www.iips.org/en/research/data/NationalVision.pdf. 이 인용과 이후 그 밖의 다른 인용도 이 보고서에서 발췌했다.

86 Kitaoka Shinichi, "III. Japan's Identity and What It Means," in *Japan's Identity: Neither the West nor the East*, ed. Ito Kenichi et al.(Tokyo: Japan Forum on International Relations, n.d.), http://www.jfir.or.jp/e/special_study/seminar1/

conver_3.htm. 여기에서 추가로 알 수 있는 사실은 '정상 국가'라는 일본의 개념이다. 이는 오자와 이치로의 주요 저서로 1994년 출판된《일본개조계획日本改造計画》에 상세히 나와 있다. 정상 국가란 특정한 결과보다는 정치 과정에 초점을 두고 있으나, 일본의 외교 · 안보 정책에 주로 초점을 둔다.

87 Prime Minister's Commission on Japan's Goals in the 21st Century, *Frontier Within*.

88 IIPS, "Vision of Japan."

89 Nippon Keidanren(Japan Business Federation), *Japan 2025: Envisioning a Vibrant, Attractive Nation in the Twenty-First Century*(Tokyo: Nippon Keidanren, 2003), http://www.keidanren.or.jp/english/policy/vision2025.pdf.

90 인터뷰, 교토, 2012년 11월 9일.

91 인터뷰, 오키나와 나고, 2012년 8월 9일.

92 이와 같은 해석은 일본이 세계열강이라는 유혹에 넘어갈 수 있고 과거에 전쟁으로 치닫게 되었던 실수나 오판을 피할 능력이 없다는 사실을 암시하기 때문에 일본 민주주의를 충분히 신뢰하지 못한다는 사실을 은연중에 드러내고 있다.

93 Funabashi Yoichi, "March 11—Japan's Zero Hour," in Chandler, Chhor, and Salsberg, *Reimagining Japan*, 8.

제2장

1 이 요약은 다음 자료들을 참조했다. "Timeline: Credit Crunch to Downturn," BBC News, August 7, 2009, http://news.bbc.co.uk/1/hi/business/7521250.stm; Patrick Kingsley, "Financial Crisis: Timeline," *The Guardian*, August 6, 2012, https://www.theguardian.com/business/2012/aug/07/credit-crunch-boom-bust-timeline; Federal Reserve Bank of St. Louis, "The Financial Crisis: Full Timeline," 2018년 8월 14일 열람, https://www.stlouisfed.org/financial-crisis/full-timeline.

2 Uwe Vollmer and Ralf Bebenroth, "The Financial Crisis in Japan: Causes and Policy Reactions by the Bank of Japan," *European Journal of Comparative Economics* 9, no. 1(2012): 58.

3 Sato Takafumi, "Global Financial Crisis—Japan's Experience and Policy Response," presentation at Asia Economic Policy Conference, Federal Reserve Bank of San Francisco, Santa Barbara, October 20, 2009, 5 – 6, http://www.frbsf.org/economic-research/files/09_Sato.pdf.

4 또한 경제학자들은 1990년대 말 일본의 개혁 덕분에 일본이 세계 금융위기의 영향을 덜 받았다고 평가한다.

5 Vollmer and Bebenroth, "Financial Crisis in Japan," 61.

6 위의 책, 62.

7 모든 통계치와 인용의 출처는 Masahiro Kawai and Shinji Takagi, "Why Was

Japan Hit So Hard by the Global Financial Crisis?," Working Paper Series No. 153(Tokyo: Asian Development Bank Institute, October 2009), 2.

8   Dennis Botman, Irineu de Carvalho Filho, and W. Raphael Lam, "The Curious Case of the Yen as a Safe Haven Currency: A Forensic Analysis," Working Paper WP/13/228(Washington, DC: International Monetary Fund, November 2013), 3, https://www.imf.org/external/pubs/ft/wp/2013/wp13228.pdf. 엔화가 안전자산이라는 생각은 이후 논의를 볼 때 다소 아이러니한 점이 있다.

9   Vollmer and Bebenroth, "Financial Crisis in Japan," 63.

10   Jun Saito, "Recovery from a Crisis: US and Japan"(Tokyo: Japan Center for Economic Research, May 7, 2014), 2, https://www.jcer.or.jp/eng/research/pdf/saito20140507.pdf.

11   Group of Twenty, "Japan Sustainability Report 2011"(Washington, DC: International Monetary Fund, 2011), 7, https://www.imf.org/external/np/country/2011/mapjapanpdf.pdf.

12   Prime Minister of Japan and His Cabinet, List of Councils and Headquarters, "Council for the Asian Gateway Initiative," May 16, 2007, www.kantei.go.jp/foreign/gateway/index_e.html. 이 구상은 일본의 개방을 추진했다는 점을 다시 주목하라. "일본은 자연, 역사, 문화, 전통 등의 영역에서 소중한 자원을 재평가해야 한다."

13   Council for the Asian Gateway Initiative, "Asian Gateway Initiative"(Tokyo: Council for the Asian Gateway Initiative, May 16, 2007), 2, http://japan.kantei.go.jp/gateway/kettei/070516doc.pdf.

14   Nippon Keidanren, "Urgent Proposal for Emerging from the Economic Crisis: Calling for the Prompt Implementation of a Supplementary Budget for Fiscal 2009," March 9, 2009, http://www.keidanren.or.jp/english/policy/2009/019.html.

15   Nippon Keidanren, "A Call for a Japanese New Deal: Promoting National Projects to Ensure Employment Security, Create Jobs, and Enhance Japan's Growth Potential," February 9, 2009, http://www.keidanren.or.jp/english/policy/2009/009.html. 이 제안서에 담긴 내용은 이후 논의 과정에서 주목할 부분을 담고 있다. "기업 환경이 과거보다 훨씬 어려워지고 있다. 여러 상황 속에서도 기업들은 고용을 유지하기 위한 노력을 해야 한다. … 고용 안정이 기업의 사회적 책임이라는 점을 충분히 인식하면서 기업들은 이러한 조치들을 장기적으로 적극 홍보하여 대중의 불안감을 불식해야 한다. 또한 터전을 상실한 노동자들에게 비상조치로서 주거지 등 생활 지원을 제공할 수 있도록 모든 노력을 기울여야 한다."

16   Nippon Keidanren, "New Growth Strategy Envisaged for the Post-Economic Crisis Period: Five Fields of Expected New Demand, and Three Pillars of Policy to Support Sustained Growth," December 15, 2009, http://www.keidanren.or.jp/

english/policy/2009/109.html.

17 Ministry of Economy, Trade, and Industry, "Industrial Structure Vision 2010," 2, 2017년 10월 15일 열람. Centre for Science, Technology & Innovation Policy(University of Cambridge), Manufacturing Policy Portal에서 열람 가능, 2018년 8월 22일 열람, https://www.manufacturing-policy.eng.cam.ac.uk/documents-folder/policies/japan-the-industrial-structure-vision-2010-outline-meti/view. 이 문단의 모든 인용문구와 다음 문단의 모든 통계치는 경산성 발표 자료에서 발췌했다.

18 Gordon Orr, Brian Salzberg, and Naoyuki Iwatani, "Japan's Globalization Imperative," in Chandler, Chhor, and Salsberg, *Reimagining Japan*, 151(chap. 1, n. 12 참조).

19 Ingo Beyer von Morgenstern, Peter Kenevan, and Ulrich Naeher, "Rebooting Japan's High-Tech Sector," in ibid., 297. Per the Japan Electronics and Information Technology Industries Association("2017 Production Forecasts for the Global Electronics and Information Technology Industries," December 21, 2016, 2, https://www.jeita.or.jp/japanese/topics/2016/1222/Jpfget_en.pdf), 시장점유율 하락은 실제로 더 컸다.

20 Vaclav Smil, "Japan's Economy in 2012: Multiple Challenges," *Asia-Pacific Journal* 10, no. 24(June 11, 2012), http://www.japanfocus.org/-Vaclav-Smil/3768#sthash.knOoSfPS.dpuf.

21 Hoshi Takeo and Anil Kashyap, "Why Did Japan Stop Growing?"(Tokyo: National Institute for Research Advancement Report, January 21, 2011), 3-4.

22 위의 글.

23 Otsuma Mayumi, "Japan's Debt Exceeds 1 Quadrillion Yen as Abe Mulls Tax Rise," Bloomberg, August 9, 2013, http://www.bloomberg.com/news/2013-08-09/japan-s-debt-surpasses-1-quadrillion-yen-as-abe-weighs-tax-rise.html.

24 Yamaguchi Takaya, "Japan's Debt-Funding Costs to Hit $257 Billion Next Year: Document," Reuters, August 27, 2013, http://www.reuters.com/article/2013/08/27/us-japan-economy-debt-idUSBRE97Q05H20130827.

25 가령 Murtaza Syed, Kenneth Kang, and Tokuoka Kiichi, "'Lost Decade' in Translation: What Japan's Crisis Could Portend about Recovery from Great Recession," Working Paper 09/282(Washington, DC: International Monetary Fund, December 2009), 10-12. Hoshi Takeo and Anil Kashyap note that "Japan's budget position over the last 20 years has moved from amongst the best of the developed countries to the worst"("Why Did Japan?," 23)를 참조하라.

26 Noah Smith, "Japan Had One Lost Decade, but Not Two," *Noahpinion*(blog), January 10, 2012, http://noahpinionblog.blogspot.com/2012/01/japan-had-one-

lost-decade-but-not-two.html.

27 Brian Bremner, "US Debt Mess Could Be Epically Worse. Just Ask Japan,"
    Bloomberg/Businessweek, October 8, 2013, www.businessweek.com/
    articles/2013-10-08/u-dot-s-dot-debt-mess-could-be-epically-worse-dot-
    just-ask-japan; "Japan Delays Sales Tax Rise to 2019," BBC News, June 1, 2016,
    http://www.bbc.com/news/business-36423218.

28 Mayumi, "Japan's Debt Exceeds."

29 Kyodo News, "Japan's Population Falls by Record Level," *Japan Times*, April
    17, 2013, http://www.japantimes.co.jp/news/2013/04/17/national/japans-
    population-falls-by-record-level/#.Um2w6ZGorwI. 2016년 인구 가운데 65
    세 이상의 비율은 25.56퍼센트로서 2년 만에 1.5퍼센트포인트가 증가했다. 반
    면 14세 미만 연령층은 13퍼센트 미만(12.936퍼센트)이었으며, 일본의 인
    구문제가 심각하다는 점을 보여준다. World Bank, "Population Ages 65 and
    Above(% of Total), 1960 and 2016"(Washington, DC: World Bank, 2018),
    https://data.worldbank.org/indicator/SP.POP.65UP.TO.ZS?locations=JP;and
    WorldBank, "Population Ages 0-14(% of Total), 1960-2016"(Washington,
    DC: World Bank, 2017), https://data.worldbank.org/indicator/SP.POP.0014.
    TO.ZS?locations=JP&view=chart 등을 참조하라.

30 "Japan—Age Dependency Ratio(% of Working-Age Population)," *Trading
    Economics*, 2013년 10월 28일 열람, http://www.tradingeconomics.com/japan/age-
    dependency-ratio-percent-of-working-age-population-wb-data.html. 2016년에
    는 이 숫자가 65.29퍼센트로 증가했다. World Bank, "Age Dependency Ratio(% of
    Working-Age Population), 1960-2016"(Washington, DC: World Bank, 2016),
    https://data.worldbank.org/indicator/SP.POP.DPND?locations=JP를 참조하라.

31 OECD의 경우 OECD, "Age-Dependency Ratios," *Society at a Glance 2006: OECD
    Social Indicators*(Paris: OECD Publishing, 2007), 42, http://dx.doi.org/10.1787/
    soc_glance-2006-4-en을 참조하라.

32 John Plender, "Japan Counts 'Zombie' Cost of Easy Money," *Financial Times*,
    November 6, 2012.

33 Nishizaki Kenji et al., "Chronic Deflation in Japan"(Basel: Bank for International
    Settlements, 2012), https://www.bis.org/publ/bppdf/bispap70c.pdf.

34 Research Division, Japan Bank for International Cooperation, "Survey Report
    on Overseas Business Operations by Japanese Manufacturing Companies,"
    March 2017, 1, https://www.jbic.go.jp/wp-content/uploads/reference_
    en/2017/03/54456/20170316_spot.pdf.

35 Sugiura Tetsuro, "Future Scenarios of the Japanese Economy: Withdrawal and
    Dissipation vs. Competition and Globalization"(Tokyo: Mizuho Research Institute,

April 23, 2012), 5.

36 Chico Harlan, "A Declining Japan Loses Its Once Hopeful Champions," *Washington Post*, October 27, 2012.

37 Tamamoto Masaru, "People of Japan, Disorganize!," in Chandler, Chhor, and Salsberg, *Reimagining Japan*, 389.

38 Christopher Wood, *The Bubble Economy: The Japanese Economic Collapse*(London: Sidgwick & Jackson, 1992), 2.

39 위의 책에서 인용.

40 Christopher Wood, *The End of Japan Inc. and How the New Japan Will Look*(London: Simon & Schuster, 1994), 16–17.

41 Funabashi Yoichi, "Introduction," in Funabashi and Kushner, *Examining Japan's Lost Decades*, xx(chap. 1, n. 33 참조).

42 Tim Callen and Jonathan Ostry, *Japan's Lost Decade: Policies for Economic Revival*(Washington, DC: International Monetary Fund, 2003), 1.

43 Jeff Kingston, *Japan's Quiet Transformation: Social Change and Civil Society in the Twenty-First Century*(Abingdon: Routledge, 2004), 1.

44 "Prime Minister Hata's First Policy Address," C-SPAN Video Library, May 10, 1994, http://www.c-spanvideo.org/program/Hatas&showFullAbstract=1.

45 "Policy Speech by Prime Minister Junichiro Koizumi to the 151st Session of the Diet"(Tokyo: Ministry of Foreign Affairs of Japan, May 7, 2001), http://www. mofa.go.jp/announce/pm/koizumi/speech0105.html.

46 "Policy Speech by Prime Minister Taro Aso to the 170th Session of the Diet"(Tokyo: Prime Minister of Japan and His Cabinet, September 29, 2008), http://www.kantei.go.jp/foreign/asospeech/2008/09/29housin_e.html.

47 "Policy Speech by Prime Minister Yoshihiko Noda to the 181st Session of the Diet"(Tokyo: Prime Minister of Japan and His Cabinet, October 29, 2012), http://www.kantei.go.jp/foreign/noda/statement/201210/29syosin_e.html.

48 Bloomberg, "Want to Speed Up Japan's Exit from Deflation: PM Shinzo Abe," *Economic Times*, July 13, 2016, http://economictimes.indiatimes.com/news/ international/world-news/want-to-speed-up-japans-exit-from-deflation-pm- shinzo-abe/articleshow/53188131.cms에서 인용.

49 Valentine V. Craig, "Financial Deregulation in Japan," *FDIC Banking Review* 11, no. 3(1998): 1–12, https://www.fdic.gov/bank/analytical/banking/9811.pdf.

50 Nippon Keidanren, *Japan 2025*, 3(chap. 1, n. 89 참조).

51 Nippon Keidanren, "New Growth Strategy."

52 Nippon Keidanren, "Call for Growth Strategy Implementation and Decisive Action for Fiscal Reconstruction—Leading Japan out of the Present Crisis"(Tokyo: Nippon

Keidanren, May 15, 2012), https://www.keidanren.or.jp/en/policy/2012/030_
outline.pdf.

53 Japan External Trade Organization, "Japanese Fundamentals Drive Adoption of
New Industrial Structure Vision," *Focus Newsletter*, October 2010, 2, http://www.
jetro.go.jp/en/reports/survey/pdf/2010_07other.pdf.

54 Funabashi, "Introduction," in Funabashi and Kushner, *Examining Japan's Lost
Decades*, xxv.

55 인터뷰, 워싱턴 DC, 2012년 9월 25일.

56 Hoshi Takeo and Anil Kashyap, "Policy Options for Japan's Revival," Working
Paper(Tokyo: Nippon Institute for Research Advancement, June 2012), 2, http://
www.nira.or.jp/pdf/1202english_report.pdf.

57 Council on National Strategy and Policy, "Strategy for Rebirth of Japan:
Overcoming Crises and Embarking on New Frontiers"(Tokyo: Council on National
Strategy and Policy, December 24, 2011), 1. 이후 모든 인용은 별도 표시가 없는
한 이 보고서를 출처로 한다.

58 지난 10년간 집권한 모든 일본 정부가 이 성장률을 목표치로 잡았다.

59 National Policy Unit, Cabinet Secretariat, "Overcoming Crises and Embarking on
New Frontiers," press release, December 22, 2011.

60 Secretariat of the Frontier Subcommittee, "Toward a 'Country of Co-Creation'
which Generates New Value by Manifesting and Creatively Linking Various
Strengths", July 6, 2012, www.cas.go.jp/jp/seisaku/npu/policy04/pdf/20120706/
en_hokoku_gaiyo1_.pdf. 저자는 자신의 번역이 엉성한 데 대해 양해해달라면서 임
시 번역문의 내용을 따른 것이며 실제 언급된 비전의 범위와 의욕이 놀랍다고 밝
혔다.

61 아베 총리는 2013년 2월 미국 싱크탱크에서 질의응답 과정 중 참석자들이 일
본의 미래에 대해 문의할 때 이와 같이 언급했다. "Japan is back." Center for
Strategic and International Studies, "Statesmen's Forum: Shinzo Abe, Prime
Minister of Japan," Washington, DC, February 22, 2013, http://csis.org/files/
attachments/132202_PM_Abe_TS.pdf; Abe Shinzo, "Japan Is Back," Policy speech
at the Center for Strategic and International Studies, Washington, DC, February
22, 2013, http://www.mofa.go.jp/announce/pm/abe/us_20130222en.html. 이 질
문은 Richard Armitage and Joseph Nye, *The US-Japan Alliance: Anchoring Stability
in Asia*(Washington, DC: CSIS, August 15, 2012)에서도 제기되었다.

62 Sean Connell, "Innovation and Growth Policies in Japan-US Economic
Relations: Considering Areas for New Engagement," Discussion Paper Series
12-P-018(Tokyo: Research Institute of Economy, Trade, and Industry, October
2012), 20-21.

63   T. J. Pempel, "Review of 'Japan's Failed Revolution,'" *Journal of Japanese Studies* 30, no. 1(Winter 2004): 243.

64   R. Taggart Murphy, "Rethinking Japan's Deflation Trap: On the Failure to Reach Kuroda Haruhiko's 2% Inflation Target," *Asia-Pacific Journal* 14, no. 3(2016): 14.

65   위의 글, 5.

66   Hoshi Takeo and Anil Kashyap, "Japan's Financial Crisis and Economic Stagnation," *Journal of Economic Perspectives* 18, no. 1(Winter 2004): 9.

67   Hoshi Takeo and Anil Kashyap, "Will the US and Europe Avoid a Lost Decade? Lessons from Japan's Postcrisis Experience," *IMF Economic Review* 63, no. 1(2016): 111.

68   이런 접근법이 옳은지 여부에 대한 판단은 내리지 않으려고 한다. 일본인은 비용을 부담하고 이 비용을 사회 내에서 어떻게 분배할지 택했고, 급진적 개혁에 따른 분열보다는 특권을 누리는 안정을 선호했다. 노골적으로 말하면 일본인은 성장보다는 고용을 선호한다. 손실을 나눈다는 것이 좀비기업 문제의 핵심이다. 성장과 고용에 대한 우선순위가 다른 미국에서 불평등이 심각해진 상황을 고려한다면 어떤 모델이 옳은지는 불확실하다.

69   Steven Vogel, "Japan's Information Technology Challenge," in *The Third Globalization: Can Wealthy Nations Stay Wealthy?*, ed. Dan Breznitz and John Zysman(Oxford: Oxford University Press, 2013), 380.

70   Fujita Junko, "Japan Govt Plans to List Japan Post in Three Years," Reuters, October 25, 2012, https://www.reuters.com/article/us-japanpost-ipo/japan-govt-aims-to-list-japan-post-in-three-years-idUSBRE89P03420121026.

71   오릴리어 조지 멀건은 우정개혁에 대한 저항 사례를 "Reversing Reform: How Special Interests Rule Japan," *East Asia Forum*, April 12, 2010, http://www.eastasiaforum.org/2010/04/12/reversing-reform-how-special-interests-rule-in-japan/에서 설명했다. 개리 허프바우어와 줄리아 뮤어 또한 "Japan Post: Retreat or Advance?," *Policy Briefs in International Economics*, Peterson Institute for International Economics 12, no. 2(January 2012)에서 우정개혁에 대한 저항 사례를 설명했다.

72   William Mallard, "Government to Name Underwriters for Further Japan Post Share Sale," Reuters, January 16, 2017, http://www.reuters.com/article/us-japan-post-listing/government-to-name-underwriters-for-further-japan-post-share-sale-idUSKBN1501K0.

73   Robert E. Scott, "On Balance, Japan's So-called 'Lost Decade' Not So Bad," *Economic Policy Institute*, April 19, 2004, http://www.epi.org/publication/webfeatures_snapshots_04192004/.

74   Adam Posen, "Send in the Samurai," in Chandler, Chhor, and Salsberg, *Reimagining*

Japan, 104.

75 William Cline, "Japanese Optical Illusion: The 'Lost Decades' Theory Is a Myth," *International Economy*, Spring 2013, 57.

76 Noah Smith, "What Happened to Japan?" *Noahpinion*(blog), August 3, 2012, http://noahpinionblog.blogspot.com/2012/08/what-happened-to-japan.html. 스미스는 아울러 구매력 기준 GDP(PPP)로 비교하지만 신빙성이 크지 않다. "PPP 는 국가 간 제조품을 비교할 때 품질을 따지지 않는다. 일본 소비자들은 제품 품질을 따지기로 유명하다." 그리고 일본의 경제적 성과는 독일, 영국, 프랑스보다 떨어진다.

77 Klaus Schwab, "Is Japan Past Its Competitive Prime?," in Chandler, Chhor, and Salsberg, *Reimagining Japan*, 122.

78 위의 책, 122-23.

79 Allen Miner, "The Next Challenge for Japan's Entrepreneurs," in Chandler, Chhor, and Salsberg, *Reimagining Japan*, 313.

80 R. Taggart Murphy, *Japan and the Shackles of the Past*(Oxford: Oxford University Press, 2014), 230. 시어도어 레빗과 헤르만 지몬은 1990년에 '히든 챔피언'이라는 용어를 만들었다. 다른 국가들과 달리 일본의 히든 챔피언은 대다수가 제조기업들이다.

81 Miner, "Next Challenge," in Chandler, Chhor, and Salsberg, *Reimagining Japan*, 315.

82 Smith, "What Happened to Japan?"

83 이 계획은 그 이후 힘들어하는 수출업자를 지원하기 위해 의도적으로 철회되었다. 더 상세한 논의는 아베노믹스를 평가하는 제6장을 참조하라.

84 Eamonn Fingleton, "The Myth of Japan's Lost Decades," *The Atlantic*, February 26, 2011, http://www.theatlantic.com/international/archive/2011/02/the-myth-of-japans-lost-decades/71741/.

85 데이터 출처: Global Tall Building Database of the Council on Tall Buildings and Urban Habitat, "Timeline: Japan, All Companies, 150m+, 1991-2006," 2018년 8월 14일 열람, http://www.skyscrapercenter.com/compare-data/submit?type%5B%5D=building&status%5B%5D=COM&status%5B%5D=STO&base_region=0&_basecountry=82&base_city=0&base_height_range=3&base_company=All&base_min_year=1991&base_max_year=2006&comp_region=0&comp_country=0&comp_city=0&comp_height_range=3&comp_company=All&comp_min_year=0&comp_max_year=9999&skip_comparison=on&output%5B%5D=list&output%5B%5D=timeline&dataSubmit=Show+Results.

86 데이터 출처: Global Tall Building Database of the Council on Tall Buildings and Urban Habitat, "Timeline: Japan, All Companies, 150m+, 1991-2017,"accessed

August 14, 2018, http://www.skyscrapercenter.com/compare-data/submit?type
%5B%5D=building&status%5B%5D=COM&status%5B%5D=STO&base
region=0&base country=82&basecity=0&baseheightrange=3&basecompany=All&b
aseminyear=1991&basemaxyear=2017&compregion=0&compcountry=0&comp cit
y=0&compheightrange=3&compcompany=All&compminyear=0&compmaxyear=9
999&skipcomparison=on&output%5B%5D=listoutput%5B%5D=timeline&dataSu
bmit=Show+Results.

87 Ayesha Khanna and Parag Khanna, "Japan: Hybrid Civilization of the Future,"
Newsweek Japan, May 2011, https://www.paragkhanna.com/home/japan-hybrid-
civilization-of-the-future에서 인용.

제3장

1 자민당은 1998년 7월 참의원(상원) 선거에서 다수 지위를 상실했으나, 여전히 참
의원에서 최대 다수당이었다(가장 근접한 제1야당인 민주당 의원수의 두 배가 넘
었다). 곧 자민당은 참의원을 장악하기 위해 공명당과 연정을 구성했다.

2 중의원(하원)은 양원 중에 더 강력한 권한을 갖고 있다. 총리는 반드시 중의원 소
속 의원이어야 한다.

3 Kitaoka Shinichi, "Breaking the Political Deadlock with Bold Reforms"(Tokyo:
Tokyo Foundation for Policy Research, January 19, 2012), http://www.
tokyofoundation.org/en/topics/politics-in-persepctive/bold-reforms.

4 일본이 '정상 국가'가 되는 것에 대한 논쟁이 있다. 이는 통상적으로 헌법 9조에
명시된 바와 같이 진정한 군대도 없으며 국가정책의 수단으로서 무력 사용 권리
를 포기하도록 헌법에 명시하고 있는 국가가 '비정상'으로 지칭된다고 해석된다.
실제로 정상 국가가 되는 것에 대한 첫 번째 언급은 한 정당의 권력 독점을 뜻한
다. 정상이란 정부의 교체와 정치권 내 진정한 아이디어의 경쟁을 의미한다.

5 "Koizumi Seeks Prudent Budget Requests," *Japan Times*, August 3, 2002, http://
www.japantimes.co.jp/news/2002/08/03/business/koizumi-seeks-prudent-
budget-requests/#.Ucuf76yuqLE.

6 Rebecca MacKinnon, "A Poll Where Anything Is Possible," CNN, July 28, 2001.

7 Kitaoka, "Breaking the Political Deadlock."

8 Kushida Kenji and Phillip Lipscy, "The Rise and Fall of the Democratic Party
of Japan," in *Japan under the DPJ: The Politics of Transition and Governance*, ed.
Kushida Kenji and Phillip Lipscy(Washington, DC: Brookings Institution Press,
2013), 3.

9 Tobias Harris, "How Will the DPJ Change Japan?," *Naval War College Review* 63,
no. 1(Winter 2010): 77-78.

10 "Japan's Election: Lost in Transition," *The Economist*, September 3, 2009.

11 중국과의 관계가 선거에서 갈수록 중요해졌다. 전임자와 마찬가지로 노다도 중국 정부의 시험을 받았다. 이런 상황으로 말미암아 외교정책 도전이라는 험난한 파고 속에서 국가라는 배를 노련하고 안정적으로 운영하는 능력 또한 더욱 중요해졌다.

12 Kitaoka, "Breaking the Political Deadlock."

13 Satoshi Machidori, "Behind Japan's Political Turmoil"(Tokyo: Nippon Foundation, July 25, 2012), http://www.nippon.com/en/simpleview/?post_id=1899.

14 Kenji and Lipscy, "Rise and Fall," 10.

15 Satoshi, "Behind Japan's Political Turmoil."

16 다수당 지위를 이용한 법안 통과는 일본에서 상당히 불편한 일이다. 소수당을 무시한다고 보이는 것은 부끄러운 일로 여겨지기 때문이다. 그래서 결과가 똑같고 소요되는 시간만 차이가 날지언정 협의하고 토의하며 다양한 의견을 수용하는 듯한 인상을 주어야 한다. 이러한 조율 절차에서 중요한 체제가 정부와 야당의 지도부 인사들이 입법 절차의 합의를 도출하는 데 공정하다는 모양새를 갖추도록 하는 국회위원회이다. 국회 과정에서 돈으로 소위 기름칠을 하는 경우가 드물지 않다. 정부는 자금을 제공하고 야당은 묵인한다.

17 Aihara Kiyoshi, "The Bureaucratic Role and Party Governance(Symposium Report 3)"(Tokyo: Tokyo Foundation for Policy Research, November 5, 2008), http://www.tokyofoundation.org/en/articles/2008/the-bureaucratic-role-and-party-governance-symposium-report-3.

18 Editor's note, "Political Reform of the Japanese System of Government(Symposium Report 2)"(Tokyo: Tokyo Foundation for Policy Research, October 28, 2008), n. 1, http://www.tokyofoundation.org/en/articles/2008/political-reform-of-the-japanese-system-of-government-symposium-report-2#relatedarticles.

19 인터뷰, 도쿄, 2012년 7월 10일.

20 Purnendra Jain and Inoguchi Takashi, *Japanese Politics Today: Beyond Karaoke Democracy*(New York: St. Martin's Press, 1997).

21 인터뷰, 도쿄, 2012년 7월 13일.

22 Kenji and Lipscy, "Rise and Fall," 18.

23 위의 책, 20.

24 위의 책, 24.

25 일본 외무성 고위 정무직 관계자와의 대담, 도쿄, 2010년 7월.

26 인터뷰, 도쿄, 2012년 7월 24일.

27 현대 일본 정계에서 오자와보다 더 존재감이 큰 정치 거물은 몇 명 안 되는 것처럼 보인다. 좀 오래된 책이기는 하지만 Jacob Schlesinger, *Shadow Shoguns: The Rise and Fall of Japan's Postwar Political Regime*(Stanford, CA: Stanford University Press, 1999)은 여전히 오자와와 그의 권모술수에 대한 최고 설명서로 꼽힌다.

28 Yamaguchi Jiro, "The End of the Democratic Experiment," *Asia-Pacific Journal* 10, no. 28(July 9, 2012).

29 Aurelia George Mulgan, "Japan: Is the DPJ the Party of Economic Reform?," *East Asia Forum*, August 4, 2009; and Aurelia George Mulgan, "Agricultural Politics and Democratic Party of Japan," *Japanese Studies Online*(Australian National University) 2(2011), http://japaninstitute.anu.edu.au/sites/default/files/u5/Japan_Agricultural_ Politics_DPJ.pdf.

30 Miura Lully and Joshua Walker, "The Shifting Tectonics of Japan One Year after March 11, 2011"(Washington, DC: The German Marshall Fund of the United States, March 8, 2012), 4.

31 위의 글, 1.

32 Satoh Haruko, "Post-3.11 Japan: A Matter of Restoring Trust," Analysis No. 83(Milan: Instituto per gli Studi di Politica Internazionale, December 2012), 2, https://www.ispionline.it/it/documents/Analysis_83_2011.pdf.

33 인터뷰, 도쿄, 2012년 7월 17일.

34 인터뷰, 도쿄, 2012년 7월 24일.

35 인터뷰, 도쿄, 2012년 7월 17일.

36 인터뷰, 도쿄, 2012년 7월 24일.

37 Michael Green, "Japan's Confused Revolution," *Washington Quarterly* 33, no. 1(January 2010): 7.

38 "Asahi Poll: Voters Mixed on Abe, LDP Victory," *Asahi Shimbun*, December 19, 2012.

39 Phillip Lipscy and Ethan Scheiner, "Japan under the DPJ: The Paradox of Political Change without Policy Change," *Journal of East Asian Studies* 12(2012): 313.

40 Miyano Masaru, "One Perspective on the Results of the 2012 Lower House Election," *Japan News*, January 15, 2013, http://www.yomiuri.co.jp/adv/chuo/dy/ opinion/20130115.html.

41 Joshua Tucker, "The Japanese General Election of 2012: Sometimes, Lucky Is Better Than Popular," *Monkey Cage*, December 27, 2012, http://themonkeycage. org/2012/12/the-japanese-general-election-of-2012-sometimes-lucky-is- better-than-popular/.

42 "Political Parties Must Cultivate Leaders, Return to Core Values to Regain Public Trust," *Mainichi Shimbun*, April 30, 2012.

43 인터뷰, 도쿄, 2012년 7월 18일.

44 인터뷰, 도쿄, 2012년 7월 18일.

45 인터뷰, 교토, 2012년 11월 9일.

46 인터뷰, 요코하마, 2012년 7월 22일.

47 Hongo Jun, "Sakamoto: The Man and the Myth," *Japan Times*, April 27, 2010.

48 인터뷰, 도쿄, 2012년 7월 10일.

49 두 명이 정치 신인의 이미지를 활용했지만, 둘 다 실제로는 무소속 참의원으로 활동했다. 아오시마는 27년, 야마다는 24년간 참의원이었다.

50 Ioan Trifu, "Prefectural Governors and Populism in Japan(1990s – 2010s)," *Acta Asiatica Varsoviensia* 26(2013): 10.

51 Kamiya Matake, "Restoration: A Work in Progress?," *Japan Journal*(March 2012): 14 – 15.

52 두 인용 다 출처는 Leo Lewis and Robin Harding, "Yuriko Koike, Politician Taking on Japan's Grey Elite," *Financial Times*, September 29, 2017.

53 2013년 봄에 하시모토는 일본 황군의 공창 제도를 정당화하고 '위안부' 문제를 무시하는 듯한 발언을 했다. Yoshida Reiji, "As Hashimoto Self-Destructs, Party also Reels," *Japan Times*, May 23, 2013, https:// www.japantimes.co.jp/ news/2013/05/23/national/politics-diplomacy/as-hashimoto-self-destructs-party-also-reels/#.WyfufS2ZOf4.

54 이 이야기와 관련해서는 Sarah Baird, "The Toxic Saga of the World's Greatest Fish Market," *Eater*, July 25, 2017, https://www.eater.com/2017/7/25/16019906/ tokyo-tsukiji-toyosu-olympics-delay를 참조하라.

55 Linda Seig and Kiyoshi Takenaka, "Japan Calls Snap Election as New Party Roils Outlook," Reuters, September 27, 2017, http://www.reuters.com/article/ us-japan-election/japan-calls-snap-election-as-new-party-roils-outook-idUSKCN1C23AO.

56 Yoshida Reiji, "Democratic Party Effectively Disbands, Throwing Support behind Koike's Party for Lower House Poll," *Japan Times*, September 29, 2017, https:// www.japantimes.co.jp/news/2017/09/28/national/politics-diplomacy/abe-dissolves-lower-house-opposition-bands-together/#.Wc2YTK2ZOHo.

57 초기 주민투표 제안은 거부되었지만 이후 2015년 '더블 선거'(오사카 시장과 오사카 부지사)에서 일본유신회 소속 후보 두 명이 당선되면서 이 계획은 여전히 살아남았다.

58 인터뷰, 도쿄, 2012년 8월 13일.

59 인터뷰, 도쿄, 2012년 7월 24일.

60 인터뷰, 교토, 2012년 11월 9일.

61 인터뷰, 요코하마, 2012년 7월 24일.

62 인터뷰, 요코하마, 2012년 7월 24일.

63 Miura and Walker, "Shifting Tectonics of Japan," 2.

64 Cesare Scartozzi, "Hereditary Politics in Japan: A Family Business," *The Diplomat*, February 9, 2017, http://thediplomat.com/2017/02/hereditary-politics-in-japan-

a-family-business/.

65 "Japanese Politics: To the District Born," *The Economist*, November 27, 2014, https://www.economist.com/news/asia/21635073-political-families-are-rise-district-born.

66 인터뷰, 도쿄, 2012년 7월 11일.

67 Kyodo News, "Voter Turnout Plummeted to a Record Postwar Low," *Japan Times*, December 18, 2012.

68 "Over 80% Say People's Will Not Reflected in Japan's Policies: Survey," Kyodo News, March 31, 2012.

69 가령 John Dower, *Embracing Defeat: Japan in the Wake of World War II*(New York: W. W. Norton, 1999), 71을 참조하라.

70 인터뷰, 도쿄, 2012년 7월 17일.

71 Robert D. Eldridge, "Translator's Preface," in *Backroom Politics: Factions in a Multiparty Era*, by Watanabe Tsuneo(Lanham, MD: Lexington Books, 2013), 57n152.

72 Matsushita Institute of Government and Management, "MIGM Graduates: Career Paths," http://www.mskj.or.jp/en/graduates/index.html.

73 Tai Makoto, "Young Bureaucrats Plugging Away at Kasumigaseki Reform," *Japan Times*, January 11, 2013, http://www.japantimes.co.jp/news/2013/01/11/national/young-bureaucrats-plugging-away-at-kasumigaseki-reform/#.UdEVJhbmK2w.

74 "Hashimoto Fires Up Class at School for Aspiring Politicians," *Japan Today*, June 24, 2012, http://www.japantoday.com/category/politics/view/hashimoto-fires-up-class-at-school-for-aspiring-politicians.

75 Eric Johnston, "Hashimoto Reeling after Students' Names Leaked," *Japan Times*, August 9, 2012, https://www.japantimes.co.jp/news/2012/08/09/news/hashimoto-reeling-after-students-names-leaked/#.W3LSZy2B2Ho.

76 Charles Weathers, "Reformer or Destroyer? Hashimoto Toru and Populist Neoliberal Politics in Japan," *Social Science Japan Journal* 17, no. 1(January 2014), https://doi.org/10.1093/ssjj/jyt029.

77 "Tokyo Gov. Koike's Political School Gearing Up, Raising Possibility of New Party," *The Mainichi*, October 29, 2016, http://mainichi.jp/english/articles/20161029/p2a/00m/0na/005000c.

78 가령 Yamamoto Tadashi, "The Recent Debate on the Role of NPOs in Japan and Private-Sector Responses," *Civil Society Monitor* 2(Spring 1997)를 참조하라.

79 모든 인용은 2012년 7월 23일 도쿄에서 했던 인터뷰가 출처다.

80 모든 인용은 2012년 8월 14일 도쿄에서 했던 인터뷰가 출처다.

81 Tai, "Young Bureaucrats."

82 모든 인용은 2012년 8월 13일 도쿄에서 했던 인터뷰가 출처다.

83 인터뷰, 도쿄, 2012년 8월 14일.

84 Okumura Jun, "Things People Don't Talk About(5): How the Media Reported on the Seven LDP No-Confidence Vote Dissenters," *Global Talk 21*, August 12, 2012.

85 Okumura Jun, "Noda, Tanigaki, Hoshino, Koizumi, Ishiba-Okada-Kan—in That Order," *Global Talk 21*, December 17, 2012.

86 모든 인용은 2012년 7월 10일과 2013년 3월 도쿄에서 한 인터뷰가 출처다.

제4장

1 June Teufel Dreyer, *Middle Kingdom & Empire of the Rising Sun: Sino-Japanese Relations, Past and Present*(Oxford: Oxford University Press, 2016), 3.

2 Ezra Vogel, Yuan Ming, and Tanaka Akihiko, eds., *The Golden Age of the U.S.-China-Japan Triangle, 1972–1989*(Cambridge MA: Harvard University Asia Center, 2002).

3 Tanaka Hitoshi, "Japan and China at a Crossroads," *East Asia Insights* 1, no. 2(March 2006): 1.

4 Sheila Smith, *Intimate Rivals: Japanese Domestic Politics and a Rising China*(New York: Columbia University Press, 2016), 35. ODA는 1990~1995년에 8100억 엔 그리고 1996~2000년에 추가적으로 9700억 엔이 증가했다. 1979~2011년 일본은 3조 6500억 엔(376억 달러)의 ODA를 중국에 제공했다.

5 위의 책, 33.

6 Richard Bush, *The Perils of Proximity: Japan-China Security Relations*(Washington, DC: Brookings Institution Press, 2010), 16.

7 Tanaka Hitoshi, "A Japanese Perspective on the China Question," *East Asia Insights* 3, no. 2(May 2008): 2.

8 Wang Zhuoqiong, "China's Growth Fuels Investment from Japan," *People's Daily*, August 30, 2013, http://en.people.cn/102774/7929031.html.

9 중국에서 활동하는 기업 수는 Aoyama Rumi, "What's Pushing Japanese Firms out of China?," *East Asia Forum*, October 21, 2015, http://www.eastasiaforum.org/2015/10/21/whats-pushing-japanese-firms-out-of-china/에서 인용했다. 그리고 일본의 대중국 투자와 관련해서는 Junhua Wu, "Economics of the Territorial Disputes," in *Clash of National Identities: Japan, China and the East China Sea Territorial Dispute*, ed. Tatsushi Arai, Shihoko Goto, and Zheng Wang(Princeton, NJ: Woodrow Wilson International Center for Scholars, 2013), 71을 참조하라.

10 Junhua, "Economics," in Tatsushi, Shihoko, and Zheng, *Clash of National Identities*.

11 Christopher Herrick, Zheya Gai, and Surain Subramanian, *China's Peaceful Rise:*

Perceptions, Policy and Misperceptions(Oxford: Oxford University Press, 2016). 일본 재무성에 따르면 2005년까지 일본 기업들은 직간접적으로 중국에서 920만 개의 일자리를 창출했으며 매년 59억 달러가 넘는 법인세를 냈다. Jun Hongo, "Japanese Companies Become Protest Targets in China," *Japan Times*, September 19, 2012, https://www.japantimes.co.jp/news/2012/09/19/business/japanese-companies-become-protest-targets-in-china/#.WdoCukyB2Ho.

12 Dreyer, *Middle Kingdom*, provides a depressing summary on pp. 166–87.

13 Smith, *Intimate Rivals*; Dreyer, *Middle Kingdom*; and Richard Bush, *The Perils of Proximity: Japan-China Security Relations*(Washington, DC: Brookings Institution Press, 2010)는 이런 문제점들에 대해 탁월하게 분석하고 있다.

14 Amy King, "Japan and China: Warm Trade Ties Temper Political Tensions," *East Asia Forum*, October 22, 2012, http://www.eastasiaforum.org/2012/10/22/japan-and-china-warm-trade-ties-temper-political-tensions/.

15 "People's Daily Implies Economic Measures against Japan," *People's Daily*, September 18, 2012, http://en.people.cn/90883/7951384.html.

16 Wang Xinyuan, "Protests Hit Japanese Goods," *Global Times*, September 17, 2012, http://en.people.cn/90778/7950204.html에서 인용.

17 Smith, *Intimate Rivals*, 250.

18 양다칭은 중국의 반감을 살 수도 있다고 우려해 일본이 이 섬을 류큐와 같이 병합하기를 망설였다고 본다. Daqing Yang, "History: From Dispute to Dialogue," in Arai, Goto, and Wang, *Clash of National Identities*, 22.

19 위의 글, 21.

20 스미스의 "A Shared Maritime Boundary"는 광범위하다. Smith, *Intimate Rivals*, 101–44를 참조하라.

21 Yimian Li, "Japan's Hedging Strategy and Its Implications for Regional Peace and Security," in *The United States and Japan in Global Context, 2011*, ed. Edwin Reischauer Center for East Asian Studies(Washington, DC: Edwin Reischauer Center for East Asian Studies, 2011), 53.

22 Anne Allison, *Precarious Japan*(Durham, NC: Duke University Press, 2013), 78.

23 Takahara Akio, "Putting the Senkaku Dispute into Pandora's Box: Toward a '2013 Consensus,'" in Arai, Goto, and Wang, *Clash of National Identities*, 77–78.

24 Tanaka Hitoshi, "The Future of East Asia: Four Risks to Long-Term Stability," *East Asia Insights* 8, no. 4(December 2013): 1–2, http://www.jcie.org/researchpdfs/EAI/8-4.pdf.

25 Kotani Tetsuo, "Freedom of Navigation and the US-Japan Alliance: Addressing the Threat of Legal Warfare," US-Japan Papers(New York: Japan Center for International Exchange, December 2011), 2.

26   Michael Swaine, "China's Assertive Behavior—Part One: On 'Core Interests,'"
      China Leadership Monitor, November 15, 2010, 2.

27   교역 규모는 Kotani, "Freedom of Navigation," 2를 참조하라. 다른 수치는 2016년
      기준이며 출처는 China Power Team, "How Much Trade Transits the South China
      Sea?," *China Power*, August 2, 2017, https://chinapower.csis.org/much-trade-
      transits-south-china-sea/이다. 또한 스웨인은 중국이 실제로 남중국해를 핵심 이
      익으로 선포했는지 확실하지 않다고 보았다. 일본은 어느 정도는 중국이 남중국
      해까지 주권을 확대하려 한다고 보았기 때문에 그것은 적절하지 않다. Swaine,
      "China's Assertive Behavior," 8 - 11.

28   Shi Jiangtao, "Hu Warns Japan of Purchase of Diaoyu Islands," *South China
      Morning Post*, September 10, 2012, http://www.scmp.com/news/china/
      article/1033054/hu-warns-japan-over-planned-purchase-diaoyu-islands.

29   Michael Green et al., *Countering Coercion in Maritime Asia: The Theory and Practice
      of Gray Zone Deterrence*(Washington, DC: Center for Strategic and International
      Studies, May 2017), 145; and M. Taylor Fravel, "Explaining China's Escalation
      over the Senkaku(Diaoyu) Islands," *Global Summitry* 2, no. 1(2016): 33, https://
      taylorfravel.com/documents/research/fravel.2016.GS.senkakus.escalation.pdf.

30   모든 수치의 출처는 국토교통성이며 Smith, *Intimate Rivals*, 229에서 인용했다.

31   2010년에 있었던 사건 이후 미국은 유사한 보장을 제공했으며 중국 지도자들과
      의 회담에서 이를 재확인했다. 당시 국무장관이던 힐러리 클린턴은 2010년 마
      에하라 세이지前原誠司 일본 외무상과의 공동 기자회견에서 "다시 분명히 말하겠
      다. 센카쿠 열도는 1960년 미일 안전보장조약 5조가 명시한 범위에 완전히 포함
      된다"라고 직설적으로 말했다. Hillary Rodham Clinton, "Joint Press Availability
      with Japanese Foreign Minister Seiji Maehara," Honolulu, October 27, 2012,
      https://2009-2017.state.gov/secretary/20092013clinton/rm/2010/10/150110.
      htm.

32   Morimoto Satoshi, "Foreword," in Ministry of Defense, *Defense of Japan
      2012*(Tokyo: Ministry of Defense, 2012), http://www.mod.go.jp/e/publ/w_paper/
      e-book/2012/files/assets/downloads/publication.pdf.

33   위의 책.

34   Ministry of Defense, *Defense of Japan 2012*, 30.

35   위의 책, 35-38.

36   이 네 개의 섬은 러시아어로 쿠릴이라고 부르며 에토로후択捉(이투루프), 구나시
      리国後(쿠나쉬르), 시코탄色丹(러시아어로도 마찬가지로 시코탄), 하보마이歯舞群
      (하보마이)로 구성되어 있다.

37   Céline Pajon provides a good summary in "Japan-Russia: Toward a Strategic
      Partnership?," *Russia NEI Visions* 72(September 2013): 15 - 17.

38 일본은 러중 협력을 항상 우려한다. 일본 전략가들은 러중 관계를 약화시키려고 항상 아시아에서 대안이 될 수 있는 파트너를 러시아에 제안하지만, 영토분쟁으로 이런 전략은 한계가 있었다. 역설적으로 일본은 러시아를 유인하고자 북방영토에 대한 합의안을 받지 않고 강경한 노선을 취하고 있다.

39 Ministry of Defense, *Defense of Japan 2011*(Tokyo: Ministry of Defense, 2011), 101; Ministry of Defense, *Defense of Japan 2012*, 54.

40 John Gittings, "North Korea Fires Missile over Japan," *The Guardian*, September 1, 1998.

41 Christopher W. Hughes, "Super-sizing the DPRK Threat: Japan's Evolving Military Posture and North Korea," *Asian Survey* 49, no. 2(March/April 2009): 291 – 92.

42 Ministry of Defense, *Defense of Japan 2010*(Tokyo: Ministry of Defense, 2010), 4.

43 국제합동조사단은 천안함이 북한 반잠수정이 발사한 어뢰에 격침되었다고 결론 내렸으며, 북한은 이를 부인하고 있다. Joint Civilian-Military Investigation Group, "International Result on the Sinking of ROKS 'Cheonan,'" May 20, 2010, http://news.bbc.co.uk/nol/shared/bsp/hi/pdfs/20_05_10jigreport.pdf.

44 Ministry of Defense, *Defense of Japan 2012*, 3.

45 Paul Midford, "Foreign Policy as an Election Issue," in *Japan Decides 2012: The Japanese General Election*, ed. Robert Pekkanen, Steven Reed, and Ethan Scheiner(Basingstoke: Palgrave Macmillan, 2013), 189.

46 Kawashima Yutaka, *Japanese Foreign Policy at the Crossroads: Challenges and Options for the Twenty-First Century*(Washington, DC: Brookings Institution Press, 2003), 18.

47 Yomiuri Shimbun War Responsibility Reexamination Committee, *From Marco Polo Bridge to Pearl Harbor: Who Was Responsible?*(Tokyo: The Yomiuri Shimbun, 2006), 48.

48 위의 책.

49 위의 책.

50 전통적인 인식은 미국에 9조의 책임이 있다고 본다. 몇몇 학자는 문구까지는 아니더라도 아이디어는 일본에 기인한다고 보고 있다. 가령 James Auer, "Article Nine of Japan's Constitution: From Renunciation of Armed Force 'Forever' to the Third Largest Defense Budget in the World," *Law and Contemporary Problems* 53, no. 2(Spring 1990): 173 – 74를 참조하라.

51 조문은 다음과 같다. "제9조. 일본 국민은 정의와 질서를 기조로 하는 국제 평화를 성실히 희구하며, 국권의 발동인 전쟁과 무력에 의한 위협 또는 무력의 행사는 국제분쟁을 해결하는 수단으로서는 영구히 이를 포기한다. 전항의 목적을 달성하기 위하여 육해공군 그 외 전력은 이를 보유하지 아니한다. 국가의 교전권은 이를 인

정하지 아니한다.

第九条 日本国民は, 正義と秩序を基調とする国際平和を誠実に希求し, 国権の発動たる戦争と, 武力による威嚇又は国際紛争を解決する手段としては, 永久にこれを放棄する. 前項の目的を達するため, 陸海空軍その他の戦力は, これを保持しない. 国の交戦権は, これを認めない.

Article 9. Aspiring sincerely to an international peace based on justice and order, the Japanese people forever renounce war as a sovereign right of the nation and the threat or use of force as a means of settling international disputes. In order to accomplish the aim of the preceding paragraph, land, sea and air forces, as well as other war potential, will never be maintained. The right of belligerency of the state will not be recognized." Prime Minister of Japan and His Cabinet, "The Constitution of Japan," November 3, 1946, https://japan.kantei.go.jp/constitution_and_government_of_japan/constitution_e.html.

52 Hosoya Yuichi, "The Rise and Fall of Japan's Grand Strategy: The 'Arc of Freedom and Prosperity' and the Future Asian Order," *Asia-Pacific Review* 18, no. 1(2011): 14.

53 일본이 여전히 육군, 해군, 공군은 없지만 육상자위대, 해상자위대, 항공자위대가 있다는 점은 이러한 정서를 다르게 드러낸 것이다.

54 모든 수치는 World Bank, "GDP(current US$), 1960–2016," 2018년 8월 15일 열람, http://data.worldbank.org/indicator/NY.GDP.MKTP.CD?page=6.

55 Hugh Patrick, "Legacies of Change: The Transformative Role of Japan's Official Development Assistance in Its Economic Partnership with Southeast Asia," APEC Study Center Discussion Paper No. 54(New York: Columbia University, January 2008), 14.

56 위의 글.

57 위의 글, 10.

58 Yuichi, "Rise and Fall," 29–30.

59 Ohno Izumi, "The Strategic Environment Surrounding the Developing Countries and Japan's Development Cooperation: To Be a Global Civilian Power," in *The World and Japan's Foreign Policy in the Future: Prospects in 20 Years*, ed. Yamauchi Masayuki and Nakayama Toshihiro(Tokyo: Japan Institute of International Affairs, March 2011), 86.

60 Daily Yomiuri, "Contribution to U.N. Budget by Japan to Fall," *Jiji Press*, December 26, 2012, www.yomiuri.co.jp/dy/world/T121225001814.htm. 2000년에 일본의 기여는 20퍼센트 수준에서 엄청 떨어졌지만 2위 자리를 고수하고 있다.

61 Bhubhindar Singh, "ASEAN's Perceptions of Japan: Change and Continuity," *Asian*

Survey 42, no. 2(March/April 2002): 279 - 80.

62 위의 글, Funabashi Yoichi, ed., *Japan's International Agenda*(New York: New York University Press, 1994), 9에서 인용.

63 Steven Erlanger, "The Search for a New Security Umbrella," *New York Times*, May 12, 1991, https://www.nytimes.com/1991/05/12/weekinreview/the-world-the-search-for-a-new-security-umbrella.html.

64 Hanns Maull, "Germany and Japan: The New Civilian Powers," *Foreign Affairs*, December 1, 1990.

65 인터뷰, 오키나와 나고시, 2012년 8월 7일.

66 모든 숫자는 Katahara Eiichi, "Has Japan Lost Its Relevance?," Paper for the 22nd Asia Pacific Roundtable, Institute of Strategic and International Studies Malaysia, June 4, 2008, Kuala Lumpur, http://www.isis.org.my/images/stories/isis/apr/22nd/22%20Eiichi%20Katahara.pdf에서 인용했다. 이러한 숫자들은 전말을 보여주지 않는다. 일본은 여전히 세계 2위의 경제대국이자 지역 내 최대 투자국이며 기술 분야 최선도국의 하나였다. 1인당 GDP가 3만 3800달러이며 유엔 인적개발지수에서 세계 8위, 아시아 1위를 차지했다. 일본 경제는 4년 연속 평균 2퍼센트가 넘는 성장을 구가했으며, 5년째 수출이 증가하고 외환보유고도 증가하고 있었다. 일본은 유엔 재정의 2대 기여국이자 세계식량프로그램WFP의 5대 기여국이며, 유니세프 전체 예산의 10퍼센트를 부담하고, 유엔평화유지군의 경우 병력을 제공하지는 않지만 유엔평화유지활동 예산의 20퍼센트를 부담하고 있었다. 매년 BBC가 실시하는 설문조사에서 2012년엔 일본이 조사 대상 22개국 가운데 '전 세계에서 가장 긍정적인 영향력을 주는 나라'로 선정되었다. 당시 20개국이 일본을 긍정적으로 평가한 반면, 한국과 중국 단 두 나라만이 부정적으로 보았다. 이 분야에서 일본의 1위 지위는 이후로도 안정적으로 유지되었다. Globescan, "Views of Europe Slide Sharply in Global Poll, while Views of China Improve," May 10, 2012, http://www.globescan.com/news-and-analysis/press-releases/press-releases-2012/84-press-release-2012/186-views-of-europe-slide-sharply-in-global-poll-while-views-of-china-improve.html.

67 이 정당의 2001년부터 2009년까지의 선거 매니페스토는 이런 목표의 밑그림을 그리고 있다. 웨스턴 고니시는 민주당의 아이디어와 실천 능력에 대해 뛰어난 평가를 "From Rhetoric to Reality: Foreign-Policy Making under the Democratic Party of Japan"(Cambridge, MA: CreateSpace for Institute for Foreign Policy Analysis, April 2012), http://www.ifpa.org/pdf/fromRhetoricToReality.pdf에서 제시한다.

68 위의 글, 23.

69 가령 Nakayama Toshihiro, "The United States and Japan-US Relations 20 Years Later: Ensuring the Alliance Is Not Cast Adrift," in Yamauchi and Nakayama,

World and Japan's Foreign Policy, 57; John Pomfret, "U.S. Concerned about New Japanese Premier Hatoyama," *Washington Post*, December 29, 2009, http://www.washingtonpost.com/wp-dyn/content/article/2009/12/28/AR2009122802271.html?hpid%3Dtopnews&sub=AR; Tobias Harris, "Japan's New Foreign Policy," *Newsweek*, October 2, 2009, http://www.newsweek.com/japans-new-foreign-policy-tobias-harris-81297 등을 참조하라.

70 Takahata Akio, "A Shaky Start for Hatoyama's *Yuai* Diplomacy"(Tokyo: Tokyo Foundation for Policy Research, November 13, 2009), http://www.tokyofoundation.org/en/articles/2009/a-shaky-start-for-hatoyamas-yuai-diplomacy.

71 위의 글.

72 Hatoyama Yukio, "My Political Philosophy," excerpted in the *Financial Times*, August 13, 2009.

73 Takahata, "Shaky Start."

74 Miyagi Taizo, "Post-War Asia and Japan—Moving beyond the Cold War: An Historical Perspective," *Asia-Pacific Review* 18, no. 1(2011): 26.

75 Yamauchi Masayuki and Nakayama Toshihiro, "Why Do We Need to Possess a Vision of the World of 20 Years from Now?," in Yamauchi and Nakayama, *World and Japan's Foreign Policy*, 3, http://www2.jiia.or.jp/pdf/resarch/h22_kokusaijosei/all_en.pdf.

76 Singh, "ASEAN's Perceptions of Japan," 294.

77 Robert Gates, ed., "Military Power of the People's Republic of China 2008: Annual Report to Congress"(Washington, DC: US Department of Defense, 2008), 8.

78 Aileen S. P. Baviera, "China's Relations with Southeast Asia: Political-Security and Economic Interests," PASCN Discussion Paper No. 99-17(Makati City: Philippine APEC Study Center Network, 1999), executive summary.

79 International Crisis Group, *Stirring up the South China Sea(1)*, Asia Report No. 223, April 23, 2012, 3, https://www.crisisgroup.org/asia/south-east-asia/south-china-sea/stirring-south-china-sea-i.

80 위의 보고서, 3-6.

81 위의 보고서, 5. 아울러 로버트 서터와 황친하오는 중국과 동남아시아 사이 관계의 부침을 *Comparative Connections*, an electronic journal on Asia-Pacific relationships에서 짚어 올라가고 있으며 이 논문은 나도 편집 작업에 동참했다. http://cc.csis.org에서 열람이 가능하다.

82 Rommel Banlaoi, "Southeast Asian Perspectives on the Rise of China: Regional Security after 9/11," *Parameters*, Summer 2003, 104.

83 Zheng Wang, "Perception Gaps, Identity Clashes," in Arai, Goto, and Wang, *Clash*

of National Identities, 11.

84 "Resurgent Japanese Militarism a World Threat," *Xinhua*, September 29, 2012, http://www.china.org.cn/opinion/2012-09/29/content_26672419.htm.

85 Brad Glosserman and Scott Snyder, *The Japan–South Korea Identity Clash: East Asian Security and the United States*(New York: Columbia University Press, 2015).

86 이 안타까운 이야기에 대해 더 많은 내용을 알고 싶다면 Seongho Sheen and Jina Kim, "What Went Wrong with the ROK-Japan Military Pact?," *Asia Pacific Bulletin*(East-West Center, Washington, DC) 176, July 31, 2012를 참조하라. 두 나라는 정치적 반대만 극복한 채 2016년 11월에 이 협정을 체결했다.

87 Park Cheol Hee, "Post-Earthquake Japan-Korea Ties," *The Diplomat*, April 18, 2011, https://thediplomat.com/2011/04/post-earthquake-japan-korea-ties/.

88 Lee Hyo-sik, "Japan's Dokdo Claim Puts Brake on Quake Donation Drive," *Korea Times*, April 7, 2011, http://www.koreatimes.co.kr/www/news/nation/2011/04/117_84707.html.

89 Korea Research Institute for Security, *The Strategic Balance in Northeast Asia, 2012*(Seoul: Korea Research Institute for Security, December 2012).

90 위의 책, 147.

91 위의 책, 150.

92 이런 관점은 첨예한 논쟁이 되고 있다. 일본이 전후 부활을 위한 환경을 조성하면서 아주 기민하게 움직여왔다는 주장은 Richard Samuels, *Securing Japan: Tokyo's Grand Strategy and the Future of East Asia*(Ithaca, NY: Cornell University Press, 2009)에서 제시되고 있는 반면, Gilbert Rozman, Kazuhiko Togo, and Joseph Ferguson, *Japanese Strategic Thought toward Asia*(Basingstoke: Palgrave MacMillan, 2007)의 경우 저자들은 일본의 외교정책이 최근 몇 년간 틀어지고 있으며 전략적 틀이나 방향성이 없다고 반박한다.

93 Oba Mie, "Challenges to the New ASEAN-Japan Partnership in the Changing Regional Circumstances," *Discuss Japan* 20(2014).

94 이 발언과 이후 발언은 2012년 11월 26일 후쿠오카에서 한 인터뷰에서 인용했다.

95 인터뷰, 후쿠오카, 2012년 11월 26일.

96 인터뷰, 오키나와 나고시, 2012년 8월 7일.

97 인터뷰, 워싱턴 DC, 2012년 9월 25일.

98 국제적인 제조기업 임원과의 인터뷰, 워싱턴 DC, 2012년 9월 25일.

제5장

1 Chaibong, "Preface," in Youngshik and Pempel, *Japan in Crisis*, 8(see introduction, n. 1).

2 Funabashi, "Introduction," in Funabashi and Kushner, *Examining Japan's Lost*

Decades, xxii(chap. 2, n. 41 참조).

3   Public Relations Department, "44th Opinion Survey on the General Public's Views and Behavior, January 14, 2011," English translation, Bank of Japan, February 14, 2011, https://www.boj.or.jp/en/research/o_survey/ishiki1101.pdf.

4   인터뷰, 도쿄, 2012년 7월 10일.

5   Tsunekawa Keiichi, "Toward a Balanced Assessment," in *Five Years After: Reassessing Japan's Responses to the Earthquake, Tsunami and the Nuclear Disaster*, ed. Tsunekawa Keiichi(Tokyo: University of Tokyo Press, 2016), 6n1에서 인용.

6   Cited in Japan External Trade Organization, "Japan Faces Challenges of Earthquake, Tsunami, and Nuclear Disaster," *Focus Newsletter*, June 2011, 5, https://www.jetro.go.jp/ext_images/en/reports/survey/pdf/2011_06_other.pdf.

7   "Anxiety in Japan Grows as Death Toll Steadily Mounts," CNN, March 14, 2011, http://edition.cnn.com/2011/WORLD/asiapcf/03/13/japan.quake/index.html.

8   Okada Norio et al., "The 2011 Eastern Japan Great Earthquake Disaster: Overview and Comments," *International Journal of Disaster Risk Science* 2, no. 1(2011), https://link.springer.com/content/pdf/10.1007%2Fs13753-011-0004-9.pdf.

9   Hirata Keiko and Mark Warschauer, *Japan: The Paradox of Harmony*(New Haven CT: Yale University Press, 2014), 6.

10 Lydia Smith, "Kobe Earthquake 20th Anniversary: Facts about the Devastating 1995 Great Hanshin Earthquake," *International Business Times,* January 16, 2015, https://www.ibtimes.co.uk/kobe-earthquake-20th-anniversary-facts-about-devastating-1995-great-hanshin-earthquake-1483786.

11 관련 동영상은 유튜브에서 볼 수 있다. 피해 규모를 가늠하고 재난이 서서히 전개되면서 대규모 피해를 초래하는 모습이 초현실적이라는 점을 이해하려는 측면에서 시청할 가치가 있다.

12 최종 추정치는 내륙으로 최대한 깊숙이 바닷물이 침투하려면 파도가 얼마나 높아야 하는지 계산해서 얻어낸 수치다. 장비 측정보다 훨씬 더 큰 수치지만, 역사상의 최대 파고와 비슷한 수준이다.

13 이후에 나오는 내용은 대규모 재난 사건에 대한 개괄이다. 내가 읽은 자료 가운데 가장 종합적으로 정리된 것들은 다음과 같다. Kenji Kushida, "Japan's Fukushima Nuclear Disaster: Narrative, Analysis, and Recommendations," APARC Working Papers(Stanford, CA: Walter R. Shorenstein Asia-Pacific Research Center, Stanford University, 2012). 이 보고서의 요약은 그의 개인 설명에 많이 의존한다. 또한 the report by the Independent Investigation Commission on the Fukushima Nuclear Accident, *The Fukushima Daiichi Nuclear Power Station Disaster: Investigating the Myth and Reality*(Abingdon: Routledge Earthscan, 2014)도 추천한다. 앞으로 RJIF 보고서라고 부를 것이다.

14 무엇이 원전에 가장 큰 충격을 주었는가에 대해선 여전히 논란이 있다. Kushida, "Japan's Fukushima Nuclear Disaster," 6에서는 동일본지진의 강도가 원자력발전 시설 대부분에 공명파를 초래하는 수준이며 쓰나미가 도달하기 전에 이미 상당한 충격을 주었다고 지적한다.

15 도쿄전력 엔지니어들은 5월 12일 용융현상을 확인했다.

16 Kurokawa Kiyoshi, "Message from the Chairman," in *The Official Report of the Fukushima Nuclear Accident Independent Investigation Commission*(Tokyo: National Diet of Japan, 2012), 9, https://www.nirs.org/fukushima/naiic_report.pdf.

17 관련 사건에 대한 많은 언론 보도가 있는데, 세부 사항에 대한 묘사는 치밀하지만 분석은 깊이가 없다.

18 National Diet of Japan, *Official Report.*

19 Gerald Curtis, "Stop Blaming Fukushima on Japan's Culture," *Financial Times*, July 20, 2012.

20 Yuri Kageyama, "AP Interview: Japan Nuke Probe Head Defends Report," Yahoo. com, September 13, 2012, https://www.yahoo.com/news/ap-interview-japan-nuke-probe-head-defends-report-012348377-finance.html.

21 Investigation Committee on the Accident at Fukushima Nuclear Power Stations of Tokyo Electric Power Company, "Final Report"(Tokyo: Secretariat of the Investigation Committee, July 23, 2012), http://www.cas.go.jp/jp/seisaku/icanps/eng/final-report.html. 또한 요약서도 참조하라. http://www.cas.go.jp/jp/seisaku/icanps/eng/finalgaiyou.pdf.

22 간 총리가 해수 주입 명령을 중단시켰는가, 아니면 단순히 이런 조치가 노심의 재임계를 초래할 수 있는지 문의만 했는가에 대해 논란이 있다.

23 TEPCO, "Release of the Fukushima Nuclear Accidents Investigation Report," press release, June 20, 2012, http://www.tepco.co.jp/en/press/corp-com/release/2012/1205638_1870.html.

24 Nagata Kazuaki, "TEPCO Lashes Prime Minister's Office," *Japan Times*, June 21, 2012, https://web.archive.org/web/20121101132556/http://www.japantimes.co.jp/text/nn20120621a3.html.

25 Nuclear Reform Special Task Force, "Fundamental Policy for the Reform of TEPCO Nuclear Power Organization"(Tokyo: TEPCO, October 12, 2012), 2, https://www7.tepco.co.jp/wp-content/uploads/hd05-01-08-000-121012e0101.pdf.

26 RJIF Report, 3.

27 일본재건이니셔티브 재단은 2017년 일반재단법인 아시아퍼시픽이니셔티브로 단체명을 바꾸고 임무를 확대했다(https://apinitiative.org/en/about-us/).

28 Funabashi Yochi and Kitazawa Kay, "Fukushima in Review: A Complex Disaster, a

Disastrous Response," *Bulletin of the Atomic Scientists*, March 1, 2012, 1 – 13.

29 RJIF Report, 3.

30 위의 글, 51.

31 Funabashi and Kitazawa, "Fukushima in Review," 1 – 13.

32 RJIF Report, 53.

33 Funabashi and Kitazawa, "Fukushima in Review," 1 – 13.

34 위의 글.

35 Nuclear Reform Special Task Force, "Fundamental Policy."

36 Phred Dvorak and Rebecca Smith, "Japan Utility Says Crisis Avoidable," *Wall Street Journal*, October 12, 2012.

37 이 문단의 소제목은 AP 뉴스의 2012년 3월 6일 후타바촌 촌장인 이도가와 가쓰타카井戸川克隆 인터뷰에서 나온 표현이다.

38 Government of Japan, "Road to Recovery," March 2012, 3, https://japan.kantei.go.jp/policy/documents/2012/_icsFiles/afieldfile/2012/03/07/road_to_recovery.pdf.

39 Armand Varvaeck and James Daniell, "Japan—366 Days after the Quake," Earthquake-Report.com, March 10, 2012, http://earthquake-report.com/2012/03/10/japan-366-days-after-the-quake-19000-lives-lost-1-2-million-buildings-damaged-574-billion/.

40 Justin McCurry, "Japan Earthquake: 100,000 Children Displaced, Says Charity," *The Guardian*, March 15, 2011, https://www.theguardian.com/world/2011/mar/15/japan-earthquake-children-displaced-charity.

41 Abe Tadahiko, "A Suggestion for Japanese Industry after the Great Tohoku Earthquake," *The Lessons of the Great Tohoku Earthquake and Its Effects on Japan's Economy*(Tokyo: Fujitsu Research Institute, November 17, 2011), http://www.fujitsu.com/jp/group/fri/en/column/message/2011/2011-11-17.html.

42 Pew Research Center, "Japanese Wary of Nuclear Energy: Disaster 'Weakened' Nation," *Global Attitudes and Trends*, June 5, 2012, http://www.pewglobal.org/2012/06/05/japanese-wary-of-nuclear-energy/.

43 James Daniell, "CATDAT Damaging Earthquakes Database, 2010—Year in Review," Center for Disaster Management and Risk Reduction Technology Research Report(Karlsruhe: Karlsruhe Institute of Technology, 2011), https://earthquake-report.com/wp-content/uploads/2011/03/CATDAT-EQ-Data-1st-Annual-Review-2010-James-Daniell-03-03-2011.pdf.

44 인터뷰, 오사카, 2012년 11월 9일.

45 Earthquake Engineering Research Institute, "The March 11, 2011, The Great East Japan(Tohoku) Earthquake and Tsunami: Societal Dimensions," Special Earthquake

Report(Oakland, CA: Earthquake Engineering Research Institute, August 2011), 11, http://www.eqclearinghouse.org/2011-03-11-sendai/files/2011/03/Japan-SocSci-Rpt-hirez-rev.pdf.

46 See, for example, James Daniell, Friedemann Wenzel, and Bijan Khazai, "The Cost of Historical Earthquakes Today—Economic Analysis since 1900 through the Use of CATDAT," Paper for Australian Earthquake Engineering Society Conference, Perth, November 14, 2010, https://www.aees.org.au/wp-content/uploads/2013/11/07-Daniell.pdf.

47 John W. Schoen, "Insurance Industry Well-Shielded from Japan Quake," MSNBC.com, March 16, 2011, http://www.nbcnews.com/id/42095196/ns/business-world_business/t/insurance-industry-well-shielded-japan-quake/#.Ws3tdi-B2Ho.

48 Yoneyama Hidetaka, "The Effects of the Great Earthquake on Japan's Macro Economy," *The Lessons of the Great Tohoku Earthquake and Its Effects on Japan's Economy*(Tokyo: Fujitsu Research Institute, April 8, 2011), http://jp.fujitsu.com/group/fri/en/column/message/2011/2011-04-08.html.

49 Ministry of Economy, Trade, and Industry, "East Japan Great Earthquake Disaster: The World Economy, Stabilization Efforts by Coordination of Nations," *White Paper on International Economy and Trade*(Tokyo: METI, 2011), http://www.meti.go.jp/english/report/downloadfiles/2011WhitePaper/1-4.pdf.

50 Kamata Isao, "The Great East Japan Earthquake: A View on Its Implication for Japan's Economy," *La Follette Policy Report*(University of Wisconsin - Madison) 21, no. 1(Fall 2011): 13, https://www.lafollette.wisc.edu/images/publications/policyreports/policyreport21_1.pdf#page=12.

51 METI, "East Japan Great Earthquake."

52 R. Colin Johnson, "Shuttered Japanese Chip Makers Threaten IT," *SmarterTechnology.com*, March 23, 2011, https://www.flickr.com/groups/1467908@N22/discuss/72157626213375891/.

53 위의 글.

54 Murray McBride, "One Year Later, Impact of 'Great Tohoku' Quake Still Being Felt," Newswise, March 2, 2012, http://www.newswise.com/articles/one-year-later-impact-of-great-tohoku-quake-still-being-felt.

55 UN Scientific Committee on the Effects of Atomic Radiation, "Interim Findings of Fukushima-Daiichi Assessment Presented at the Annual Meeting of UNSCEAR"(Vienna: United Nations Information Service, May 23, 2012), http://www.unis.unvienna.org/unis/pressrels/2012/unisous144.html.

56 John Ten Hoeve and Mark Jacobson, "Worldwide Health Effects of the Fukushima

Daiichi Nuclear Accident," *Energy and Environmental Science* 9(June 26, 2012). 이 연구는 뜨거운 논쟁 대상이며, 주 저자가 "반핵주의자이며 이념에 기반을 둔 주장"이라는 지적이 있다. 아울러 Mark Lynas, "Why Fukushima Death Toll Projections Are Based on Junk Science," *Mark Lynas Environmental News and Comment*(blog), July 18, 2012, http://www.marklynas.org/2012/07/fukushima-death-tolls-junk-science/를 참조하라.

57 Hrabrin Bachev and Ito Fusao, "Fukushima Nuclear Disaster—Implications for Japanese Agriculture and Food Chains"(Sendai: Institute of Agricultural Economics, Tohoku University, September 3, 2013), Paper No. 49462, *Munich Personal RePEc Archive*, https://mpra.ub.uni-muenchen.de/49462/1/MPRA_paper_49462.pdf.

58 위의 글.

59 Raymond Van der Putten, "Japan: One Year after the Tohoku Earthquake," *Conjoncture*, March 2012, 16.

60 "外資の日本離れ加速, 対日投資, 11年流出超, 円高·低成長で," 日経新聞, 2012年 2月 18日, https://www.nikkei.com/article/DGXDASFS1702G_X10C12A2MM8000/.

61 Tadahiko, "Suggestion for Japanese Industry."

62 "内閣の震災対応 '評価しない' 60%朝日新聞世論調査" 朝日新聞, 2011年 4月 18日, http://www.asahi.com/special/08003/TKY201104170326.html; "復興取り組み評価する18%朝日新聞世論調査" 朝日新聞, 2011年 9月 10日, http://www.asahi.com/special/minshu/TKY20110909617.html.

63 인터뷰, 도쿄, 2012년 7월 10일.

64 Kenji Kushida, "The Fukushima Natural Disaster and the Democratic Party of Japan: Leadership, Structures and Information Challenges during the Crisis," *Japanese Political Economy* 40, no. 1(Spring 2014): 30.

65 Kyodo News, "Tsunami Alert Softened Days before 3/11," *Japan Times*, February 27, 2012, https://www.japantimes.co.jp/news/2012/02/27/national/tsunami-alert-softened-days-before-311/#.Wz-nii2ZOf4.

66 Japan Atomic Industrial Forum, "TEPCO Forecast 10 Meter Tsunami," Earthquake Report No. 224, October 4, 2011.

67 Jeff Kingston, "Power Politics: Japan's Resilient Nuclear Village," *Asia-Pacific Journal* 10, no. 43(October 29, 2012).

68 Nuclear Reform Special Task Force, "Fundamental Policy."

69 Goto Kazuko, "Japan's Role as Leader for Nuclear Nonproliferation," FAS Issue Brief(Washington, DC: Federation of American Scientists, December 2012)에 일본의 원자력 개발사가 잘 정리되어 있다.

70 Iida Tetsunari, "What Is Required for a New Society and Politics: The Potential of Japanese Civil Society," *Asia-Pacific Journal* 10, no. 46(November 12, 2012). 가령 도쿄전력은 2007년에 후쿠시마 제1원자로의 안전기록을 조작한 사실을 시인했다. 궁극적으로 도쿄전력은 가동 중인 17개의 원자로 가운데 13개의 데이터를 조작한 사실을 고백했으며, 이런 조작이 총 199건에 달했다. "TEPCO Must Probe 199 Plant Check Data Falsification Coverups," *Japan Times*, February 2, 2007; Citizens Nuclear Information Center, "Revelation of Endless N-damage Cover-ups," *Nuke Info Tokyo* 92(November/December 2002), www.cnic.jp/english/newsletter/nit92/nit92articles/nit92coverup.html. 일본 전력회사 10곳 가운데 일곱 개 기업이 원자력발전소 수리와 관리 기록을 조작한 사실을 시인했다(Kingston, "Power Politics").

71 Adam Westlake, "NRA Says Active Fault Lines under Third Nuclear Plant Most Likely Active," *Japan Daily Press*, December 12, 2012.

72 Funabashi and Kitazawa, "Fukushima in Review," 13-14.

73 RJIF Report, 181.

74 Funabashi and Kitazawa, "Fukushima in Review."

75 Richard Samuels, "Japan's Rhetoric of Crisis: Prospects for Change after 3.11," *Journal of Japanese Studies* 39, no. 1(2013): 104.

76 National Diet of Japan, *Official Report*, executive summary, 20.

77 Satoh, "Post-3.11 Japan," 6(chap. 3, n. 32 참조).

78 Linda Sieg, "Nuclear Issue Puts Increasing Pressure on Japanese Government," Reuters, July 17, 2012, https://www.reuters.com/article/us-japan-nuclear/nuclear-issue-puts-increasing-pressure-on-japan-government-idUSBRE86G09720120717?feedType=RSS&feedName=worldNews.

79 "Rigged Opinions on Nuclear Power," *Japan Times*, November 28, 2011, https://www.japantimes.co.jp/opinion/2011/11/28/editorials/rigging-opinions-on-nuclear-power/#.Wyk-YC2ZOf4. 아울러 Jonathan Soble, "Japan Reveals Nuclear Safety Overhaul," *Financial Times,* August 5, 2011도 참조하라.

80 Nippon Foundation for Social Innovation, "Chairman's Remarks," International Expert Symposium in Fukushima—Radiation and Health Risks, Fukushima, September 11, 2011, http://www.nippon-foundation.or.jp/en/who/message/speeches/2011/14.html.

81 "Post-Disaster Japan Turns Skeptical," Edelman Japan, January 2012, https://www.edelman.com/2012-edelman-trust-barometer.

82 모든 통계치의 출처는 Edelman, "Japan and the Fragility of Trust," *2012 Edleman Trust Barometer: Annual Global Study*, 5, https://sharedvaluemedia.com/wp-content/uploads/2013/04/79026497-2012-Edelman-Trust-Barometer-

Executive-Summary-1.pdf.

83 인터뷰, 도쿄, 2012년 7월 19일.

84 Tsunekawa, "Toward a Balanced Assessment," in Tsunekawa, *Five Years After*, 11.

85 Japan Ministry of Defense, "Great East Japan Earthquake and SDF's Activities," *Japan Defense Focus*, March 2012, http://www.mod.go.jp/e/jdf/sp2012/sp2012_02. html.

86 Yoshizaki Tomonori, "The Military's Role in Disaster Relief Operations: A Japanese Perspective," Paper for National Institute for Defense Studies International Symposium on Security Affairs, Tokyo, November 2011, http://www.nids.mod. go.jp/english/event/symposium/pdf/2011/e_06.pdf.

87 자위대의 구호 노력이 특별한 관심 대상이지만, 일본의 다른 비상 대응조직 소속원들의 헌신도 간과해서는 안 된다. 약 38만 9000명의 경찰이 광역긴급원조대広域緊急援助隊의 일환으로 2011년 6월 20일까지 위기 현장에 파견되었으며, 44개 현에서 소방관 12만 명과 193개 의료팀도 파견되었다. Tsunekawa, "Toward a Balanced Assessment," in Tsunekawa, *Five Years After*, 10을 참조하라.

88 内閣部, "自衛隊・防衛問題に関する世論調査," 2012年 1月, https://survey.gov-online.go.jp/h23/h23-bouei/index.html.

89 Kamiura Motoaki, "Self Defense Forces Gain New Cachet as Emergency Responders," *Cultural News*, May 2011, http://www.culturalnews.com/?p=4689.

90 가령 Sunaga Kazuo, "Japan's Experience of HADR Operations: A Case of the East Japan Great Earthquake of 2011," ASEAN Regional Forum, Phnom Penh, May 24, 2012, http://aseanregionalforum.asean.org/files/Archive/19th/ARF%20DOD,%20 Phnom%20Penh,%2024May2012/Annex%20D2%20-%20Presentation%20 by%20Japan.pdf를 참조하라.

91 Weston Konishi, "Is Disaster Relief Revolutionising Japan's Security Affairs?," *East Asia Forum*, July 6, 2016, http://www.eastasiaforum.org/2016/07/06/is-disaster-relief-revolutionising-japans-security-affairs/. 고니시는 구조적 제약 때문에 이런 약속이 실현되지 못할 것이라고 결론 내렸다.

92 모든 수치의 출처는 Japan Ministry of Foreign Affairs, "List of Relief Supplies and Donations from Overseas," December 28, 2012, http://www.mofa.go.jp/j_info/ visit/incidents/pdfs/r_goods.pdf.

93 오키나와에 주둔하는 미 해병에 관한 안 좋은 이야기가 많으며, 미일동맹 이슈 가운데 아마도 가장 큰 문제가 될 것이다. 미 해병은 오키나와 사람들에게 좋지 않은 인상을 주고 있으며, 해병 항공기지 주변의 도시가 크게 성장했다. 해병 항공시설에서의 비행기 추락으로 생기는 민간인 피해와 같은 사고는 미일동맹에 위기를 초래할 수도 있다. 하지만 여러 면에서 미 해병과 오키나와섬에 주둔하는 미군에 대한 오키나와 사람들의 불만은 자신들이 차별받고 있다고 느껴왔으며, 계속

고통을 받고 있다는 것이다. 간단히 말하면, 오키나와 사람들은 자신들의 터전이 미군의 쓰레기 하치장이 되었으며 대부분의 일본인은 이를 전혀 느끼지 못한다고 믿는다.

94 인터뷰, 도쿄, 2011년 12월 2일. 미군 배치 및 일본인들과의 협력에서 문제가 없었던 것은 아니며, 이에 대한 설명은 Richard Samuels explains in *3.11: Disaster and Change in Japan*(Ithaca, NY: Cornell University Press, 2013), 22-23, 94-95를 참조하라.

95 Public Relations Office, Cabinet Office, "Outline of 'Public Opinion Survey on the Self-Defense Forces(SDF) and Defense Issues,'" March 2012, 10, 18, http://www.mod.go.jp/e/d_act/others/pdf/public_opinion.pdf.

96 이 발언과 이후 발언은 2012년 7월 22일 도쿄에서 한 인터뷰에서 인용되었다.

97 이 발언과 이후 발언은 2012년 7월 12일 도쿄에서 한 인터뷰에서 인용되었다.

98 Mark Molesky, *This Gulf of Fire: The Destruction of Lisbon, or Apocalypse in the Age of Science and Reason*(New York: Random House, 2015).

99 인터뷰, 후쿠오카, 2012년 11월 26일.

100 소제목 표현은 하야시 도시히코와의 2012년 11월 9일 인터뷰에서 인용되었다.

101 Evelyn Bromet of State University of New York at Stony Brook, Geoff Brumfiel, "Fukushima's Doses Tallied," *Nature* 485(May 24, 2012): 423-24에서 인용.

102 인터뷰, 오사카, 2012년 11월 9일.

103 인터뷰, 교토, 2012년 11월 9일.

104 인터뷰, 도쿄, 2012년 7월 12일. 이 프로젝트를 위해 나는 도쿄, 오사카, 교토 소재 대학에 재학 중인 학생들과 간담회를 가졌다. 이 간담회가 내 연구에서 가장 흥미롭고 보람 있었다.

105 인터뷰, 도쿄, 2012년 7월 12일.

106 인터뷰, 도쿄, 2012년 7월 23일.

107 인터뷰, 도쿄, 2012년 8월 13일.

108 간 총리는 3월 11일 이전부터 기즈나를 언급하고 있었다. 2011년 1월 세계경제포럼 다보스 회의에서 간 총리는 "일본을 재개방"할 것이며, 이러한 과정의 효과로 인한 피로를 덜기 위해 기즈나를 사용하겠다고 언급했다.

109 이 서한은 총리실 웹사이트에 있다. Kan Naoto, "Kizuna: The Bonds of Friendship," April 11, 2011, www.kantei.go.jp/foreign/kan/statement/201104/11kizuna_e.html.

110 Michael Gakuran, "Top 60 Japanese Buzzwords of 2011," *Gakuranman*(blog), December 1, 2011, http://gakuran.com/top-60-japanese-buzzwords-of-2011/#Bonds.

111 Irwin Scheiner, "The Japanese Village: Real, Imagined, Contested," in *Mirror of Modernity: Invented Traditions of Modern Japan*, ed. Stephen Vlastos(Berkeley:

University of California Press, 1998), 67.

112 内閣府, 社会意識に関する世論調査, 2012, https://survey.gov-online.go.jp/h23/h23-shakai/2-2.html.

113 문단 소제목은 Azuma Hiroki, "The Disaster Broke Us Apart," *After the Disaster* 2(Autumn 2011): 8–17에서 인용했다.

114 인터뷰, 교토, 2012년 11월 7일.

115 간담회, 도쿄, 2012년 7월 19일.

116 Tamamoto Masaru, "It Takes a Village, Alas: Japan, Land of Peasants, Embraces Conformity and Decline," Zócalo Public Square(Arizona State University), November 15, 2012, http://www.zocalopublicsquare.org/2012/11/15/it-takes-a-village-alas/ideas/nexus/#.

117 모든 언급은 Azuma, "Disaster Broke Us Apart"에서 인용했다.

118 Kimoto Takeshi, "Post-3/11 Literature: Two Writers from Fukushima," *World Literature Today* 86, no. 1(January/February 2012): 14–18.

119 위의 글.

120 Yoshimi Shunya, "Radioactive Rain and the American Umbrella," *Journal of Asia Studies* 71, no. 2(May 2012): 319.

121 Shibasaki Tomoka, "What Do You Wish We Had in Japan Today?," *Monkey Business: New Writing from Japan*, 2012, 14–15에서 인용.

122 Uchida Tatsuru, 위의 책 7–8에서 인용.

123 Kakuta Mitsuyo, "Pieces," in *March Was Made of Yarn: Reflections on the Japanese Earthquake, Tsunami, and Nuclear Meltdown*, ed. Elmer Luke and David Karashima(New York: Vintage Books, 2012), 120, 121.

124 Ikezawa Natsuki, "Grandma's Bible," in Luke and Karashima, *March Was Made of Yarn*, 106.

125 인터뷰, 도쿄, 2012년 7월 11일.

126 Pew Research Center, "Japanese Wary of Nuclear Energy."

127 Andrew Maerkle and Natsuko Odate, "The Multiple Lives of Images," *ART-iT*, February 1, 2012, http://www.art-it.asia/u/admin_ed_feature_e_/OICutqp7GDXTKQg9be5P/.

128 Samuels, *3.11*, 183–84.

129 Pew Research Center, "Japanese Wary of Nuclear Energy."

제6장

1 "Japan is back": CSIS, "Statesmen's Forum"(chap. 2, n. 61 참조). CSIS에서의 이 연설은 불과 몇 달 전 이곳에서 제3차 아미티지 · 나이 보고서가 발표되었기 때문에 더욱 신랄했다. 미일 관계에 대한 초당파적인 평가는 노골적으로 "일본이 계속

해서 일류 국가로 남기를 원하는가 아니면 이류 국가로 표류하는 데 만족하고 있
는가?"라고 물었다. Armitage and Nye, *U.S.-Japan Alliance*, 1(chap. 2, n. 61 참조).

2   Neil Irwin, "Why Japan Is the Most Interesting Story in Global Economics Right
Now," *Washington Post*, April 4, 2013.

3   구로다는 2퍼센트 목표를 달성할 때까지 양적완화를 지속하겠다고 말했기 때문
에 이 수치는 다소 자의적일 수도 있다. 그는 이 수치를 통해 무제한이라고 밝혔
다. Edward Hugh, "The Real Experiment That Is Being Carried Out in Japan," A
Fistful of Euros: European Opinion, May 14, 2013, http://fistfulofeuros.net/afoe/
the-real-experiment-that-is-being-carried-out-in-japan/.

4   James McBride and Xu Beina, "Abenomics and the Japanese Economy,"
Backgrounder(Washington, DC: Council on Foreign Relations, March 10, 2015),
http://www.cfr.org/japan/abenomics-japanese-economy/p30383. 최신 업데이트
는 2018년 3월 23일.

5   Shiozaki Yasuhisa, "Japan's Economy—Can It Be Rescued and Revived by
Abenomics?," remarks to the Credit Suisse 16th Asian Investment Conference,
Hong Kong, March 18, 2013.

6   "Japan's Bond Market: The Wild Side," *The Economist*, Banyan Asia blog, May 24,
2013, http://www.economist.com/blogs/banyan/2013/05/japans-bond-market.

7   Shiozaki, "Japan's Economy."

8   "Japan's Economy: Pump-Priming," *The Economist*, January 3, 2015.

9   Matthew Boesler, "The Truth about Abenomics: The Japanese Economic
Experiment That Is Captivating the World," *Business Insider*, March 16, 2013.
www.businessinsider.com/what-is-abenomics-2013-3.

10   Jonathan Soble, "Abe's Third Arrow Aims to Pierce Labor Shield in Growth
Strategy," *Financial Times*, June 4, 2013. 이는 잠재적으로 양날의 검이 될 수 있다.
기업들이 더 많은 파트타임 '비정규직' 노동자를 고용함으로써 경제 부문에서 수
요 측면의 문제를 악화시킬 수도 있기 때문이다. 한 전문가는 소블의 기사에서 다
른 나라는 임금에 우선순위를 두는 반면, 일본은 고용에 우선순위를 두고 있다고
설명했다.

11   Tom Holland, "After a Stellar Start, 'Abenomics' Faces Dim Future," *South China
Morning Post*, May 17, 2013, http://www.scmp.com/business/article/1239269/
after-stellar-start-japans-abenomics-faces-dim-future.

12   Organization for Economic Cooperation and Development, *Japan 2014, Advancing
the Third Arrow for a Resilient Economy and Inclusive Growth*, April 30, 2014, 2,
https://www.oecd.org/japan/2014.04 JAPAN_EN.pdf.

13   Kashima Miyuki and Simon Cox, "Abenomics: What's Left in the Quiver?," Bank
of New York Mellon, September 2014, https://www.bnymellon.com/global-assets/

pdf/our-thinking/business-insights/abenomics-what%27s-left-in-the-quiver. pdf.

14 "전진하는 아베노믹스"는 총리 홈페이지에 자주 등장하는 주제다. 이 책을 저술하는 현재 가장 최신 평가는 2018년 6월에 이루어졌으며, http://www.japan.go.jp/abenomics/index.html에서 열람이 가능하다(2020년 2월 2일 현재 2020년 1월까지 업데이트가 진행되었다 - 옮긴이).

15 모든 수치는 "Abenomics Is Progressing!," http://www.japan.go.jp/abenomics/index.html에서 인용-(2016년 1월 20일).

16 모든 수치는 "Abenomics Is Progressing!," http://www.japan.go.jp/pc/abenomics/201602/에서 인용(2016년 2월 16일).

17 Sano Hideyuki and Kihara Leika, "BOJ Launches Negative Interest Rates, Already Dubbed a Failure by Markets," Reuters, February 15, 2016, http://www.reuters.com/article/us-japan-economy-boj-idUSKCN0VP08T.

18 Richard Katz, "Why Is GDP So Flat?," Oriental Economist, February 15, 2016.

19 Nohara Yoshiaki and Andy Sharp, "Abenomics Losing Support with Economists and Voters Alike," Japan Times, March 8, 2016.

20 위의 글.

21 Shiozaki, "Japan's Economy."

22 "The Third Arrow of Abenomics: Misfire," The Economist, June 15, 2013.

23 Associated Press, "Japan PM Outlines Reform Strategy for Economy," Business Insider, June 5, 2013, https://www.business-standard.com/article/international/japan-pm-outlines-reform-strategy-for-economy-113060500169_1.html; Kaneko Kaori and Kajimoto Tetsuji, "Japan's Abe Targets Income Gains in Growth Strategy," Reuters, June 5, 2013, https://www.reuters.com/article/us-japan-economy-arrow/japans-abe-targets-income-gains-in-growth-strategy-idUSBRE95400R20130605.

24 "Third Arrow," The Economist.

25 International Monetary Fund, "IMF Executive Board Concludes 2015 Article IV Consultation with Japan," Press Release No. 15/352(Washington, DC: IMF, July 23, 2015), 1, https://www.imf.org/external/pubs/ft/scr/2015/cr15197.pdf.

26 위의 글, 9.

27 위의 글, 1.

28 Government of Japan, "Section 1 Outline: I. Basic Concept of Revising Japan Revitalization Strategy," June 30, 2015, 2, https://www.kantei.go.jp/jp/singi/keizaisaisei/pdf/dai1en.pdf.

29 Government of Japan, "Urgent Policies to Realize a Society in Which All Citizens Are Dynamically Engaged," January 22, 2016, 1, http://japan.kantei.go.jp/97_abe/

Documents/2015/__icsFiles/afieldfile/2016/01/22/urgentpolicies_20151126.pdf.

30 위의 글.

31 Government of Japan, "Basic Policy on Economic and Fiscal Management and Reform 2017," Cabinet Decision, June 9, 2017, 1, http://www5.cao.go.jp/keizai-shimon/kaigi/cabinet/2017/2017_basicpolicies_en.pdf.

32 "Japan Is Now the Fastest Growing Economy in the G7," *Fortune* and Reuters, August 13, 2017, http://fortune.com/2017/08/14/japan-2q-gdp-growth-abenomics/.

33 Government of Japan, "Basic Policy," 2. "Society 5.0"은 "사이버 공간과 물리적 공간을 고도로 통합하는 시스템을 통해 경제적 발전과 사회문제의 해결 사이에 조화를 추구하는 인간 중심의 사회"라고 정의된다. Japan Cabinet Office, Council for Science, Technology, and Innovation, "Society 5.0," 2018년 8월 15일 열람, http://www8.cao.go.jp/cstp/english/society5_0/index.html을 참조하라.

34 Leo Lewis, "The End of Abenomics Will Test Japan's Appetite for M&A," *The Financial Times*, July 26, 2017.

35 International Monetary Fund, "Japan: 2017 Article IV Consultation—Press Release; Staff Report; and Statement by the Executive Director for Japan," Washington, DC, July 31, 2017, 21, https://www.imf.org/~/media/Files/Publications/CR/2017/cr17242.ashx.

36 Government of Japan, "I. Overview: 1. The Basic Concept of Growth Strategy," June 13, 2013, 1, https://www.kantei.go.jp/jp/singi/keizaisaisei/pdf/en_saikou_jpn.pdf.

37 Government of Japan, "Revising Japan Revitalization Strategy."

38 위의 글, 2.

39 위의 글, 24.

40 Nakamichi Takeshi and Fumikawa Megumi, "Bank of Japan Takes Fresh Action," *Wall Street Journal*, December 18, 2015.

41 Michiyo Nakamoto, "Japan Unveils ¥10.3tn Stimulus Package," *Financial Times*, January 11, 2013.

42 부채의 대부분은 일본 국민이 채권자이기 때문에 일본은 해외 채권자들에게 덜 취약하다고 볼 수 있지만 이런 논리에도 문제점은 있다. 첫 번째로 어느 수준에 달하게 되면 일본 국민에게 채권을 판매하는 창구 역할을 하는 일본 금융기관들은 채권자들이 은퇴 후 소비를 위해 저축된 돈을 쓰려 할 때 자금이 필요해질 수 있다. 일본 정부가 돈을 찍어내지 않고 이런 수요를 어떻게 충족시킬지가 분명하지 않다. 두 번째로 이런 논리는 일본인 저축자들이 현재 받고 있는 극도로 낮은 수준의 이자율에 만족하며 앞으로도 계속 자금을 조달해줄 것이라고 가정한다. 세 번째로 채권수익률이 올라가기 전에 경기가 회복되거나 인플레이션이 발생할

것이라고 예상한다. 인플레이션은 투자자들이 자신들의 이익이 물가상승으로 잠식되지 않도록 하려 하기 때문에 채권수익률을 상승시키는 효과가 있다. 하지만 채권수익률이 상승하는 반면 경기가 회복되지 않는다면, 일본은 더 많은 채무에 시달리며 원리금 상환 부담이 훨씬 더 커지는 최악의 상황에 놓일 수도 있다.

43 "The End of the Affair," *The Economist*, April 11, 2015.

44 Hoshi Takeo, "Two Decades of Stalled Reform: Why the Government's Growth Strategies All Look the Same"(Tokyo: Tokyo Foundation for Policy Research, June 15, 2017), http://www.tokyofoundation.org/en/articles/2017/two-decades-of-stalled-reform.

45 위의 글.

46 인터뷰, 도쿄, 2017년 11월 2일.

47 Noah Smith makes the most impassioned case in "Trust Not in Shinzo Abe, Ye Monetarists!," *Noahpinion*(blog), December 28, 2012, http://noahpinionblog.blogspot.com/2012/12/trust-not-in-shinzo-abe-ye-monetarists.html. 린다 시그와 로이터통신사에서 근무하는 그녀의 동료들은 이러한 주장을 "Special Report: The Deeper Agenda behind 'Abenomics,'" May 24, 2013을 통해 지지한다.

48 Sawa Takamitsu, "Abe Set to Overturn Legacies of Koizumi and Nakasone," *Japan Times*, October 13, 2013.

49 Government of Japan, "Japan Revitalization Strategy."

50 Sawa Takamitsu, "Abe Set to Overturn Legacies of Koizumi and Nakasone," *Japan Times*, October 13, 2013.

51 Leo Lewis and Kana Inagaki, "Japan Inc: Heavy Meddling," *Financial Times*, March 15, 2016. 몇몇 사람은 경산성이나 그 전신으로서 강력한 권한을 갖고 있다고 알려졌던 통상산업성이 실제로는 그만큼 권한이 강력하지 못했다고 지적한다. 하지만 아베노믹스가 경산성에 부여한 역할이나 아베 총리와 가까운 전직 경산성 관계자들을 간과해서는 안 된다. 이들은 아마도 자신이 예전에 몸담았던 조직에 더 많은 권한이 부여되도록 손쓰고 있을 수도 있다.

52 인터뷰, 도쿄, 2017년 11월 2일.

53 William Pesek, "Japan's Abenomics Failure Is 30 Years in the Making," *Asia Times*, August 11, 2017, http://www.atimes.com/article/japans-abenomics-failure-30-years-making/.

54 Tobias Harris, "Can Japan's Opposition Mobilise Disaffected Voters?," *East Asia Forum*, July 2, 2016, http://www.eastasiaforum.org/2016/07/02/can-japans-opposition-mobilise-disaffected-voters/.

55 Bank of Japan, "Results of the 71st Opinion Survey on the General Public's Views and Behavior(September 2017 Survey)," October 13, 2017, https://www.boj.or.jp/en/research/o_survey/ishiki1710.htm/.

56 Brad Glosserman, "An Ugly Win for Mr. Abe," *PacNet*(Pacific Forum CSIS newsletter) 89(December 16, 2014), https://www.csis.org/analysis/pacnet-89-ugly-win-mr-abe.

57 Brad Glosserman, "Japan: Hopeless?," *PacNet* 77(October 25, 2017), https://www.csis.org/analysis/pacnet-77-japan-hopeless.

58 Masahisa Endo, Robert Pekkanen, and Steve Reed, "The LDP's Path Back to Power," in Pekkanen, Reed, and Scheiner, *Japan Decides 2012*, 49(chap. 4, n. 45 참조).

59 Linda Sieg and Takenaka Kiyoshi, "Japan Enacts Strict State Secrets Law Despite Protests," Reuters, December 6, 2013, http://www.reuters.com/article/us-japan-secrets/japan-enacts-strict-state-secrets-law-despite-protests-idUSBRE9B50JT20131206.

60 Mina Pollman, "Japan's Controversial State Secrets Law: One Year Later," *The Diplomat*, December 9, 2015, https://thediplomat.com/2015/12/japans-controversial-state-secrets-law-one-year-later/.

61 Adam Liff, "Policy by Other Means: Collective Self-Defense and the Politics of Japan's Postwar Constitutional Reinterpretation," *Asia Policy* 24(July 2017): 139 – 72.

62 Robert Pekkanen and Saadia Pekkanen, "Japan in 2015: More about Abe," *Asian Survey* 56, no. 1(2016): 44.

63 "Survey: Less Than 40 Percent of Japanese Support TPP Ratification," *Agencie EFE*, October 31, 2016, https://www.efe.com/efe/english/portada/survey-less-than-40-percent-of-japanese-support-the-tpp-ratification/50000260-3083023. 토비아스 해리스는 NHK 설문조사 응답자의 53퍼센트가 TPP를 "크게 지지한다(8퍼센트)" 내지 "어느 정도 지지한다(45퍼센트)"라고 밝힌 반면 29퍼센트는 "그다지 지지하지 않는다"라고 했고 8퍼센트가 "전혀 지지하지 않는다"라고 대답한 점에 주목한다. 〈니혼게이자이신문〉의 설문조사 결과 응답자의 49퍼센트가 TPP를 지지한다고 밝혔으며, 26퍼센트만이 반대 의사를 표명했다. Tobias Harris, "The Next Steps for Japan on the Road to the Trans-Pacific Partnership"(Washington, DC: Sasakawa Peace Foundation USA, October 27, 2015), https://spfusa.org/research/the-next-steps-for-japan-on-the-road-to-the-trans-pacific-partnership/.

64 Jeff Kingston, "Abe's Faltering Efforts to Restart Japan," *Current History*, September 2016, 235.

65 "For Nonexistent High-Rise, Deeper Discount Sought for Moritomo," *Asahi Shimbun*, May 22, 2017, http://www.asahi.com/ajw/articles/AJ201705220056.html.

66 Lawrence Repeta, "Backstory to Abe's Snap Election—the Secrets of Moritomo,

Kake and the 'Missing' Japan SDF Activity Logs," *Asia-Pacific Journal* 15, no. 20(October 15, 2017), https://apjjf.org/2017/20/Repeta.html.

67 "Finance Ministry Admits Altering Moritomo Land Deal Docs: Akie Abe's Name Erased," *Mainichi Shimbun*, March 12, 2018, https://mainichi.jp/english/articles/20180312/p2g/00m/0dm/045000c.

68 Linda Sieg, "Scandal Clouds Darken for Japan's Abe ahead of Trump Summit," Reuters, April 10, 2018, https://www.reuters.com/article/us-japan-politics/scandal-clouds-darken-for-japans-abe-ahead-of-trump-summit-idUSKBN1HH0EM.

69 Ellis Krauss and Robert Pekkanen, *The Rise and Fall of Japan's LDP: Political Party Organizations as Historical Institutions*(Ithaca, NY: Cornell University Press, 2011), 141.

70 AFP, "Japan's PM Abe Not Involved in Doctoring Land-Sale Documents, Says Key Official," *Straits Times*, March 27, 2018, http://www.straitstimes.com/asia/east-asia/japans-pm-abe-not-involved-in-doctoring-land-sale-documents-says-key-official.

71 Brad Glosserman, "Why Trump Could Be the Final Nail in Abe's Coffin," *The Diplomat*, March 28, 2018, https://thediplomat.com/2018/03/why-trump-could-be-the-final-nail-in-abes-coffin/.

72 David Pilling, "China and the Post-Tsunami Spirit Have Revived Japan," *Financial Times*, May 13, 2013.

73 Abe Shinzo, "Japan Is Back"(chap. 2, n. 61 참조).

74 위의 책.

75 Zeeshan Aleem, "Japan and Europe's Huge New Trade Agreement Shows That US Leadership Is Already Fading," Vox.com, July 6, 2017, https://www.vox.com/world/2017/7/6/15924316/japan-europe-trade-trump.

76 兼原信克, "国家国益と外交安全保障," 論集 日本の外交と総合的安全保障(谷内正太郎 編)(Tokyo: WEDGE, 2011), 17‑56.

77 Brad Glosserman, "False Choices for Tokyo," *Japan Times*, January 23, 2008.

78 일부에서 제기하는 바와 같이 일본이 미국의 안보에 무임승차나 저임승차를 하고 있다는 주장은 금전, 인력, 협력 구상 등의 분야에서 동맹에 대한 일본의 엄청난 기여와 미국이 병력을 아시아에 전진 배치함으로써 얻는 이익을 간과하고 있다. 이런 병력 전진 배치는 양국에 이익이 된다.

79 가령 Ministry of Foreign Affairs of Japan, "Japan-U.S. Security Consultative Committee(Japan-U.S. '2+2')," August 17, 2017, http://www.mofa.go.jp/na/st/page3e_000714.html을 참조하라.

80 Ministry of Defense, *Defense of Japan 2017*(Tokyo: Ministry of Defense, 2017),

211.

81   Jonathan Lemire and Jill Colvin, "In Japan, Trump Pushes New Trade Deal, Mourns Texas Shooting," *Daily Chronicle*(DeKalb, IL), November 5, 2017, http:// www.daily-chronicle.com/2017/11/06/in-japan-trump-pushes-new-trade-deal-mourns-texas-shooting/avmo7vf/. 하지만 2018년 봄이 되자 이런 전략이 현명한지에 대한 의문이 제기되었다. 트럼프가 김정은을 일대일로 만나기로 합의한 사실을 미처 모르고 있었던 아베는 일본과 미국이 보조를 같이하도록 노력했다. 더욱이 특별한 관계라고 그토록 자랑했지만 그럼에도 트럼프가 부여한 철강과 알루미늄 관세 면제 혜택도 받지 못했다. 많은 관찰자는 트럼프와의 관계가 아베에게 자산이 아니라 부채가 된 것이 아닌가 의문시하고 있다. 가령 Glosserman, "Why Trump Could Be"를 참조하라.

82   Abe, "Japan Is Back."

83   Christopher Hughes, *Japan's Re-emergence as a "Normal" Military Power*(London: International Institute for Strategic Studies, 2004). 최근 진전 상황을 알고 싶다면 Adam Liff, "Japan's Defense Policy: Abe the Evolutionary," *Washington Quarterly* 38, no. 2(Summer 2015): 79 - 99를 참조하라.

84   이에 관한 잘 정리된 요약서는 Kitaoka Shinichi, "The Turnabout of Japan's Security Policy: Toward 'Proactive Pacifism,'" Nippon .com, April 2, 2014, http:// www.nippon.com/en/currents/d00108/을 참조하라.

85   Liff, "Japan's Defense Policy," 79 - 99; and Brad Glosserman, "Beating Up on Tokyo: Good Fun, Bad Policy," *PacNet* 50(August 8, 2012).

86   Victor Cha, *Powerplay: The Origins of the American Alliance System in Asia*(Princeton, NJ: Princeton University Press, 2016).

87   Thomas Wilkins, "Japan's Alliance Diversification: A Comparative Analysis of the Indian and Australian Strategic Partnerships," *International Relations of the Asia Pacific* 11, no. 1(2011): 16.

88   일본의 삼각협력에 대한 생각은 Brad Glosserman, "(H)edging toward Trilateralism: Japanese Foreign Policy in an Uncertain World," *ISPI(Instituto per GLI Studi de Politica Internazionale) Analysis* 84(January 2011): 116, https://www.ispionline.it/it/documents/Analysis_84_2011.pdf.를 참조하라.

89   Yuki Tatsumi, "Introduction," in *US-Japan-Australia Security Cooperation: Prospects and Challenges*, ed. Yuki Tatsumi(Washington, DC: Stimson Center, April 2015), 16.

90   Australian Department of Foreign Ministry and Trade, "Japan Country Brief: Overview," accessed August 15, 2018, http://dfat.gov.au/geo/japan/pages/japan-country-brief.aspx.

91   Ishihara Yusuke, "Japan-Australia Security Relations and the Rise of China:

Pursuing the 'Bilateral-Plus' Approaches," UNISCI Discussion Papers No. 32, May 2013, 82.

92 Ministry of Foreign Affairs of Japan, "'Confluence of the Two Seas': Speech by H. E. Mr. Shinzo Abe, Prime Minister of Japan, at the Parliament of the Republic of India," August 22, 2007, http://www.mofa.go.jp/region/asia-paci/pmv0708/speech-2.html.

93 Purnendra Jain, "Modi-Abe Love Affair Drives India and Japan Closer," *East Asia Forum*, September 21, 2017, http://www.eastasiaforum.org/2017/09/21/modi-abe-love-affair-drives-india-and-japan-closer/.

94 주일본 인도대사관은 2014년 9월에 아베가 인도의 공공과 민간 분야에 350억 달러를 향후 5년간 투자할 계획이며, 인도에 대한 직접투자와 인도 내에서 활동하는 일본 기업의 수를 2019년까지 두 배로 끌어올리겠다고 발표한 데 대해 "잠재적 성장 가능성"이라며 높게 평가했다. 이미 2012~2013년의 교역 규모가 2006~2007년에 비해 두 배 증가했다는 선례가 있다. Embassy of India in Japan, "India-Japan Economic Relations," accessed August 15, 2018, https://www.indembassy-tokyo.gov.in/india_japan_economic_relations.html.

95 Jain, "Modi-Abe Love Affair."

96 Ankit Panda, "US, Japan, India and Australia Hold Working-Level Quadrilateral Meeting on Regional Cooperation," *The Diplomat*, November 13, 2017, https://thediplomat.com/2017/11/us-japan-india-and-australia-hold-working-level-quadrilateral-meeting-on-regional-cooperation/.

97 Association of Southeast Asian Nations, "Overview of Japan-ASEAN Dialogue Relations," ASEAN.org, March 2017, http://asean.org/storage/2012/05/Overview-ASEAN-Japan-Relations-As-of-8-March-2017.pdf.

98 발언과 모든 통계치는 Aizawa Nobuhiro, "Japan's Strategy toward Southeast Asia and the Japan-U.S. Alliance," CSIS Japan Chair, Strategic Asia(Washington, DC: CSIS, April 2014), 1에서 인용.

99 Satu Limaye and Kikuchi Tsutomu, *US-Japan Relations and Southeast Asia: Meeting Regional Demands Project Report*(Washington, DC: East-West Center, Japan Institute of International Affairs and Sasakawa Peace Foundation, 2016).

100 Yamamoto Daisuke, "Solid ASEAN Ties Key to Abe's Strategy," *Kyodo News*, July 13, 2013, https://www.japantimes.co.jp/news/2013/07/31/national/politics-diplomacy/solid-asean-ties-key-to-abe-strategy/#.Wf6I_raB2Ho.

101 Ministry of Foreign Affairs of Japan, "The Japan-ASEAN Summit Meeting," Prime Minister Abe's remarks, Vientiane, Laos, September 7, 2016, http://www.mofa.go.jp/a_o/rp/page3e_000590.html.

102 Tim Kelly and Kubo Nobuhiro, "Exclusive: Japan Seeks Southeast Asia Clout

with Chopper Parts for Philippines Military—Sources," Reuters, August 10, 2017, https://www.reuters.com/article/us-japan-defence-philippines-exclusive/exclusive-japan-seeks-southeast-asia-clout-with-chopper-parts-for-philippines-military-sources-idUSKBN1AQ0W3.

103 Embassy of Japan in the Philippines, "Prime Minister Shinzo Abe's Congratulatory Message to the Philippines on the 50th Anniversary on the Establishment of Association of Southeast Asian Nations," August 8, 2017, http://www.ph.emb-japan.go.jp/itpr_en/00_000351.html.

104 Jibiki Koya, "China's Senkaku Incursions Are the New Normal," *Nikkei Asian Review*, September 11, 2017, https://asia.nikkei.com/Politics-Economy/International-Relations/China-s-Senkaku-incursions-are-the-new-normal.

105 Ministry of Defense, *Defense of Japan 2017*, 189.

106 Kudo Yasushi, "Polls Show Sino-Japan Public Sentiment Worsens: Direct Interaction Key to Improvement"(Tokyo: Genron NPO, September 27, 2016), http://www.genron-npo.net/en/opinion_polls/archives/5310.html.

107 Public Relations Office, Cabinet Office, "Overview of the Public Opinion Survey on Diplomacy"(Tokyo: Government of Japan, December 2016), 7 – 8.

108 Isabel Reynolds, "China-Japan Rivalry Deepens with Abe and Xi on Pace for More Power," Bloomberg, October 16, 2017, https://www.bloomberg.com/news/articles/2017-10-16/china-japan-rivalry-deepens-as-abe-and-xi-on-pace-for-more-power.

109 이 회담을 통해 시진핑은 성공적인 APEC 회담을 개최하고 왜 일본 총리가 불참하는지 등의 질문과 같은 관심을 분산시키는 일이 발생하지 않도록 했다. 합의 조건이 무엇인지는 아직 공개되지 않았지만, 아베가 야스쿠니신사를 참배하지 않겠다는 약속이 포함된 것으로 널리 생각되고 있다. 이 회담을 비롯하여 일중 관계에 대한 정례적인 평가에 대해서는 The Japan-China articles and chronologies in *Comparative Connections*, an electronic journal on Asia-Pacific relationships, at http://cc.csis.org를 참조하라.

110 Reynolds, "China-Japan Rivalry Deepens."

111 Ministry of Foreign Affairs of Japan, "Premier of the State Council of China Li Keqiang Visits Japan Japan-China Summit Meeting and Banquet," May 9, 2018, https://www.mofa.go.jp/a_o/c_m1/cn/page3e_000857.html.

112 Daniel Sneider, "Behind the Comfort Women Agreement," *Tokyo Business Today*, January 10, 2016, http://toyokeizai.net/articles/-/99891.

113 Ministry of Foreign Affairs of Japan, "Announcement by Foreign Ministers of Japan and the Republic of Korea at the Joint Press Occasion," December 28, 2015, http://www.mofa.go.jp/a_o/na/kr/page4e_000364.html.

114 Kim Ji-eun, "Moon Administration Will Not Renegotiate 2015 Comfort Women Agreement," *Hankyoreh*, January 10, 2018, http://english.hani.co.kr/arti/english_edition/e_international/827149.html.

115 Brad Glosserman, "Special Forum: U.S.-Japan Relations," *The Asan Forum*(Seoul) 6, no. 4(June 29, 2018), http://www.theasanforum.org/us-japan-relations/.

116 Jiji Press, "Election Turnout Likely Second-Lowest in Postwar Period, Estimate Says," *Japan Times*, October 23, 2017, https://www.japantimes.co.jp/news/2017/10/23/national/politics-diplomacy/election-turnout-likely-second-lowest-postwar-period-estimate-says/#.WgEveraB2Ho.

117 Bruce Stokes, "Japanese Divided on Democracy's Success at Home, but Value Voice of the People," Pew Research Center, October 17, 2017, http://www.pewglobal.org/2017/10/17/japanese-divided-on-democracys-success-at-home-but-value-voice-of-the-people/.

118 Public Relations Office, Cabinet Office, "Overview of the Public Opinion Survey on Social Awareness in Japan"(Tokyo: Government of Japan, April 2017), 15, http://survey.gov-online.go.jp/h28/h28-shakai/summary.pdf. 이 설문조사 결과는 전년도에 비해 거의 5퍼센트포인트가 증가한 수치다.

119 모든 데이터는 Edleman, *2017 Edelman Trust Barometer—Japan: Annual Global Study*, February 9, 2017, https://www.slideshare.net/EdelmanJapan/2017-edelman-trust-barometer-japan이 출처이다.

120 2015년 국회 개원연설에서 아베는 직설적이었다. "거의 15년간 일본은 디플레이션으로 어려움을 겪어왔다. 나는 가장 큰 이슈로서 일본 국민이 자신감을 강탈당했다는 사실을 제안하고자 한다." "Policy Speech by Prime Minister Shinzo Abe to the 189th Session of the Diet"(Tokyo: Prime Minister of Japan and His Cabinet, February 12, 2015), http://japan.kantei.go.jp/97_abe/statement/201502/policy.html.

121 인터뷰, 도쿄, 2007년 11월 22일.

122 Hashimoto Akiko, *The Long Defeat: Cultural Trauma, Memory, and Identity in Japan*(New York: Oxford University Press, 2015), 5.

123 Aoki Osamu, "Abe Cabinet Has Close Ties with Rightist Political Lobby Japan Conference," *AERA*, January 25, 2016, 17-20.

124 Mizohata Sachie, "Nippon Kaigi: Empire, Contradiction, and Japan's Future," *Asia-Pacific Journal* 14, no. 21(November 1, 2016), http://apjjf.org/2016/21/Mizohata.html에서 인용.

125 "Policy Speech by Prime Minister Shinzo Abe to the 166th Session of the Diet"(Tokyo: Prime Minister of Japan and His Cabinet, January 26, 2007), https://japan.kantei.go.jp/abespeech/2007/01/26speech_e.html.

126 Jim Przystup, "Japan-China Relations: Treading Troubled Waters," *Comparative Connections* 15, no. 1(May 2013): 111.

127 Yoshida Reiji, "Buoyant Abe's True Colors Emerging," *Japan Times*, April 26, 2013, http://www.japantimes.co.jp/news/2013/04/26/national/buoyant-abes-true-colors-emerging/#.UjPMAH-uqLF.

128 Song Miou, "News Analysis: What's the Difference between Abe, Yasukuni Shrine, Nippon Kaigi and the Return of Militarism? Nothing," *Xinhuanet.com*, April 22, 2015, http://news.xinhuanet.com/english/2015-04/22/c_134173141.htm. 비판가들은 중국을 식민지화하겠다는 정책을 담당했던 일본 제국주의 관료였으며 전쟁 후에 A급 전범 혐의로 체포되었지만 불기소 처분을 받았던 기시가 외할아버지였고, 아베가 기시의 무릎 위에서 성장한 사실을 지적한다. 이들은 이런 관계로 인해 아베의 민족주의가 다시 암흑기로 돌아가는 것을 예견한다고 결론짓고 있다.

129 인터뷰, 도쿄, 2012년 7월 12일.

130 Thomas Berger, "Abe's Perilous Patriotism: Why Japan's New Nationalism Still Creates Problems for the Region and the U.S.-Japan Alliance," CSIS Japan Chair Platform Special Ed.(Washington, DC: CSIS, October 2014), 1, https://csis-prod.s3.amazonaws.com/s3fs-public/legacy_files/files/publication/141003_Berger_AbePerilousPatriotism_Web_0.pdf.

131 Akaha Tsuneo, "The Nationalist Discourse in Contemporary Japan: The Role of China and Korea in the Last Decade," *Pacific Focus* 23, no. 2(August 2008): 160.

132 Kevin Doak, "Shinzo Abe's Civic Nationalism," CSIS Japan Chair Platform(Washington, DC: CSIS, May 15, 2013), https://csis-prod.s3.amazonaws.com/s3fs-public/legacy_files/files/publication/130515_Japan_Chair_Abe_Civic_Nationalism_Doak.pdf.

133 "Editorial: Abe's Game Plan for Constitutional Revision Is Dangerous," *Asahi Shimbun*, January 13, 2016. His mission is cited in Przystup, "Japan-China Relations," 116.

134 Brad Glosserman, "Dangerous Disconnects in the US-Japan Alliance," *PacNet* 26(April 18, 2013), https://www.csis.org/analysis/pacnet-26-disturbing-disconnects-us-japan-alliance.

135 "Remarks by Prime Minister Shinzo Abe on the Occasion of Accepting Hudson Institute's 2013 Herman Kahn Award," New York City, September 25, 2013, http://www.kantei.go.jp/foreign/96_abe/statement/201309/25hudson_e.html.

136 Japanese Prime Minister Kan Naoto, "Opening Japan and Reinventing KIZUNA," speech at the World Economic Forum, Davos, Switzerland, January 29, 2011, http://www.kantei.go.jp/foreign/kan/statement/201101/29davos_e.html.

137 *Machiavelli's Children: Leaders and Their Legacies in Italy and Japan*(Ithaca, NY:

Cornell University Press, 2003)에서 리처드 새뮤얼스는 과거를 이용하려는 노력을 '뜯어 맞추기bricolage'(대상이나 상징의 의미를 새로운 사용법이나 관련되지 않은 사물들의 비관례적인 배치를 통해 변형시키는 과정-옮긴이)라고 지칭하면서 이러한 변화를 혁명과 다르다고 구분지었다. 그는 혁명적인 지도자란 "존경받지 못하는 과거는 배격하고 미래의 건설에 집중한다"라고 기술했다. 뜯어 맞추기를 하는 사람bricoleur은 이와 대조적으로 "쓸 만한 과거가 있는지 찾아 나선다. 혁명적인 지도자는 새로운 형태를 모색하지만 뜯어 맞추기를 모색하는 사람은 과거의 것을 활용하느라 바쁘다." 일본의 과거를 '재발견'하려는 사람들은 진정으로 뜯어 맞추기나 하려는 이들이지만, 심지어 3월 11일 재난 이후 '재창조'를 주장한 사람들도 일본이 앞으로 나가기 위해 구식 사고를 받아들였다.

138 Pew Global Attitudes Project, Pew Global Attitudes and Trends Database, "Question: Which of These Comes Closer to Your View? ⋯ Our Traditional Way of Life Is Getting Lost, OR Our Traditional Way of Life Remains Strong," Spring 2007, http://www.pewglobal.org/question-search/?qid=1110&cntIDs=@25-&stdIDs=.

139 인터뷰, 도쿄, 2012년 8월 14일.

140 위의 인터뷰.

141 인터뷰, 도쿄, 2012년 7월 23일.

142 모든 통계치의 출처는 Public Relations Office, "Survey on Social Awareness."

143 Linda Sieg, "Japan's Abe to Push Pacifist Constitution Reform after Strong Election Win," Reuters, October 23, 2017, https://www.reuters.com/article/us-japan-election/japans-abe-to-push-pacifist-constitution-reform-after-strong-election-win-idUSKBN1CS0C3.

144 Public Relations Office, "Survey on Social Awareness," 17-18.

145 "After 60 Years of Peace, Japan's Future Lies in Global Cooperation," *The Mainichi*, April 28, 2012.

146 두 언급의 출처는 "Japanese PM Defends Shrine Visits amid Tensions with China, S. Korea," Kyodo News International, April 13, 2013.

147 "Statement by Prime Minister Shinzo Abe"(Tokyo: Prime Minister of Japan and His Cabinet, August 14, 2015), http://japan.kantei.go.jp/97_abe/statement/201508/0814statement.html.

148 Ministry of Foreign Affairs of Japan, "Announcement by Foreign Ministers of Japan and the Republic of South Korea at the Joint Press Occasion," December 28, 2015, http://www.mofa.go.jp/a_o/na/kr/page4e_000364.html.

149 Lee Chung Min, "Has Japan Lost Its Relevance?," Paper for the 22nd Asia Pacific Roundtable, June 2008, 5, 11, http://www.isis.org.my/images/stories/isis/apr/22nd/23%20Chun%20Min%20Lee.pdf. 이정민 교수의 생각에 대한 요약본은 Lee Chung Min, "The Perils of a Monotone Asia," *PacNet* 69(December 15, 2011),

https://csis-prod.s3.amazonaws.com/s3fs-public/legacy_files/files/publication/pac1169.pdf를 참조하라.

150 Lee, "Has Japan Lost," 5.

제7장

1 "New Year's Reflection by Prime Minister Shinzo Abe," Prime Minister of Japan and His Cabinet, January 1, 2015, https://japan.kantei.go.jp/97_abe/statement/201501/newyear.html.

2 "Address by Prime Minister Shinzo Abe at the Sixty-Eighth Session of the General Assembly of the United Nations," New York, Prime Minister of Japan and His Cabinet, September 26, 2013, http://japan.kantei.go.jp/96_abe/statement/201309/26generaldebate_e.html.

3 "A New Vision from a New Japan: World Economic Forum 2014 Annual Meeting, Speech by Prime Minister Abe," Davos, Switzerland, Prime Minister of Japan and His Cabinet, January 22, 2014, https://japan.kantei.go.jp/96_abe/statement/201401/22speech_e.html.

4 Jonathan Last, "America's Baby Bust," *Wall Street Journal*, February 12, 2013, online.wsj.com/article/SB10001424127887323375204578270053387770718.html.

5 Prime Minister's Commission, *Frontier Within*(chap. 1, n. 48 참조).

6 Prime Minister of Japan and His Cabinet, "Council for Asian Gateway Initiative"(chap. 2, n. 12 참조).

7 위의 글.

8 Council for the Asian Gateway Initiative, "Asian Gateway Initiative," 2(chap. 2, n. 13 참조).

9 Ministry of Economy, Trade, and Industry, "Industrial Structure Vision 2010"(chap. 2, n. 17 참조).

10 Dennis Botman, Stephan Danninger, and Jerald Schiff, "Can Abenomics Succeed? Overcoming the Legacy of Japan's Lost Decades"(Washington, DC: International Monetary Fund, 2015), 213, https://www.elibrary.imf.org/doc/IMF071/21547-9781498324687/21547-9781498324687/Other_formats/Source_PDF/21547-9781484352205.pdf?redirect=true.

11 Miyagawa Tsutomu, "A Growth Strategy with Renewable Energies and Human Resources Development as Its Core Is Urgently Needed"(Tokyo: Research Institute of Economy, Trade, and Industry, September 13, 2012).

12 Hoshi, "Two Decades"(chap. 6, n. 44 참조).

13 Shibata Saori, "Re-packaging Old Policies? 'Abenomics' and the Lack of an

Alternative Growth Model for Japan's Political Economy," *Japan Forum* 29, no. 3(2017): 400.

14 Prime Minister's Commission, *Frontier Within*, 20, 1.

15 Institute for International Policy Studies, "Vision of Japan"(chap. 1, n. 85 참조).

16 Council for the Asian Gateway Initiative, *Asian Gateway Initiative*, 2.

17 Sakurai Masamitsu, "Introduction," in *Vision of Japan 2020*, ed. Keizai Doyukai(Tokyo: Keizai Doyukai, January 11, 2011), 1, https://www.doyukai.or.jp/en/policyproposals/2010/pdf/110111a.pdf.

18 Hasegawa Yasuchika, "Decisive Action for Growth: Chairman's Message at the Fiscal 2012 Annual Meeting"(Tokyo: Keizai Doyukai, April 26, 2012), 1.

19 "Abe to the 189th Session of the Diet," Prime Minister of Japan and His Cabinet(chap. 6, n. 120 참조).

20 Shibata, "Re-packaging Old Policies?," 400, 409, 413.

21 이와 관련한 많은 분석 내용은 James Gannon and Sahashi Ryo, "Japan's Way Forward: The Prospects for Political Leadership and the International Implications," in *Looking for Leadership: The Dilemma of Political Leadership in Japan*, ed. Sahashi Ryo and James Gannon(Tokyo: Japan Center for International Exchange, 2015)에서 인용했다.

22 위의 책, 181.

23 Linda Sieg, "Japan's 'Sontaku' Clouds Where the Buck Stops in School Scandal," Reuters, March 15, 2018, https://www.reuters.com/article/us-japan-politics-sontaku/japans-sontaku-clouds-where-the-buck-stops-in-school-scandal-idUSKCN1GR0T2.

24 위의 글.

25 Kihara Leika and Linda Sieg, "Abe to Push Reform of Japan's Pacifist Constitution after Election Win," Reuters, October 22, 2017, https://www.reuters.com/article/us-japan-election/abe-to-push-reform-of-japans-pacifist-constitution-after-election-win-idUSKBN1CQ0UW에서 인용.

26 Office of Director of National Intelligence, *Global Trends 2030: Alternative Worlds*(Washington, DC: National Intelligence Council, December 2012), x.

27 아베 총리는 이에 대한 정밀한 구상을 "The 13th IISS Asian Security Summit—the Shangri-La Dialogue—Keynote Address," Singapore, May 30, 2014, http://japan.kantei.go.jp/96_abe/statement/201405/0530kichokoen.html에서 발표했다.

28 Hugo Dobson, "Is Japan Really Back? The 'Abe Doctrine' and Global Governance," *Journal of Contemporary Asia* 47, no. 2(2017): 206.

29 위의 글.

30 See Seng Tan, "Asian Multilateralism in the Age of Japan's 'New Normal': Perils and Prospects," *Japanese Journal of Political Science* 16, no. 3(2015): 308.

31 위의 글, 309.

32 일본인의 태도에서 개혁에 걸림돌이 되는 요소를 또 언급해야 한다. 일본인에게
는 변화할 필요가 없다는 믿음이 있다. 이런 입장에는 두 종류가 있다. 첫 번째는
일본이 아주 심각하게 나쁜 상황이 아니며 경제적 문제가 과장되었다는 것이고
제2장에서 이미 설명한 바가 있다. 두 번째는 아베노믹스가 효과를 거두고 있다
고 인식해서 걱정할 필요가 없다는 것이다. 아베 정부가 출범한 지 5년이 지나 퓨
리서치센터의 데이터는 41퍼센트의 일본인이 경제 상태가 좋다고 밝혔다고 분석
했는데 이는 2012년 당시 7퍼센트와 상당히 대조된다(Stokes, "Japanese Divided,"
4-5[chap. 6, n. 117 참조]). 내각부가 실시한 설문조사도 이런 결과와 유사했으
며, 기록적으로 74퍼센트의 일본인이 자신의 삶에 만족한다는 반응을 보였고, 20
년 만에 처음으로 대다수가 자신의 소득에 만족감을 표명했다. 이에 따라 "너무
나 쉽게 만족하는 일본인들이 몇 년 동안의 피상적인 땜질처방 탓에 임금 인상과
진지한 개혁에 대한 열의를 잃을 것이다. … 특히 기업들의 이익이 연 기준으로 1
사분기에 18퍼센트나 증가했다고 발표한 뒤에도 주주에 대한 배당금을 확대하
겠다고 밝힌 기업이 거의 없다는 점에서 이러한 위험이 더욱 굳어지고 있다"(Leo
Lewis, "A Happier Japan Is a Concern for Investors," *Financial Times*, August 29,
2017). 이런 주장은 몇 가지 오류가 있다. 그 같은 태도는 경기회복이 불균등하
며, 불평등이 커지고 있고, 생산성이 낮으며, 구조적 문제가 지속적으로 잔존하고
있다는 점을 무시하는 것이다. 세 번째 화살이 과녁을 벗어났을 뿐 아니라 세 번
째 화살 자체가 필요 없다고 본다. 경제학자들은 성공이 개혁을 촉진해야지 막아
서는 안 된다고 주장한다. 경기가 회복되면 변화가 덜 고통스럽고 변화에 따른 비
용도 덜 부담스럽기 때문이다. 그럼에도 변화에 대한 욕구가 무뎌지고 있다. 만약
경기가 회복되고 대중이 만족한다면 어떤 결과가 나올지 불투명한 변화를 주장하
기가 어려워진다.

33 Edward Lincoln, *Arthritic Japan: The Slow Pace of Economic Reform*(Washington,
DC: Brookings Institution Press, 2004), 51.

34 Derek Hall, "Japanese Spirit, Western Economics: The Continuing Salience of
Economic Nationalism in Japan," *New Political Economy* 9, no. 1(March 2004):
84.

35 Hatoyama, "My Political Philosophy"(chap. 4, n. 72 참조).

36 Yamaguchi Jiro, "Neoliberalism no Shuen to Seiken Sentaku," *Sekai*, November
2008, 118, Hashimoto Tsutomu, "Discourses on Neoliberalism in Japan," *Eurasia
Border Review* 5, no. 2(2014): 106, http://src-h.slav.hokudai.ac.jp/publictn/
eurasia_border_review/ebr_v5n2/EBR_v5n2_99.pdf에서 인용.

37 Pew Research Center, "Emerging and Developing Economies Much More
Optimistic Than Rich Countries about the Future," *Global Attitudes and Trends*,

October 9, 2014, 16, http://www.pewglobal.org/2014/10/09/emerging-and-developing-economies-much-more-optimistic-than-rich-countries-about-the-future/.

38 Pew Research Center, Question Database, *Global Attitudes and Trends*, Spring 2011 and Summer 2002, http://www.pewglobal.org/question-search/?qid=1030&cntIDs=@25-&stdIDs=.

39 인터뷰, 삿포로, 2011년 12월 5일.

40 Pew Research Center, "Emerging and Developing Economies," 14.

41 Global Entrepreneurship and Development Institute, "Japan," accessed August 15, 2018, https://thegedi.org/countries/Japan.

42 Ujikane Keiko, "In Japan, World's Gloomiest Millennials See a Future of Struggle," *Financial Times*, November 24, 2016.

43 David Pilling, "Youth of the Ice Age," *Financial Times*, June 6, 2012.

44 Ujikane, "In Japan"에서 인용.

45 Murphy, *Japan and the Shackle*s, 209(chap. 2, n. 80 참조).

46 위의 책, 121.

47 John Plender, "Cash Hoarding Companies Are Still a Problem for Japan," *Financial Times*, November 12, 2017.

48 "Shibusawa Eiichi: Japan's Moral Capitalist," Nippon.com, October 23, 2017, https://www.nippon.com/en/tag/shibusawa-eiichi/.

49 Council for the Asian Gateway Initiative, *Asian Gateway Initiative*, 3.

50 Liberal Democratic Party of Japan, "Draft for the Amendment of the Constitution of Japan(in Contrast to the Current Constitution)," April 27, 2012, https://www.voyce-jpn.com/ldp-draft-constitution.

51 *Sankei Shimbun*, "A Proposed 'National Constitution of Japan' by Sankei Shimbun," in Japan Forward, May 3, 2017, https://japan-forward.com/a-proposed-national-constitution-of-japan-by-sankei-shimbun/.

52 *National Security Strategy*(Tokyo: Prime Minister of Japan and His Cabinet, December 17, 2013), 2, http://japan.kantei.go.jp/96_abe/documents/2013/__icsFiles/afieldfile/2013/12/17/NSS.pdf.

53 인터뷰, 워싱턴 DC, 2012년 9월 25일.

54 인터뷰, 도쿄, 2012년 7월 13일.

55 인터뷰, 도쿄, 2012년 7월 17일.

56 Public Relations Office, "Survey on Social Awareness," 4, 7(chap. 6, n. 118 참조).

57 Kosaka quote and Kitaoka comment are from Kitaoka, "III. Japan's Identity"(chap. 1, n. 86 참조).

58 Goldman Sachs, "Womenomics 4.0: Time to Walk the Talk," Portfolio

StrategyResearch, May 30, 2014, http://www.goldmansachs.com/our-thinking/ pages/macroeconomic-insights-folder/womenomics4-folder/womenomics4-time-to-walk-the-talk.pdf.

59 Chad Steinberg and Nakane Masato, "Can Women Save Japan?," IMF Working Paper 12/248(Washington, DC: International Monetary Fund, October 2012).

60 Emily Chen, "When Womenomics Meets Reality," *The Diplomat*, October 6, 2015.

61 몇 가지 성과지표로 진전 여부를 평가하고 있다. 일본 사회 전반의 지도자급 위치에 2020년까지 여성 비율이 30퍼센트가 되었는가, 25~45세의 여성 노동 참여율이 2012년 68퍼센트에서 2020년까지 73퍼센트로 증가했는가, 첫 아이 출산 후 다시 직장으로 돌아온 여성의 비율이 2010년 38퍼센트에서 2020년까지 55퍼센트로 증가했는가, 아동 보육시설 공급이 늘어서 2017년까지 일일 어린이집 대기자를 없앴는가(2013년 4월에는 2만 2741명의 아동이 대기자 명단에 있었다) 그리고 육아휴직을 하는 아빠의 비율이 2011년 2.6퍼센트에서 2020년까지 13퍼센트로 증가했는가 등이다. Goldman Sachs, "Womenomics 4.0," 7.

62 Annabelle Landry, "Kathy Matsui Takes Stock of Abe's 'Womenomics' Reforms," *Japan Today*, February 3, 2016, http://www.japantoday.com/category/lifestyle/ view/kathy-matsui-takes-stock-of-abes-womenomics-reforms.

63 Ito Masami, "Assemblyman's Rebuke of Moms Seeking Day Care Draws Outrage," *Japan Times*, February 28, 2013.

64 Goldman Sachs, "Womenomics 4.0," 14.

65 Steve Mollman, "Japan Cuts Its Target for Women in Leadership Positions from 30% to 7%," Quartz, December 6, 2015, http://qz.com/567026/japan-cut-its-target-for-women-in-leadership-positions-from-30-to-7/.

66 Sekiguchi Toko, "Q&A: Goldman's Matsui Says Survival Instinct Driving 'Womenomics,'" *Japan Real Time*, April 23, 2015, http://blogs.wsj.com/ japanrealtime/2015/04/23/qa-goldmans-matsui-says-survival-instinct-driving-womenomics/.

67 "Yanagisawa Calls Women Child-Bearing Machines," *Japan Times*, January 28, 2007.

68 Kyodo News, "51% Want Wives to Stay Home: Poll," *Japan Times*, December 17, 2012, https://www.japantimes.co.jp/news/2012/12/17/national/51-want-wives-to-stay-home-poll/#.WsttUy-B2Ho. 아울러 Helen Macnaughtan, "Womenomics for Japan: Is the Abe Policy for Gendered Employment Viable in an Era of Precarity?," *Asia-Pacific Journal* 13, no. 12(March 30, 2015), https://apjjf. org/2015/13/12/Helen-Macnaughtan/4302.html에서 인용한 Gender Equality Bureau, "Women and Men in Japan 2013"도 참조하라.

69 인터뷰, 교토, 2012년 11월 7일.

70 아이러니하게도 대부분의 연구 결과는 여성의 노동참여율과 출산율이 양의 상 관관계에 있다고 분석한다. 가령 Ministry of Economy, Trade, and Industry and Japan Small Business Research Institute(JSBRI), *2012 White Paper on Small and Medium Enterprises in Japan*(Tokyo: METI and JSBRI), 130을 참조하라.

71 Martin Fackler, "Japan's New Leader Takes on Old Order to Jolt Economy," *New York Times*, March 7, 2013.

72 Japanese Medical and Dental Practitioners for Improvement of Medical Care, "We Oppose Participation in TPP, Which Would Render Japan's Public Health Care System Dysfunctional," accessed August 15, 2018, https://hodanren.doc-net.or.jp/ tpp/130624tpp-e.html.

73 Yamada Takao, "Fighting TPP with 'Reverence' for Farming and 'Expulsion' of Consumer Culture," *The Mainichi*, October 31, 2011에서 인용.

74 Ulli Jamitzky, "The TPP Debate in Japan: Reasons for a Failed Protest Campaign," *Asia Pacific Perspectives* 13(Spring/Summer 2015).

75 Kitaoka, "III. Japan's Identity," in Kenichi et al., *Japan's Identity*(chap. 1, n. 86 참 조).

76 Owada Hisashi, "In Search of a New National Identity: An Analysis of the National Psyche of Post-War Japan," in *A New Japan for the Twenty-First Century: An Inside Overview of Current Fundamental Changes and Problems*, ed. Rien Segers(Abingdon: Routledge, 2008), 240.

77 Prime Minister's Commission, "A Beautiful Country and a Safe Society," in *The Frontier Within*, sec. 2, http://www.kantei.go.jp/jp/21century/report/ htmls/5chap4.html(chap. 1, n. 48 참조).

78 인터뷰, 도쿄, 2012년 7월 19일.

79 인터뷰, 삿포로, 2011년 12월 5일.

80 Derek Hall, "Japanese Spirit, Western Economics: The Continuing Salience of Economic Nationalism in Japan," *New Political Economy* 9, no. 1(March 2004): 94.

81 "年間連続調査 '日本人' 国家観伝統や文化に誇り教育と経済自信失う:特集" 読売 新聞, 2008年 1月 25日.

82 이 단락의 모든 데이터는 Public Relations Office, Cabinet Office, "Overview of the Public Opinion Survey on Diplomacy"(Tokyo: Cabinet Office of Japan, December 2017), https://survey.gov-online.go.jp/h29/h29-gaiko/summary.pdf에서 인용.

83 위의 설문조사.

84 Genron NPO, "Japanese Public Opinion on US Leadership and the Role of Japan"(Tokyo: Genron NPO, July 13, 2017), http://www.genron-npo.net/en/ opinion_polls/archives/5359.html.

85   Inoguchi Takashi, "Shinzo Abe's Leadership and the Legacy of Japan's Defeat," *Georgetown Journal of Asian Affairs* 2, no. 2(Winter 2016): 23 – 24에서 인용.

86   Kaneko Kaori, "Japan PM Abe Says No Defense Budget Ceiling as 1 Percent to GDP," Reuters, March 2, 2017, https://www.reuters.com/article/us-japan-defence-budget/japan-pm-abe-says-no-defense-budget-ceiling-as-1-percent-to-gdp-idUSKBN1690EZ.

87   SIPRI Military Expenditure Database, "Data for All Countries from 1988 – 2016 in Constant(2015) US\$"(Solna: Stockholm International Peace Research Institute, 2017), 2017년 10월 15일 열람, https://www.sipri.org/databases/milex.

88   Public Relations Office, "Survey on Social Awareness," 17 – 18.

89   모든 데이터는 "When Will the 'Postwar' End? Japanese Youth in Search of a Future," Nippon.com, February 10, 2015, https://www.nippon.com/en/in-depth/a04002/에서 인용.

90   인터뷰, 교토, 2012년 11월 7일.

91   인터뷰, 도쿄, 2012년 7월 12일.

92   인터뷰, 도쿄, 2012년 7월 21일.

93   인터뷰, 교토, 2012년 11월 9일.

94   James McCrostie, "More Japanese May Be Studying Abroad, but Not for Long," *Japan Times,* August 10, 2017.

95   인터뷰, 도쿄, 2012년 7월 20일.

96   Public Relations Office, "Survey on Social Awareness," 17 – 18.

97   모든 데이터는 Cabinet Office of Japan, "International Survey of Youth Attitude 2013," June 2014, chap. 2, http://www8.cao.go.jp/youth/english/survey/2013/pdf/part2-2.pdf에서 인용.

98   "Poll of Young People in Their 20s," *Asahi Shimbun*, December 29, 2013, 30 – 31.

99   위의 글.

100   Yamauchi and Nakayama, "Why Do We Need?," in Yamauchi and Nakayama, *The World,* 3(chap. 4, n. 75 참조).

101   Kobayashi Toshiyuki, "Lower Willingness for Political and Social Activities of Japanese and Its Background," *NHK Monthly Report on Broadcast Research*, January 2015, www.nhk.or.jp/bunken/english/reports/summary/201501/02.html.

102   인터뷰, 도쿄, 2012년 7월 10일.

103   Shiraishi Takashi, "Japan's Asia/Asia Pacific Policy in Flux," in Funabashi and Kushner, *Examining Japan's Lost Decades*, 207(chap. 1, n. 33 참조).

104   인터뷰, 도쿄, 2012년 7월 12일.

105   인터뷰, 도쿄, 2012년 7월 21일.

106   Kato Norihiro, "Japan and the Ancient Art of Shrugging," *New York Times*, August

21, 2010.

107 Bae Myung-bok, "Japan's Path to a Graceful Descent," *Joongang Daily*, March 19, 2012에서 인용.

108 인터뷰, 삿포로, 2011년 12월 5일.

109 Funabashi, "March 11," in Chandler, Chhor, and Salsberg, *Reimagining Japan*, 8(chap. 1, n. 93 참조).

110 Bae, "Japan's Path" 인용.

111 Judit Kawaguchi, "Words to Live By: Hama Noriko," *Japan Times*, July 24, 2012.

112 인터뷰, 도쿄, 2013년 3월 26일.

113 Murakami Haruki, "Speaking as an Unrealistic Dreamer," speech on receiving the International Catalunya Prize, *Asia-Pacific Journal* 9, no. 29(July 19, 2011), https://apjjf.org/2011/9/29/Murakami-Haruki/3571/article.html.

114 인터뷰, 도쿄, 2012년 7월 20일.

115 인터뷰, 도쿄, 2012년 7월 12일.

116 Investigation Committee, "Final Report," 28(chap. 5, n. 21 참조).

117 인터뷰, 교토, 2012년 11월 9일.

118 이러한 선택에 대해 어떤 평가도 내리지 않으려고 한다. 다만 일본이 그러한 결정을 내린 데 대한 함의를 명확히 해서 일본이 할 수 있는 일과 할 수 없는 일이 무엇인지에 대해 오해가 없도록 하자는 것이다.

119 인터뷰, 도쿄, 2013년 3월 23일.

120 정점을 찍은 일본에 대해 다른 나라들이 무엇을 할 수 있으며 그리고 어떻게 대응해야 할지에 대한 제안으로는 Brad Glosserman, "Peak Japan and Its Implications for Regional Security," Special Report(Barton: Australian Strategic Policy Institute, March 2016), 23-24, https://s3-ap-southeast-2.amazonaws.com/ad-aspi/import/SR86_Peak_Japan.pdf?PadQZtTBAG1kn3OoM9rqk3H7vDRXH_sm을 참조하라.

121 Odaki Kazuhiko, "Release the Geese," *Japan Journal*, May 2012, 24.

122 이러한 분석은 Suzumura Yusuke, "Logical Structure of Ishibashi Tanzan's 'Small Japan Policy,'" 2018년 8월 15일 열람, https://researchmap.jp/muxwut1b6-18603/?action=multidatabase_action_main_filedownload&download_flag=1&upload_id=7604&metadata_id=10756에 기반을 두고 있다.

123 인터뷰, 도쿄, 2012년 7월 20일.

124 인터뷰, 도쿄, 2012년 7월 22일.

125 Jonathan Soble, "Shinzo Abe to Write Revival Story for Japan with Olympics," *Financial Times*, September 10, 2013.

126 Osaki Tomohiro, "Shinzo Abe Calls for Japan's 'Rebirth' by 2020 along with Constitutional Revision," *Japan Times*, December 19, 2017, https://www.

japantimes.co.jp/news/2017/12/19/national/politics-diplomacy/shinzo-abe-calls-japans-rebirth-2020-along-constitutional-revision/#.WtF_Jy-B2Ho.

127 Richard Smith, "Tokyo 2020 Olympics Is a Winner for Japanese Economy," *The National*, June 25, 2017, https://www.thenational.ae/business/tokyo-2020-olympics-is-a-winner-for-japanese-economy-1.93228.

128 "To achieve the economic target of JPY 600 trillion": Cabinet of Japan, Council on Economic and Fiscal Policy Working Paper, April 2016의 내용으로 André Andonian et al., "The Future of Japan's Tourism: Path for Sustainable Growth towards 2020"(Tokyo: McKinsey & Company, October 2016), 7에서 인용. https://www.mckinsey.com/~/media/mckinsey/industries/travel%20transport%20and%20logistics/our%20insights/can%20inbound%20tourism%20fuel%20japans%20economic%20growth/the%20future%20of%20japans%20tourism%20full%20report.ashx.

129 AFP, "Japan Breaks Tourism Record as It Gears Up for 2020 Olympics," *Straits Times*, January 12, 2018, http://www.straitstimes.com/asia/east-asia/japan-breaks-tourism-record-as-it-gears-up-for-2020-olympics.

130 Kato Fumiko, "Asia's Rediscovery of Japan: The Boom in Inbound Tourism," in *Reinventing Japan: New Directions in Global Leadership*, ed. Martin Fackler and Funabashi Yoichi(Santa Barbara: Praeger, 2018), 59.

131 Jones Lang Lasalle, Hotel and Hospitality Group, "Tokyo 2020 Olympics: Expectations for the Hotel Industry," November 2014, 4, http://www.joneslanglasalle.co.jp/japan/ja-jp/Documents/Hotel%20Intelligence/201411%20JLL_HH_OlympicReport_EN.pdf.

132 Government of Japan, "Japan Revitalization Strategy: Japan's Challenge for the Future," rev. ed.(Tokyo: Government of Japan, June 24, 2014), 17-18, https://www.kantei.go.jp/jp/singi/keizaisaisei/pdf/honbunEN.pdf.

133 가령 Cabinet Secretariat, "Japan Revitalization Strategy(Growth Strategy), Revised in 2015: Major Achievements to Date and Further Reforms"(Tokyo: Government of Japan, April 2016), 11, https://www.kantei.go.jp/jp/singi/keizaisaisei/pdf/new_seika_torikumien.pdf를 참조하라.

134 Ministry of Education, Culture, Sports, Science and Technology, "Feature 2: Science and Technology Development toward the Tokyo Olympic and Paralympic Games in 2020," January 8, 2015, 21, http://www.mext.go.jp/component/english/__icsFiles/afieldfile/2015/01/08/1354397_005.pdf.

135 Alexander Martin, "The 1964 Tokyo Olympics: A Turning Point for Japan," *Wall Street Journal*, September 5, 2013, https://blogs.wsj.com/japanrealtime/2013/09/05/the-1964-tokyo-olympics-a-turning-point-for-

japan/.

136 Nakabushi Tatsuya, "Tokyo 2020: Building a Positive Legacy," Nippon.com, November 14, 2017, https://www.nippon.com/en/currents/d00359/.

137 Martin, "1964 Tokyo Olympics."

138 이 단락에서 소개되는 각종 사례들은 Bryan Lufkin, "8 Reasons Why the Tokyo Olympics Will Be the Most Futuristic We've Ever Seen," Gizmodo, September 24, 2015, https://gizmodo.com/8-reasons-why-the-tokyo-olympics-will-be-the-most-futur-1728007440에서 인용.

139 Joon Ian Wong, "The Olympics' 2020 Tech Sponsors Plan to Turn Tokyo into a 5G 'Smart City,'" Quartz, February 25, 2018, https://qz.com/1215328/mwc-2018-5gs-coming-out-party-will-be-the-tokyo-2020-olympics-according-to-intel/.

140 Stephen Wade and Mari Yamaguchi, "Tokyo Returns with Summer Games with Something New to Prove," Chicago Tribune, February 24, 2018, http://www.chicagotribune.com/sports/international/ct-olympics-tokyo-2020-20180224-story.html에서 인용.

141 위의 글.

142 Hiyama Hiroshi and Richard Carter, "Tokyo 2020 Olympics 'Back on Track' after Rocky Start," Japan Today, April 4, 2018, https://japantoday.com/category/sports/tokyo-2020-olympics-'back-on-track'-after-rocky-start.

143 Jessica Mairs, "Construction Work Starts on Kengo Kuma's Tokyo 2020 Olympics Stadium," Dezeen, December 14, 2016, https://www.dezeen.com/2016/12/14/ground-breaking-construction-kengo-kuma-tokyo-2020-olympics-japan-national-stadium/.

144 Hiroshi and Carter, "Tokyo 2020 Olympics."

145 Consumers Union of Japan, "Moving Tokyo's Fish Market: Tsukiji in Trouble," March 25, 2009, http://www.nishoren.org/en/?p=236.

146 Wade and Yamaguchi, "Tokyo Returns."

147 위의 글.

148 Kobayashi Koji, "The Need for 'Rebuilding Tokyo' with the 2020 Olympics as Impetus," NRI Papers No. 200(Tokyo: Nomura Research Institute, June 1, 2015), 2, https://www.nri.com/~/media/PDF/global/opinion/papers/2015/np2015200.pdf.

149 Sasaki Nobuo, "Regional Revitalization: Another Perspective," Japan News, February 23, 2015, http://www.yomiuri.co.jp/adv/chuo/dy/opinion/20150223.html.

150 Leo Lewis, "Strong Yen Adds Uncertainty to Japan Tourism Surge," Financial Times, August 22, 2017, https://www.ft.com/content/e11a2a42-8727-11e7-bf50-e1c239b45787.

찾아보기

PEAK JAPAN
: The End of Great Ambitions

피크재팬